KB212978

치유상담과 영성치유수련

치유상담과 영성치유수련

─ 치유상담의 선구자 정태기 박사

2025년 4월 11일 처음 펴냄

지은이   김중호 박선영 백정미 유상희
            이유상 임종환 정푸름 채유경
펴낸이   김영호
펴낸곳   도서출판 동연
등 록   제1-1383호(1992. 6. 12)
주 소   서울시 마포구 월드컵로 163-3
전화/팩스   02-335-2630 / 02-335-2640
이메일   yh4321@gmail.com
인스타그램   instagram.com/dongyeon_press

ISBN 978-89-6447-093-0 93140

치유상담과 영성치유수련

치유상담의 선구자 정태기 박사

김중호 박선영 백정미 유상희 이유상
임종환 정푸름 채유경 함께 씀

동연

치유상담의 초석, 영성치유수련

이 책은 크리스찬치유상담연구원과 치유상담대학원대학교의 설립자이며 치유상담의 선구자인 정태기 박사의 학문적인 유산과 인격적인 가르침을 기리기 위해 기획되었습니다. 정태기 박사는 평생 치유와 상담을 통해 수많은 사람에게 희망을 선물했으며, 그의 정신을 이어받은 후학과 제자들이 그의 가르침을 기억하고 연구하며 실천하고 있습니다.

정태기 박사의 치유상담은 단순한 이론이나 기법이 아닙니다. 삶의 현장에서 개인의 삶과 행동이 바뀌도록 돕는 생생하게 살아 움직이는 실천입니다. 그의 치유상담에는 말과 행동상의 간극이나 괴리가 없습니다. 그는 자신이 겪은 아픔과 상처를 있는 그대로 드러냄으로써 자기 노출의 모델이 되었으며, 자신의 아픈 상처가 치유되는 경험과 과정을 제시함으로써 치유가 필요한 이들에게 위로와 희망이 되었습니다.

영성치유수련은 치유상담의 핵심이며 초석입니다. 영성치유수련은 정태기 박사의 열정과 영성과 학문과 자기치유의 경험이 집약된 치유 프로그램입니다. 정태기 박사는 해외 유학 중에 치유 공동체에서 치유 받은 자신의 경험, 곧 자신의 아픔에 공감하고 함께 아파하고 울어주며 뜨겁게 기도해 준 사람들과의 깊은 만남과 치유의 경험을 영성치유수련이라는 특별한 과정으로 구조화하고 정립했습니다. 영성치유수련은 지금까지 28년 동안 총 171회가 열렸으며, 26,033명이 참석해서 치유를 받았습니다.

이 책에는 그런 영성치유수련의 내용을 학문적으로 분석 기록한 논문과 함께 정태기 박사가 걸어 온 치유상담의 여정이 면담의 형태로 실려 있습니다. 그러나 이것은 단순한 연구의 모음집이 아니라 치유상담의 선구자로서 스승에 대한 후학들의 존경과 사랑의 표현이며, 그의 정신을 계승하고자 하는 다짐이기도 합니다. 이 책이 치유를 필요로 하는 많은 이들에게 희망의 메시지가 될 수 있기를 바랍니다. 또한 치유상담에 관심이 있는 학자들과 상담자들에게 깊은 통찰을 불러일으키는 자원이 되기를 바랍니다.

이 책이 나오기까지 정태기 박사의 가르침을 기억하며 연구와 집필에 힘써주신 연구자들께 감사드립니다. 박선영, 백정미, 유상희, 이유상, 임종환, 정푸름, 채유경, 김중호 등 여덟 명의 교수들이 집필에 동참해 주었습니다. 연구가 마무리되기까지 집필 과정을 촘촘히 챙겨 주신 임종환 교수 그리고 출판을 위해 끝까지 수고해 주신 박선영, 백정미, 정푸름 교수 및 김달식 박사에게 깊은 감사의 마음을 전합니다.

2025년 4월
치유상담대학원대학교 · 크리스찬치유상담연구원
한국치유상담협회 회장 김중호

원초적인 나를 만나기

시카고 유학 시절, '자신을 직면하기' 부제가 붙어있는 영성수련에 참여한 적이 있습니다. '직면'이라는 말이 부담스럽기도 했지만, 또 한편으로는 흥미롭기도 하여 용기를 내보았지요. 말이 직면이지 누군들 자기의 아픔이나 상처에 대해 노출과 대면이 쉽겠습니까? 자연스럽게 저항이나 거부감이 생길 수밖에 없습니다. 어떤 이는 자신이 영성수련에 참여하게 된 동기는 실직, 관계의 어려움, 우울증 등 성인이 된 이후에 갖게 된 좌절 때문인데, 과거를 되돌아보는 것이 지금 무슨 소용 있냐고 불만스러워합니다. 사실인즉, 내면아이 주제를 다루는 집단상담이었습니다.

2001년, 치유상담연구원 교수로 부임해서 만난 첫 영성수련이 프라이멀 요법(Primal Screaming Therapy) 내면아이 치유입니다. 이 치료법에서 핵심적인 것은 그 이름에서 드러나는 바, '소리 지르기'에 있습니다. 마음 안에서 터져 나오는 비명이나 절규, 흐느낌을 통하여 원초적 고통을 다시 체험시켜 사산된 정서에 힘을 실어줍니다. 겹겹이 쌓여서 억눌리고 은폐된 고통의 층을 한 계단 한 계단 더 깊이 내려가, 고통받을 당시에는 표현할 수 없었던 감정을 현실로 맞닥뜨리게 직면시킵니다. 그동안 삶을 무기력하게 했던 심리적 기제, 즉 내 마음속 아이와의 만남이 소리 지르기를 통해 역동적으로 이루어집니다. 원래의 기억을 토해내는 것, 즉 고통의 억압 대신에 올바른 채널을 찾기 위해 몸부림치는 태아의 출생 과정과도 같이 우리의 내면아이는 분출구가 필요합니다. 각자 삶의 주제가 어떻든지 간에 그 문제의 실마리를 찾아내기 위해서는 어린 시절 이래로 내면에 축적된 고통을 느껴내는 일이 치료의 단초가 됨을 영성수련은 일깨워 줍니다.

외부인들이 밖에서 내면작업 소리를 듣는다면 웃음소리, 울음소리, 히스테릭한 소리, 심지어 싸우는 것 같은 소리들이었을 것입니다. 프로그램의 내용이 바뀔 때마다의 틈새는 그야말로 침묵수련인데, 막상 그룹치유가 시작되었다 하면 온갖 소리들의 절규가 터져 나옵니다. 깊은 애도 과정을 통해 드러난 전경에는 미해결 과제를 해결하려는 전체가 배경으로 존재하고 있음을 의식하게 됩니다. 그리하여 삶에 대한 관점이 피해자 의식에 머무는 것(부분)이 아닌, 전인적이고 전체적인, 통합된 존재로서의 나를 목적하는 삶으로 재구성합니다.

그 이론적으로만 알고 있던 내면아이 문제를 사실은 한국에 와서야, 그것도 이 치유상담 기관에서 임상적으로 확인을 한 셈입니다. 또한 심화 프로그램인 2차 영성수련, 3차, 4차 영성수련을 통해 '살아있는 인간 문서'가 단순한 개념이 아니라 실제임을 과정 중심 세션을 통해 인식하게 되었습니다. 자율과 연대, 자기초월의 단계가 반영된 자기탐구 여정이 곧 영성수련입니다.

이제 저희 교수진들이 영성치유수련 프로젝트를 마치고 그 연구 결과물을 세상에 내놓게 되었습니다. 정태기 명예 총장님의 치유상담 전체 역사를 되돌아보는 귀중한 자료입니다. 앞으로 저희 연구원과 대학원의 치유상담 방향과 목적을 더 공고히 해 줄 창작품입니다. 몇 년 동안 임상 연구자로서 치유프로젝트에 참여해 주신 교수님들께 깊이 감사드리며 그 결실을 함께 축하합니다.

2025년 4월
치유상담대학원대학교 총장 고영순

차례

1부   동산의 소리에 귀 기울이고

정태기 박사와의 대담 _ 이유상

영성치유수련에서 노래치유 경험 연구

― 노래치유 프로그램 모델 개발 _ **임종환** ◆ 297

동산 정태기(鄭泰基) 이사장(명예총장) 프로필

1939년 3월 12일
전남 신안군 증도면 대초리 333번지 출생

학력 및 경력

신안 증도면 전증초등학교 졸업(1953)

목포 영흥중학교 졸업 (1956)

목포고등학교 졸업 (1959)

한국신학대학(현 한신대학교) 졸업 (1965)

Northern Baptist Theological Seminary (M.Div. 1977)

School of Theology at Claremont (D.Min. 1983)

Indiana State University, Terre Haute 교목 (1977~1978)

Kentucky State Mental Hospital 임상 상담인턴 훈련 (1980~1982)

McCormic Theological Seminary 교환교수 (1990~1991)

한신대학교 교수 (1983~2004)

한신대학교 신학대학장 (1996~1998)

Claremont School of Theology (D.D. 명예박사: Honorany Doctor of Divinity, 2011)

서울특별시 여성상 수상 (2010)

대통령상 국민포장 수상 (2011)

국민일보, 대한민국 기독교를 빛낸 사람 선정 (2012)

크리스찬치유상담연구원 원장 역임 (1997~2021)

한신대학교 명예교수

현, 치유상담대학원대학교 명예 총장

현, 학교법인 살림동산학원 이사장

현, (사)크리스찬치유상담연구원 이사장

저서

『내면세계의 치유 I, II』 (2012), 『숨겨진 상처의 치유』 (2010), 『당신은 혼자가 아닙니다』 (2008), 『아픔·상담·치유』 (2006), 『위기와 상담』 (2005), 『치유 기도문』 (2004) 등

역서

『꿈, 하나님의 잊혀진 언어』 (2018), 『꿈과 영적인 성장』 (2012), 『상상과 치유』 (2012), 『결혼서약 전에 열 번의 데이트』 (2008), 『빈 둥우리 부부의 열 번의 데이트』 (2008), 『열 번의 데이트 부부 사랑 만들기』 (2007), 『기독교 상담 사례 연구』 (2003), 『신체 질환자 상담』 (2002), 『기독교 상담과 의미 요법』 (2002), 『위기 상담』 (2002), 『현대종교심리학』 (1991), 『신앙이 병들 때』 (1989) 등

주요 논문

"기독교 치유목회의 흐름에 관한 연구" (「神學硏究」 38, 1997. 6.)

"한(恨)풀이 목회를 위한 목회상담적 접근" (「神學硏究」 37, 1996. 8.)

"전인 치유에 관한 연구" (「神學硏究」 35, 1994. 6.)

"Pastoral Care for Korean Immigrants in the United States Experiencing Cross-Cultural Stress" (「神學硏究」 25)

"Abraham Maslow and Pastoral Counseling" (「神學硏究」 31, 1990. 4.)

"한신대학 신입생들의 적응과정에서 나타나는 심리적 갈등분석 및 그에 대한 효과적인 학생지도 방안 연구" (「論文集」 4, 1987. 2.)

"위기 당한 사람을 위한 목회상담" (「基督敎思想」 329, 1986. 5.)

"젊은이들을 위한 性 相談" (「基督敎思想」 326, 1985. 8.)

"神學과 心理學의 만남" (「基督敎思想」 323, 1985. 5.)

"고통의 언어와 성장" (「論文集」 1, 1983. 8.)

동산의 소리에 귀 기울이고

─ 정태기 박사와의 대담

이유상
(치유상담대학원대학교 교수)

| 일러두기 |

♦ 이 글은 150번째의 영성치유수련 모임을 기념하여 2020년 2월부터 정태기 이사장과 이유상 교수가 나눈 대화를 녹화하여 동영상 자료, 전자출판 문서와 함께 책에도 실게 되었습니다.

♦ 이 글에서는 정태기 이사장님의 목소리를 '대면-현장감' 있게 그대로 담기 위해서 모든 대화에서 표현된 '동산의 소리'는 발음하시는 그대로 표기하였습니다.

♦ '동산'은 학교법인 살림동산학원 정태기 이사장의 호(號)입니다. 아이들이 뛰어놀고 꽃이 피는 '에덴동산'과 같은 넓고 평화로운 들판을 의미합니다. 지금까지 '동산'은 '나를 살리고, 가정을 살리고, 민족을 살리는' 정 이사장의 사역을 대표하는 단어로 사용되고 있습니다. 그래서 이 책의 이름을 정태기 이사장으로부터 직접 듣는, 그분의 사람 살리심과 살아내심의 이야기임을 반영하여 '동산의 소리에 귀 기울이고'라고 정하였습니다.

♦ 동영상 촬영은 치유상담대학원대학교 황원동 선생님이 수고해 주셨습니다. 동영상 자료와 전자출판 문서의 편집은 이유상 교수가 담당하였습니다. 동영상 자료 속의 대화를 녹취하는 일은 치유상담대학원대학교의 졸업생인 이선영, 유신아 선생들께서 수고해 주셨습니다.

♦ 이 인터뷰를 녹화한 동영상 자료는 치유상담대학원대학교 동산도서관에 소장하고 있습니다. 시청을 원하시는 분은 동산도서관에서 보실 수 있습니다.

동산의 소리 1 _ 어린시절 상처와 내면의 아픔

이유상: 여러분 안녕하십니까? 오늘은 2020년 2월 14일입니다. 오늘부터 몇 회에 걸쳐서 치유상담대학원대학교 정태기 총장님을 모시고 영성치유수련에 관하여 대화를 나눠 보도록 하겠습니다. 저는 치유상담대학원대학교 대학원장 이유상입니다.

총장님 평안하셨습니까?

정태기: 네, 반갑소.

이유상: 지금의 영성치유수련이 시작되기 이전부터 총장님께서 지금과는 다른 방식으로 영성치유수련을 많이 진행해 오신 것으로 압니다.

정태기: 응.

이유상: 이번에 자주 총장님께서 이야기해 오신 고향과 출생, 가정 배경에 대해서 조금 더 이야기해 주시면 좋겠습니다.

정태기: 이유상 교수님, 우리 고향에 가본 적 있잖아요? (가봤죠.) 내가 어렸을 때, 자랄 때는 아주 작은 섬이었습니다. 지금은 이 섬, 저 섬을 연결시켜 가지고 큰 섬이 됐지만 그러니까 우리 섬에서 바라보면 서해 쪽으로 쭉 가면 중국이요, (중국이요?) 응, 그러니까 마지막 육지에서는 마지막 섬이라고 보면 되지요. 육지에서 한 50리? 60리? 섬, 섬을 거쳐서 마지막 도달하는 섬이 우리 고향

섬이오. 정말 십 리 백사장 해변 아름다운 해변을 가진 멋있는 섬이었죠.
근데 그런 섬에 왜 지금부터 한 200, 한 20~30년 전에 왜 우리 조상들이
그 섬에 들어와서 살게 되었을까? 그 사연이 있습니다. (아, 네.) 우리, 그러니까
고조할아버지라고 보면 되지요. 고조할아버지가 송강 정철의 10대손이오.
옛날 영의정, 좌의정 다 했던 서인의 대표 송강 정철 할아버지의 10대손이
우리 고조할아버지인데 그 고조할아버지가 사시던 곳이 진천인지 서울인지는
잘 모르겠어요. 여하튼 집안의 형제간 누군가 조정의, 말하자면 어떤 문제에
휘말리게 된 거예요. 그렇게 되니깐, 억울하게 휘말리게 되니깐 이게 그 문제로
끝나는 게 아니고 그 친척들이 다 가족까지 다 연루가 되게 된 거예요. (그렇죠)
하루아침에 집안이 전멸을 하게 되는… 그래서 우리 고조할아버지가 그런
생각을 했던 것 같아요. "왜 내가 이런 반란에 휘말려서 내 가족, 식구들을
다 이렇게 만들 수가 있겠느냐?" 그리고 한밤중에 조상 묘를 판 거예요.

(묘를요?) 묘를 파서 뼈를 이렇게 바구니에 담고 지고 식구들을 데리고 도망을 나온 거지요. 도망을 나온건대, 그 도망 나온 곳이 어디냐? 송강 정철 할아버지가 살았던 곳 거기서 살아서 학문을 했고… 전라도 담양, 담양에서 학문을 했고, 거기서 과거 급제를 했고 조정에 진출하게 된 곳이 담양이오. 거기는 정씨들이 많이 있었습니다. 아마 그 생각을 허고 우리 고조할아버지가 담양 쪽으로 갔던 것 같습니다. 근데 거기서 어떤 생각을 했느냐? "여기도 안심을 할 수가 없어." "조정에서 반드시 찾아올 수도 있어."

이유상: 찾아올 수 있으니까요.

정태기: 그래서 더 깊은 곳을 찾아 들어갔는데 '섬으로 들어가자.' 섬도 가까운 섬은 또 불안하니까 마지막 섬까지 들어온 곳이 우리 증도 섬이오. 지금도 우리 증도 섬에는 우리 고조할아버지의 산소가 있습니다. 근데 섬으로 들어왔는데, 들어와서 사는데 본인은 보통 양반이 아니오. (그분이요?) 그렇지요. 학문이며 모든 면에서 보통 양반이 아니오. 그러니깐 자식들을 모아 놓고 그때부터 양반 교육, 한문 교육을 하는 거예요. 교육을 하는 거지요. 우리는 어렸을 때 자랄 때부터서 나는 고조할아버지를 모르는데 어렸을 때 자라면서 딱 2살, 3살 되면 양반 교육을 받습니다. 딱 무릎, 할아버지 앞에서 무릎 꿇려 놓고 "너는 송강 영일 정씨 송강 정철 14대손이다. 14대손." "너는 양반이다." "그러니깐 아무 데 가서나 이렇게 시시하게 굴면 안 된다." "똑바로 사람답게 행동을 해라." 그 3살, 4살 된 어린아이를 앉혀 놓고 그러면, 그래서 우리들은 아무렇게나 행동을 못 하도록 되어 있는 거예요. (어릴 때부터 그렇게 훈련을 받으셨으니까.) 그렇게 훈련을, 훈련을 철저히 받은 거죠. 누가 얘기를 해도 딱 조상에 대해서는 얘기를 분명히 헐 수 있어야 되고 그래서 우리 정씨 집안 후손들이 나중에 굉장히 퍼져서 많아졌는데 정씨 집안 남자들은 어디

가서 싸움을 못 해요. (그건 왜 그래요?) 아무래도 주먹질하고 싸우고 욕하고 하는 것은 양반이 해야 될 행동이 아니라는 거죠. 아무나 그렇게 말하자면 낮은 계층의 사람들과 어울려서 싸우고 허는 것은 그건 헐 짓이 아니라는 거죠. 그러니까 안 싸워요. 그래서 우리 형제간들은 누구하고도 싸움을 못 하는, 지금까지도 어디 휘말리지, 싸움에 휘말리지를 못해요. 그니까 우리 정씨 남자들이 좀 무르다고 그런 얘기를 많이 들어요. 근데 그런 그 정신적인 피가, 지금도 정신이 내 마음속에 긍지가 있어요. "나는 보통 집안의 아들이 아니다." (그렇죠.) "나는 양반 집안의 아들이다." 이게 다른 면에서 보면, 좀 비난받을 얘기지만, 나는 그런 생각으로, 그 생각이 떠나질 않아요. 나는 초등학교 들어가기 전에 할아버지 앞에서 천자문, 이천자문을 다 뗐어요. 들어가기 전에 (양반의 자제다운 거죠.) 그런 거죠. 그게 삶이오, 학교가 없었으니깐.

이유상: 집에서 가정 교육으로 천자문을 떼셨으니까.

정태기: 근데 우리 그 외갓집은 어떤 집안인가? 외갓집도 만만한 집안이 아니오. 김씨 집안인데 우리 외할아버지가 뭘 했느냐? 우리 그 지도, 지금은 면, 읍사무소가 됐지만 옛날에는 군이에요. 도서 군을, 섬을 다스리는 군 소재지가 지금 면이에요. 그러니깐 군이면 현감이 와서 주재를 합니다. 정부 관리가 현감이 오면 이제 암행어사가 계속 다니고 관찰사가 다니고, 계속 정부 관리가… 지도 가면 그런 비가 수십 개가, 암행어사가 다녀가고, 관찰사가 다녀간 비들이 있는데 우리 외할아버지는 그 젊은 나이에 향교가 있습니다. (향교요?) 유교의 사상과 교육 모든 것을, 일종의 종교를 다스리는 그 장 향교 장을 하는 거지요. (아주 대단하신 거지요, 그죠?) 그죠. 향교 장을 했는데… 향교 장 직책을 뭐라고 부르는지 잘 모르겠어요. (향교에서 제일 높으신 분) 높은, 모든 학문적으로나

소변을 서서 눴다니까. 허허허 (허허)

모든 정신적인 면에서 제일 높으신 분이죠. 그러니깐 정부에서 관리가, 현감이
오면 암행어사가 오든 관찰사가 오든 누가 오면 어쩔 수 없이 외할아버지가
상대를 하게 되는 거야. 상대를 하게 되는데 그 집안의 모든 음식을 외갓집에서
관리를 했어요. 우리 외갓집은 그러면서 음식이 아주 발달한 집안이오. 우리
어머니 솜씨가 보통이 아니오. 손만 닿으면 그냥 아무것 가지고도 맛있는
음식을 만들어 내는, (그러시겠죠. 큰 손님들 대접하는 음식을 계속 만드셨으니까)
그렇지요. 우리 어머니가 그 김씨 집안의 말하자면 맏이로 태어난 거야. 외할아
버지의 맏이, 4남매를 낳고 돌아가셨는데 4남매 첫째가 우리 어머니, 딸이요.
근데 교육을 어떻게… 딸은 옛날에는 "여자는 조용히 해라", "뭐해라" 그랬는데
뭐 떠들지 말고 까불지 말고 그런 식으로 교육을 안 했던 거 같애요. (그
집안에서는요?) 우리 외할아버지, 외할머니가 딸이니까 귀여워서 그러니까
우리 어머니 얘기를 들으면 여덟 살이 될 때까지 "나는 남자다." 소변을
서서 눴다니까. 허허허 (허허) "나도 남자다." (여자로서 가만히 있어야 되는
게 아니라 당당하게 자기 자신을) 키운 거죠. 그래서 우리 어머니가 그 어려운
고비를 잘 넘겼던 것 같아요. 힘이 있었던 거 같아.

이유상: 네, 그러시네요.

정태기: 근데 그 어머니가 결혼을 젊은 나이에 시집을 가는 거야. 시집을 갔는데 3년이 되도록 아이가 안 나오는 거야. 왜? 원인이 뭔지를 모르지요. 3년이 되도록 아이를 못 낳아 3년이 되니깐 그 시가집에서 부모들이 아이를 못 낳는다고 구박을 하는 거야. (그랬죠. 옛날에는 그랬죠.) 여자가 아이를 못 낳는 것은 그건 옛날 소박감이라. (그렇죠) 우리 어머니가 남편하고는 사이가 아주 좋았던 것 같은데 그 시가집에서 구박을 하니까 우리 외갓집에서 그 소식을 들은 거예요. 외갓집에서 그 소식을 듣고 외갓집 식구들, 남자들이 집안 식구들, 친척들이 다 가 가지고 우리 어머니를 데려오는 거야. 어머니는 그 남편과 사이가 좋았는데 그걸 데려오는 거예요. 어머니는 외갓집에 와서 외할아버지, 외할머니 일찍 돌아가시고 할머니, 할아버지 밑에서 함께 사는데 거기서 십몇 년을 그러니깐 33살까지 그렇게 사셨던 것 같아요. (혼자?) 아이를 못 낳고 소박맞아서 돌아온 여자, 그 아픔이 보통이 아니죠. (보통이 아니죠) 그런데 그러면서 이제 우리나라가 일본에 말하자면 속박이 되게 되고 일본 관리가 지배를… 근데 우리 외갓집 형제간들이 일본이 주권을 잡으면서 식민지로 지배를 하면서… 우리 외갓집 식구들은 관리요. 그래서 면장도 시키고 헌 거죠. 우리 외삼촌이 그렇게 관리가 되어서 있는데 어느 날, 우리 아버지가 아들 둘을 낳아 놓고 행복허게 사는데, 행복허게 사는데… 아내가 죽은 거예요. 우리 아버지가 아내가 죽은 거야 (그러니까 다른 여인을 모시고 와서) 우리 아버지가 결혼해 가지고 정식으로 산 거죠. 그런데 아내가 죽으니까 우리 지도 면으로 사망 신고를 허러 간 거야. 아내 사망 신고를 허러 왔는데 우리 외삼촌이 보니까 양반 집의 자식이야. 이 양반 집의 자식이 와서 사망 신고를 하는 것을 보는 거예요. 그래서 우리 외삼촌이 집에 누이가 있잖아요. (그렇죠.) 아이를 못 낳아서 소박맞아서 온 누이가 있는데 우리 아버지를

부른 거요. 사무실로 불러서 "우리 누이가 있다"고 "함께 살면 어떻겠는가?" 하고 거기서 합의가 이루어져요. 그래서 우리 어머니는 나중에 외삼촌들에 의해서 결국 우리 아버지하고 만나게 된 겁니다. 우리 아버지는 그 사랑하던 아내하고 아들 둘 낳고 살다가 이제 아내가 죽었고 우리 어머니는 그렇게 정이 있었던 그 남편과 강제로 헤어졌잖아요. (그렇죠) 그리고 아버지와 만나는 거야. 아버지와 만났는데 이건 아니오. 마음이 어땠느냐? 따로 있어. (어머니 마음에요?) 어머니 마음에 (어떤 마음이?) 그 남자 (처음 결혼한?) 처음 결혼한, 처음 결혼한 남자가 있었던 거 같애요. 그 남자가 잊혀지지 않아. 그 남자가 좋았던 것 같애요.

이유상: 그럴 수 있죠. 처음 결혼하신 남편이니까요.

정태기: 우리 아버지는 아버지대로 그쪽 그 사망한 어머니, 내게는 큰어머니죠. 큰어머니가 정말 미인이었던 것 같애요. 좋았던 거 같애요. 집안도 (그분은 또 그 전처를 못 잊는…) 못 잊는 거야. 여하튼 그렇게 우리 어머니하고 사는데 어머니하고 딱 만났는데 1년 만에 어머니가 임신을 헌 거요. 그래서 우리 형을 낳아요. 우리 형을 낳아… 형을 낳아 놓고도 우리 아버지는 '이 사람은 내 아내가 아닌 거 같아.' 허는 생각으로 아버지는 또 다른 아내를 찾아, 만나서 가정을 꾸려요. 우리 어머니는 아들을 낳았으니까, 남편이야 다른 아내와 가정을 꾸렸다 해도 상관이 없는 거야 어머니는 한이 아이를 못 낳는다는 그 한이 우리 형을 낳으면서 딱 풀린 거야. (그렇죠, 그렇죠.) "나도 아이를 낳았다." "그것도 아들을 낳았다." (아들 못 낳는다고 구박을 받고 한 것을 이제 삼촌들이 가서 데리고 와서 지냈는데) 그렇지 (다시 결혼을 해서 아들을 낳았으니까 얼마나 마음이) 그러니까 십몇 년을 그렇게 살았는데 그 한이… 우리 어머니는 큰아들 큰아들이 마음에 딱 들어와서 안 떠나요. 그리고 곧바로 우리 아버지는

또 다른 가정을, 건너가 큰 섬에 자은이라는 섬에 가정을 꾸렸는데 그 어머니가 보통 미인이 아니여. (그분이요?) 우리 아버지가 미인을 좋아했던 거 같아요. (허허) 그러니까 그쪽 어머니가 보통 미인이 아닌데 그쪽 어머니는 우리 아버지보다 17살이 어려. 새파란 처녀죠. (그렇죠) 우리 어머니보다는 20살이 어려. 그니까 우리 아버지 사랑이 그쪽으로 많이 갔겠죠. (네, 그럴 수 있죠) 그러면서 우리 아버지는 그쪽에 있다가 왔다 갔다, 그런 삶을 사는데 그러면서 내가 태어난 거예요. 내가 태어났는데 우리 어머니가 그때부터 그 남편을 빼앗긴 남편이 자기를 두고 다른 가정을 다시 거느리는, (그렇죠, 어머니보다 20살 어린 예쁜 여인이 남편을 차지했으니까…) 그렇지, 그렇지요. 우리 어머니는 그 아픔, 그 상처를 견딜 수 없었던 거 같아요.

이유상: 그렇죠. 어떻게 견디겠어요?

정태기: 그러다 보니깐 어머니가 몸이 좀 약했어요. 어머니가 그렇게 아버지가 저쪽 큰 섬에… 그 섬이 보여요, 이렇게. 근데 일허고 돌아오면 그 섬이 훤히 보이잖아, 우리 집에서 마당에 서서 보이고 그러다가 어머니가 병이 드는데 그 병이 무슨 병이냐? 밤이면 '가슴앓이'라고 그게 난 무슨 병인지 모르겠어요. 심장병인가? 그러면 그 통증이 보통이 아니야. 근데 그게 여름에만, 여름에만 찾아와요. 한밤중에 꼭 나타나 여름이면 한두 번 꼭 찾아와요. 우리 어머니는 그걸 못 견뎌요. 그러다가 몇 날 며칠을 물도 못 마시고 결국 쓰러지게 되고 쓰러지면 외갓집에서 머슴들 데려다가 가마에 태우고. 근데 그때는 내가 태어난 지 6개월도 됐고, 어떤 때는 1년도 됐고, 그때 어머니가 의식도 제대로 없는 처지에 나를 데리고 간다는 그 생각을 못 해요. (그렇죠) 그리고 외갓집, 그 당시 섬 사회에는 의사가 없던 시대에요. 한의학, 한의사도 없어요. 우리 어머니가 의식 잃고 쓰러진 것은 외갓집 상식으로는 이건 죽는 거예요. 그니까

어머니를 데려갈 때 장례 지내러 데려가는 거지. 그런데 그때 나를, 어린아이를 나까지 데리고 갈 수가 없어요. 나를 동네 아주머니한테 맡겼겠지요. (그러셨겠지요.) 우리 집의 도움을 받고 있는 식구들이 꽤 있었으니, 마을들이, 가족들이 꽤 있었으니깐 아마 동네 사람들은 누가 맡았느냐? 그건 모르겠어요. 근데 어린아이가 어머니가 없어지는 거예요.

이유상: 홀로 남게 되는 거 아니에요.

정태기: 홀로, 홀로 남아 근데 내가 어린 시절을 돌아보면 그 아이가 어머니가 없이 얼마나 울었을까? 그 여자가 내 엄마가 아니잖아요? (그렇죠. 옆집 엄마일 수도 있고) 그렇죠. (동네 사람일 수 있잖아요.) 근데 그 여자는 여자대로 우리 어머니가 의식을 잃고 그렇게 외갓집에 갔으니까 언제 올지를 몰라. 내가 볼 때 그 여자도 자기 일을 해야 돼. (그렇죠.) 우리 집에서 도움을 받았지만 충분히. 나를 방에다 가둬 놓고 자기 일 했겠지요. 이건 우리 어머니 얘기에요. (네, 그럴 수 있죠.) 근데 이게, 우리 어머니가 외갓집을 가는데 1년에 한두 번 그게 행사에요. 그다음에 또, 또, 또 (그만큼 그 가슴앓이가 계속된 거 아니에요, 그죠?) 그렇죠. 그니까 4살 때까지 아마 그런 거 같아요. 근데 5살 때 기억은 보통 헌대요. 그런데 나한테 우리 어머니가 나를 두고 외갓집에 간 그 기억을 나는 못해요. 우리 어머니가 언젠가 나를 붙들고 허는 말씀이 있어요. 한 번 가면 한 달 만에도 오고, 석 달 만에도 오고, 넉 달 만에도 오고 그런데 길면 다섯 달까지 근데 우리 어머니는 외갓집에 가서 있는데 견딜 수가 없는 거야. 어린 새끼를 (떼놓고 왔으니까.) 놔두고 왔잖아. 우리 형은 걸어 다니니깐 데리고 갔던 것 같아요. 그래서 조금만 거동이 가능하면 왔는데, 와서 나를 만나. 근데 어느 날, 그때는 아마 좀 여러 달 있었던가? 다섯 달 있었던가 모르겠어요. 와서 보니깐 내가 걸어 다니지를 못해. 기어다닐 때야. 근데

집에 오니까 마당에 아무도 없어. 그래서 그냥 우리 어머니가 아버지는 저쪽에, 어머니한테 계시니깐 아무도 없으니까, 방문을 열어 본 거야. 근데 내가 혼자 방 한가운데 이렇게 앉아 있더라는 거야. 우리 어머니는 기가 멕혀서 "아이고 내 새끼 이리와~" 그러는 거야. 그러니깐 나는 모르더래요. (엄마를 몰라보는) 어머니를 몰라 그리고 두려운 존재가 나한테 다가오니깐 내가 방구석으로 이렇게 물러가서 숨어. 그 얘기를 어머니한테 2번인가 3번 들었던 거 같애요. 그런데 그 상처가 나는 기억이 안 나요. 근데 그 상처가 나를 그렇게 힘들게 만들었던 상처에요. 두 가정이 굉장히 좋은, 외갓집도 좋은 가정이고 우리 집안도 좋은 가정인데 이 만남은 우리 아버지와 어머니의 만남은 치명적인, 불행한 만남이죠. 그중에서 태어난 게 나예요. 우리 형도 그렇고 나도 그렇고 우리 형제간들이 4남매가 태어났는데 근데 내가 볼 때 우리 형도 나도 중증 환자지요. 중증 환자요. 그 상처가 평생을 나를 붙들고 늘어지는 거예요. 날 괴롭게 하고, 날 우울하게 만들고, 분노하게 만들고….

이유상: 요즘 말로 하면 둘 다, 친가나 외가나 다 뼈대 있는 집안의 내로라하는 그런 집안의 아버지이고 어머니이신데 그 두 분이 만나서 사신 이야기는 참 슬픈 이야기다. 그죠?

정태기: 우리 아버지도 이해가 돼요. 그 아들 둘 낳아 놓고 그 예쁜 아내, 그렇게 좋은 아내, 사랑하는 아내가 죽어버리니깐 그게 하루아침에 없어지는 게 아니잖아요? (그럼요) 우리 어머니는 어머니대로 그랬고 (두 분 다 아주 험한 그런 시절을 보내셨네요. 어머니도 어린아이를 두고 자기 자신의 몸을 추스르기 위해서 외가 식구들에 의해서 외가로 가서 회복하러 가시는 길인데, 그것도 얼마나 엄마 마음이) 그니까 우리 어머니가 외갓집에 가서 '나는 아이를 못 낳는 여자다' 하는 그 아픔, 이건 지금은 모르지만 옛날에는 그건 죽음이에요.

(그렇죠.) 그걸 13년 동안 앓았던 거예요. 그 어머니를 만났고 우리 형을 낳았고 1년 만에 우리 형을 낳았고 "아들아~!" (그러니까 그 어머니가 가슴앓이한 그 아픔이 느껴지네요. 정말로…) 여하튼 나를 낳고, 내 여동생을 낳고, 남동생, 아들 셋 낳고 딸을 하나 낳고 그니까 어머니는 소원을 푼 거죠. (그러시죠. 그러시죠.) 근데 결혼만은 불행한 것 같아요. 불행했어요. (남편이 곁에 있지 않고 새 사람을 찾아 다른 곳에서 사시니까.) 그러니깐 일 년의 절반은 저쪽, 절반은 이쪽, 우리 어머니한테 와서 계시는데 난 아버지를 무지하게 무서워했어요. 그런데 아버지한테 매를 맞아 본 적도 없고 크게 꾸지람을 받은 적이 한 번 있었어요. 근데 그건 아무것도 아니야. 밥상에서 버르장머리 나쁘다고 매를 맞아 본 적도 없고 크게 욕을 들어본 적도 없는데 아버지만 나타나시면 아버지 앞에 사시나무 떨듯 허는 거예요.

동산의 소리 2 _ 부모님의 갈등을 경험했던 유아기

이유상: 아버지와 함께한 시간이 그렇게 많지 않았던 거죠?

정태기: 그렇죠. 그렇죠. 그것도 그렇고 아버지, 어머니는 서로 간에 그러니까 싸움이 있겠지요. 싸움이 있고, 내 짐작으로는 싸움에서 아버지 목소리가 커요. 아버지 목소리가 커서 싸움이 일어나면 우리 어머니는 그때부터 음식을 못 먹어요. 맨날 먹던 물도 먹으면 토할 정도로… 아버지 목소리가 커지면 근데 그 기억을 누가 하고 있느냐? 내가 하고 있는 거예요. 근데 그 요즘의 연구에 의하면 3년인가 4년 전에, '영국생명과학연구소'인가요? 내가 이름을 정확히 모르겠는데, KBS 뉴스로 나왔어요. 아이가 엄마 아빠 싸울 때 그걸 100% 몸으로 받아 버리는 나이가, 흡수를 해버리는 나이가, 그 놀라운 충격의 아픔을 받아 버리는 나이가 18개월, 1살 반 되면 정확하게 어머니 아버지 싸움을 그렇게 온몸으로 받아 버린대요. 내가 그걸 받은 거예요. 근데 이유상 대학원장님도 아시겠지만 미국의 유명한 대머리 의사가 있어요. 미국 전국의 유명한 의사요. 강연자인 Dr. Phil이라고 (네네, TV에도 많이 방송 나오는…) TV에 많이 나옵니다. 많이 나오는데 Dr. Phil 연구가 언젠가 한 번 이런 발표를 했어요. 아이가 엄마 아빠 싸울 때 그 받는 공포가 얼마나 세냐? 근데 Dr. Phil은 그걸 뭐하고 비교를 했느냐? 사형수가 사형 언도를 받고 집행을 당해요. 근데 교수대에 올라서는 거예요. 밧줄을 목에 걸고 있을 때 곧 내가 죽어요. 그때 사형수한테 Sensor기를 붙인대요. (몸에요?) 몸에다 부착시키고 그걸

전자현미경에다 그 몸에서 느끼는, 공포를 느끼는 그 수치를 파장으로 이렇게 현미경에 나타나도록. 근데 그 파장이 700 Cycle이래요. 순간적으로. 700 Cycle인데 인간이 가장 큰 공포를 느끼는 수치가 700 Cycle이라는 거야. 가장 두려움을 느끼는, 근데 아이가 엄마 아빠 싸울 때 깜짝 놀래는데 그때 아이한테 Sensor기를 붙이고 연결시켜 보면 700 Cycle이 꼭 나온다는 거야. (네, 그만큼…) 아이는 엄마 아빠 싸울 때는 죽음의 공포를 느끼는 거죠. 그 공포를 계속 받아 버리면 그 아이는 나중에 정신적으로, 영적으로, 육신적으로 아무것도 제대로 할 수가 없어요. 그래서 그 치명, 부모가 싸우면 치명적이라는 데 내가 그걸 받았던 거 같아요. 내가 의식적으로 기억할 수 있는 때는 우리 어머니 아버지가 싸움이 별로 없었어요. 별로 없었어요. 근데 우리 어머니 아버지 싸움은 내가 기억할 수 없는 그 1살부터 4살 사이, 5살 사이가 아닌가… 그때 그렇게 충격을 내가 받았는데 그때 받은 내가 기억할 수 없는 그 상처 때문에 평생을 내가 시달렸던 것 같아.

이유상: 그 충격이 얼마나 컸었는지는 제가 상상할 수도 없을 정도로 그래요. 아마도 그 충격 때문에 어린 태기가 방에 혼자 앉아서 엄마가 찾아와도 뒤로 물러가고 조심하고 겁내고 다가가기를 힘들어하고 그러셨겠죠?

정태기: 누군가가 나를 버린다는 (그러죠.) 그래 사람을 두려워하는… 어린아이가 사람을 두려워하는, 그런 나를 맡았던 그 아줌마도 우리 엄마가 언제 올지 모르니까 마음 놓고 방에 가둬 놓고 자기 일을 했겠죠. (그럴 수 있죠. 자기 삶도 있으니까요.) 그렇죠. 근데 그 아이가, 내가 그 공포 때문에… 그런데 초등학교 졸업헐 때까지는 내 삶이 그렇게 힘들지 않았던 거 같아요. 행복했어요. 행복했어. 왜 그랬을까? 우리 집이 위치가 괜찮아요. 경제적으로 모든 면에서 괜찮아요. 그 동네 사람들이 우리를 존중을 해요. 우리는 우리 어머니가

외갓집이 부자잖아요. 우리 집도 경제적으로는 (또 아버지 댁도 뼈대 있는 집안이니까.) 그때는 가난이 엄청나게 무서울 때예요. 못 먹어 죽을 때, 굶어 죽을 때라, 우리 어머니가 손이 커요. 동네 사람들한테 와서 일을 하면 품삯을 (풍성하게) 풍성하게 줘요. (베푸셨겠지요?) 인심이 좋아요. 그래서 사람들이 우리 어머니 좋아하고 우리를 좋아하니깐 내가 그런 걸 모르고 초등학교 졸업할 때까지 잘 컸던 것 같아. 그 동네 아이들하고 그렇게 많이 어울려서 그 바닷가, 바다에 살고 갯벌에 뒹굴고 그러면서 그걸 잊고 살았어요. 다들 우리를 무시하지 않고 좋아해 줘서 (아버지와 떨어져 사는 환경이긴 했지만) 암만. (집안이 안정되어 있고 넉넉한 집안이기 때문에 가족 내 사람들하고 결여된 이런 관계가 동네 사람들하고 더 충족되는 그런 생활을 하신 거다. 그렇죠?) 그렇지, 그렇습니다. 그리고 자연이 너무 좋았고 바다가 좋았고 섬들이 좋았고 그 사시 봄, 여름, 가을, 겨울. 그 아름다운 진달래, 등대 하여튼 그런 내 고향이 나에게 준 힘이 엄청나게… 자연이 준 힘! 그 사람들한테, 친구들한테 받은 그 힘이 엄청나게 컸던 것 같아. 근데 그게 초등학교 졸업하고 목포로 중학교를 가잖아요? 중학교를 딱 가는데 그건 전혀 딴 세계에요. 이방의 세계야. 아무도 나에게 관심 없어.

이유상: 작은 섬에서 대도시로 옮겨 가신 거니까.

정태기: 그때부터 나에게 두려움이 찾아와요. 사람이 무서워요. 근데 어린, 어린 시절에 어머니한테 버림받은 가장 중요한 존재인 어머니가 날 버리고 외갓집을 갔어요. 그러니깐 그 버림받은 아픔이 나에게 중학교 학생이 되면서부터 '사람들이 나를 무시할지도 모른다.' 무시한다는 사실은 '나를 버린다', '마음으로 받아들이지 않는다.' (귀히 여기지 않는다.) '귀히 여기지 않는다' (그런 마음이 있을 수 있죠) 그런 마음의 공포로 시달리게 돼요. ('아버지가 나를, 어린 나를 두고

떠나셨다.' 이런 생각도 해보셨어요?) 아버지가 어릴 때 나를 두고 떠난 것은
상처가 별로 크지 않대요. 그런데 어머니가, 어린아이한테는 어머니가 전부요,
아버지는 제2차요. 어머니가 전부인데 그 전부가, 전부인, 내 온몸의 전부인
어머니가 나를 두고 떠났으니까 내가 버림받은 거죠. 송두리째 지금 내적
치유를 이렇게 허다 보면 전부 다 그 문제예요. 부모로부터 버림받는…

이유상: 그렇죠. 아마도 어머니로부터 버림받았다는 그 느낌, 어머니가 나를 두고
외가로 회복하기 위해 가신다는 그 과정에서 느꼈던 슬픔, 두려움 이런 것들이
지금의 총장님께서 치유상담에 더 관심을 가지시고 우리나라에 소개하시게
된 큰 힘이 되지 않았을까? 그런 생각을 저는 해보게 됩니다.

정태기: 그런 측면에서 그 상처가 고마워요. 그 상처가 아니었더라면 나는 오늘날
치유상담, 이 분야는 나하고는 상관이 없었을 거예요. (그랬을 수도 있죠.)
그 상처 때문에… 그런 측면에서 나는 "상처는 자산이다." "상처는 큰 자산이다."

이유상: 그렇게 말씀해 주시니 제 상처도 큰 자원으로 새롭게 느껴지네요. 치유상담
공부를 본격적으로 하시게 된 그런 배경 이야기를 좀 더 해 주시면 좋겠습니다.

정태기: 그러니깐 내가 목포로 중학교를 나와서 다른 사람들을 의식허기 시작하잖아요?
그 시기, 권위 있는 사람 앞에서는 내가 정신을 못 차려요. 선생님, 경찰,
어른… 근데 교회 목사님 앞에서도 그냥 떨려요. 두려워. (소위 '권위자'라고
하는) 그렇지, 권위자 거의 내가 아버지로부터 용납을 못 받은 거지요. 그리고
우리 아버지가 큰 소리를 내고 싸울 때 우리 어머니가 그래서 없어진 거예요.
그 어머니는 무서운, 아버지는 무서운 존재요. 거의 공포의 존재예요. 그걸
내 몸이 다 알아요. 그게 권위자로 나타나는 거야. 권위자로 나타나는데…
그래서 대인 관계가 안 돼요. 왜 대인 관계가 안 되느냐? 내가 그 무서운

아버지 밑에서 살아남는 비결, 그게 뭐냐? 아버지 마음에 드는 거예요. 그 방법이 얌전한 거야, 착실한 거야, 말 잘 듣는 거예요. 누구 앞에서도 (그래야 아버지가 큰 소리로 이야기 안 하실 거니까) 그렇지, 그렇죠. 음 음. 그러다 보니깐 그게 내가 다른 사람한테 인정을 받는 길은, 칭찬을 받는 길은, 용납되는 길은, 버림을 받지 않을 수 있는 길은 얌전한 거다. 착실한 거다. 그래서 약점을 안 보여요. 화를 안 내요. 사람들은 나를 좋다고 그래요. 나는 내 감정을 밖으로 드러내지 못하고 억압을 허는 거죠.

이유상: 어린 시절에는 더하셨겠죠? 목포로 옮겨 가서는 더 억압을 하셨겠죠?

정태기: 그랬고, 그렇죠. 모든 사람을 의식하면서 살아요. 목사님 앞에서 그렇게 떤다고 중학교 1학년이 떤다고 그래서 여학생들이 나한테 별명을 붙였는데 '재봉틀'이라고 (그때부터 그 재봉틀이…) 응, 그런데 내가 그 목포를 떠나서 신학교를 들어가잖아요. 난 신학교가 지옥이었어요. 학생들도, 주위 학생들도 이건 말하자면 '저 사람들도 나를 무시할지 몰라.'

이유상: 신학교로 옮기시려고 결심한 동기는 무엇이었고, 목포에서 신학교로 입학을 해야 되겠다 결정하신 계기가 있으셨나요?

정태기: 사실은 하나님의 도우심이 아닌가, 역사가 아닌가 생각하는데 나는 신학교 갈 생각을 전혀… 목사, 이것은 나하고는 천 리나 만 리, 거리가 멀어요. 내가 이 생각을 해본 적이 없으니까. 그래서 의과대학 시험을 봐서 떨어졌지요. 의과대학 시험을 봐서 떨어졌는데 1년 동안 고향 섬에 가서 혼자 공부하는 거예요. 이걸 '재수'라고 그래. 고향 섬에 가서 재수를 하는 일은 어떤 일이냐? 그때는 종이도 귀해요. 59년도면 귀해요. 내가 고등학교 졸업하고 의과대학 떨어졌다가 59년, 1959년돈데, (59년은 제가 태어난 해에요.) 그래요? (허허)

그런데 그때는 우리 집이 증도에서 임자로 이사 갔을 땐데 임자 우리 마을에서 뒤로 한 7분만 걸어가면 30리 해변이 나와요. 가 봤잖아요? (네, 가봤죠. 저번에 같이 갔었죠.) 30리, 12Km 우리나라에서 제일 긴 해변이에요. 모래 바닷물이 이렇게 쫙 들어왔다 나가요. 그럼 모래 백사장이 아주 명주 바닥처럼 굽이굽이가 아니라 어떤 그냥, 꼭 종잇장처럼 잔잔하게 딱… 그럼 막대기 들고 와서 거기다가 글을 (쓸 수 있어요?) 응, 산수도 풀고 종이가 필요 없잖아요. (그렇죠. 그 모래가 또 아주 고운 모래니까 정말) 마음대로 (쓸 수 있죠.) 거기 가서 혼자 공부를 해서 '의과대학을 다시 도전헌다', '의과대학 못 가면, 돈이 없으면 공대를 간다.' 이 생각을 허고 그 공부를 허는데 10월에 했던 것 같아요. 그 바다에 나가서 풀다가 혼자 앉아서 바다를 봐요. 그 바다가 저녁 석양 무렵이면 해가 바다로 떨어지는 장면이 웅장합니다. (그렇죠. 우리 그때 같이 가서 같이 보고 그랬었죠. 같이 기도하고 찬양하고 그랬었죠.) 맞아요. (굉장하죠.) 떨어지는데 10월 하순이나 된 것 같은데 나도 모르겠어요. 그때 무릎 꿇고 내가 통곡을 했어요. 내 입에서 나도 모르게 나온 얘기에요. "하나님 나 신학교 갈게요." "하나님 나 신학교 갈게요!" 그것이 다예요. 왜 신학교를 갔느냐? 누가 나한테 은혜를 끼친 것도 아니고 은혜 받아 가지고 한 것도 아니고, 그냥 난 바닷가에서 공부하다가 나도 모르게 (그냥 혼잣소리로 그렇게 서원을 하신 거죠?) 서원을 한 거죠. 근데 그럴 수 있는 원인이 있어요. 59년도 2월에 졸업을 하고 3월에 고향, '임자도'라는 그 섬으로 이사간 지 2년인가 3년 되는 낯설은 마을로 갔는데 교회가 있더라고요. 교회가 있는데 그때는 임자도라는 그 섬은 공산주의 사상이 아주 강한 섬이오. 우리나라에서 사람이 제일 많이 죽었던, 6.25 때, 섬인데 그러니깐 우리 대기리 마을도 그게 강해요. 근데 교회가 있는 거예요.

이유상: 교회가 거기 있어요?

정태기: 교회가 있는데 아마 외국 선교 자금이 나와 가지고 누가 교회를, 마을 집을 하나 사서 교회 간판을 붙였는데 문제는 교인들이 별로 없어요. 그때는 교회로 구호물자가 종종 많이 나와요. (네, 그렇죠 뭐 나눠주고 이렇게, 그런 일이 있었죠) 그런데도 이렇게 의식이 있는 사람은 교회를 못 가요. 교회를 가면 영향력이 있는 사람들(좌익사상)이 자기를 구박한다는 사실을, 사상이 용납을 안 한다고. (총장님께서는 어떻게 신앙생활을 거기서 어떻게 하셨는지?) 목포에서 6년을 교회를 다녔는데 (아, 목포에 계셨을 때도 신앙생활을 하셨어요?) 했죠. 목포, 목포 가서부터 신앙생활을 반듯이 해가지고 새벽기도까지 계속 나갔으니까.

이유상: 그러면 해변에서 서원한 것이 갑자기 이루어진 것은 아니네요?

정태기: 그건 아닐 수 있지요. 그런데 그, 59년도 3월 우리 대기리 마을로 들어갔는데, 교회는 있는데 사람이 별로 없어요. 근데 아주 가난한 집의 여인들이, 나이가 든 여인들이 구호물자 때문에 와요. 그게 한 다섯 가정 자식들은 못 나오고 나이 든 여인들만 (그러면 미군 부대에서 미군들이 준 구호물자를 받을 수 있었나요?) 그런 구호물자가 아니고 교회 (아, 교회에서요?) 미국 교회에서 한국성결교회 본부로 보내면 성결교 본부에서 그걸 또 분배를 하는 것 같아요. (그러니까 한국에선 못 구하는 제품들이니까.) 그렇죠. 먹는 것들이고 뭐고 옷들이고… 내가 교회를 딱 3월 달에, 1959년 의과대학 떨어지고 들어가서 교회를 나갔는데 그 여자들뿐이에요. 며칠 몇 주일 나갔지요. 근데 문제는 목회자가 없어요. (그 교회에요?) 목회자가 있을 수가 없는 게 봉, 월급을 줄 수 없는, 월급을 줄 수가 없고, 박해 때문에 견딜 수도 없고 근데 그 교회 나오는 여인들은 아무도 한글을 몰라 성경을 읽을 수가 없는 거예요. 내가 나가니깐 내가 또 보통 양반의 집 아들이 아니라 근데 힘이 됐던 거 같아요. (그렇죠.) 그

여자들한테… (아, 그렇지요. 어린 시절에 천자문을 깨우치고 또 목포에 가서 유학을 하고 돌아온 청년이니까.) 암만, 암만. (크게 의지가 되죠.) 임자면에서는 딱한 사람, 목포에 내가 목포의 유명한 고등학교를, 졸업을 유명한 고등학교, 일류 고등학교를 호남에서 그때는 최고였어. (그러니까요. 목포고등학교라고 하셨죠?) 졸업을 했는데 그때 내가 들어갔는데 내가 혼자야, 목포고등학교를 나온 사람은 그런데 그 여자분들 6명이, 나이 든 여성분들이 자기들은 성경을 읽을 수가 없대요. 그러니깐 자기들한테 성경을 읽고 얘기해 달래요. 근데 나는 사람들을 두려워하고 떠는데 그 사람들한테는 떠는 이유가 없잖아요. (그렇죠. 안 떨렸어요 그때는?) 안 떨리지. 그 사람들한테는 떨릴 이유가 없죠. 자신이 있으니까. 그래서 성경을 읽고 생각한 대로 얘기를 허는 거예요. 얘기를 허는데 얘기가 재밌었던 거 같아요. (듣는 사람한테는 그렇죠?) 그래서 사람들이 모이는 거야. 여자들이 모이고 나중에는 처녀들이 모이는 거야. 젊은 처녀들이.

이유상: 네. 소문이 날 거 아니에요?

정태기: 소문이 나죠. 200호가 넘는 큰 마을인데. 처녀들이 모이는데 한두 명이 모이는 게 아니에요. 10명, 20명이 막 (이야, 인기 있었겠는데요. 아주?) 인기가 있는데 보통이 아니지. 그래서 나중에는 내가 그들 앞에서 설교를 해요. 글을 모르니까 내가 설교를 해요. 설교를 해 주는데 주일날에는 보통 인기가 아니요. (그렇죠 아주 어마어마한…) 나중에는, 6명 모이던 교회가 4월, 5월이 가니깐 50명, 60명 모여. (이야) 이게 10월쯤 가니깐 그 교회가 꽉 차. 그래서 들어올 수가 없는 사람들이 밖에서 이렇게 들어 (그 정도로…) 그 정도야. 그러고 나서 내가 그 바닷가에서 그 응답을 받은 거야. 그 경험이, 그 경험이 나와야 돼. 그런 게 계기가 되었던 것 같아. 아마 그런 경험이 없었으면 난 신학교 간다는 생각을 못 할 거예요. 이런 일 한다는 생각도 못 했을 거예요.

이유상: 늘 혼자 엄마, 아버지로부터 떨어져 있고, 사람을 두려워하는 생활을 하다가 이제는 사람들과 친해지고 성경을 이야기해 주는 사람이 되었네요.

정태기: 인정을 받잖아, 내가. 100% 인정을 받았으니까 (어마어마한 경험이었을 것 같아요.) 가장 행복했던 순간이죠. 내 인생에서 가장 행복했던 순간이었던 것 같아요.

이유상: 네. 그러셨을 것 같아요. 그래서 사람들을 돕고 사람들을 예수님께로 인도하는 그런 사역자가 되어야겠다고 그때 결심하신 거네요.

정태기: 그리고 1년이 지난 다음에 60년도에는 내가 신학교를 와요. 결단을 했으니까, 마음의 결심을 했으니까 그때 대기리 교회에서는 처음 역사로 전임 담임 목회자를 모셔요. 왜? 이제는 부양할 수 있는 능력이 있으니까.

이유상: 그렇죠. 사람이 많이 모여서 식구가 많아진 상태고, 총장님이 서울로 가셔서 공석이 되어 버렸잖아요?

정태기: 그래서 그 교회가 왕성해졌어요. 아무도 박해 못 하고 근데 나는 서울로 신학교를 왔는데 여전히 또다시 원상태로 돌아가요.

이유상: 아, 그래요?

정태기: 두려움, 불안 (사람에 대한 두려움이요?) 사람에 대한 두려움, 대인 관계, 우울증 지금 생각해 보니깐 신경증, 우울증, 여러 가지에 휘말리게 된 거예요. 나중에 치유상담을 공부허면서 보니깐 그게 전부 다 내가 기억할 수 없는 어린 시절에 겪었던 그 아픔이에요. 버림받은 상처… 신학교를 졸업허고 나서 졸업헐 때, 졸업 설교를 했는데 나한테 치명적인 상처가 다시 또 자리를 잡아요.

이유상: 설교 후에요?

정태기: 설교를 허고 난 다음에 설교를, 졸업 설교를 했는데 졸업 설교가 필수예요, 그때는. (그렇죠.) 졸업 설교를 허는데 내가 그 전교생, 그 신학교 전교생 앞에서, 교수들 앞에서 설교헌다는 사실이 나한테는, 이건 불가능한 일이에요. (쉽지 않죠. 그건 뭐, 어느 목회자라도 훈련된 목회자라도 여러 목회자 앞에서, 교수 앞에서 설교하는 것은 그건 떨리는 일이죠.) 떨려도, 떨리는 게 아니고 이거는 죽음의 공포에요. 그래도 졸업 설교를 해야만 졸업이 되니까 원고를 썼지요. 토씨 하나까지 다 썼지요. 올라가서 읽었지요. 절대로 청중 안 쳐다보고 그리고 내려왔지요. 그리고 이제 Chapel이 끝나고 졸업생들이 그 강당에 다 모이고 졸업생들 그리고 강의가 없는 교수님들이 다 남았고 내가 헌 설교를 평가를 하는 거예요. 그 설교 평가가 1시간을 진행되는데 (1시간 동안이나요?) 그러, 그러죠. 보통 그게 수업이니까. 그때 그들이 이구동성으로 허는 얘기가 "너는 목회 길로 가면 안 된다." "너는 목사가 되면 안 된다." "넌 설교자가 되면 안 된다." "교회가 안 된다." 그리고 "니 목소리는 설교의 목소리가 아니다." 크지 않아서. 그걸 계속 듣고 있는데 1시간 동안 들으면서 나는 속으로 '맞어 맞어. 나는 아니야. 나는 아니야.' 그리고 내가 결단한 게, 교회 못 가요. 그래서 내가 공장으로 들어가게 된 거지요. 공장으로 들어가서 안양 동양나일론 공장에, 그것도 정식 종업원도 아니고, 빽이 없어서 그냥 잡역부로 7년을, 7년 동안 수도 없이 많은 병을 앓아요. 편두통, 우울증… 막 그냥 그 이상한, 살고 싶지 않은 그런 감정에 시달려요. 절망. 소망이 전혀 안 보이는… 그러다가 69년, 그때 미국으로 갈 수 있는 길이 있었어요. 아무나 갈 수 있는 게 아니오

동산의 소리 3 _ 치유상담 공부와 내면 치유 사역

이유상: 국가장학생으로 가는 거 말씀이죠?

정태기: 응, 그때는 그걸 고등고시 보듯이, 사법고시 보듯이 '문교부 유학고시' '문교부 유학시험', 이렇게 표현을 했어요. 그게 1년에 국가에서 170명만 선발을 해요. 미국에 아마 그런 계약이 되었던 것 같아. 그때 전국적으로 6~7천 명, 8천 명이 응시를 해요. 길이 없었으니까요. (또 귀한 기회니까, 외국 가서 공부할 수 있는) 170명만 혜택을 받아요. 내가 그 시험에 합격을 해요. (이야, 멋진, 멋지네요. 멋져요.) 멋지죠? 광화문에 168번, 지금도 잊혀지지 않아요. 정부 게시판에 내 수험번호가 붙었던 거예요. 그쯤 되면 내 운명이 피어나야 돼요. 근데 미국 가서 난 더 힘들었어요. 미국 가서 미국 사람들을 도저히 감당이 불가능해요.

이유상: 그 이야기는 나중에 하실 기회가 있을 것 같고요. 이야기한 지가 1시간이 되어서.

정태기: 그런가요? 벌써 그렇게 되었나? 그런데 왜 이런 공부를 할 수 밖에 없었던가? 오늘 마무리하려고 그래요? (1시간 동안 계속 이야기하셔서 총장님 좀 쉬시면서 하시면 어떨까 싶어서) 그럴까? 좋아요, 좋아요. 그런데 지금까지 우리가 얘기한 거에 (지금까지가 1, 2, 3 이야기 했어요. 총장님 적어주신 이 첫 번째, 두 번째, 세 번째…) "치유상담을 왜 공부하게 되었느냐?" 그러니까 치유상담을 공부하느

라 미국 가서 내가 공부를 했는데, 30살에 미국을 갔는데 (그러면 제가 질문하는 걸로부터 다시 할까요? 그게 낫겠어요?) 그게 되는 거예요? 지금 연속이에요? (편집하려면 제가 질문하는 게 또 있어야 하니까요. 제가 질문 짧게 할 테니까 그럼 총장님께서 이야기해 주세요.)

이유상: 총장님께서 치유상담을 공부하시게 되셨잖아요? 외국에 가서서 치유상담을 공부하시게 된 배경 설명을 조금만 더 해주시면 도움이 되겠어요.

정태기: 아, 배경 설명은 이래요. 가서 30살에서 31살까지, 2살까지, 3살까지, 4살까지 4년, 5년째 공부를 하는데 공부가 문제가 아니라 대인관계가 문제예요. 우울증이 찾아오고 감당이 불가능한 거예요. 그때 미국 교수들은 나에게서 소망을 안 봤어요. "저런 학생한테 장학금 줄 가치가 있겠는가?" 그래서 그 노던 신학교(The Northern Baptist Theological Seminary) 교수들이 자기들끼리 모이면, 교수회로 모이면, "보내자, 돌려보내자." "새 사람 선택하면 되지 않느냐." 그런 주제를 가지고 많이 여러 번 얘기를 했던 것 같아요. (교수회의를 했겠죠?) 그렇죠. 나중에 알았습니다. 나는 몰랐고 그들이 얼마나 신사적이냐? 아무도 그 얘기를 나한테 들려주지 않았어. 그게 4년, 5년에 들어선 거야. 그래서 내가 미국 가서 35살이 되는 거예요. (미국 가서서 3, 4년 동안 계속 그러한 힘든 생활을 하셨네요?) 힘들게 산 거죠. 강의실에서도 사람 접촉이 별로 없고 그냥 강의만 끝나면 나오고 그랬는데 교수들은 35살이 되었을 때 "이제는 아니다." 아마 몇 명 교수들이 많은 교수들이 돌려보낸다고 헐 때 몇몇 교수들이 반대했던 것 같아요. "이건 사랑이 아니다." (보내지 말고 다른 방법을 찾아보자.) "이건 예수 그리스도의 사랑이 아니다." 그것 때문에 머뭇거렸는데 35살이 될 때는 그것조차도 이제는 불가능헌 거야. "아 정말 아니다, 아니다." 그 결정을 헐 날이 와요. 내가 사망선고를 받는 날이, 그날이

오는데 만일 그날, "너는 이제 나가라." 그랬으면 내가 나왔겠어요? 나는 그냥 자살했지요. 그냥 자살했지요. (아, 그 정도로요?) 암요. 어떻게 나와요? 그런데 내가 그 사망선고를 받기 전날 세계적으로 유명한 Wayne Oates 박사가 노던신학교에 부임을 해요. Wayne Oates 박사가 노던 신학교(The Northern Baptist Theological Seminary)에 부임을 해요. 근데 광고판, 게시판에서만 알았어요. "유명한 Wayne Oates 박사가 온다." 그렇지만 우리는 한 번도 본 적이 없어요. 그런데 부임하고 다음 날, 아직 인사도 안 했던 다음날, 교수 회의가 열리는데 그날 사망선고 날이에요. 교수들이 진지하게 얘기를 허는 거예요. 정태기 돌려보내자고. 그때 Oates 박사가, 전혀 모르는 사람이 "그 학생이 누구요?" 그러니깐 설명을 듣는 거예요. "5년 전에 우리가 받았던 학생이다." 그때 Oates 박사가 그 교수님들한테 "그러면 오늘 내가 그 학생을 한번 만나보겠습니다." "만나보고 난 다음에 얘기 나눕시다." 그래서 연기돼요. 그날 오후 2시에 Wayne Oates 박사 연구실로 내가 불려 가요. 처음 만남이죠. (네, 그렇죠) 그러니까 질문에 대답은 내가 할 수 있었어요. 둘이 얘기를 허는데 질문하면 내가 대답을 해요. 대답을 허고 나중에 시간이 지나가면서 나도 모르게 울다가 얘기하다가 그 시간이 어떻게 흘러갔는지 우리 둘이는 저녁 식사하는 걸 전혀 생각을 못 했어요. (시간이 가는 줄도 모르고 계속 이야기하셨다는 거죠?) 그렇죠. 근데 얘기가 끝나는 게 밤 12시 40분이오. 10시간 40분을, 얘기를 나눈 거예요. (이야⋯ 정말 외국인으로서는 흔하지 않은 그런⋯) 암, Oates 박사도, 본인도 내 문제가 너무 심각해서 깊이 빨려 들었던 거 같아요. 나도 그랬고⋯ 12시 40분에 Wayne Oates 박사가 나와서 나를 붙들고 나를 끌어안는데 그때 울먹거렸던지 난 그건 모르겠어요. Wayne Oates 박사가 덩치가 커요. 나를 붙들고 "니 나이가 서른다섯이다." "니 키가 5 feet 몇 inch, 1m 73cm 다." "너 미국 와서 5년 동안 많은 지식을 습득했다.” “사람들은 너를 어른이라 그런다. 성인, Adult” “근데 오늘 너를 만나보니까 너는 성인이 아니야.” “5살, 6살 어린아이야.” ‘Adult Child’ 나는 그때 ‘Adult Child’라는 단어를 처음 듣습니다. 어린아이야, 누가? 근데 그 아이는 어떤 아이냐? 사람만 보면 떨어. 그래서 조금만 스트레스가 오면 잠을 못 자. 그때 내가 겪은 게 그런 거였어. “너는 이대로 가면 3년 이내에 암으로 죽든가, 정신병원에 가서 죽든가. 그렇게 네 인생이 끝날 가능성이 있어.” “누가 너를 이렇게 만들었느냐?” “니 아버지, 어머니가 니가 기억할 수 없는 그 나이에 너에게 준 상처다.” “어머니로부터 처절하게 버림받은, 니 상처를 해결하지 않고는 너에게 길이 없다.” 그러면서 나에게 한 제안이, Kentucky Lexington, 치유상담 공동체에요, 거기는. 그 공동체에 가야 되는데 비용이 비싸요. 그때도 비쌌어요. 지금은 1주일, 4박 5일에 $6,500인가? 그런대요. 그때도 비쌌어요. 그걸 Wayne Oates 박사가 모금을 했어요. 근데 침례교 교회에서 많이 호응을 했어요. 내가 거기서 몇 년 동안 훈련받을 수 있도록 1주일에 수천 불에 해당되는 그때는 엄청나게 큰돈인데 그때는 미국이 인심이 너무 좋았어요.

이유상: 사랑하는 사람들을 이렇게 품에 안으려는 그런 사랑의 마음 아니겠어요? 그런데 Wayne Oates 박사가 처음 만난 동양 학생을 위해서 열 시간 이상 할애해서 이야기하고 그 학생을 살리기 위해 애쓰신 이야기는 정말 대단하네요.

정태기: 그런데 Wayne Oates 박사는 본인이 노력헌 게 아니에요. (그러면요?) 본인도 모르게 빨려 들어가 버린 거야. 자기도 모르게 혼이 나가서 빨려 들어간 거지. 자기가 의지적으로 그런 것은 아니었던 거 같애요. 여하튼 그래서 내가 휴학을 하고 Kentucky Lexington으로 들어가지요. 거기서 놀라운 장면을 봅니다. 전연 별천지요. (치유공동체니까요.) 한 200명이 모였는데 춤추고,

노래하고, 마음껏 얘기하고, 그니까 내가 눈치 볼 이유가 없는 거예요. (그렇죠) 그런 극적인 사건이 있어요. 동양 학생이 200명 중에 나 하나뿐이니까 소그룹 들어갔을 때 얘기해요. "왜 여기 왔냐?" (깊은 관심도 받았을 것 같아요.) 그렇지, 그렇지. "나는 우리 어머니, 아버지 싸움 때문에, 갈등 때문에 받은 상처로 이렇게 세상을 무서워하고 조금만 스트레스가 와도 못 견디고 우울증, 모든 면에서 시달리고 있다." 그런 면을 얘기를 허는 거야. 허고 있는데 이쪽 앉았던, 그때 한 10명씩 소그룹으로… (소그룹으로 나눠서) 한 남자가 돌아오는 거예요. 그가 내 뒤에 와서 무릎을 딱 꿇고 의자에 앉아 있는 나를 이렇게 손으로 끌어안아요. 그냥 나를 위로헌다고 머리를 등에 대고 있는 줄 알았어요. 나는 그냥 얘기를 허는데 그가 우는 거예요. 그가 흐느껴요. 그가 우는데… 나중에는 울면서 허는 얘기해요. "나도 너처럼 어머니, 아버지 무서운 싸움 때문에 시달린 사람이다." "나도 지금 그런 문제로 변호사이지만 사람이 무섭다." 그러면서 울면서 허는 얘기가 "나는 니 마음 알어." "나는 니 마음 알어." 근데 나도 모르겠어요. 얘기허다가 그를 끌어안았어요. 우리 둘이 바닥에서 끌어안고 통곡을 허는 거야. 그런 경험들… 그리고 "나는 못생겼다"고 "나는 못났다"고 그럴 때 거의 절반 이상이 3분의 2가 여자들인데 그 여자들이 울면서 나한테 "너는 아니라고, 너는 아니라고", 거기서 4개월을 사는 거야. 4개월 살면서 내가 눈치 보지 않고 웃으면서 얘기하고, 춤추고, 노래하고, 함께 (하고 싶은 말 하고) 마음껏. 하고 싶은 말 하고, 근데 우리 그룹 리더가 Norman 박사인데 그도 이런 분야로 Ph.D. 헌 사람이요. Norman 박사가 4개월이 끝났는데 "너는 학교로 돌아가라"고. 이제 큰 문제 없을 거라고. 그래서 4개월 만에 돌아온 거예요.

이유상: 그 치유공동체에서의 경험이 어마어마했네요.

정태기: 암요. 그래서 내가 뭘 맛보았느냐? 그 사람들 눈치 보고 두려워하고 '저 사람도 날 무시할 것이다', '버릴 것이다', '안 받아줄 것이다.' 그것은 감옥이요. 엄청난 포로요. (그죠. 그런 마음으로 살아간다는 거는.) 근데 거기서 벗어난 거야. 이걸 뭐라고 그러냐. '자유'라고 그래. '해방'이라고 그래. 그러니 내가 이 공부를 안 할 수가 없잖아? (그렇죠.) 그때부터 본격적으로 '치유상담' 이 분야로 매진을 허는 거지요. 그 분야의 전적인 후원자는 Wayne Oates 박사요. (그분은 정신의학에도 아주 조예가 깊으신 분이고 그래서 사람을 살리는 일에 굉장히 앞서가시는 그런, 아주 석학이시죠.) 내가 Visiting Scholar로 미국 갔을 때 나더러 자기 Class 와서 강의 좀 해 달라고 그렇게 사정을 했는데 내가 자신이 없어서 못 했어요.

이유상: 그래서 그 경험들이 총장님의 오늘을 있게 하셨고, 그 경험을 토대로 한국에 오셔서 치유상담을 소개하신 분이 총장님이 처음이 아닌가 여겨지는데.

정태기: 그랬어요. (그 어마어마한 배경과 가슴 뭉클한 사랑의 이야기가 그렇게 깊을 줄은 몰랐네요.) 난 이런 문제가 있는 사람이 나만이라고 생각을 안 해요. 대한민국의 모든 사람은 나름대로 다 문제가 있어요. 그런데 이 문제를 교회에서 해결 못 해요. 안 되잖아요. 구원받으면 된다고 그래요. 근데 안 되는 거예요. 신학교에서 이 문제 전혀 몰라요. 무식해요. 건드려주지 못해요. (특별한 분야의 교육과 수련이 필요한 그런 영역이니까요.) 그래서 나는 이 문제가 인간의 핵심 포인트라고 생각을 해요. 이 문제 해결해 주지 않으면 인간은 어디서도 자기 삶, 자유 못 누려요. 사랑 못 해요.

이유상: 그래서 총장님께서 한국에 치유상담에 대해서 소개하시고 지금까지 프로그램 들을 계속 운영해 주셨기 때문에 한국의 많은 사람들이 새로 살아나는 그런

경험을 하지 않았겠습니까?

정태기: 그런 면에서는 고마워요. 그 아픔을 가진 사람들이 와서 참석해 준 게 고마워요. 근데 많은 사람들이 못 와요. 두려워서 못 와요. (참가하는 것 자체도 두렵다는 그런 사람들이 아직도 있다는 말씀이죠?) 그렇지요.

이유상: 아마 이 운동은 앞으로 계속해 나가셔야 할 것이고, 총장님의 후배들이 이 일을 이어서 계속할 것으로 저는 마음에 새기고 있습니다. 그 영성치유수련이 지난해 12월에 150회를 돌파하게 되었어요. 그래서 그 이야기를 앞으로 조금 더 해 주셨으면 합니다.

정태기: 그럽시다. 좀 쉴까요? (네, 오늘은 여기까지. 지금 세 질문을 했는데 1시간 반이 돼서요.)

동산의 소리 4 _ 공동체 경험과 치유공동체 형성

이유상: 평안하셨습니까? 오늘은 2020년 2월 17일입니다. 오늘도 지난 회와 이어서 치유상담대학원대학교 정태기 총장님을 모시고 영성치유수련에 관한 이야기를 나눠 보도록 하겠습니다. 총장님, 평안하셨습니까?

정태기: 반갑소.

이유상: 지난 12월에 영성치유수련이 이제 150회를 맞이하게 되었는데요. 영성치유수련 모임을 처음 시작하시게 된 계기를 이야기해 주신다면 어떻게 이야기하실 수가 있는지요?

정태기: 그것도 내 어린 시절로 돌아가요. (어린 시절로요?) 응, 내 인생을 통해서 누구의 눈치도 안 보고 정말 흥에 겨워서 온 동네 마을 사람들이, 남녀가 함께 어울려서 노래 부르고 춤을 추던 그 축제 분위기. 그때는 언제냐? 정월 대보름이야. 정월 대보름날 섬사람들은 섬을 지키는 신이 있어요. 그 신집이, 산꼭대기 숲이 우거진 당이, 집이 있는데 거기 신이 있다고 믿어요. 그러니깐 정월 대보름 한 1주일 전에, 아니면 10일 전에 마을에서 가장 깨끗헌 사람들 한 3명이, 남자들이 올라가요. 올라가서 목욕재계를 하고 제사를 지내. 거기서 정월 대보름날이 되게 되면 그 제사가 다 끝나고 내려오는 날이야. 그 제주들이 내려오면 온 동네 농악대가 징, 북, 꽹과리를 치면서 춤을 추면서 맞으려고 그분들도 함께 덩실덩실 춤을 추면서 그때부터 온 동네가 축제 분위기로

들어가는 거야. 섬사람들이 각박해서 그랬던지 많이 싸워요. 서로 아웅거리고 식구들마다 보면 남편이 아내를 구타하고 그 옛날의 풍습처럼 그렇게 사는 모습을 보았어요. 근데 마을, 서로 이 사람, 이 가정, 저 가정 함께 싸우고 또 온 동네 사람들이 구경하고 그럴 때는 참… 마을, 마을이 힘들게 보였어요. 그런데 정월 대보름, 그 (그날만큼은) 그날만큼은 3일 동안 축제가 일어나요. 3일 동안 오전부터 저녁까지 그러니깐 한 20명으로 구성된 농악대가 집집마다 그 집을 위해서 복을 빌어 줘요. 그리고 온 동네가 춤을 추고 (집집마다 돌아가면서) 돌아가면서 응, 돌아가면서 그러면 그 집에서는 온갖 음식을 준비했다가 다 대접해요. 술판도 벌어지고, 춤판도 벌어지고, 내가 볼 때 그때는 마을이 가장 행복했던 순간인 것 같아요. 그때는 서로 어울려 춤을 추고 나중에 싸우더라도. (하하하. 춤을 추고, 맛있는 것을 먹고 서로 즐기고 하는 일이니까요.) 그렇지요. 그니까 적이 없어. 우리 어릴 때부터 어린아이들 때부터 아이들도 함께 막 춤을 출 때는 같이 춤을 추며 따라다니고, 놀고 '그렇게 사람들이 모아서 함께 어울려져서 축제를 경험할 수 있는 그런 건 불가능한 것인가?' 그게 평생 내 마음속에 그 그리움이 있어요. 근데 그런 경험을 울고불고, 서로가 끌어안고 아픔을 나누는, 그걸 Kentucky Lexington, 치유공동체에서 본 거예요.

이유상: 총장님이 경험하신 그 치유공동체 말씀이죠?

정태기: 바로 그거에요. (그 경험을 오늘을 사는 사람들에게도 소개하고 싶고) 그러죠. 똑같이, 똑같이. 사람들이 가장 행복할 때는 많은 사람들이 모여서 함께 어우러지면서 노래 부르고 춤을 출 때 가장 행복해, 행복해요. (네, 그렇죠.) 혼자 춤추고 두세 사람 춤추고 그거와는, 그거와는 달라요. 공동체가 100명이고 200명이고 어울려서 막 그렇게 돌아갈 때 그 공동체의 한, 말하자면, 부분이

되는 거예요. (그렇죠.) 거기서 사람들이 많이 변화가 일어나요. 엄청난 큰 역동과 울음과 춤… 그래 나는 한국에 들어오면서부터 "언제 저런 공동체를 다시 만들 수 있겠는가?" "그런데 춤추는 사람, 당장 노래를 그렇게 인도해 줄 수 있는 사람이 있겠는가?" 결국 영성수련이 이렇게 되게 된 것은 그 내 소원이 내가 어렸을 때부터 그 마을공동체가 그렇게 아옹다옹거리다가도 정월 대보름 3일 동안 축제를 하며 서로 하나가 되는, 근데 시골 사람들은 다 끝나고 나면 '나'와 '너'가 없어요. '우리는 하나'야. 시골 사람들은 '우리는 하나'야. 그리고 (특히 그 그런 공동체 활동 안에서는 더 하나가 되는 거죠) 그렇지. 예를 들면, 우리 집이 좀 여유가 있으니깐 연장을 목포에서 사 가지고 와요. 사 가지고 오면 우리가 그날 필요했으니까 썼겠지요. 쓰고 나면 그다음부터 그건 우리 게 아니에요. 공동체 것이에요. 사기는 우리가 샀어요. 근데 공동체가 쓰는 거예요. 그러니깐 사람들이 와서 아주 꼭 권리가 있는 것처럼 "이것 좀 갖다 쓸게요." 그래요. "좀 빌려주세요" 허는 얘기가 없어. "이것 좀 쓸게요." 그럼 그러라고. 그것이, 왜? 내 것만 되는 게 아니라 우리가 가졌지만 니 것도, 너의 것도 돼. 그러니깐 남의 집 물건도, 우리도 똑같아요. 그러다 보니까 니 것 내 것이 없었던 그 공동체 그리고 가장 아플 때가 사람 죽을 때에요. (그렇죠.) 마을에 사람이 죽을 때는 지금 내가 보니깐 그, 사람이 죽은 집에서는 아무것도 안 해요. 아무것도 안 해요. 가만히 있어요. 그러면 3일 동안 3일장을 보통 치르는데 초상을 3일 동안 치를 때, 온 동네 사람들이 "오늘은 저 집에 손님들이 얼마나 올 것인데" 오늘은 정해요. 아침밥은 누구 집… 몇 집이 해서 어울려져 가지고 밥을 퍼다가 그 집에 놔두고 손님들 올 때 대접합니다. 점심때는 어느 집이, 저녁에는 어느 집이… 그리고 어떤 때는, 떡은 누구 집에서 허느냐, 그게 동네 사람들이 딱 맡아요. 3일 동안 헐 것이 빈틈없이 그러니까 사실은 초상… 사람이 죽은 그 집에서는 딱 사람만 죽었지, 아무것도 신경을 쓸 필요가 없는 거야. 그게 공동체요. '너와 나'가 함께 살아가는 공동체, (온 마을 사람들이 한 가족으로) 한 가족이 되는 거죠. 그러니까 누구 집 숟가락이 몇 개나 그것까지도 다 숫자를 알 수 있을 만큼 그런 어떤 공동체, 내가 교회를 다니면서도 "교회가 그런 공동체가 될 수는 없겠는가?" "사람이 모이면 그렇게 하나가 될 수는 없는 것인가?" 그런데 너무 싸워요. (그렇죠, 교회마다 그런 싸움이 있어 왔죠) 그래서 우리 영성수련 배경에는 어린 시절의 경험과 그 경험을 전연 잊어버리고 있다가 Kentucky Lexington, 35살에 거기 가서야 "아, 이게 가능하다!" 그리고 한국에 와서 이 치유상담을 처음 시작하면서부터서 그게 꿈이었는데 노래, 춤! 이런 것들이 나한테는 그게 어렵거든요. 그냥 그룹을 모아 놓고 함께 (축제 분위기를 만들어야 되니까.) 만들어야 되는데 그걸 어떻게 할 것인가?

이유상: 그래서 전문가들을 모시고 오셔서 춤과 음악을 각각 담당하게 하시고, 총장님께서는 말씀을 담당하셔서 영성치유수련 모임에 참석하는 사람들로 하여금 총장님께서 겪으셨던 어린 시절의 축제 분위기를 경험하도록 하는 그런 계기가 있으셨던 거죠?

정태기: 응응. 그런데 처음에는 그냥 다른 건 못 하니까 그냥 모여 놓고, 소그룹으로 함께 그룹 치유작업이죠. 그것만 해도 그때 사람들 초창기 사람들은 감격을 허고 변화 받고 치유 받고.

이유상: 제 기억에도 제가 1987년 신학교 다닐 때 총장님께서 우리 학교에 오셔서 특강을 하시고 총장님께서 인도하셨던 마라톤 집단에 참여한 기억이 있거든요. 지금의 영성치유수련 모습은 아니지만 그 이전에는 또 다른 형태로 총장님께서 이런 영성치유수련 모습들을 한국 사회에 소개하시고 전하셨던 기억이 있어요.

정태기: 근데 처음 그 그룹을 시작할 때 이 사람들한테 노래를 부르게 하면 훨씬 더 좋을 건데, 근데 내가 노래를 해봤자 안 돼요. 근데 그때 우리 학생들 가운데 와서 치유공부를 허는 학생들 가운데 나중에 노래를 부르는 걸 보니깐 깜짝 놀랄 인물 있었어요. 그게 '임종환'이에요. (그분이 임종환 교수님이시고) 임종환은 공부하면서 한 번도 자기가 "성악을 전공했다" 그런 얘기 없이 그냥 치유상담을 공부하러 들어온 거예요. 임종환을 발견한 거지요. 그래서 소그룹에 들어갈 때도 나중에는 임종환을 데리고 들어갈 경우가 꽤 있었어요. 점점 그러면서 그룹이 커진 거죠. 임종환이 노래가 되니깐 그룹이 커질 수 있었어요. 그때부터 그룹은 100명을 넘어갈 수 있었어요. 대그룹으로 해도. 근데 임종환이 그 장점이 있는데 노래 잘 부른다고 되는 게 아니에요. 임종환이 치유하고 임종환의 노래하고 잘 어울릴 수 있을, 있는 원인이 있어요. 그가 그… 성악을 공부하고 KBS (교향악단에서도 연주하고) 전국합창단 (대우합창단) 대우합창단 했고, 아, 국립합창단 거기에서 일종의 Solo지요, 독특하니까 나중에 들었어요. 그리고 국립오페라단에서도 역할을 했고 ('한국의 파바로티' 라고 그런 말도 있지 않습니까?) 그건 내가 붙인, 내가 붙인 이름이고, (아, 그건 총장님께서 붙이신 거예요?) 말은, 국립합창단 노래를 허는데 그 음색이… 대우 김우중이 들었는데 아주 독특한 거야. 임종환 등 몇 사람을 스카우트 한 거야. 그래서 대우합창단을 만들었다죠. 그 대우합창단이 세계 3대 합창단이 되는 거죠. 국립합창단은 감히 낄 수도 없는, 대우합창단이 세계 3대 합창단으로 두각을 나타낼 수 있는… 그게 임종환의 역할이 상당히 커요. 나는 그렇게 믿어요.

이유상: 임 교수님은 지금도 영성치유수련의 음악 담당과 진행으로 중요한 역할을 하고 계시죠.

정태기: 암요. 그런데 임종환이 그때까지는 예수를 몰라요. 예수, 예수님을 몰라. 어떤 계기가 있었던지, 여하튼 간에 예수님을 알게 되면서 거기에 홀랑 빠진 거예요. 빠졌는데, 누구한테 붙잡혔냐? 옛날에 성결교회 이만신 목사님, 이만신 목사님한테 잽힌 거죠. 이만신 목사님은 노래를 잘하니깐 그때 중앙성결교회에서 '산곡기도원'이라고 매번, 매일 한 사오백 명의 한 맺힌 교인들이, 여인들이 모여서 통곡기도 하고, 금식기도 하고 그러면서 일주일 있다 나오는 곳이 산곡기도원이에요. 거기에는 사오백 명의 그 여인들이 다 아픔이 있는 사람들이에요. 상주를 하는 곳이오. 마음대로 들어왔다 나오고 근데 이만신 목사님이 임종환을 거기다 집어넣은 거요. "그들의 찬양을 인도해라, 인도해 달라." 근데 거기서 5년인가 6년을 그 아픔을, 한을 품고 살아가는 그 사람들을, 찬양을 인도하던 그때 노하우가 생긴 거 같아요. 아픈 여인들을 어떻게 하면 이들이 확 터지느냐? (그분을 도와서 속에 있는 아픔을) 그렇죠. (노래로 표현하게 하는) 노래를, 어떤 노래를, 어떻게 부르면 저 사람들이 확 터지느냐, 막 뒤집어지느냐, 그걸 임종환 교수가 알아요. 그걸 터득한 거요. 그러니깐 임종환은 청중 감각 있어요. 독특한 감각, 어떤 누구도 가질 수가 없는, 이 청중을 어떻게 하면 지금 확 터질 수 있다. (지금도 아주 잘 인도하고 계시잖아요.) 잘 인도하죠. 잘 인도하죠. 어떤 음악, 실용 음악을 전공했던, 전공허고 왔던 외국 사람이, 전공하고 왔던 사람이 하는 얘기에요. "대한민국에서 청중을 저렇게 휘잡을 수 있는 사람은 없다"는 거야. 그러면서 보물을 찾은 거지요. 임종환이 들어오면서부터서 그룹이 커진 거예요. 말은 내가 하고, 얘기는 내가 하고, 임종환은 음악, 찬양 가지고 사람들 막 터지게 만들고, 그래서 대그룹으로 커지게 된 거예요.

이유상: 산곡기도원에서 사역하시던 임 교수님이 선뜻 이 영성치유수련을 위해서

기꺼이 오시던가요?

정태기: 그때는 거기서 나왔을 때요. 나와서 결국은 우리 치유상담연구원 학생으로 들어왔어요. 난 그때까지 몰랐어요. (연구원 학생으로 들어왔어요?) 학생으로 들어왔다니까요. 임종환이 들어오고, 그 아내 김정경도 학생으로 들어와서 철저하게 공부허고, 훈련받고, 전문적으로 그런 사람이에요. (네, 영성치유수련을 위해서 준비된 일을 부부가 아주 잘 감당하셨네요) 그렇지요. 그 사람이 아니면 대타가 없어요. 대타가 있기가 어려워요. 5년, 6년을 그 아픈 사람들과 본인이 어울려 본 그런 경험을 가진, 임상 경험을 가진 사람이 없어요. 그게 중요한 거예요. 우리 치유, 영성, 이 치유그룹 문제는 그런 독특한 사람이 있어야 돼요. (그렇죠. 또 김정경 교수가 키보드를 연주하시니까 임종환 교수님이 음악을 하시면 같이 반주를 담당하셔서 두 분이 부부로서 아주 조화 있게 진행하시잖아요.) 그리고 서로가 통하니까 그래서 악보가 없잖아요. (아, 그래요? 허허.) 악보를 볼 필요가 없어요. 막 통해요. (악보를 보지 않고도 이렇게 연주를 하시니까… 지금의 영성치유수련 모임에도 그 두 분은 아주 중요한 역할을 하고 계시는 걸로) 암만, 그렇습니다. (이따가 그 부분에 대해서는 조금 더 자세하게 이야기 나누실 기회가 있으실 겁니다.)

이유상: 150회는 상당히 오랜 기간인데 지금까지 영성치유수련 모임을 진행해 오시면서 큰 변화가 있었을 것으로 추측할 수 있는데, 어떤 변화가 있었는지 말씀해 주시겠습니까?

정태기: 변화라는 것은 처음엔 소그룹, 소그룹으로 헌 거예요. 나 혼자 500명, 600명을 소그룹으로 분류해서 2박 3일, 여름방학 한 달이면 몇 그룹을 할 수 있느냐? 한 주일에 두 그룹으로 할 수 있으니까, 15명씩, 한 번에 15명씩 그러니까 30명이 한 주에 그러니까 3×4=12,120명이 한 달에. 그러면 여름이면 석 달이

그렇게 넘어가요. 한 주도 쉬지를 않고 내가 그룹을 허는, 인도를 허는 거야. (혼자 소그룹을 인도하시는 거죠?) 그렇죠. 내가 그렇게 소그룹을 인도한 게 처음 단계요. 그다음에 그렇게 여름 방학, 겨울 방학 내내 허다가 보니깐 수백 명이 그 경험을 1단계로 허잖아요? (네, 그렇죠) 그러면 이걸 Advance, 더 Upgrade 헐 수 있는 길이 뭐냐? 그래서 나타난 사람이 조원욱이에요.

이유상: 조원욱 교수요?

정태기: 조원욱 교수. 그 사람은 감수성, 이 분야로서는 한국에서 Number One이에요. 정신문화연구원에서 오랫동안 그 연구원으로 이 분야로만 오랫동안 했어요. 그리고 어떤 사람을 데려다 놔도 그 사람은 요리를 할 수 있는, 그런 독특한 특성을 가지고 있어요. (큰 달란트를 가지신 분이네요.) 응, 이유상 교수님도 알겠지만 미국에서 Clarence Barton, 그 사람이 그런 독특성을 가지고 있는데, (그렇죠) 조원욱 교수는 그와 비슷한 독특성을 가지고 있어요. (아, 그래요?) 사람의 막, 가슴을 칼로 뒤흔들어 가지고 그걸 끄집어내고야 마는 (아픈 사람 마음을 충분히 표현할 수 있도록 도와줄 수 있는, 그런 걸 말씀이신 거죠?) 끌어안고 함께 울고 그런 게 아니고 막 속이 뒤집어질 정도로 막 윽박질러서 그렇게 해내는 독특함. 그래서 내가 하고 난 다음에는 2차로 조원욱한테 넘겼죠, 조원욱 교수님한테. 조원욱 교수님하고 둘이 오래 갔어요. 그렇게 한 것이, 이 그룹으로만. 그다음에 조원욱 교수님이 너무 벅차니깐 그다음에 우리가 미국에서 목회를 허고 있었던, 공부 마치고 목회를 하고 있었던 김중호 교수, 김중호 교수를 불러들인 거예요. 처음엔 방학 동안에만 불러들였어요. 나중엔 완전히 오도록 했지요. 그리고 그런 모임이 점점 커지고 임종환 교수하고 대그룹이 되게 되니깐 그래서 영성치유수련이 시작된 거예요. 아마 그게 2000년. 우리가 1997년도에 시작을 했던 치유상담연구원이 결국 2000년

들어가서 이렇게 시작된 것 같아. 그렇게 짐작을 헙니다.

이유상: 아주 단계마다 큰 변화가 있었고 그때마다 준비된 중요한 사람들이 있었네요. 제가 참석했던 1987년 모임에서는 총장님 혼자 소그룹으로 진행하셨고, 그 이후에는 임종환 교수와 김정경 교수가 음악팀으로 동참하시고, 그 후 조원욱 교수가, 그다음에는 시카고에서 목회하시던 김중호 교수님이 합류하면서 대그룹으로 지금의 모습이 되었네요.

정태기: 시작이 된 거죠. 그러면서 우리한테 뭔가 빠진, 축제에서 꼭 있어야 되는데 빠진 그것이 춤이에요. 춤이란, 사람들 마음속에 독특한 DNA가 들어 있어요. 누구든지 춤을 추고 싶은….

동산의 소리 5 _ 상처를 치유하면 큰 자원이 된다

이유상: 어마어마한 사랑의 경험을 전달해 주셨네요.

정태기: 암요. 그래서 지금까지도 나한테 흔들리지 않고 굳게 자리 잡고 있는 하나가 "나라가 필요허다면, 나는 언제든지 죽는다." 초등학교 때도 중학교 때도 고등학교 인제 졸업헐 무렵쯤 되니깐 그때는 어려울 때라, 한국이 가난할 때라, 대학을 갈 수 없어요. 대학을 갈 수가 없는 아이들은 굉장히 좌절을 허는 거예요. 그런데 나는 한 번도 그런 좌절을 혼자… 좌절해 본 적이 없어요. "대학 안 가면 어때?" "대학 못 가면 어때?" "안중근처럼, 윤봉길처럼, 나라를 위해서 죽으면 되잖아." "그보다 더 훌륭한 일이 어디 있어?" 그 생각이 지금도 변함이 없어요. (그런 이야기들은 선생님한테 배우신 그런…) 암요. (교육의 힘이었지요?) 그게 깊이 자리를 잡은 거야. 그런데 나중에 미국에서 나와 가지고 고향에서 같이 졸업한, 사회에 나온 졸업생들 만나서 들어봐도 그 아이들한테는 어떤 감동이 없었어요. 그런데 나한테는 유별났어요. 그런 어떤 깊은 감정, 그다음에 미국 가서 Wayne Oates 박사를 만난 거. 뜨거운 그, 저, 영성치유공동체 지난번에도 얘기했지만. 그 비용이 보통 비싼 게 아니에요.

이유상: 가장 힘들었던 순간 외국에서 온 학생을 위해 긴 시간을 할애해 깊은 이야기를 나눠 주시고, 또 무엇이 필요한지 알아차리서서 Lexington 치유공동체에 보내 주셨죠. 모금으로 비용을 부담해 주시고, 또 변화를 기대하시고 한 사람을

Howard Clinebell 밑에서 3년 동안 공부를 하는데

진정 살리신 그런 사랑의 표현 아니겠습니까?

정태기: 그렇죠. 그걸 Wayne Oates 박사 그분은 알았던 것 같아요. "이건 개인 상담으로는 안 된다." "개인 상담으로는 안 된다." "어디 가서 혼자 금식기도 하거나 예배를 드려 가지고 그래도 안 된다." "이건 뜨거운 사랑의 폭탄 공동체, 그것이 인간이어야만 한다." "그것도 한두 번이 아니라 많이, 그런 공동체에 들어가서 그 용광로 속에 들어가서 녹아 버릴 때만 사람은 달라질 수 있다." 공동체가 사람을 그렇게 바꿀 수 있어요. 그래 나는 우리 치유상담, 영성치유수련이 그런 공동체가 되길 바래요. 함께 엉켜서 돌아가는 용광로, "아! 나만 그렇게 아픈 게 아니네." "저 사람도 그랬네." "난 그렇게 춤을 못 추는데 저 사람은 왜 저렇게 춤을 출까?" 그러면서 함께 덩달아 따라서 춤을 추게 되어버려요.

이유상: 그 춤은 그냥 몸이 움직이는 게 아니라 마음으로 표현되어진 몸짓이니 '소리침'이라 말할 수 있겠죠? 지금의 영성수련이 있기까지에는 총장님의 어린 시절 선생님의 그 사랑하심과 또 Wayne Oates 교수님의 혜안으로, 치유공동체로

보내 경험하게 한 그 사랑이 토대가 되었다 볼 수 있겠습니다.

정태기: 그렇지요. 그러니까 어떤 사건이 일어나기 위해서는 단편적인 어떤 사건이 아니라 성장해 오면서 많은 경험들, 좋은 경험들이 쌓여 가면서 이게 꽃을 피우고 열매를 맺는 거지요. (총장님께서 저번에 언급하신 서정주 시인의 시에서도 한 송이 국화꽃을 피우기 위해서는 봄부터 소쩍새가 저렇게 울고, 천둥이 저렇게 치고, 그래서 가을에 국화꽃이 피듯이 아마 우리의 삶도 우리가 겪었던 그런 아픔, 아픔마저도 지금 우리를 위해서 유익하게 쓰이는 그런 자원이 된다는 그런 말씀이시죠?) 응 상처는, 상처는 치유 과정만 거치면 엄청나게 큰 자원이 돼요.

이유상: 그 자원들을 지금 우리나라 한국 사회에 있는 많은 아파하는 사람들을 위해서 기꺼이 활용해 주시고, 또 큰 자리를 만들어서 지금 아파하는 사람들을 도와서 그분들의 상처를 치유할 수 있는 좋은 기회를 만들어 주셔서 정말 감사합니다. 오늘은 시간이 많이 지나서 오늘의 대화는 여기에서 마무리하는 것이 좋겠습니다. 다음에 또 총장님 모시고 이야기를 계속해 나가도록 하겠습니다.

정태기: 그럽시다. 그럽시다.

동산의 소리 6 _ 내면의 상처 치유와 자유, 해방의 경험

이유상: 총장님께 이런 말씀을 여쭤보고 싶었습니다. 영성치유수련을 연구원과 치유상
담대학원대학교의 졸업 필수과목으로 정하셔서 모든 학생이 영성치유수련에
참여하도록 하셨는데 그렇게 하시는 이유가 어디에 있는지 말씀해 주시면
좋겠습니다.

정태기: 있지요. 우리가 인생을 살아가면서 제일 만나기 어려운 게 내 마음속을 깊이
털어놓고 얘기를 나눌 수 있는 사람, 그 사람을 만나는 게 그렇게 힘들어요.
그런데 영성수련은 어떤 얘기라도 다 꺼내놓고 얘기를 꺼낼 수 있는 판이
벌어져요. 도저히 밖에서는 얘기를 꺼낼 생각도 못 하는 그런 문제가 거기
가면 무진장하게 나와요. 그런데 이런 생각을 어떤 내 수치스러운 감정들을
얘기를 못 허고 있던 사람들이 거기 가면 자기가 생각하는 것보다 더 심각한
얘기가 나오는 거예요. 그러면 '저런 얘기도 다 하네?' 그러고 자기 얘기를
허게 돼요. 사람은 사람을 믿고 신뢰허면서 내 마음속에 깊은 어떤 얘기를
할 수 없는 문제까지도 꺼내놓고 얘기를 헐 수 있는 사람을 만나는 거야.
영성수련이 그런 장점이 있죠. (그렇죠. 그곳은 만남이 이루어지는 축제와 같은
분위기니까요.) 그리고 밖에서 살아가면서 내가 조금만 어떤 잘못된 실수를
보일 것 같으면, 잘못된 것을 얘기할 같은 것 같으면 곧 그게 내 약점이
돼서 돌아올 수 있어요. 그래 얘기를 못 해요. (조심스럽죠) 조심스럽고 긴장을
하게 돼요. 그런데 거기 가면 내가 어떤 얘기를 해도 그걸 받아주는 사람이

있어요. 자기들도 얘기하니까. 그리고 상처가 깊으면 깊을수록 속에, 또 뭐가 있냐? 그것을 '성인 아이'라고 그러지요. 어린아이가, 마음속에 있는 그 아이가 움츠리고 앉아 있어요.

이유상: 그 사람 마음속에.

정태기: 어떤, 상처 입은 사람들 누구의 속에서도 다 있어요. 숨어 있어요. 꼼짝을 못허고, 움츠리고, 눈치 보고, 내가 만일 들고 일어서면 곧 나에게 안 좋은 반응이 나타날 것만 같으니까. 그런 눈치 보면서 움츠리고 앉아 있는 아이가 있어요. Oates 박사가 나한테 내가 35살까지 그렇게 비참하게 대인관계 못하고 살았다고 "니 안에 5살, 6살밖에 안 된 어린아이가 니 안에 지금 있다." "너는 그 어린아이다." "그 아이가 꼼짝을 못허고 움츠리고 앉아 있어." 그런데 치유는 뭐냐? 그 아이로 하여금 마음껏, 마음 놓고 춤을 출 수 있도록 만드는 거예요. 그리고 노래할 수 있도록 만드는 거요.

이유상: 그 아이가 더 이상 움츠려 있지 않을 수 있도록, 그 아이의 속마음이 충분히 표현되도록 말이죠.

정태기: '영성치유수련'이라는 것은 내 속에 움츠리고 있던 아이가 활짝 밖으로 나와서 마음껏 소리치고 노래하고, 자기 분노 터뜨리고, 춤을 추는 장을 마련해 주는 것이 영성치유수련이오.

이유상: 네, 그런 공부, 경험들은 대학원 학생으로서, 석사과정 학생으로서 공부하는 데 어떤 영향으로 주어질까요?

정태기: 근데 그거는 인생의 참모습을 보는 거예요. '아, 이럴 수도 있구나!' '아, 이런 세상도 있구나.' (책에서만, 글로만 보는 게 아니라) 그렇죠. 글로써는 안

돼요. 글로써는 안 되는데 그게 실제 경험을 하게 되니까, 그러면서 해방을 느끼는 거예요. 자유를 느끼는 거예요. 그런 분위기가 100명, 200명이 모여서 함께 그렇게 울고불고 막 소리치고 춤을 추고 그런 장면은 일종의 용광로예요. 사람 속에 들어가면 거기서 그 힘에 나도 모르게 빠져들어 가게 돼요. (다 녹아서 말이죠) 음, 녹아서 그니까 전혀 내가 모르던… 내가 거기 가면 다시 살아날 수 있어요. 영성치유수련이라는 건 그런 장점이 있어요. 그게 단둘이, 혼자 있으면 어려워요. 열 사람, 열두 사람, 열세 사람, 그 사람 앞에서 그 사람들이 내 얘기를 그렇게 깊이 듣는다. 그 사람들 앞에, 나를 믿어 주는 사람들이 그렇게 있는데 그 앞에서 내가 얘기 나눈다. 100명, 200명이 부끄러움 없이 눈치 보지 않고 마음껏 노래하고 춤을 추는 그런 공동체 분위기, 그건 '지금까지 내가 뭘 하고 살아왔던가?' '왜 나는 그렇게 동굴 속에서 움츠리고 살아왔던가?' (혼자 고민하고, 혼자 아파하고…) 영성치유수련이라는 것은 그런 영이 깨이는, 그런 면이, 장점이 있죠. 전연 새로운 세계를 경험하게 되는, 그래서 대학원 박사를 해도 그 장에 안 들어가면 그 인간의 멋있는 모습을 못 봐요. (그렇죠, 그렇죠) 나를 못 보고 다른 사람을 볼 수 있는 기회가 주어지지 않아요. 영성수련에 들어가면 그게 보여요. 나를 보게 되고 다른 사람을 봐요. 그래서 변화가 일어나요. '아, 나만 이렇게 사는 게 아니었는데…' '저 사람도 그렇게 살았네?' '나보다 더 힘들게 살았네.' 그러면서 변화를 받는… 그러니깐 우리 학생들한테, 연구원 학생들한테 이 경험은 필수적으로 꼭 주어져야만 해요. (네, 그렇죠. 이론으로서만 접해지는 것이 아니라 각각 그분들이 갖고 있는 아픔을 다루고 치유하는 그 과정을 영성치유수련을 통해서 경험하게 해서 이 경험이 이론과 실제가 같이 어우러지는, 그런 경험을 총장님께서 의도하신 거죠?) 암요. 그렇지, 그랬어요. 이론이 살아나는 거요, 그때야. 실감을 하는 거예요. 책을 읽을 때도 '아, 이 말이 이 말이로구나!' (그래서 그 영성치유수련 경험을 대학원과 연구원 학생들의 졸업에 필수한, 필수과목으로 총장님께서 강조하시는 것이겠지요?) 음, 암만.

이유상: 그 영성치유수련에 녹아 있는 핵심 사상이라고 한다면 어떻게 표현을 하실 수가 있겠습니까?

정태기: 우리가 '영성치유수련'에는 '영'이라는 단어가 들어가잖아요? (네, 그렇죠) '우리 하나님과의 만남', 이 의미가 들어있어요. 그렇게 되면 성서적으로 영성치유수련이 성서적으로 어떤 근거가 될 수 있느냐?

이유상: 그 이야기를 조금 나눠 주시죠.

정태기: 영성치유수련이라는 것은 우리의 아픔, 상처를 치유해 낸다는 그런 의미가 내포되어 있잖아요? (그렇죠) 그러면 예수님이 이 땅에 와서 무슨 일을 했느냐? 성경이 교회에서 얘기하는, 신학적으로 얘기하면 무슨 얘기냐? "이 세상을 구원하려고 오셨다." 자기 몸을 내어주고 (그렇게 이야기하죠.) 네, 그렇게 얘기합니다. 그런데 '구원'이라는 말이 무슨 말이냐? 감이 안 잡혀요. 난 평생을 Kentucky Lexington 가기 전, 나중에 공부할 때까지도 구원이라는 말이 너무 애매해요. (굉장히 추상적인 의미이기도 하죠.) 추상적인 의미죠. 근데 왜 "예수를 믿으면 구원을 받는다"고 그렇게 얘기를 했을까? 그런데 이게 영어에서 왔어요. 'Save', 'Salvation', 'Save'. 그런데 영어의 뿌리는 독일어요. 게르만어. 독일어. 독일 말로 들어가면 '구원'이라는 말이 안 나와요. '치유'라는 단어로 바뀌져요. 독일 말로는 'Heil'. 구속, 구원. 이게 'Heil'이에요. 'Heil'은 영어로 하면 'Heal'이 되는 거예요. 치유. 그런데 이 단어가 영어로 가면서 Heal은 떨어져 나가요. Heal은 떨어져 나가고 물에 빠진 사람을 구해 내는 Save, Save만 남는 거예요. 구원. 근데 왜 그게 떨어져 나갔을까?

이 종교지도자들, 성직자들이 치유에 대해서 무식해요. 사람들의 아픔을 다룰 수가 없어요. 그런데 그 근거를, '왜 독일어로 올라가면 치유일까? 더 올라가면 라틴어고 더 올라가면 이제 히브리어까지 올라갈 수도 있겠는데… 예수님이 와서 3년을 사셨는데 그 시간을 배정해 봅시다. 시간을 배정해 보면 봄, 여름, 가을, 겨울, 12개월로 합시다. 한 계절을 3개월로 봐. 그럼 봄, 여름, 가을, 9개월이에요. 나머지가 겨울, 3개월 3개월 동안 3년, 그 4분의 3을, 시간을 예수님이 어디에 집중해서 쏟았느냐? 생명 살리는 일, 치유의 일에 바쳤어요. 그러면 나머지 4분의 1, 그건 나눠 가지고 어쩔 때는 가르키고 어쩔 때는 말씀 선포하고 그러니까 예수님은 말씀 선포, 가르치는 일보다는 생명 살리는 일이 훨씬 더 귀중했어요. 그런데 왜 예수님이 그렇게 거기에 심혈을 기울였을까? 보면, 예수님이 33살에 십자가에 달려 죽어요. 죽는데, 2살 때까지는 피난 다녀요. 헤롯, 그 왕이 죽일라고 그러니까 그리고 2살이 지나고 3살이 되면서부터 와서 사는데 그 사는 장소가 나사렛이에요. 나사렛은 이스라엘 큰 도로에서 굉장히 깊이 들어가는 외진 곳이에요. 그런데 왜 그 나사렛으로 예수님이 들어갔을까? 아마 숨어서 들어갔을 거예요. 또 어떤 위험이 올지 모르니까. 그런데 그 나사렛은 어떤 사람들이 사는 곳이냐? 그 당시 이스라엘에서 갈 데 올 데 없는 사람들 그리고 억눌린 사람들 그리고 반항하다가 엄청난 피해를 받은 사람들, 그런 사람들이 쫓기고 숨어서 사는 곳이 나사렛이에요. 나사렛 동네 인구가 얼마나 되는지 모르겠습니다만, 그런데 그런 사람들만 우리나라로 말하자면 옛날 단어로 말하면 쌍놈들이, 쌍놈들이 사는 곳, 천민들이 사는 곳, 그런 곳이 나사렛이에요. 예수님이 거기에 들어가서 함께 28년을 살아요. 28년 사는 동안에 예수님은 그 한 맺힌 사람들, 억눌린 사람들, 아픈 사람들, 약한 사람들, 헐 말을 못 허고 사는 사람들, 그걸 '가난한 사람들'이라는 표현을 써요. 가난한 사람, 그런 사람들과 함께 어울리면서 예수님은 온몸에 배어요.

이유상: 그분들을 돕고 치유하는 게 몸에 배었다는 말씀이죠?

정태기: 그렇죠. 그 사람들과 함께 사는 것이 몸에 뱄어요. 그러니깐 그냥 돕는 게
아니라 자동적으로 예수님은⋯ 그렇게 살다가, 31살인가 들어갈 무렵에 예수님
이 어느 날 회당에 들어가요. 회당에 들어가서 복음 사역을 시작하기 바로
직전에 회당에 들어가서 성경을 읽는데 그 당시 성경은 종이가 아니고 두루마리
죠. 양피지에요. 그런데 그 성경을 펴 가지고 딱 읽는 곳이 이사야 61장 1절에서
2절이에요. "주 여호와의 신이 내게 임하사 내게 기름을 부으시고 나를 보내사
가난한 사람들에게 아름다운 소식을 전하게 함이라" 이사야 내용이야. 그런데
그 '가난한 사람들'을 신학자들이 해석을 잘 못해요. 그냥 '겸손한 사람'이라고,
'겸손한 사람'이라고 주석가들이 얘기를 해요. 그런데 그건 '아픈 사람들'을
얘기하는 거예요. 겸손할 수밖에 없는 거지요. 자기주장 얘기하면 죽어요.
(그렇죠.) 당장 피해가 오니까 말 않고 가만히 있어요. 그걸 겸손이라는 말로
바꿨는데 나는 그 단어를 바꿔야 한다고 생각해요. '한 맺힌 사람들', '아픈
사람들' 그런데 그 "가난한 사람들에게 아름다운 소식을 전하게 함이라"
해놓고는 거기에 상세하게 설명이 나와요. "마음의 상처를 고쳐 주고" 그다음에
"포로가 된 자에게 자유를 주고" "감옥에 갇힌 자를 놓아주는 그 일을 위해서
나를 보냈다." 이사야서 1장 2절 내용이에요. 예수님이 그걸 딱 읽으시고
너무 충격을 받아 바로 "이 일이 내가 와서 헐 일이다." 그리고 선포를 해줘요.
그 예수님의 그때 그 선포가 누가복음 4장 18절, 19절에 그대로 나오죠.
그래서 사실 예수님은 아픈 사람들을, 한 맺힌 사람들을 그 사람들 살리기
위해서⋯ 한이 맺히다 보니깐 제대로 영양실조에 먹을 걸 못 먹어서 (그렇죠.)
그러다 보니까 장님도 생겼을 것이고, 귀머거리도 생겼을 것이고, 앉은뱅이도

생겼을 것이고, 여러 가지 병에 시달리는, 36년이나 된 그런 환자들도 나왔을 것이고, 여러 가지가… 그런 얘기는 예수님은 수도 없이 함께 만나고 살았던 나사렛 사람들 얘기일 수 있어요. 사실은 예수님은 그 사람들을 치유하는 일을 하다가 그러다 보니까 그 사람들이 아무도 자기들을 알아주지 않았는데 예수님이 자기를 알아줘요. 그러니까 그렇게 휘말려서 따라다니잖아요. 군중이 따라다니다 보니깐 이건 종교지도자들은 이걸 용납할 수가 없는 거예요. 그래 죽인 거예요. 그 이사야서 61장, 누가복음 4장 18절, 19절이나 마음의 상처를 고쳐 주고, 포로된 자에게 자유를 주고, 감옥에 갇힌 자를 놓아준다. 이건 상징의 언어예요. 감옥에 갇힌 자를 놓아준다? 사람은, 우리는, 상처가 있는 사람들은 전부 다 감옥 살아요. 내가 하고 싶은 말 못 하는 거예요. (그게 감옥이죠.) 내가 춤을 추고 싶은데 안 돼요. 그게 감옥이지요. 그리고 그게 포로예요. 그런 사람에게 자유를 주기 위해서 포로가 된, 잡혀 있는 사람에게 자유를 주기 위해서, 해방을 주기 위해서… 그러니까 마음 놓고 소리치고, 마음 놓고 노래하고, 마음껏 춤을 추는, 추게 만드는 그러는 게, 그게 치유예요. 예수님의 핵심 사업이야. 그러니깐 '치유상담'이라는 것은 이건 예수님 상담이에요. (그렇죠.) '예수님 상담' 그렇게 바꿔도 틀림없어요. 신학적으로는 그런 깊은 의미가 있죠.

이유상: 네, 예수님께서 아픈 사람들, 한 맺힌 사람들을 자유하게 한 그 사역을 총장님께서도 영성치유수련을 통해서 제공하고 계시죠.

정태기: 나는 그 아픈 사람들이, 영성수련에 들어오는 사람들이 대부분이 다 90%, 100%가 아프니까 들어오죠. (그렇죠.) 아프니까 들어오는데 그 사람들이 와서 그렇게 뛰면서 춤을 추면서 노래하는 거 보세요. 그 얼굴들을 보세요. 노래 부를 때 (처음 들어올 때하고 나갈 때 얼굴이 다르죠) 180도 다르죠. 그들이

정신을 못 차리고 춤을 추는 모습들… 그게 자유예요. 그게 해방이에요. 성경의 말씀이 그대로 이루어지는….

이유상: 진정한 자기의 자유함을 느끼게 되는 그런 경험이 영성치유수련 과정 속에서 일어나게 되는 거죠. 자기 자신을 속박하고 갇혀 있었던 아픔의 공간에서부터 자유의 공간으로 자기 자신을 다시 옮기는 그런 치유의 경험이 영성치유수련 과정 동안 일어나는 것 아니겠습니까?

정태기: 나는 알아요. 35살까지 내가 어떤 포로 생활을 하고 살았는가? 어떤 지옥 생활을, 감옥 생활을 살았는가? 그런 처절한 감옥이 없어요. 그렇게 처절한 포로의 삶, 포로의 삶이 없어요. 그런데 그 Kentucky Lexington, 거기에서 그렇게 놀라운 체험을 하고 내가 딱 거기서 벗어났는데 한 마디로 그것은 해방이에요. 자유예요. 사람이 두렵지 않으니까. 그렇게 눈치를 봤는데… (세상이 달라 보이는 거죠?) 세상이 다른 거죠. 예수님은 그런 일을 위해서 왔는데 사람들은 다른 면으로 생각을 해요. 근데 왜 치유상담을 공부하느냐? 왜 예수님을 만나면 구원받느냐? 그 말은 "예수님을 만나면 내 안에 있는 상처가 치유되어서 나는 감옥에서 나온다." '포로에서 해방된다.' 그걸 얘기하는 거야. 그래서 앞으로는 "예수 믿으면 구원 받는다." 그 말을 바꿔야 돼요. "예수 믿으면 내 마음속에 맺힌 한이 풀린다." '치유된다.' "그러면 나는 자유인이 된다." '해방을 받는다.' 그러니깐 "진리가 너희를 자유하게 하리라." 물어보면 예수 믿는 사람들은 모르는 사람이 없어요. 근데 이 말이 무슨 말인지 몰라요.

이유상: 일반인들이 좀 이해할 수 있는 그런 단어를 바꿔서 설명해 줄 수 있는 그런 작업들이 우리에게 필요하죠? 그것을 총장님께서는 '치유'라는 용어로, 또

'살린다'는 용어로, 또 '구속에서 벗어나게 한다'는 용어로 풀어서 영성치유수련에 참가하는 사람들에게 제공해 주시는 그런 역할을 하고 오셨는데, 그 역할이 예수님께서 나사렛에서 사람들을 위해서 해 오신 그런 사역 아니겠습니까?

정태기: 그러죠. 그 일이에요. 그 일이요.

이유상: 심리학적으로 이야기하신다면 영성치유수련이 심리학적으로 설명을 하신다면 어떻게 설명하실 수가 있겠습니까?

정태기: 영성치유수련은 보면, 나는 Carl Rogers를 참 좋아해요. 이유상 교수님 잘 아시겠지만, Carl Rogers는 신학을 공부한 사람이에요. (네, 그렇죠.) M.Div. (Master of Divinity) 출신이오. 유니온신학교(Union Theological Seminary in the City of New York) 그리고 임상 공부를 했어요. 임상심리를. 그러다가 1950년대에 그 '인간중심상담' 그전에는, 정신분석에서는 그전에는 "사람은 자기가 모르고 있는 것을 깨달으면 변화된다." 그런데 Rogers가 가만히 보니까 사람은 자기가 모르는 걸 깨달아도 안 변해요. 안 변해요. 실제로 사람은 안 변해요. 지식 가르쳐 가지고 안 변해요. (쉽지 않죠. 회심이 일어나야 되는 거니까요.)

동산의 소리 7 _ 전인적 치유와 인간관계의 회복

이유상: 안녕하십니까? 오늘은 2020년 2월 19일입니다. 오늘은 치유상담대학원대학교 정태기 총장님을 모시고 영성치유수련에 관하여 알아보도록 하겠습니다. 총장님 평안하셨습니까?

정태기: 네, 반갑소. 이유상 대학원장님이 저하고 함께 파트너가, 얘기 파트너가 되어서 너무 좋소. 너무 편해. (감사합니다.) 내가 얘기를 할 때 반주를 잘 넣어 줘. 반주가 좋아야 얘기가 제대로 나오게 되는데 참 다행이요. (판소리에서는 고수 역할이 굉장히 중요하다고 하는데요) 그 고수 역할을 잘해. (그렇게 봐주셔서 감사합니다.) 내가 창을 하는 사람인데 고수를 아주 잘해. (오늘도 어떤 말씀을 해주실지 기대가 됩니다. 제가 고수 역할을 잘 못 하더라도 총장님께서 충분하게 인도를 잘해 나가시기를 바랍니다.)

이유상: 오늘은 영성치유수련과 전인치유라는 그런 관점에서 총장님께서 갖고 계신 생각을 조금 나눠 주셨으면 좋겠습니다.

정태기: 전인치유라는 이 말은 Howard Clinebell이 강조하는 말이지요. 내가 공부한, Claremont에서 공부할 때 Howard Clinebell은 그 당시 세계에서 Top, 이 분야에서 목회상담, 치유상담 이런 분야에서는 세계 Top이죠. 그런데 Howard Clinebell은 3년 동안 Howard Clinebell 밑에서 3년 동안 공부를 하는데 뭔가 배가 고파요. 참, 배가 고파요. '왜 이렇게 마음이 풀리지 않나?' '저렇게

세계적인 석학이고 정상인데.' '왜 그럴까?' 나중에 알았어요. Clinebell은 참… 세계 모든 철학, 이 분야 신학 분야, 심리학 분야를 통달한 분이요. 이걸 잘 엮어 이론을 만드는 거야. 철학도 심리학도 신학도 함께. 그 면으로 천재인 것 같애요. 지금 같으면 성장상담이지요. 그 성장상담의 핵심 포인트가 전인치유요. 전인치유인데, Clinebell 이론에 의하면 전인치유는 7가지 핵심 포인트를 가지고 있지요. 첫째가 영성 건강이요. 영성이 치유가 되어야 돼. 영성이 건강해야 돼. 그다음에 마음, 정신이 건강해야 돼. 세 번째로는 육체가 건강해야 돼. 그다음에 인간관계가 건강해야 돼. (네, 중요하죠.) 인간관계가 중요해. 그런데 그다음에는 사회적인 구조가 건강해야 돼. 인간관계가 건강하고 영이, 정신이, 신체가 다 건강해도 정치구조가 Hitler처럼 김일성처럼 저렇게 되어 버리면 국민이 건강하게 살 수가 없어요. 사회구조가, 정치구조가, 교육구조가 그래 버리면. 그런 면에서 함께 사회구조, 정치, 교육 모든 구조도 함께 건강해야 돼요. 그래서 치유상담, 이런 치유상담, 이 분야에서는 정치 문제, 그 사회의 정치 문제, 사회 문제, 교육 문제에 깊은 관심을 가져야

돼요. '저것은 내 문제가 아니다.' 이건 치유상담 이 분야에서는 그러면 안 되는 거예요. 이 사회가 부패허면 그건 내가 뛰어들어야 돼요. 관심을 가져야 돼요.

이유상: 개인이 그 사회 구성원으로 살아가고 있기 때문에 그 사회적인 환경의 영향을 받게 되는 거죠.

정태기: 자, 영, 정신, 육체, 인간관계, 그다음에 사회구조, 여섯 번째가 다 건강해요. 여기까지. 사회구조까지 다 건강해요. 근데 자연이 병들었어. 자연이 농약으로, 이런 공기로 완전히 병들어버리면 다른 것이 다 건강해도 사람 건강할 수가 없다는 거야. 그러니까 자연 생태계도 함께 치유되어져야 돼요. 건강하게 만들어져야 해요. 그러니까 치유상담에 관심을 갖는 사람은 필수적으로 자연이 건강해야 나도 함께 건강하다. 그런 측면에서 자연은 내 생명의 부분이지 별도가 아니요. 아주 그런 면에서 그 Clinebell이 참 존경스러워요.

이유상: 그분이 노년에는 생태계와 인간의 건강에 대한 책도 쓰시고 그쪽 일에 많은 강조를 하셨죠.

정태기: 근데 여섯 가지가 다 건강해도 내가 허는 일이 병들었어. 의미가 없어요. 재미가 없어요. 죽지 못해서 해요. 그러면 병들어요. 의미를 느낄 수 있는 일이 나에게 주어져야 돼요. 이게 일곱까지예요. 자, 그런데 영성치유수련과 전인치유, 전인 건강은 어떤 연관성을 갖느냐? 자, 사람의 영이 병들면 영은 어떤 양심, 도덕, 양심, 몇 분야예요. 영은, 사람의 영이 병들면 당장 양심에 가책이 와요. 양심의 가책이 오면 그때부터 온 영은 사령부인데. 전 몸에 반응이, 안 좋은 반응이 나타나요. 죄를 지으면 사람은 편할 수가 없어요. 안 좋은 파장이 계속 일어나는 거죠. 죄를 짓게 되면 양심의 가책을 받으면

안 좋은 파장이 계속 일어나요.

이유상: 몸이 반응을 보인다는 거죠?

정태기: 몸이 반응을 보이죠. 그다음에 그게 병이 돼요. 양심의 가책… 그런데 우리가 인생을 살아가면서 양심의 가책이 전혀 없이 산다는 게 어려워요. 누구든지 인간관계, 하나님 관계뿐만 아니라 부모한테도 잘못한 것이 있고, 뭔가 교회 생활을 잘못한 게 있고, 뭔가 얘기를 할 수가 없는 그런 어떤 내 마음의 수치, 부끄러움, 양심의 가책이 있어요. 사람들은 거의 다 가지고 있어요. 그런데 이게 고장이 딱 나면 그다음에 당장 그것만 별도로 분리되는 게 아니고 영이 이렇게 양심의 가책을 받아서 죄책감으로 시달리면 그다음에 곧 정신이, 마음이 딱 함께 좋지 않은 파장으로 병적인 상태가 돼요. 그러니까 영과 정신, 육체는 분리되어서 따로 노는 게 아니고 이건 함께 물처럼 같이 엉켜 있어요. 그러니깐 이게 영적인 내 색깔이 안 좋은 검정의 색깔이 딱 들어가면 검정 색깔은 정신으로, 육체로 함께 파장이 나타나니까 곧 검정 물이 물들게 돼요. (그렇게 되죠) 그런 측면에서 병이 생긴 거지요. 이건 히브리 생각이지요. 히브리인은 영과 정신과 육체, 이게 구분이 안 돼요. 그런데 희랍 사상에는 분리가 돼요. 분리해서 생각하는데 히브리 사상은 분리를 않죠. 같이 돌아가는… 자, 어떤 한 사람이, 한 예화를 들어 봅시다. 한 여인이, 남편이 중동 옛날에 60년대 중동의 그 열사의 땅에서 2년 동안 죽어라고 가정을 위해서 일을 허는데 그 가난한 시절에 남편이 보내는 돈으로 셋방살이하는 아내가 아주 잘살게 돼요. 근데 그때 그런 아내들이 많았어요. 사회적인 문제를 일으켜요. 갑자기 가난하던 사람들이 그런 물질이 풍부해지니까는 2년 동안 남편과 떨어져 사는 데 춤바람이 나요. 춤바람이 나가지고 그 카바레 같은데, 그 당시 60년대 가면 여자들을 이렇게 꼬시는 남자들이 있어요. "그 남자를

뭐라고 했던가?" (뭐라 그랬죠?) 있어요. (제비?) 제비. 그러니까 그 여자가 남편이 그렇게 1년 6개월 이상 벌어다 주는 돈 가지고 살면서 제비에 걸린 거예요. (네, 제비가 다 뺏어 가는 거죠.) 뺏어가는 거죠. 함께 생활허면서. 남편이 돌아올 때쯤 됐을 때 돈이 없어요. 다 써버렸으니까. 그러니까 그 어린아이를 그 어린아이들을 ㅇㅇ동 셋방에 둘을 놔두고 남편이 도착하는 날 이 여자가 도망을 가버려요. (아이구) 도망을 가버렸는데 남편이 와서 보니까 여자가 없는 거야. 나중에 보니까 돈이 없는 거야. 아이들만 울고 있는 겁니다. 이 남편이 견딜 수 없이 죽을라고 자, 자살을 허기 위해서 약을 구하는 거지요. 그러다가 아이들이 자꾸 우니깐 죽지도 못하고 그러면서 어느 날, 한 달이 된 어느 날 이 남편이 생각헌 게 죽더라도 이 아이들을 아내 찾아서 맡겨 놓고 죽자. 아이들은 어쩔 수 없이 에미가 키워야 되는 거니까. 그리고 아내를 수소문해서 찾긴 찾아요. 이 아내를 찾아서 결국은 아내를 용서를 해요.

이유상: 그 남편이요?

정태기: 남편이. (이야) 그러면서 그때부터 공사장 판에 나가서 일을 해요. (남편도 참 대단하네요.) 남편이 용서를, 남편이 뭐 마음이 너그러워서 그러는 것이 아니라 애들 때문에. 아내가 완전히 회개허는 마음으로 돌아오는 거니까. 용서하고 함께 사는 데 문제는 남편이 용서했는데 이 아내가 견딜 수가 없는 거예요, 죄책감을. 남편한테 못된 짓 다 했어. 그 열사의 땅에서 번 돈 다 버리고 몸, 제비한테 버리고, 근데 그 문제는 아내가 그렇게 완전히 회개하고, 회개하는 마음으로 돌아오는 걸 알고 교회를 안 가던 그 남편이 아내한테 제안을 해요. 우리 이제 다시 산다. 다시 산다. 그렇게 생각하고 우리 다시 사는 마음으로 교회 나가자. 그러니깐 아내를 찾은 그다음 날 바로 교회를 나가요. 수요일인데, (두 분이 같이요?) 두 분이 함께, 교회를 나가는데 밤이에요.

그런데 목사님 설교 요지가 "죄를 지으면 벌 받는다"는 거야. 하하하. 죄를 지으면 벌받아. 목사님은 그 죄를 안 짓게 허도록 교인들을 이렇게 독촉하는 건데. (안 짓는 것을 강조하다가) 이 여자는 그 말이 폭탄처럼 가슴을 짓누르는 거예요. (그렇죠.) '난 도저히 용서받을 수 없는 죄를 지었는데' '난 이제는 어떻게 하나?' 그런데 주일날 그다음에 주일날 가보면 주일날 또 목사님 설교 요지는 꼭 죄가 들어가. "죄짓지 말라"고, "죄를 지으면 큰일 난다"고. 두 달을 거기에 다녔는데 이 여자는 완전히 사색이 되는 거예요. (매주 그런 이야기를 들으면) 들으니까. 이게 교회만 가면 온몸이 완전히 경직이 되는데 겁이 나고 그러니깐 '나는 엄청난 죄인이다', '죄를 지은 여자다.' 그러다 보니까 영이 거기서 문제가 생긴 거야. 영이 좋지 않은 파장이 나타나니깐 그다음에 곧 '나는 무슨 벌을 받을까?' 그 공포, 불안, 미움, 이것은 정신적인 영역이에요. 양심과 도덕, 이 영역은 영적인 영역이지만 불안, 공포, 미움, 이런 부분은 정신적인 영역이죠. 그러니깐 이 여자는 영적으로 '나는 죄인이다.' '나는 엄청난 죄를 저지른 여자다.' 이랬는데 당장 '난 무슨 벌을 받을까?' 불안, 공포, 두려움 여기에 휘말리기 시작해.

이유상: 네, 하루도 편할 날이 없었겠네요?

정태기: 편할 날이 없죠. 그렇게 한두 달을 다녔을까요? 어느 날 남편이 출근허고 난 다음에 '나는 어쩌다가 이런 죄를 저질렀을까?' 그때 남편이 돌아오기 전에 카바레에서 춤바람이 처음 났을 때, 제비한테 들은 말, 그 말에 자기가 넘어간 거야. "사모님, 다리가 참 예쁘게 잘 빠졌습니다." "참 다리가." 그 말에 자기가 그 처음 남편 외에 만나던 처음 남자. 그 멋있게 생긴 제비, 그게 홀랑 넘어갔던 게 생각나. (자기를 귀하게 예쁘게 표현해 주니까.) 그러니까. 이 여자는 이 다리만 아니었으면 이 다리만 예쁘지 않았으면 자기는 그런

엄청난 죄인이 안 될 수도 있다. 그때부터 다리를 미워하기 시작해요. 증오하기 시작해요. 그리고 자기 주먹으로 다리를 두들겨 패기 시작하는 거야. 한 일주일 패니까 온 다리가 다 부어. (멍이 들겠죠) 멍이 들고 부어요. 치마로 다 가리니까 남편은 모르죠. 그렇게 또 한두 달, 그런데 어느 날 이 아내가 새벽에 남편 밥 헐라고 일어나는데 두 다리가 말을 안 듣는 거야. 두 다리가 마비되어 버린 거야. 다리가 마비되니깐 일어날 수가 없어. 이 남편이 놀래 가지고 공사장 판에도 못 가고 그때부터 아내를 데리고 물리치료, 한약방, 침, 다 맞아도 소용이 없어요. 그러니깐 이 아내를 앉혀 놓고, 뭐라도 사람이 일을 해야 먹으니까 이 남편은 대소변 볼 수 있도록 오강을 방에 놔두고 일허러 나가는 거야. 그때 이 여자의 4촌 언니가 ㅇㅇ에 있어요. 근데 그 언니는 일찍 교회를 나갔던가 봐요. 그런데 ㅇㅇ교회 목사님은 참, 교인을 사랑했든지 교인이 아프면 그렇게 뜨겁게 기도를 해준대요. 교인들이 많이 건강이 좋아진대요. 아픈데도 낫는대요. ㅇㅇ에 있는 그 사촌 언니가 남편이 없는 사이에 이 동생을 와서 만나고 "우리 교회 목사님은 기도하면 능력이 나타난다." "그러니깐 가서 기도 받아보자." 그리고는 자기 남동생 데리고 와서 택시를 태워 가지고 ㅇㅇ교회 목사님한테. 그 ㅇㅇ교회 목사님은 뭘 알아, 아는 거예요. "언제부터 다리가 이랬느냐?" "무슨 사연이 있냐?" "분명히 이렇게 되면 사연이 있다." "무슨 사연이 있냐"고 물으니까 이 여자는 다 알고 있는 것처럼 믿고 사실대로 고백을 허는 거야. "난 춤바람 난 여자요." "엄청난, 하나님 앞에 남편한테 죄를 저지른 여자요." "이 다리 때문에." ㅇㅇ교회 목사님이 그걸 듣고 아, "이 다리는 죄책감이 만들어 낸 병이다." 그때부터 ㅇㅇ교회 목사님은 죄라는 단어를 한 번도 안 써요. 그리고 기도를 허는데 기도를 딱 허는데 어떤 내용에 초점을 맞추느냐? 용서의 하나님, 사랑의 하나님, 성경에 나오지요. 한 번 용서하면 일흔 번까지 무한적으로 다 용서해 주시는 하나님 그걸 자꾸 읽어 주면서 그리고 기도하고 나서 이 여자한테 "당신이 하나님 앞에 자기 마음속에 있는 모든 죄를 다 고백했으므로 당신 죄가 이제 완전히 용서받았습니다." 확신을 주고 보내요. 그렇게 한 일주일 기도 받아요. 그리고 새벽에 다리가 다시 움직이기 시작해요. 그 여자가 ㅇㅇ동 교회에서는 멀쩡한 다리로 갔다가 ㅇㅇ동 교회에서는 다리가 마비가 돼요. 불구가 돼. 그런데 ㅇㅇ교회 목사님한테 가니깐 불구 된 다리가 다시 살아 나. 그러니 교회를 어느 교회 나갔겠어요? (허허, 옮겼어요?) 허허허 ㅇㅇ교회로 옮기죠. (옮겼겠죠) 그런데 그로부터 수년 후에 내가 ㅇㅇ교회 목사님이 카나다 안식년 간다고 나더러 설교해 달라고 그러면서 그 목사님이 나한테 여신도회 회장님이 장본인이, 바로 그런 분이라고 (아…) 근데 3년 연속 여신도회 회장을 하는 거야. 아주 성실해. 자, "나는 죄를 저질렀다 하나님 앞에." "춤바람이 나서 남편한테 죄를 저질렀다." 그것이 '나는 무슨 벌을 받을까?' 하는 불안, 공포, 당장 정신이 마음이 함께 엉켜져서 병적인 바람이 파장이 일어나는 거요. 그 영과 정신이, 파장이 일어나니까 그 영향이 바로 육체로, 다리로 나타나는 거죠. 그런데 영적인 그 파장이 딱 해결이 되니까, 죄책감이 해결이 되니까. 불안, 공포가 정신도 해결이 되고 그다음에 육체가 함께. 이게 전인치유요. 자, 영성치유수련에 들어오는 분들 99%, 100% 전부 다 마음에 영적으로 뭔가, 뭔가 켕기는 그런 반드시 마음의 불안, 공포, 불안, 우울, 뭔가 절망, (큰 아픔들이 있는 분들이죠.) 있죠. 그러다 보면 이들은 육체적으로도 그렇게 건강하기가 어려운 여러 가지 약점을 가지고 들어옵니다. 그런데 이 약점을 안 가지는 사람이, 대한민국 인구가 오천만 명인데, 아이들을 제외해 놓고 성인들 가운데 몇 명이냐? 나는 없다고 봐요. 다 있어요. 다 있어. 다 있어. 그러니깐 영성치유수련에 들어오는 사람들은 "여기 들어가야 나는 산다"는 용단과 용기를 가진 사람만 오는 거지요. 용기를 안 가지는 사람은 못 와요.

병을 앓으면서도 못 와.

이유상: 또 안내해서 소개해 주시는 분들도 그분들을 아끼는 분들이죠.

정태기: 영성치유수련에 들어오면요, 기본이 뭐냐? 먼저 내 마음 털어놓고 얘기를 나누고 이걸 허다 보면 영이, 하나님 용서를 체험하게 돼요. 찬양과 여러 가지 문제로 그러면서 그렇게 미워하던, 미워하던 내 아버지, 내 어머니, 부모, 아니면 누구, 용서하게 돼요. 그리고 그 안에서 용서를 받아요. 상대는 없는데 영성치유수련에 들어오면 용서를 하고 용서를 받아요. 그러니까 의자기법, 요법, 의자요법 있잖아요? (빈의자기법) 빈의자기법. 그거 보면 얘기를 시키잖아요. 아버지가 죽고 없는데 아버지한테 어릴 적에 아픈 얘기를 하도록 얘기를 하면 아버지가 또 받아 얘기해 줘. 그럴 때 많이, 아버지의 마음을 깨달아요. (그렇죠) 그러면서 아버지에 대한 미움이 점점 줄어들고 사라지게 돼요. 미움이 사라지면서 아버지를 용서를 하게 돼요. 그런 아버지에 대한 죄책감, 여러 가지 감정, 미워한다는 자체가 (많이 사라지게 되겠죠) 영적으로, 영적으로 문제가 생겨요. 근데 그 미움이 사라지는 거야. 그런데 우리 영성치유수련에 들어오는 사람들은 제일 많이 일어나는 게 미워했던 사람을 용서하는 거예요. 용서허면서 딱 즉각적으로 나오는 반응이 뭐냐? 불쌍한 우리 아빠, 불쌍한 우리 어매, 불쌍한 누구, 오빠, 동생, 그러면서 사람이 새로워져요. 그러니깐 처음에 들어올 때 그들의 얼굴을 보면 알아요. 영성치유수련에 들어올 때 보면 긴장이 되어 있어요. 그리고 불안이 있어요. 그리고 눈빛을 보면 경계 (안정적이지 못하죠) 그렇죠. 뭔가 영적으로 정신적으로 지금 이상이 있는 거예요. 그 아픈, 몸이 아픈, 뭔가 증상이 있는 사람이 꽤 많아요. 그런 사람들이 이틀 지나고 이튿날 저녁쯤 되면 얼굴이 180도 달라져요. 환해요.

이유상: 저도 그렇게 변하는 모습을 많이 봤습니다. 영성치유수련에 참가할 때마다 참가자들이 첫날, 이튿날 그리고 사흘째 되는 날 표정이 많이 유해진다는 것, 그게 다 용서를 경험함으로 인해 느끼게 되는 마음의 평화 때문이겠지요?

정태기: 그렇죠. 그러면서 뭐가 풀리느냐? 관계가 풀려요. 관계가 풀려. 영성치유수련에 들어오면 네 가지 변화가, 영이 바뀌어져요. 그다음에 정신, 불안, 공포, 우울, 분노, 이런 감정을 지배허는 정신에 변화가 일어나요. 그러면서 육체적인, 육체가 가벼워져요. 그러면서 관계가 풀어져요. 사실 나도 우리 아버지와의 관계가 영성치유수련 Kentucky Lexington에서 우리 아버지가 거기서 풀렸습니다. 어머니하고 관계가 나쁜 건 아니었는데 어머니를 거기서 새롭게 다시 보게 되는데, 관계가 풀어져요. (아버지와의 관계는 특히 Lexington 치유공동체에서 그 참외를 만나고 하는 그런 이야기를 많이 하셨죠?) 그 이야기는 나중에 또 나오지요. 그런디 다른 어떤 데 가서 이런 일이 일어나기 어려워요. 영이 바뀌어지고, 정신이 바뀌어지고, 육신이 가벼워지고, 관계가 풀리고, 동시에 함께….

동산의 소리 8 _ 영성치유수련은 전인적 회복을 추구

정태기: 하루 이틀 만에, 이게 영성치유수련에 많은 사람이 모였을 때만 가능한 일이예요. 난 이걸 '사랑의 용광로'라고. 그 용광로 속에 들어가면 그렇게 돼요. 사람이. 다른 데서, 교회에서는 어려워요. 교회에서는 어려워요. 혼자 금식기도 혼자 뭘 해 가지고는 안 돼요.

이유상: 그 '사랑의 용광로'라는 표현은 총장님께서 작사하신 치유상담대학원대학교 교가에도 언급이 되고 있죠.

정태기: 난 영성치유수련을 용광로라고 표현해요. 그래서 거기서는 생태계의 뭐 그런 것까지는, 영성치유수련에서는 사회의 구조까지는 다 언급이 불가능하지만, 그러나 적어도 영이 바뀌어지고, 정신이 바뀌어지고, 육신이 가벼워지고 그리고 (인간관계가 재정비되는) 인간관계가 풀리는, 재정비되는 그것만은 정확해요. 그리고 육체가 달라지는, 변화를 일으키는, 기적 같은 일은 너무 너무 많아요. 너무 많아요. 그 스물한 살 된 여자가, 여자가 영성치유수련에 들어왔는데 뼈만 남았어요. 건들면 넘어갈 정도로. 그런데 이 여자가 뭐가 문제냐? 폭식이에요. 폭식. 그런데 몇 끼 먹느냐? 하루에 아홉 끼 먹어요. 한 끼에 얼마 먹느냐? 엄청나게 먹어요. 가지고 와요. 그런데 어떻게 아홉 끼를 먹을 수 있느냐? 완전히 배가 터지도록 먹어요. 그리고는 바로 화장실 가서 토해내요. 손 집어넣어서 토해 놓고, 조금 얼마 있지 않으면 또 시작이야. 또 그러니 사람이 살아날 수가 없죠. 그런데 이유가 뭐냐? 결국 그 아버지의 문제인

것 같아. 아버지에 대한 분노, 아마 그런 거였던 것 같아. 그런데 이 여자가 그 문제가 다른 데서 해결이 안 됐어요. 병원에서 해결이 안 됐어요. 그니까 집에서도 큰 문제죠. 영성치유수련을 들어왔는데, 이튿날 저녁부터 아홉 끼가 세끼로 딱 바뀌지는 거야.

이유상: 아주 극적인 변화이네요?

정태기: 극적인 변화죠. 난 그걸 지금도 기적으로밖엔 설명이 안 돼요. 어떻게 해서 그렇게 됐느냐? 나중에 집으로 돌아가는데 그 아버지가 전화로 나한테 딸 얘기 하면서 펑펑 울어요. 그 아버지가 하는 얘기를 들어보니까, 펑펑 울면서… "원장님, 거기가 어디입니까?" "거기가 어딘디 우리 딸이 이렇게 변화를 받았습니까?" 육체가 바뀌어졌잖아. (그렇죠. 그렇죠.) 육체가 바뀌지기 전에 아버지에 대한 엄청난 쌓인 분노가 풀어진 거야. 용서가 된 거야. 그러면 정신이, 그러면서 그 아버지의 미움의 분노, 영도 함께 관계가 풀어진 거야, 아버지와의 관계가 풀어진 거야. 그러니까 네 가지가 영성치유수련에 들어와서. 이런 예는 영성치유수련에 들어오면 거의 다가 겪어요. 기적 같은 모습은 보기가 어렵지만 거의 그럴 거요. 또 기적 같은 얘기는. 난 기적을… 관계가 풀어지면 영적으로 문제가 생기고 관계가 완전히 틀어져 버리면 육체가 고장 나요. 정신적으로 문제가 생겨요. 그런데 우리 연구원에 입학하는 학생들은 초창기에는 참 많이 들어왔어요. 한 번에 700명, 800명이 들어왔으니까. 그런데 34살 된 장님이 들어왔어요. 장님이 되었는데 34살 된, 결혼하지 않은 여자요. 근데 그때는 면접을 했어요. 교수님들이 여섯 명, 일곱 명이 딱 서서 하루 종일 인터뷰를 하는 거예요. "왜 오게 됐느냐?" 내 테이블에 그 장님 처녀가 왔는데 내가 물었지요. "장님이 되신 게, 앞을 못 보게 된 게, 어릴 적 태어나면서부터입니까?" "아니면 중간입니까?" 했더니 28살부터

장님이 됐대요.

이유상: 무슨 일이 있었겠네요?

정태기: 그러면서 "사연이, 무슨 사연이 있었나요?" "무슨 사연이 있었나요?" 했더니. 나더러 그 장님 처녀가 허는 얘기가. 눈물을 흘리면서, "목사님 어떻게 아셨어요?" 하하하 (하하) 나는 "무슨 사연이 있기에 28살 때 장님이 되셨냐?"고 했더니 "목사님 어떻게 아셨어요?" 내가 알고 얘기한 것처럼 (아주 신령한 분이라고) 그랬겠죠. 그랬겠죠. 그러면서 고백이… 사연을 얘기하라니까 인터 뷰를 하는데 들을 수밖에 없었어요. 자기 아버지는 동두천에서 큰 회사를 했대요. 사장이고 회사가 잘 나갔대요. 번성했대요. 근데 스물일곱, 이 아버지가 다른 자식 동생들도 있지만 첫째 딸, 이 딸을 이 딸만 그렇게 사랑해요. 딸도 아버지를 이 세상에서 제일 존경하고 제일 좋아하는 남자라면? 아버지요. (아버지를 꼽아요?) 아버지요. 이 딸이 스물일곱 살 때 자기 친구하고, 친구가 자기와 함께 가 봐야 할 곳이 있다고 그 친구 집에 데리고 가는 거야. 근데 그 친구 집 옆에, 옆에, 자기 아버지가 어떤 처녀하고 동거 생활 하고 있는 방인거야. 친구가 이걸 딸에게 이걸 보여주려고 데리고 간 거예요. (친구는 이미 알고 있었네요?) 그렇지. 알고 있었지. 가만히 보니깐 기어다니는, 걸어 다니는 아기, 아이까지 있어. 이 여자하고 아버지가 오래전부터. 그걸 아버지한 테 아무한테 얘기 안 하고 집에 와서 그날부터 이 딸은 완전히 절망을 하는 거야. (그렇죠.) 청천벽력 같은 충격이고 완전히 아무것도 생각 안 나고 울음만 나오는 거야. 그냥 혼자 우는 거예요. 아버지도 어머니도 이 딸이 왜 그러는지. 대답을 안 하니까. 근데 그렇게 두 달을 그렇게 말을 않고 학교를 다니면서 있는데 어느 날 엄마까지 이 사실을 알게 된 거요. 누군가가 알려 줘서. 그때부터 엄마하고 아빠 사이에 엄청난 전쟁이 일어납니다. 그런데 문제는 자기 아버지는

완전히 결혼하기 전에 빈손이었습니다. 그런데 일본 유학을 했어. 석사까지. 결혼 전에. 그게 자산이요. 그런데 그때 이 장님 처녀의 엄마는 엄청난 부잣집의 외동딸이야. 아들 없고. 그러니깐 이 사위를 만나면서 처갓집에서는 재산을 다 증여해 그리고 회사를 차려줍니다. 그 회사가 지금 이렇게 잘 된 회사예요. 처갓집 덕으로 이렇게 큰 사업을 하게 됐잖아. (네, 그렇죠.) 남편이 그걸 모르고 배반을 해. 이 아내를. 그래서 엄마하고 아빠가 투쟁이 벌어지는데, 세 달, 네 달 그렇게 치고받고 싸우더래요. 그러면서 이혼 해. 엄마 아빠가 이혼을 허는데 이혼헐 때 엄마가 가지고 있는 모든 재산을 다 가지고 가.

이유상: 엄마가요?

정태기: 가지고 갔는데도 회사가 그동안에 엄청 번창을 했으니까 나머지 회사는 큰 어려움은 없었어. 그런데 문제는 엄마가 그렇게 나가고 난 두 달이나 세 달 후에 일체 연락도 없고 소식이 없었는데, 들리는 소리가 결혼을 헌 거야. 재혼을 헌 거야. 그런데 누구하고 재혼을 했느냐? 남편한테 원수 갚는다고, 돈이 엄청나게 많았으니까, 새파란 총각하고 그 재산 가지고 미국으로 떠난 거예요. 그 얘기를 이 딸이 듣는 거요. 그걸 듣고, 그니까 아빠도 엄마도 다 잃어버린 거야. 그리고 며칠 후에 눈이 먼 거예요. 그리고 눈이 멀어서. 우리 속담 비슷한 말이 있지요. 눈 뜨고는 차마 (못 본다는) 볼 수 없는, 너무 엄청난 일이 일어났을 때 눈 뜨고는 못 본다는 거야. (그런 표현이 있죠.) 그런 표현이 있습니다. 이 처녀가 바로 도저히 도저히 아빠 엄마를 용서할 수 없는 그때 억장이 멕히면서 눈이 멀어요. 아빠는 자기의 딸이 눈이 머니깐 대학병원 데리고 가 봤는데 소용이 없는 거예요. (의학적으로) 의학적으로 안 되는 거야. 시신경이 이미 마비되었기 때문에 그건 안 된다는 거야. 이 아빠는 일본말을 잘했으니깐 나중에는 일본 의과대학으로 다 데리고 다녀.

그리고도 성공 못 해. 결국 그렇게 1, 2년 다니다가 포기합니다. 아버지도 포기하고, 의학 다 포기했습니다. 본인도 포기했고, 이제는 장님으로 살 수밖에 없다. 그리고 34살까지 그리고 우리 연구원에 입학을 하지요. 공부를 하면서 연구원에 들어오면 자동적으로 다 영성치유수련에 들어가잖아요. (그렇죠.) 영성치유수련에 들어갔는데 이튿날 '엄마 아빠 Therapy' 그 시간에, 그 시간이 왔는데, 그런데 김중호 교수님은 어머니 부르고 아버지를 부르면서 크게 크게 부르면서 불러보라고. (그렇게 하죠) 그렇게 하죠. 근데 어머니 아버지를 부르라고 했는데 그때 이 장님 처녀한테 나오는 말이, 자기도 모르게 "아빠 미워", "엄마 미워." 견딜 수 없는, 목이 터져라고 "아빠 미워", "엄마 미워", 그렇게 악을 쓰는데 갑자기 아빠가 보이는 거야. 아빠가 보이는데, 앞에 기어다니는 아빠, 어그정어그정 어렸을 때 기어다니는 아빠가 보이는데 그동안 아빠한테 수백 번도 넘게 들은, 과거에 자기는 "나는 어떻게 컸다." "나는 어떤 집에서 컸다." 얘기를 들었어요. 그런데 아이들은 얘기를 진심으로 들을 수가 없어요. 그냥 건성으로 들어요. "아, 그랬구나." "그랬구나." 그게 자기 큰 문제가 아니니까. 근데 아버지가, 아버지가 들려준 얘기가, 아버지가 태어난 두 달 만에 할머니가 산후열로 죽어요. (아버지 엄마가요?) 아버지 엄마가. 두 달 만에 죽어. 그러니깐 할아버지는 이 첫아들 태어났는데 이 아이를 키우기 위해서 곧 어떤 여자를, 결혼을 해요. 재혼을. (새로 맞이했겠죠) 결혼을 해요. 결혼을 했는데 문제는 그 여자가 1년도 안 돼서 곧 자기 아들을 낳아버린 거야. 그때부터 그 여자가 이 아들을 구박을 허는 거요. 근데 이 장님의 할아버지가 밖에 나가면, 일터로 나가면 구박을 하더라는 거야. 그래서 이 아들이 비실비실해. 그때 이 얘기를 할아버지가 듣는 거야. 본처가 구박한다고. 그때 할아버지 생각에 이 아이는 죽는다, 이대로 놔두면. 그때 마침 그 친척 사촌 동생이 영아원을 허는데 일종의 옛날에 고아원이죠. 부모가 없는 아이들

데려다가. 그런데 동생이 허니까 거기다 부탁을 한 거야, 아들을. 이 아들이 그곳에서 10살까지 큽니다. 영아원에서 그니까 부모가 없이 크는 거야. 10살이 되니깐 데리고 들어온 거예요. 그런데 그 얘기를, 어머니 없이 영아원에서 컸다는 얘기를, 이 딸이 귀가 닳도록 들었어요. 그런데 그 실감을 못 했어. 그런데 영성치유수련에 들어와 가지고 "아빠 미워" "엄마 미워"하는데 그렇게 피가 터지도록 악을 쓰는데 갑자기 그 아버지가 보이는 거야. 울면서 기어다니는.

이유상: 그 상황의 아버지가 보인 거죠.

정태기: 어렸을 때 엄마 없이. 그런데 그 아빠가 어떻게 보이느냐? 엄마 없이 불쌍하게 자란 아빠가 보이는데 갑자기 이 딸 입에서 "아빠 미워"가 "불쌍한 우리 아빠" "엄마도 없이 엄마 사랑 아빠 사랑 못 받고 영아원에서 큰 아빠." "엄마 사랑 없어서 그래서 그랬구나." "저렇게 엄마, 우리 엄마 두고도 또 그렇게 방황을 했구나." 아빠가 너무너무 불쌍한 거야. 그때부터 엄마도 잊어버리고 "불쌍한 우리 아빠" 하면서 "어떻게 살았냐"고 데굴데굴 구르는데. 가만 보니 그 영성치유수련에 들어와서 이튿날 '엄마 아빠 Therapy' 할 때는 그 이상한 기적 같은 현상들이 많이 일어납니다. 막 땅을 치고, 발을 구르고, 악을 쓰고, 붙들고 울고, 그런 장면. 그런데 보니까 이 장님 처녀가 오른쪽을 돌아다보니까 어떤 할아버지가 그렇게 우는 거야. "아버지 어머니~" 왼쪽으로 바라보니깐 어떤 젊은 여자아이가 막 가슴을 치면서 "아빠 엄마" 악 지르는 게 이게 눈에 보이는 거야. 눈에 보이는 거야. (이야.) 그때 이 여자가 6년 만에, 장님이 된 지 6년 만에 눈이 뜬 거야. 그런데 이것을 어떻게 설명을 할까? 의학적으로는 시신경이 완전히 마비됐어. 그니까 안 돼. 현대의학으로는 설명이 안 되지요. 양자물리학에서는 설명이 됩니다. 양자물리학을 바탕으로

발달된 의학이 유전자의학입니다. 유전자의학은 염색체의 작용. 우리 몸에, 우리가 지금 대학원장님이 나를 봐. 내가 대학원장님을 봐. 이건 내 머리 어딘가 시신경을 작용하는 모세혈관이 있어. 그 모세혈관에서 호르몬을 계속 만들어 내. 그 호르몬 작용이 결국 우리로 하여금 보게 만들어. 그러니깐 양자물리학에서는, 유전자의학에서는 모세혈관을 뭐라고 하느냐. 공장이라고 해요. 호르몬을 만들어 내는 공장. 그런데 사람이 너무나 엄청난 환경에 부닥치면, 충격을 받으면 그 시신경을 만들, 보게 만드는 호르몬을 만드는 염색체 공장이 딱 Stop해 버려요. (그렇겠죠.) Stop해 버리면 안 보여요. 장님이 되는 거예요. 그런데 이 염색체 공장이 다시 가동되기가 어려워요. 그런데 어떨 때만 다시 움직이기 시작할 수 있느냐? 엄청난 사랑의 용광로 속에 들어갈 때, 엄청난 사랑의 파장에 휘말릴 때, 그게 바로 영성수련이요. 전연 얘기하지 않는 그런 춤, 노래, 찬양, 얘기, 그런 데에 들어갔을 때 이 여자는 염색체 공장이 (재가동이) 가동이 되어 버리는 거야. 그래서 보게 된 거야. 그래서 전설을 보면, 사실인지 모르지만, 심봉사 심청이 얘기가 나옵니다. 심봉사가 자기 딸을 만나는 거지요. 장님이. (네, 그런 장면이 있죠.) 죽은 줄 알았는데 딸이 왕의 아내가 돼 가지고 아버지를 만나는데, 아버지한테 "내가 심청이라"고 허니까 그때 아버지가 눈을 떠버리잖아. (네, 허허) 허허. 눈을 떠, 난 그게 가능하다고 믿어요. 우리 연구원에서 많이 일어납니다. 그런 기적 같은 일들이 근데 그러니까 이 장님 처녀는 아버지와의 관계가 이제 화해로, 용서로 돌아오는 거야. 그 전의 관계가 풀어지고 그다음에 정신이, 미운 감정이, 아버지에 대한 미운 감정이 용서로 바꿔지고, 사랑으로 바꿔지고, 그러면서 영이 함께. 근데 영성치유수련이 만들어 내는 기적 같은 일들입니다. 그런데 이게 기적이 아니라 과학적인 유전자의학으로 정확하게 설명이 되는.

이유상: 네, 총장님께서 해주신 사례를 보면 개인들이 겪는 그런 깊은 슬픔의 고리들이, 아픔들이 영성치유수련 모임에 와서 함께 어우러져서 자기 자신을 다시 보고 또 자기를 아프게 했던 사람을 다시 보고 하는 그 과정을 통해서 다시 새롭게 태어나는 그런 경험을 하게 되는 거죠.

정태기: 암만, 암만, 그렇지, 그렇지. 다시 태어난다고 보면 돼요. 그런데 아까 장님 처녀가 절대 결혼 생각 안 했어요. 그다음에 눈 뜨고 난 다음에 결혼해요. 결혼해서 지금 아들 둘 낳아 잘 살아요. 잘 살아요. 의정부에 살아요. (상상하지도 못했던 그런 새 삶을 사는 거죠.) 맞아. 암만, 암만… 그런데 그걸 사회에 나와서 대중에게 공포하면서 "나 이랬다"고 얘기를 고백을 허는 것은 또 별개의 문제요. 그게 용기요 (네, 그럼요.) 그 엄청난 용기요. 자기의 과거 모든 수치, 부모의 수치를 얘기를 헐 수가 없어. (얘기를 해야 되니까.) 얘기를 해야 되니까. 그걸 꺼려요.

이유상: 지난해 2월로 영성치유수련이 150회를 넘겼으니, 총장님께서는 150회를 진행해 오시면서 그러한 이야기들을 얼마나 많이 접하셨겠어요?

정태기: 그런데 이 150회, 2만 한 5천 명이 거쳐 갔는데요. 전부 다 Story가 있습니다. 전부 다 이런 변화의 Story가 있습니다. 나중에 그 변화의 Story가 어떻게 다시 제자리로 돌아오는지는 모르겠지만 전부 다. 그러니까 2만 5천 개의 Story가 있다는 얘기요. (그렇죠. 그 2만 5천 개의 Story가 있게 된 배경에는 또 그보다 더 많은 구성원이 또 같이 있게 되니까.) 암만, 암만. (그분들이 다 치유를 경험하고 새롭게 태어나면 그분들의 가족들, 그분들의 친구들이 또 새롭게 태어나는…) 암만.

이유상: 총장님께서 영성치유수련을 인도하시면서 그 '엄마 아빠 Therapy'나 또

'음악 Therapy'나 '춤동작 Therapy'나 여러 가지가 있지만 총장님께서 인도하시는 것 중에서 명상에 대해서 총장님께서 인도하시는 그런 시간들이 있는데 총장님께서 인도하시는 그 명상수련 과정에 대해서 좀 말씀해 주십시오.

정태기: 그 명상은 마음이 깨끗해 있을 때, 조용해졌을 때, 사람은 제일 깊이 들어갈 수 있어요. 명상을 이렇게, 뭐 책 읽으면서 이 세상 돌아가면서 허기가 어려워요. 깊은 생각 속으로 빨려 들어가는 거잖아.

동산의 소리 9 _ 영성치유수련 프로그램

정태기: 그런데 그때가 언제냐? 사람 몸에서 에너지가 쫙 빠져나갈 때, 그래서 뱃속에 많은 음식이 없을 때, 몸이 편안할 때, 몸이 극적으로 막 뛰고 뭐랄까, 아우성을 치고 발악을 할 때 그리고 난 다음에 '쫙' 조용히 하면 명상이 제일 잘 돼요. 에너지가 '쫙' 빠져나가고 난 다음에… 첫째 목적은 거기에 있어요. 깊은 내 삶을 다시 한번 돌아볼 수 있는 그런 계기, 거기다가 영성수련은 어떤 주제가 회기마다 달라요. 그러니까 처음은 명상의 주제가 뭐냐? "난 지금까지 어떻게 살아왔나?" "지금 현재의 나는 어떻게 살고 있나?" "앞으로 나는 어떻게 살아가야 할 것인가?" "지금까지 내가 어떻게 살아왔나?" "그럴 때 내가 원하는 삶을 살아왔는가?" "아니면 전혀 내가 원치 않는 삶을 내가 살아왔지 않나?" "지금은 어떤가?" 그쪽으로 집중시켜요. 완전히 춤으로 그게 극에 달했을 때 에너지가 '쫙' 빠져나갈 때 '쫙' 누워서, 아니면 앉아서 조용히 음악을 들을 때 사람은 깊이 들어갈 수 있어. 그때 이 주제를 가지고 들어가요. 사람들은 거기에서 많이, "왜 나는 이렇게 살아왔나?" 그걸 깨닫게 자각시키는, 그런데 음악도 또 달라야 돼요. 거기에 맞는, 그래서 난 이 <예수님의 기도> 그 음악을, 멜로디를 가지고 해요. 그리고 그다음날 명상은 또 똑같이 노래 부르고 춤을 추고 난 다음에 조용히 앉아서 모든 사람은 자기가 원치 않는 삶을, 그렇게 어둠의 세계를 살았던 사람들은 뭔가 속에 깊은 상처의 응어리가 있어요. 그 상처의 응어리란 것은 어린 시절에 깊은 충격을

받은 상처 받은 어린아이가 성장을 못해버린 거야. 사람은 어린 시절에 크게 충격을 받으면 상처를 입으면 더 이상 성장 못 해요. 거기에 고착돼요. 거기서 벗어나지 못해요. 그러니깐 나이가 삼십 되고 사십 됐는데도 어린아이 같은 짓을 하게 돼요. 상처 입고 어둡게 사는 사람들은 특징이 성인 아이가 어렸을 때 충격받은 아이가 마음속에 있다는 거예요. 그 아이를 다시 만나는 거예요. 그 충격받은 아이가, 움츠러들고 있는 아이가, 그러니까 그 아이는 무서우니까 두려움에 떠니까 눈치만 보고 '사람들은 나를, 나를 어떻게 대하나?' 숨죽이고 있는 그 아이를 다시 일어서게 만드는 거예요. 명상 목적이, 주제는 아이가 일어서서 '아, 이제는 안심이다.' 그러니깐 이걸 위해서 어린 시절로 돌아가게 되는 거야. 찬양과 춤으로 한참 막 극도에 달할 때, 딱 조용히 불을 끄고 앉게 만들지요. 눕든가 앉든가… (그리고 잔잔한 음악을) 그리고 음악을 틀어 주는데 음악마다 다 다르겠지만 난 그 <거울 속의 겨울> 그 음악이 좋았어요. 틀어 주면서 자… 우리 어린 시절로 돌아갑시다. 가장 어린 시절로, 내가 살던 집으로 우리 식구들, 함께 살고 살았던 그곳으로 그때 가장 상처 입었던, 부모가 싸우던가 무슨 일이 일어났던가 그때 가장 두려움을 느꼈던 그 아이를 돌아다보자고 유도를 해요.

이유상: 만나게 되는 거죠?

정태기: 그렇지. 누가 찾아가 만나느냐? 이제는 30이 된, 40이 된, 50이 된 60이 된 성인이 그 아이를 찾아가는 거예요. 그 아이는 울고 있어요. 그런데 그거 찾아가는 그 본인은 알아요. 이 아이가 왜 울고 있다는 사실을… (그렇죠, 자기 자신의 과거를 만나는 거니까.) 그래서 울고 있는 아이를 뒤에서 꼭 끌어안고 아이한테 묻는 거지요. "너, 이래서 울고 있지?" "왜 울고 있냐?" "니가 뭘 하고 싶으냐?" "누구를 만나고 싶으냐?" 물어요. 아이가 대답해요. "나 우리

엄마 만나고 싶어.” “나 배고파.” 그러면 성인인 내가 다 들어 줘요. 다 들어줘. 충족시켜 줘요. 그 아이가 환하게 웃고 있는 그 모습이 될 때까지 함께 손잡고 데리고 다니고 그러면서 그 아이한테 약속을 해요. 이제는 니가 다시는 그렇게 울고 있도록 절대 놔주지 않을 거라고 내가 너하고 함께 있을 거라고 내가 너한테 또 온다고 그러면서 떠나버리면 그 아이는 또 외로울 거니까. 그때 오른쪽을 바라보면서 앞을 보면 거기 예수님이 서 있어요. 그 다 큰 성인이, 성인인 내가 그 아이를 예수님의 품에 안겨 주지요. “나 다시 오겠습니다.” “잠깐만 품에 안아 주세요.” 그리고 떠나는 그 명상 주제가… (제가 경험을 할 때도 그 예수님을 만나는 그 장면이 참 포근하고 마음에 큰 평화가 임하는 그런 경험을 했어요.) 그렇게 명상으로 이어져 가요.

이유상: 참가하는 구성원들이 자기 자신의 과거의 아픈 상황을 다시 만나고 그 상황 속에서 자기 자신을 새롭게 보는 그런 경험을 명상 과정을 통해서 인도하시는 거다. 그렇죠?

정태기: 그래서 Jung을 보면 Jung 치료에서는 과거의 어린 시절을 내가 만나는, 그 치료가 굉장히 중요한 하나의 초점이에요. 그래서 우리가 건강허게 살기 위해서는 어린 시절의 나를 자주 찾아가서 만나는 거예요. 그러면 그 아이가 움츠려 있지 않아요. 그 아이가 힘을 얻어요. 그 아이가 뛰어나올 때 그 아이가 춤을 출 때, 그때 나는 달라지는 거예요. 내 삶은 그 아이가 그렇게 좋아서 춤을 출 때, 노래를 부를 때, 뛸 때, 행복해할 때 지금 50대, 60대 살고 있는 내가 달라져요.

이유상: 그 과거에 내가 힘들고 울고 있지 않고 힘을 얻어서 새롭게 나에게 다가오는 거니까요. 얼마나 큰 안정을 느끼겠어요? 아주 멋있는 그런 명상 과정을

총장님께서 계속 인도해 주셔서 많은 사람들이 자기 자신을 새롭게 만나는 그런 경험을 통해서 회복되는, 그런 경험들을 많이 하지 않았을까 그렇게 저는 여기고 있습니다. 치유, 영성치유수련 과정에 또 중요한 요소라고 할 수 있는데 첫날과 이튿날 초청 강사들을 총장님께서 초청하셔서 강의를 하게 하시는데 그 부분에 대해서도 좀 말씀해 주시겠습니까?

정태기: 강의의 흐름은, 영성치유수련이 2박3일로 이어지지요. 첫날과 다음날이 달라요. 그다음이 다르고, 첫날 오리엔테이션을 끝나면 그다음부터 그 경직된 몸을 풀어야 돼요. 몸을 풀어야 마음이 풀어져요. 그냥 가만히 앉아 있으면 마음이 풀리지 않아요. 그래서 춤이 필요한 거야. 그래서 박선영 교수가 춤으로 경직된 마음을 풀지요. 그러고 난 다음에, 오후에 첫 강의가 주어지지요. 첫날 강의의 주제는 뭐냐? 뭐가, 뭐가 나를 이렇게 힘들게 만들었느냐? 그 이야기를 깨워 주는 거예요. 내가 그 Kentucky Lexington 가서 아니 Wayne Oates 박사 만났을 때, "뭐가 널 이렇게 불안과 공포에 떨게 했느냐?" "그렇게 35년을 지금까지 살도록 했느냐?" "뭐가 너로 하여금 어른을 보면 두려움을, 공포를 느끼도록 했느냐?" "왜 대인 관계를 제대로 할 수가 없었느냐?" "그게 뭐냐?" 난 그게 내 운명인 줄 알았어요. 내가 잘못 이렇게 태어나서 팔자가, 운명이 그렇고 그런 줄 알았어요. 근데 Oates 박사는 나한테 "그건 어린 시절에 니 엄마 아빠 싸움 때문에 니가 받은 상처야." "그 상처가 너를 이렇게 힘들게 만들었던 거야." 근데 사람들이 거의 다 자기가 원치 않는 삶을 사는데 왜 그런지 몰라요. 첫날 강의는 그걸 일깨워 주는 거예요. 아, 과거의 이런 경험이, 어린 시절의 이런 경험이 나를 이렇게 힘들게 만들었구나. 그걸 자각시켜 주는 거예요. 그런 면에서 첫날 강의가 이루어져야 돼요.

이유상: 상처에 관한 근원을 알게 하는 그런 기회를 갖게 하는 거네요.

정태기: 암만. 그리고 다음날 들어가면, 다음날 들어가면 김중호 교수의 '엄마 아빠 Therapy', '엄마 아빠 Therapy'는 아마 이 세계 어디에서도 볼 수 없는, 우리한테, 우리만 가지고 있는 독특한 프로그램이에요. 근데 '엄마 아빠 Therapy'를 왜 하느냐? 모든 문제는 엄마 아빠에서 시작하는 거니까. 우리의 뿌리는 엄마 아빠에서 시작하는 거니까. 그러니까 '엄마 아빠 Therapy'를 통해서는 엄청난, 혁명적인, 폭발적인 그런 변화와 깨달음이 우리한테 터질 때가 있어요. 거기서 엄마 아빠를 만나고 그렇게 울고불고 오후에 강의가 두 번째 강의… 세 번째, '엄마 아빠 Therapy' 지나고 나서 세 번째 강의는 주제가 뭐냐? 첫날은 뭐가 나를 이렇게 힘들게 만들었던가? 둘째 날 오후의 강의 주제는 용서와 화해요? 그렇게 나하고 힘들었던 아빠를 다시 만나는 거예요. 엄마를 다시 만나는 거예요. 결국 나는 그렇게 내가 싫었던, 무서워했던 아버지가 세상을 뜨고 난 다음에도 19년 동안 아버지를 멀리했던 내가… 영성치유수련에서 아버지를 만나는 거지요. '아, 아버지도 나를 사랑해, 사랑했었구나.' 그런 내 어머니의 새로운 모습을 헌신적인 어머니의 사랑을 거기서도 만나는 거지요. 둘째 날 오후 강의의 초점은 그거예요.

이유상: 용서와 화해에 관한 이야기를 초청 강사들이 제공하고, 자기 자신과 가족을 용서하고 화해하는 그런 경험을 영성치유수련에서 참가자들이 체험하고, 또 그런 계기로 삼을 수 있는 기회를 제공해 주는 게 중요한 포인트죠?

정태기: 그리고 그룹으로 들어간 이튿날 오후쯤 되면 오전 '엄마 아빠 Therapy'를 통해 이제는 상당히 풀어졌어요. 그때 그걸 더 밀어붙이는 거지요. 더 깊이, 가슴 깊이 뭉클하게 만날 수 있도록 하는, (그런 만남은 소그룹을 통해서, 소그룹을 인도하는 Leader와 Co-Leader를 통해서 그런 과정이 계속 이어지게 되는데 영성치유수련에서 집단 소그룹을 이루는 리더들의 역할이 굉장히 중요하다고 여겨지는

데요?) 자, 그런데 마지막 세 번째로 강의가 또 있어요. 영성치유수련에서 두 번째 날 강의는 용서와 화해고 마지막 날, 토요일 강의는 이제 마무리하는 강의예요. 마무리하는 강의는, "이제 나는 이렇게 살지 않을 거야." "새롭게 살 거야." 이걸 난 항아리, '항아리 선서'라고 그래요. 세 번째 마지막 날에는 나도 항아리가 될 수 있는 거야. 세 번째는 그래서 "나도 할 수 있다"는 그런 면에서, 항아리를 갖다 놔요. 큰 항아리, 작은 항아리, (종재기) 종재기를 보여주면서…종재기는 어떻게 살았냐… 나밖에 모르는 사람이에요. 내 주장만, (다른 사람을 돌볼 여력이 없는) 이런 사람은 계속 싸우죠. 작은 항아리, 큰 항아리가 되면 그때는 모든 사람을 품에 안은 그런 사람이 남의 이야기가 아니라 나도 될 수 있다. 그러면서 내가 종재기로 살았던 과거 35살까지 그것이 얼마나 힘들었느냐? 내 속에서 나밖에 몰랐던, 내 울타리 속에 들어와서 벗어나지 못했던, 내 생각밖에 안 했던, 세상 목표를… 그런데 영성치유수련을 통해서, Kentucky Lexington 을 통해서 내가 달라지는 거야. 그 종재기가 작은 항아리로 바뀌지는 거야. 그러면서 지금은 사람들이 나를 항아리라고 그런다. 완전한 항아리가 아니라 깨진 항아리, 비록 깨진 항아리지만 난 지금 그런 자부심을 가지고 살아간다. (깨어진 부분들이 이어져서 여전히 큰 항아리의 모습을 가지고 있는) 가지고 있는… (그런 항아리) 맞습니다. 맞습니다. 그러면서 나같이 그렇게 비참하게 재봉틀로, 우울증 환자로, 신경증 환자로 그렇게 아무것도 모르고 살았던 내가, 종재기가 지금은 철사를 둘렀지만 항아리가 되어서 살아간다. 그러니까 나만 사는 게 아니라 여러분도 똑같이 살 수 있다. (희망의 메시지를) 그렇지, 희망의 메시지입니다. 그런데 그 항아리를 만들 수 있는 방법을, 우리 민족을 다시 살릴 수 있는 인물로 승화될 수 있는, 변화될 수 있는데 그건 가정에서만 만들 수 있다. 완전한 항아리는 어머니 아버지가 싸우지 않고 기도하는 모습 보여 주고 성경 읽는 모습 보여

주는, 그런 모습만 보여 주면 자식들은 딸이고 아들이고 큰 항아리가 된다. 만들자, 우리. 그래서 선서를 만들자, 우리. 그래서 선서를, (서약을 하게 하고) 그리고 서약을 허게 만들고 다 집에서 보관하고, 근데 그것이 집에다, 딱 벽에다 걸어 놨는데 아마 수만 명이 걸어놓고 살 겁니다. (그렇겠죠. 영성치유수련에 참여하는 사람들은 다 그 서약을 하고 그 서약서를 가지고 퇴소를 하게 되니까.) 그렇습니다. 그런데 어떤 부모들은 그걸 벽에다 딱 걸어놨대요. 응접실 벽에, 많이 싸웠던 부모 같아요. 근데 그걸 며칠 지났는데 또 싸운 거야. (붙여놓고?) 한 일주일은 멀쩡했는데… 또 싸운 거야. 그러니까 초등학교 3학년인가 4학년 아들이 의자를 놓고 올라가는 거야. 올라가더니 그 항아리 서약서, "싸우지 않겠다." "자녀들 앞에서 싸우지 않겠다." "기도하는 모습 보여 주겠다." "성경 읽는 모습 보여 주겠다." 이걸 그 아이가 꺼내서 싸우고 있는 어머니 아버지 방문을 열고 들어가는 거야. 그 아이가 얼마나 비참했을까? 얼마나 절실했을까? 그걸 방에다 딱 놓으면서 "여기에는 엄마 아빠가 싸우지 않겠다고 했잖아요?" 그걸 딱 허는데 이 엄마 아빠가 가슴이 찡 허더래요. 그때부터 일체 안 싸웠대요. 많은 가정에 이런 변화가 일어나요. 어머니 아버지가 변화되면 자식들이 달라집니다. 반드시 달라집니다.

이유상: 대부분은 개인의 상처의 뿌리는 그 가정에서 시작되니까요. 그 가정이 변하면 그 개인이 변하는 거죠.

정태기: 자, 오늘은 여기까지 헙시다.

동산의 소리 10 _ 영성치유수련의 Leader와 Co-Leader

이유상: 안녕하십니까? 오늘은 2020년 2월 21일입니다. 오늘도 지난번에 이어서 치유상 담대학원대학교 정태기 총장님을 모시고 영성치유수련에 관하여 알아보도록 하겠습니다. 총장님 평안하셨습니까?

정태기: 반갑습니다. 네. 오늘도 또 수고하시겠습니다. 대학원장님. (수고는요. 총장님께서 귀한 이야기를 나눠 주시니까 저는 개인 과외를 받는 듯한 이런 느낌이 듭니다.) 나는 이유상 교수님과 함께 만나면 얘기가 자꾸 나와. (허허허, 감사합니다.)

이유상: 우리가 그동안 영성치유수련의 부분 부분에 대해서 많은 이야기를 나누었는데요. 오늘은 영성치유수련을 이루어 가는 사람들 중에서 Leader와 Co-Leader 들의 역할에 대해서 같이 먼저 이야기를 나눠 주셨으면 좋겠습니다. 어떤 사람들이 Leader로 사역하고 있는지 그 이야기를 먼저 나눠 주시겠습니까?

정태기: 처음 시작할 때 우리가 한 사람이 한 Group을 맡아서 허는데 몇 명까지 가능하겠느냐? 원래가 정석으로는 7명에서 15명이라고 그래요. 그런데 해보니깐 15명도 많아. 깊이 들어갈라니까. 그래서 우리는 한 조에, 한 Group에 8명에서 12명 안으로 그렇게 Group을 만들라고 하는데, 그럴라면 교수님들이 바쁘고 내가 시간이 없는데, Group을 만들라면 한도 끝도 없어요. 사람들은 수천 명이 몰려오지요. (그렇죠. 지원자는 많고) 지원자는 많고 이걸 담당할 길이 없어서 그래서 생각한 게, "아, 또 다른 치유 지도자 그런 분들을 많이

(오늘은 영성치유수련을 이루어 가는 사람들
중에서 Leader와 Co-Leader들의)

양산허자, 교육시키자, 훈련시키자." 그런 의도하에서. 연구원 과정은 그래요.
2년 공부를 하면 일반과정이 돼요. 일반과정을 마치고 또 2년 과정을 공부하게
되면, 2년 과정은 적은 Group으로 교수님과 심도 있는 수업을 해요. 그걸
전문반이라고 해요. (전문과정?) 전문과정, 전문과정을 마치면 그다음에는
인턴과정에 들어가요. (그렇죠.) 인턴과정, 또 2년이에요. 그러니깐 연구원
2년 마치고, 전문과정 2년 마치고, 그러면 4년. 그다음 인턴까지 허면 6년으로
들어가요. (6년이 마쳐지는 거죠.) 우리 의과대학 공부하는데 6년이잖아요.
그런데 이 6년 동안 이렇게 몸을 바쳐 가면서 경제적인 모든 시간 바치고
돈 바치고 이럴 수 있는 사람들이 독특해요. 이런 사람들은 뭔가 '치유 받자.'
'변화되어 보자.' 이런 사람들이 그 과정까지 들어가요. 이제 그런 인턴과정에
들어가는 사람들은, 이런 사람들은 거기까지 가는 동안 굉장히 많은 영성수련을
경험해요. 영성수련 2박 3일 들어가서 쉬지 않고 소그룹으로, 강의로, 춤으로,
찬양으로, 2박 3일 동안 그런, 뜨거운 용광로 속에 들어가는 경험을 인턴까지
허면 여러 번, 열 번 이상 이런 경험을 허게 돼요. 그러면서 거기서 한 6년,

7년 지나가면 "아, 이 사람은 정말 좋은 Leader감이다." 그럴 때 그들에게 한 번 맡겨봐요. 8명에서 12명을. 신비하게 그 Leader 조건이 뭐냐? 자원봉사예요. 영성치유수련을 하게 될 때 참여하는 사람들이 "저 Leader는 우리한테 돈 받는다." 그러면 참여하는 사람들이 영향을 안 받아요. "저분들은 우리를 위해서 순수하게 봉사한다." 그럴 때 그 사람들이, 참여하는 사람들이, 많은 감동을 받아요. (재능 기부를 하는 그런 차원의 사역이니까요.) 그렇죠. 재능 기부 그리고 누가 2박 3일 동안 재능 기부를 헐라고 그래요? (쉽지 않죠.) 시간 바쳐서, (집을 떠나서 함께 있어야 되니까) 집을 떠나서, 자기가 허는 일도 있어요. 그런데 누가 하느냐? 보니깐 '이걸 허지 않으면 난 마음이 편치 않다' 그런 마음을, 성품을 가진 사람들, 그러니까 '난 왜 내가 거기다가 시간 바쳐서 해야 해?' 그런 사람을 안 돼요. 그런 사람은 절대 Leader 시키면 안 되고 Leader 할 수도 없어요. '나를 한 번 저 사람들을 위해서 헌신해 보자.' '저 사람들 변화시켜 보자.' 그 Leader들이 들어왔을 때 참석하는 사람들이 그것도 보통 문제가 아니에요. 사회에서 갖가지 아픔도 겪고, 좋은 일도, 사회 경험도 많이 해 본 사람들이 들어와요. 그 사람들이 들어와서 상당히 많은 참여자들이 Leader를 괴롭혀요. 예를 들면, "네가 뭔데 우리한테 이렇게 이래라저래라 하느냐?" 그럴 때 Leader들이 그걸 화내지 않고 그냥 참고 견뎌내요. 그런 성품, 그러니까 2박 3일 동안에 그 12명을 다, 한 사람을 가지고 성장 과정부터 어떤 문제가 니 지금까지 병든 삶을 만들게 허느냐 뿌리를 캐는 데 상당한 시간이 필요해요. (그렇죠.) 3일 가야 12명이 끝나요. 그럴 때 Leader들은 파김치가 되는 거야. 그들한테 시달리고 그들이 변화가 안 일어나니깐 갖가지 기도도 하고 고민하다가 그런데 그 사람들이 2박 3일 동안 영성수련이 끝나면 누가 제일 감격허느냐? Leader들이. 그리고 돌아가면서 너무너무 뛸 것 같은 날아갈 것은 감사함, 감격. '내가 저희들의 아픔을 이렇게 치유했다.' '도와줬다.' 그런 경험을 허는 사람들이 많아요. 그러니까 Leader가 그렇게 소중한 Leader가 될라면 열 번도, 그런 2박 3일도 허고 어떤 사람은 50번, 2박 3일 동안 자원봉사로 들어가서 50회를 허는 사람, 60회를 허는 사람 많아요. 그렇기 위해서는 들어가서 난 지금까지 23년 동안 영성수련을 허는데 내가 한 번도 사례를 받아본 적이 없어요. '내가 자원봉사를 해야 내가 저들에게 너희들 자원봉사 해야 된다.' 이건 돈 받기 시작하면 "내가 수고한 대가만큼 돈을 받는다." 그러면 우리 영성수련은 못 가요. 절대 3년 이상 못 가요. 우리가 23년 동안 이끌어 온 것은 자원봉사로 헌신하는 사람들이 있기 때문이에요. 그런데 요즘 보니깐 깜짝 놀랄 일이. 그 Leader들이 Group을 치유하는 걸 보니깐 나는 죽었다 깨어나도 저 사람들처럼 할 수가 없는 거예요. 그들은 수없이 공부하는 거예요. 기법을 공부하고, 또 이론도 공부하고, 그러면서 어떻게 해야 할 거냐? 그걸 갈고 닦아요. 근데 어떤 Leader들은, 참 기특헌 것은 Group이 2박 3일 동안 시작하기 전에 미리 명단 받고 기도해요. (참가하는 사람들을 위해서) 그리고 그 2박 3일 동안 매회 Group을 하기 전에 그렇게 미리 또 기도허고 밤에 잠들기 전에 불 꺼놓고 누워서 또 자기가 맡은 그 Group들, 얼굴들, 이름을 생각하면서 또 기도하고 그렇게 피가 마르는, '저 사람들을 내가 어떻게 변화시켜서 돌려보낼 거냐?' 그 마음. (그분들을 살려야 한다는 그 마음이 굉장히 강한 거죠.) 살려야 한다는, 음. 음. 그리고 Group이 어떨 때는 15 Group, 어떨 때는 20 Group, 스물 몇 Group 되는데 다른 Group은 난리 나고 울고불고 변화가 일어났는데 내 Group은 아무 변화가 안 일어나면 그것도 Leader로서 또 감당을 못 헐 일이라. (그렇죠.) 그러니깐 Leader들이 서로가 피가 마르는, 불꽃 튀기는 작업을 해요. 그게 점점 그 지식의 정도가 지혜의 정도가 높아지는 거예요. 이제는 내가 따라갈 길이 없어요. 너무너무 자랑스러워요. 어떤 Leader

는 집에 가서 자기가 Group 했던, 돌려보낸 그 사람들 명단을 부르면서 그렇게 운대요. 사진 쳐다보면서 집에 가서도 그런 자원봉사로 철저하게 훈련된 그런 Leader가 지금까지 150명 이상 나왔어요. 우리는 언제든지 투입시킬 수 있는 준비된 Leader가. 그럴라면 새로운 Leader가 또 나와야 돼요. (그렇죠) 그럴라면 훈련받기를 원하는 인턴과정에 이제 들어가는 그런 사람들 Co-Leader로 또 붙여서 보내요. 붙여서 보내. (Leader가 되기 이전에) Leader가 되는 훈련과정이죠. 그래서 Leader, Co-Leader가 있어요. 나는 그들을 언제나 국보라고 그래요. 자기 시간 바치고, 자기 노력 바치고, 자기 허는 일 다 놔두고, 여기 와서 2박 3일 동안 그리고 돌아가면서 더 좋아하는, 더 신나하는, (본인들이 더 좋아하는) 본인들이 은혜받아서 더 좋아하는, (그건 정말 사랑의 마음이 없으면 가능하지 않는 거다. 그렇죠?) 그렇죠. 어떤 Leader는 나이가 70대 가까운 목사님이에요. 목사님이 Leader를 허는데 좀 왜소하고 나이가 많으니깐 그러니깐 참석했던 똑똑했던 한 분이, 교장이었는지 뭔지는 모르겠습니다만, 장로인지 모르겠습니다만, 처음 시작할 때부터 "당신 같은 사람한테 이런 지도 받으러 온 게 아니라"고 그러면서 그렇게 호통을 치는 거야. "당신이 뭔데, 당신이 뭔데 우리한테 와서" 그러니깐 그 목사님, 70에 가까운 목사님이 자기보다 어린 사람한테 당하는데 그 목사님이 그 앞에서 무릎을 꿇었대요. "부족해서, 내가 부족해서 미안하다"고 "내가 부족해서 미안합니다" 하고 목사님이 자기도 모르게 운 거예요. (야, 그 목사님도 참 대단하시네요.) 암요. 그 Leader가, 강하게 훈련받은, 영적으로 훈련받은 사람들은 그래요. 근데 그때 그 목사님 앞에서 그렇게 했던 사람이 문제 인물이었어요. 그렇게 이곳저곳 그러고 다니면서 휘젓고 돌아다녀. 목사님이 앞에서 무릎 꿇고 "내가 부족해서 미안하다"고 "용서해달라"고 그러는데 그 앞에서 일어서서 막, 그 사람이 처음에 발을 동동 구르면서 "당신이 뭔데 Leader로 우리 앞에 와서" 그렇게 호통을 치던 그 사람이 갑작스럽게 목사님 앞에서 무릎을 꿇는 거예요. (아, 그 사람도요?) 그 목사님을 붙들고 울면서 "용서해 달라"고 하는 거야. "내가 잘못했다"고 그 유명한 얘기요. (아주 멋진 이야기네요. 정말 찡한 이야기네요.) 그 사람은 그때부터 3일 동안 순한 양처럼 겸손하게. 그게 Leader 들이 허는 일이에요. 그러니까 그런데 이런 한 Leader만이 아니라 수없이 많은 Leader들이 이 수난을 당해요. 참석하는 사람들이 상처가 깊으면 깊을수 록 Leader한테 대들어요. 근데 Leader들이 그걸 다 감수를 해 내요. 나는 그런 측면에서 너무 고마워요. 근데 미국에서는 왜 서양에서 영성수련이 안 되느냐? 이유가 있어. Leader가 없어요. Leader들이 헐려면 시간대로 돈 받을라고 그래요. 그러면 영성치유, 이런 Group은 절대로 이어지지 않아요. 우리가 지금까지 이렇게 이어져 내려온 것은, 150회 이어져 내려온 것은 헌신으로 봉사허는, 자원으로 이 Leader들이, Co-Leader들이 있기 때문이에 요. (그래서 총장님께서 Leader와 Co-Leader들을 국보다 그렇게 존귀하게 표현하 시는 것 아니겠습니까?) 그렇죠. 국보입니다. 국보. 생명 살리는 게 국보 아니요? 생명을 살리는, (또 흔하지 않고 귀한 존재라는 거죠? 아무나 국보가 될 수는 없는 거니까. 그렇죠?) 암….

이유상: 총장님께서 많은 국보들을 키우셨고 또 그 국보들이 지금 또 다른 아픈 사람들을 돕고 있는 이런 과정이 앞으로도 계속될 텐데, Leader들과 Co-Leader들이 서로 집단을 운영하는 것에 대해서는 구체적으로 총장님께서 어떤 Guideline 을 주시나요? 어떻게 하시나요?

정태기: 처음에는 Guideline을 주었지요. 그런데 이 Leader들이 Co-Leader들이 하도 여기저기 돌아다니면서 공부를 했기 때문에 이제는 Guide를, 아무리 Guide를 줘도 그들이 제일 많이 아니까 Group을 허면서 번개 튀기듯이

"아, 이 사람한테는 이 기법을 쓰자." "이 사람한테는 이런 방법을 쓰자." 그래 내가 그들을 따라갈 길이 없어요.

이유상: Leader Co-Leader들이 본인들이 그 치유의 경험을 많이 해 본 사람들이라 또 아픈 사람들을 어떻게 도와야 하는가 하는 그런 면에 있어서도 자기 나름대로의 특별한 방법들이 있겠죠?

정태기: 좀 속된 말로 도사지요. 아픈, 상처 입은 사람들을 바꿔 놓는 데는 도사들이에요. (그 마음을 잘 알아주고 잘 도와줄 수 있는 그런 힘이 있는 사람들이 아니겠습니까?) 그리고 와서 참석을 하는 사람들 절반 이상이 반항을 해요. 저항을 해요. 그 저항 방법이 갖가지예요. 그냥 말 않고 졸고 있든가, 아니면 집에 간다고 나서든가, Group, 반드시 모든 Group들이 그런 사람 있어. 근데 Leader들 보면 집에 보내지 않을라고 Co-Leader를 시켜서 산도 헤매 보고 그 여기저기 있을 만한 곳을 다 돌아다녀 보고. 성경에 양을 잃어버리면 한없이 찾아 헤매는 (한 마리의 양을 찾기 위해서) 그런 장면이 많이 생겨나요. 영성수련 할 때. 해마다, 150회 다. 그래 갖고 그들이 결국은 잽혀 와요. 잽혀 와요. (그래서 그 아픈 양을 도와주고 새롭게 태어나게 하는 거죠?) 응. (정말 귀한 역할이다. 그렇죠? Leader와 Co-Leader들은 영성치유수련과정에 정말 중요한 역할을 담당하고 있는 분들이네요.) 그렇죠. 이제는 그들 없으면 안 돼요. 영성수련이 애당초 이렇게 대집단으로 될 수가 없어요. (앞으로 더 많은 사람들이 참여를 원하면 Leader와 Co-Leader들이 더 필요할 것이고) 그렇죠. (그래서 아마 총장님께서 Leader와 Co-Leader들을 재교육시키고 끊임없이 배우게 하는 그런 기회를 제공해 주시는 걸로 알고 있습니다.) 그들이 수고하는 것 그 대가를 우리가, 지불을, 돈으로 허는 게 아니고 "어떻게 재교육으로 더 많이 공부할 수 있는 기회를 줘서 그걸 갚느냐?" 그게 우리가 하는 일이에요. (그런 Leader들이

Colloquium Leader가 되어서 또 지도를 하고 있는 이런 모습은 정말 아름답게 보였어요.) 그렇죠. 사람 다루고, 그 아픈 상처를 도려내고, 꼬매고, 그게 보통 기술이 아니요.

이유상: 네, 그렇죠. 총장님, 그 영성치유수련 이야기를 나눌 때마다 이 경험은 정말 귀한 경험이다 하는 생각을 자꾸 하게 되는데 영성치유수련에 참석하는 모든 사람이 함께 모여서 이루어 가는 그런 과정 아니겠습니까? 대Group 활동에서는 전체가 모여 함께 움직이는 그 대Group 활동에서는 총장님께서는 무엇이 일어나기를 기대하시나요?

정태기: 사람이 둘이 만날 때 모여지는 에너지하고 셋이 만날 때 합해지는 에너지하고 일곱 명이 만났을 때 합해지는 에너지가 달라요. (그렇죠.) 그 에너지가. 열 명, 스무 명, 서른 명, 오십 명, 백 명, 이들이 만나서 자, 춤을 춘다고 봅시다. 둘이만 춤을 춰. 그건 별로요. 이 셋이 춤을 춰, 훨씬 다릅니다. 왜? 에너지가 합해지기 때문에. 이게 열 명이 모여서 춤을 추면 또 다릅니다. 오십 명, 백 명, 이백 명, (또 다르죠) 근데 이게 무슨 논리냐? 나무토막을 두 개를 쪼개 가지고 거기다가 불을 붙이는 거요. 두 개가 불이 붙어서 이렇게 되는데 가다가 꺼질 수도 있고, 왜? 두 쪽이니까, 장작이 두 개니까. (화력이 약하고) 약하고, 또 바람이 불면 꺼져버릴 수도 있고, 그런데 이게 열 개가 모아져 열 개가 불이 붙어, 그러면 그만큼 뜨거운 정도가 달라져. 사람도 똑같아요. 사람을, 하나를 장작으로 보면 이 장작이 열이냐, 스물이냐, 오십 개냐, 백 개, 이백 개면 큰 불덩어리가 되는 거야. 거기다 불을 붙였을 때 그 논리이지요. 에너지가 백 명, 이백 명 엉켜 돌아갔을 때 뿜어내는 에너지. 거기서 사람들이 느끼는 거야. 그 대군중에서 나타나는 그 에너지. 사람은 그 앞에서 엄청난, 어떤 자극을 받도록 되어 있어요. 그래서 대집단은 꼭 필요해요.

이유상: 그래서 '엄마 아빠 Therapy'나 '춤 Therapy' 이런 것들은 모여서 대집단에서 이루어지고, 소집단에서는 Leader와 Co-Leader들과 함께하는 소집단에서 깊이 나누는 그런 이야기들은 또 소집단에서 진행이 되고, 소집단과 대집단이 서로 조화를 이루어서 참가자들의 치유를 위해서 애쓰는 그런 과정으로 구성되어 있네요.

정태기: 그렇죠. 대집단에서 에너지를 받아다가 소Group에서 또 자기 깊은 얘기를 꺼내는데, 또 쓰고, 그래서 이건 오래 가도 상관이 없어요. (교대 교대로 대집단 소집단이 교대 교대로 진행이 되니까요.) 네.

이유상: 총장님께서 특별히 그 과정을 그렇게 구성을 하셔서 진행하고 계시는 것이기 때문에 그렇죠? 지금까지 150회 이상 진행해 오시면서 외국에서도 많은 사람들이 참여했다고 제가 알고 있습니다. 참가하는 사람들이 나이도 다양하고 성장 배경도 다 다양한데 총장님께서 지금까지 150회 이상 진행해 오시면서 외국에서 오시는 그런 특별히 기억에 남는 이야기들이 있으시면 좀 나눠 주시겠어요?

정태기: 우리가 150회에서, 150회를 이어져 내려오는 동안에 몇, 손으로 꼽을 수 있는 몇 회를 제외해 놓고는 거의 모든 영성치유수련에 외국 사람들이 참석했었습니다. 어쩔 때는 열다섯 명, 어쩔 때는 열 명, 어쩔 때는 여덟 명, 적어도 다섯 명에서 열다섯 명, 스무 명 정도가. 근데 그 오는 나라가 전 세계에서 와요. 전 세계에서. 어쩔 때는 Alaska에서도 와요. Alaska는 직항이 없어요. 미국 가서 미국으로 가 가지고 미국에서 돌아오는, (제가 저번에 참여했을 때도 Canada에서도 오시고) 예, Canada에서 오고, (일본에서도 오시고) 일본에서 오고, (France에서도 오시고 그랬어요.) 세계 각국에서 와요. 거기서 살고 있는 우리 교포 동포들. 그런데 그들은 왜 오느냐? 저기 가야 자기들이 산다는

거야. "저기 가야 내가 산다." San Francisco에서 오는 지금 나이가 82살 된 권사님이 있어. (82살이요?) 권사님은 작년까지 열두 번, (열두 번이나 참석했어요?) 참석했어요. (이야~) 십이 년을 참석헌 거죠. 남편이 그랬대요. "왜 그렇게 꼭 거기를 가야 되느냐?" "이 엄청난 비용을 들이고" 그니까 그렇게 대답했대요. "난 여기 가야 1년 살아." "그러니깐 이 문제만은 Touch하지 말아줘요." 근데 여기가 그런 힘을 얻어 가는 곳이요. 여기서 티 없이 인간의 모습을 보는 거지요. 한없이 춤을 추는 모습, 노래하는 모습, 악을 쓰고 우는 모습, 그렇게 처음 들어올 때 시체처럼 끌려 들어오던 그 사람들이 나중에는 살아서 뛰던 모습이 그들한테 그렇게 감격스럽대요.

이유상: 외국에서 오면은 여비도 많이 들고 할 텐데 여기 와서 경험하는 본인의 치유의 경험이 그분들을 살아 있게 하는 큰 힘이 되니까 계속 오시는 거 아니겠습니까?

정태기: 한 번에, 한 번은 Indiana에 가면 유명한 Catholic대학이 있어요. 나 지금 생각이 안 나네. (그… 그 Indiana 주에 있는) 유명한데, 사립대학이예요. (글쎄요, 저도 지금 생각이 가물가물합니다.)

동산의 소리 11 _ 자연생태계가 주는 힘

정태기: 그 대학 경영학 교수예요. 경영학 교수인데 그 빈 시간을 딱 내 가지고 학기 중에요. 그런데 여기를 안 오면 안 될 것 같아서 새벽에 인천공항에 내려 가지고는 바로 목요일 날 영성치유수련 시작할 때 왔어요. 그리고 토요일 날 끝나고 바로 또 인천 공항으로 또 돌아가는 그런 일도 있고 그들은 여기가 자기들이 다시 부활하는 그런 곳으로 생각했던 것 같아요. 그런데 그게 소문이 났어요. 그러니까 전 세계에서 몰려들죠.

이유상: 그런 참가자들이 있기 때문에 총장님이나 Leader나 Co-Leader들이 더 열심으로 더 기도하는 마음으로 영성치유수련에 임하지 않을까 그렇게 생각을 합니다. 앞으로 영성치유수련이 어떤 모습으로 진행될지도 궁금합니다. 세상은 끊임없이 변하고 있고 앞으로 총장님께서 계속 영성치유수련을 이루어 가실 텐데 앞으로는 어떤 모습으로 진행이 될까요?

정태기: 어떤 모습으로 될 것인지는 정확히 모르죠. 알 수가 없지요. 그때, 그때 시대에 따라서 좀 양상이 다를 수도 있으니까. 그러나 지금 천 년이 지나도 이천 년이 지나가도 이 형태의 큰 틀은 변함이 없을 거예요. 왜냐, 사람은 내 마음을 숨기지 않고 터놓고 얘기를 주고받을 수 있는 사람을 만날 때만 사람은 살아나도록 돼 있어요. 사람은 그때야 그런 사람을 만날 때만 신바람이 나도록 되어

있어요. 그런데 지금 이 시대가 사람을 만나는 시대가 아니요. 대학원장님 전철을 타 보면 버스를 타 보면 어디를 가도 절대 다른 사람 쳐다보지 않고 얘기하지 않습니다. 핸드폰 (네. 다들 이렇게 해 가지고) 다들 아무리 복잡해도 그것만 보고 있어. 이건 사람과 사람의 만남이 이제는 사멸된 거야. 죽어버린 겁니다. 그런데 집에 가도 마찬가지요. 집에 가도 만남 없습니다. 이러면 인간은 결국 죽습니다. 절대 사람은 시들시들 말라서 죽도록 되어 있습니다. 기능을 상실할 거요. 그냥 나도 모르게 신바람도 나지 않고 그냥 우울하게 나도 모르게 멍 허무하게 무의미하게 그냥 살고 있는 직장이나 어디나 다 그렇게 될 것입니다. 그런데 이런 사람들을 불러 모아서 다시 얼굴 쳐다보고 눈 쳐다보고 함께 얘기를 나누면서 울고 춤추고 노래하고 이 기회가 어디에 없습니다. 교회 가도 목사님 설교 듣고 예배드리고 오면 그만이요. 많은 사람이 함께 어울리면서 이렇게 엄마 아빠 부르면서 악을 쓰는 그 장면들, 함께 울면서 손잡고 춤추는 모습들, 이건 인간과 인간의 진한 만남의 하나의 장입니다. 그러니 살아나죠. 그러니까 사람들이 여기 와야 삽니다. 우리 사회에서는 모든 과학, 모든 제도와 사람을 만날 수 있는 걸 차단시켰어요. 그러니 사람이 살려면 영성수련이 있어야만 합니다. 이것이 얼마나 걸릴 거냐, 몇 년이 갈 거냐. 난 천 년이 지나가도 이건 변함이 없고 역사가 오천 년이 지나가도 변함이 없을 겁니다. 인간의 진한, 함께 어울리면서 여러 사람이 백 명 이백 명 만나면서 힘을 얻는 이런 장은 있어야만 합니다.

이유상: 우리가 계속 이 영성치유수련을 지금 이 모습대로 잘 유지를 해서 진행한다면 우리 뒤의 사람들도 우리의 길을 그대로 따르면서 계속 유지해 나가겠지요.

정태기: 그렇지요. 그리고 치유, 이 치유는 이천 년 전에 예수님이 몸 바쳐서 했던 사업이요. 그런데 이천 년 동안, 이 치유가 절실하게 모든 생명은 꼭 필요했습니

다. 그런데 교회에서 그걸 제공해 주지 못했죠. 신학교에서 신학이 그걸 제공해 주지 못했죠. 교회가 그걸 제공해 주지 못하고 있으니까 이단이 제공합니다. 이유상 교수님도 경험했을 거야, 미국에서 공부하면서. 추운 겨울날 눈이 옵니다. 영하 10도, 15도 근데 거기서 흑인 청년들, 어떤 백인 청년들이 꽃을 팔고 있는 거야. 그 꽃 팔고 있는 그 청년들 전부 누구냐 통일교, 통일교 신봉자들입니다. (네. 저도 몇 번 만난 적이 있습니다.) 그런데 미국의 유명한 신문들이 조사를 해 보니까 그놈들이 전부 다 가정이 부자야. 가정이 잘 살아. 그런데 그러고 있는 거야. 그래서 묻는 거예요. "왜 너희들 집 놔두고 이러느냐?" 그런데 그들이 "우리 집 잘 사는데 우리 집 가면 어떤 진지한 만남도 없다." "여기 오면 나를 알아준다." "나를 인정한다." (꽃을 팔면서 사람과 만나고) 그것도 있고 그걸 헌금으로 갖다 바치면, 그 자기가 바치는 헌금이 또 어떻게 쓰여진다도 알고 (그러니까 자기를 알아주는 거네요.) 통일교에 서는 알아준다는 거야. 통일교에서는 알아준다는 거야. 그런데 집에서는 인정을 못 받는다는 거야. 영성치유수련. 내가 인정을 받는 곳입니다. 내가 용서함을 받는 곳입니다.

이유상: 특히 요즘처럼 그 사람과 사람 사이가 단절되고 교류가 예전보다 많이 떨어지는 이런 사회에서는 그러한 만남과 상대방을 사람으로 인정해 주는 그런 관계가 더 절실하겠네요?

정태기: 절실하죠. 사람을 만나지 못하면 배고파요. 배고프면 병 듭니다. 정신이 병들어요. 영이 병들어요. 그러면 따라서 육체도 함께 병듭니다. 그러니까 요즘에 사람들이 다 약합니다. 덩치는 좋은 것 같은데 약합니다. 그들이 조금만 어려움이 오면 감당을 못하잖아요. 감당을 못합니다. 현대인들이. 왜. 만남의 단절 때문에. 사람은 사람과 만났을 때 몸에서 에너지가 솟아오르도록 되어 있습니다

이유상: 요즘 사람들은 특히 인내심도 부족하다고 그렇게 이야기를 하지요. 이 세상이 끊임없이 변해서 앞으로 우리가 십 년 후 이십 년 후 이 세상이 어떻게 변할지는 모르지만, 사람과 사람 사이의 만남과 자기 자신을 알아주는 그러한 교류는 계속되어야 한다 하는 것들이 총장님을 직언이신 거죠?

정태기: 그렇습니다. 그렇습니다.

이유상: 아주 중요한 부분이라고 저도 생각을 하고 있습니다. 귀한 시간을 내어 주셔서 정말 감사합니다. 총장님의 저서 중에서 하늘과 바다와 산이 만나는 곳이라는 책이 있는데요 그 책을 읽어 보면 Howard Clinebell이 말년에 관심을 가졌던 그 생태계의 문제들이 저는 많이 총장님의 생각과 맞닿아 있다. 이런 생각을 저는 했습니다. 그래서 총장님께서 태어나신 섬 증도의 생태계가 총장님에게 어떤 영향을 미쳤는지 또 다른 사람을 살리는 데 어떤 영향을 미쳤는지 말씀해 주시겠습니까?

정태기: 자연생태계는 사람을 만들어 냅니다. 사람의 인격을, 성격을, 특성을, 사람의 영을, 정신을 신비한 영역으로 키워갑니다, 자연생태계가. 우리는 사람이 사람만 사람을 만드는 게 아니고 자연이 사람을 만들어 가는 것이죠. 우리나라에서 내가 작년에 가보고 깜짝 놀란 곳이 있습니다. 통영 (통영이요?) 통영. 통영에 가면 그 박경리의 토지 박경리가 그 통영에서 자라지 않았으면 그 토지가 나왔을까? 박경리 혼자가 그렇게 독특한 여자가 되는 게 아니고 통영이라는 자연이 그 바다가 그 앞에 보이는 섬들이 뒤의 산들이 박경리를 만든 거지요. 박경리는 어렵게 컸습니다. 대학도 못 갔습니다. 아버지가 돌아가시고 어머니하고 함께 그리고 그 통영이 박경리만 만들어 낸 게 아니요. 세계적인 음악가 윤이상. 세계가 가장 흠모했던 음악가, 가장 유명했던 음악가 작곡가 윤이상이 통영에서 태어났습니다. 윤이상은 북한에 갔다는 것 때문에 결국

우리나라에서 못 들어오게 했죠. 죽을 때까지 고향을 못 왔습니다. 윤이상은 통영이 만들었습니다. 또 내가 그렇게 좋아했던 시인 유치환. 그도 통영이 만들었습니다. 또 다른 시인도 있더만요. 화가도 있고. 통영은 그들만 그렇게 한 게 아니라 다른 많은 사람들을 그렇게 키워 냈을 거요. 뭐가 그럴까. 자연이. 그 통영에 가서 앞을 보면서 난 우리 집을 생각했습니다. 우리 집이 산 밑에 있습니다. 아름드리 우거진 소나무들이 어렸을 때는 우리 옆집에 하늘 끝닿는 아름드리 소나무에서 가을에 바람이 불면 이파리가 떨어지는데 그 이파리가 다 우리 마당으로 떨어집니다. 그걸 모아 가지고 불도 때고. 그 솔 소리, 바람 소리. 우리 집에서 바라보면 지난번에 말씀했습니다만, 바다가 보이고 딱, 우리 마루에 앉으면 바다가 보이고 섬이 보입니다. 통영에서 딱 그 섬들이 보이데요, 그림처럼. 무엇보다도 난 잊을 수 없는 게 그 백사장, 아름다운 백사장, 해 넘어 가는 장면들. 해가 넘어가는 것은 그건 사람의 영을 독특하게 불태웁니다. 그 백사장에서 그렇게 뛰어놀았던 시절들, 갯벌에서 뒹굴었던 시절들. 그런데 미국에 갔을 때 내가 가장 힘든 게 있습니다. 인간관계가 잘 안되니깐 지칩니다. 완전히 건강 안 좋지. 지치지, 그러면 딱 눕습니다. 기숙사에서 문 걸어 잠그고 옛날 그 판, LP판 그거 보면 거기에 뭐가 있냐 드보르작 신세계, 신세계 2악장. 2악장 보면 구슬픈 멜로디, 꿈속에 그려라 그리운 고향. 멜로디가 나옵니다, 그 오케스트라에서. 그게 한 40분, 2악장이 끝날 때까지 약 40분 걸립니다. 눈 감고 딱 미국에서 눈을 감으면 그 음악을 틀면 나는 고향에 갑니다. (증도 앞바다로요?) 증도 앞바다, 나는 나도 모르게 어린아이가 됩니다. 우리 동네 아이들과 그렇게 어울렸던 그렇게 놀았던 그 시절들. 그러니깐 난 미국에 있는데 가장 지쳐 있을 때, 몸이 아파 있을 때, 그 음악을 40분 들으면서 눈 감고 고향에서 뛰놀다가 일어서면 난 아편 주사를 맞아 보지 않았습니다. 한때 내가 엄청난 토사곽란으로 한 밤 내내

뒹굴었던 때가 있었습니다. 섬에서는 약이 없으니깐 아프면 죽는 거죠. (그렇죠) 오전까지 내가 그날 그다음 날 오전까지 내가 그렇게 막 배가 아파서 뒹굴뒹굴 뒹구는데 동네 사람들 모여서 내가 죽는 줄 알고 동네 어른들이 이러다가 죽는다고 근데 누가 집에 비상약으로 아편을 따다 놓은 게 있었던 거야. 그런데 그걸 군대 갔다 온 사람이 있었던가 봐. 군대 가서 의무대에서 따라다니면서 주사를 놓는 그 의무병 그 청년이 따라왔고 아편을 가진 사람은 그 아편을 어떻게 만드느냐? 새까만 밭에 아편이 클 때 열매를 긁어다가 하얀 찐액이 나오는데 그 진액을 모아가면 새까매집니다. 그걸 긁어다가 보관을 하는 거야. (고약처럼 끈적하게 되는 거죠, 나중에.) 맞습니다. 그런데 그것을 이제 뜨거운 물 뜨거운 물에 (좀 풀어서) 풀어 그러고는 솜을 약솜을 딱 물에 가라앉혀 그리고는 주사기를 솜에다가 넣고는 빨아올려. 그러면 다른 잡것은 솜에 다 묻고 그 아편물만. 내가 그렇게 토사곽란으로 배가 아파 뒹굴뒹굴 뒹굴고 있는데 뒹구니까 나를 딱 잡아. 잡고는 팔에다가 주사기를 딱 꽂는 걸 알았어요. 딱 꽂는 순간에 이걸 다 넣지 않고 꽂는 순간에. 약이 좀 들어가는 순간에 내가 저 편안한 세계 속으로 들어가는 거야. 그때부터 잠에 떨어지는 거야. (그게 마약 성분이니까요.) 마약 성분이라서. 완전히 새로운 평화 속으로 들어가는, 깊이 잠 속으로 빠져들어가는 그런 경험 있어요.

이유상: 그런 경험을 그 신세계 2악장을 들으시면서 미국에 누워 계시지만 그 음악을 통해서 마음은 증도 앞바다를 걸어가는 그런 경험을 하셨겠네요.

정태기: 1962년 노벨문학상을 받은 사람 있어요. 미국의 『에덴의 동쪽』, 『폭풍의 언덕』 저자. 옛날에 유명했던 그 사람, 그 작가 이름 갑자기 생각이 안 나네요. 스탠포드대학 2학년 중퇴한 사람인데, 그런데 그 사람은 열여섯 개 작품이 있는데 그 열여섯 개 작품이 다 유명해. 그중에 하나가 노벨문학상 받았는데

그 사람한테 기자들이 "당신은 어떻게 그렇게 좋은 많은 작품을 쓰게 되었습니까?" 했더니 그 사람 대단해. 난 눈만 감으면 내 고향에 가고 내 고향만 생각하면 나와요. 작품이 나와요. 내 고향이 만든 겁니다. "그 고향이 어디요?" 했더니 "하늘과 바다와 산이 만나는 곳입니다." 하늘과 땅과 바다가 만나는 곳, 그래서 한 번 가 봤습니다. 캘리포니아에 가면 Monterey가 있는데 Monterey에서 30분만 들어가면 그 노벨 수상자의 고향이요. 정말 아름다워. 그러니까 자연이 그렇게 만드는 거지.

이유상: 총장님께서도 증도가 그런 곳이다. 그렇죠?

정태기: 그렇죠. (하늘과 바다와 산이 만나는 곳) 그렇습니다. (증도) 그래서 내가 그 노벨 수상 작가의 이름을 따서 나도 하늘과 산과 바다가 만나는 곳, 그게 내 고향이다. 하하… 고향은 항상 생각해도 가슴이 뭉클한 곳이고 어려울 때도 고향은 나에게 힘을 주는 곳이요. 그것이 생태계야. 나에게 주는 힘이지요. 그런데 우리 고향 같은 우리 섬 옆에 누가 사느냐. 김준곤 목사님이 태어났어요. 김준곤 목사님도, 난 김준곤 목사님 같은 그런 발자취를 따라갈 수가 없는데 그는 성인이에요. 그분은. 뭐가 그분을 그렇게 살도록 만들었을까? 티 없이 맑게. 자연이요. 하늘과 산과 바다를 만나면 사람은 달라져요. 독특하게. 영적인 끼가 나옵니다. 그런데 이 영적인 끼가 아무나 나오느냐? 이게 잘못 만나면 사람을 잘못 만나면 깡패가 됩니다. (그럴 수 있죠) 목포의 깡패들이 전국을 역사적으로 계속 누볐습니다. 이유가 뭐냐. 섬놈들이요. 그놈들이 다 한가락씩을 할 수 있는 놈들이요. 그놈들의 그 끼를 이쪽으로 돌렸으면 문학 쪽으로, 그림 쪽으로, 노래 쪽으로, 아니면 신앙 쪽으로 에너지를 바꿨으면 다들 한몫을 했었을 사람들인데 그것이 조폭으로 (폭력적인 것으로 표현을 해서 그렇네요.) 그렇습니다. (판소리로 그 에너지를 표현한 명창들도 그쪽에는 많으신데. 총장님께

서는 증도의 그 영향이 지금 사람을 살리는 일에 크게 영향을) 난 50%, 60% (아 그렇게밖에 생각을 안 하셔요?) 50%, 60%, 70% 그렇게 된다고 생각합니다. 난 고향을 빼 버리면 나한테는 뭐가 없어요. 그래서 우리는 나 고등학교 1학년 때 그렇게 아름다운 고향을 떠나서 뒷섬으로 갔어요, 이사를. 그런데 거기도 멋있어요. 임자도. 30리 12킬로. 해변을 걸을 수 있는, 맨발로. 그런 곳은 한국에 쉽지 않습니다. 임자도도 좋았어요. 증도 참 (저는 증도의 영향이 100% 총장님께 영향을 미쳤다 이렇게 이야기하실 줄 알았는데… 허허허) 그런 것 때문에 내가 만난 섬에서 자란 성품에다가 내가 만난 많은 사람들 그 영향이 또 있죠. (그렇게 말씀하시니까 50%, 60%, 70% 이야기 하신 게 또 이해가 됩니다.)

이유상: 미국에서 Wayne Oates 교수님을 만나고 또 Clarence Barton 교수를 만나고 하는, 그런 사람들과의 만남 속에서 총장님께서 증도에서 영향을 받으셨던 그 5-60%가 채워져서 100%가 되는 거 아니겠습니까?

정태기: 암만, 맞습니다. 그래서 그런 만남은 나한테. 그런데 똑같이 함께 섬에서 자랐는데 다른 아이들은 그런 만남을 못 갖더라고, 기회가 주어지지 않았으니까. 난 주어졌어요. 그런데 그럴 수밖에 없는 게 초등학교 졸업하고 열세 살짜리가 부모를 다 떠나서 낯선 타향 도시로 나오는 거야. (목포로 나오셨던 이야기) 그거 엄청난 아픔이요. (그렇죠?) 어린아이가 그 아픔을 견뎌 내야 되는 거야. 그 외로움.

이유상: 그리고 그 아이가 또 한국을 떠나서 미국으로 유학 가시는 그 아픔도 또한 아픔 아니겠습니까? 그 이야기를 좀 해 주실 수가 있겠습니까? 총장님께서 공장에서 일을 하시다가 한국을 떠나기로 마음잡으시고 미국으로 가시게

된 그 배경 이야기를 조금 더 해주시면 어떨까 싶습니다만….

정태기: 난 공장에 7년 다니면서 심한, 지금 생각하니깐 심한 우울증을 앓았어요. 내 소망이 안 보였으니까. 나하고 함께 졸업했던 신학교 동창들은 7년이 지나고 나니까 목사까지 되대요. 그런데 나는 아무것도 못 하고 공장에서 그것도 정식 종업원도 아니고 일종의 잡역부로 그렇게 사는데 그러다 보니까 한없이 깊이 우울증에 빠지는 거죠. 그런데 어느 날 어떤 신학교 같이 졸업한 친구가 목사가 되었는데 내 생각이 나더래요. '그놈 어디서 뭘 하고 있나?' '교회는 못 갈 텐데?' 나중에 소문을 들었겠죠. 공장에서 일하고 있다. 내가 불쌍했던지 나를 만나러 온 거야. 오후에 일 끝나고 공장 앞에서 기다리고 있더만. 만나서 밥을 먹었지요. 밥을 먹고 난 다음에 그 아이가 그 친구가 갔습니다. (가요?) 그 친구가 나하고 헤어진 거죠. (아, 헤어져서, 네…) 나하고 헤어졌는데 그때가 1968년 8월이요. 그런데 그 친구가 집에 갔는데 내가 죽는다는 생각을 한 거야. 내가 죽을 것만 같은, (왜 그런 생각을 했을까요?) 내가 자꾸 절망적인 얘기를 하니까. 절망적인 얘기를 하니까….

동산의 소리 12 _ 소록도의 박상천 권찰과의 만남

정태기: 그다음 날, 그 친구가 다시 온 거야. 돈을 조금 봉투에 담아 가지고. "너희 식구들 조금 먹을 수, 먹고 살 수는 있을 거다, 얼마 동안은." "내가 소개해 준 목사님한테 가서 얼마 동안이라도 기도 받고 와라." 나를 붙들고 그렇게 울먹이며 얘기를 하는 거야. 너무너무 고마운 거야. (그렇죠. 그런 친구는 얼마나 고마워요. 정말로.) 그러겠다고 약속했습니다. 그 더운 여름날 그 친구가 소개해 준 목사님한테 찾아간 거야. 그곳이 어디냐? 전라남도 고흥, 고흥 녹도, 녹도 건너가면 소록도가 나옵니다. 소록도에 그 친구가 소개해 준 목사님이 있는 거예요. 녹도에서 건너 가지고 소록도로 들어갔는데 오전 열한 시야. 무지하게 더웠습니다. 8월 달에. 열한 시가 지나가면 소록도는 그때 보니깐 여덟 개의 마을이 있어. 마을마다, 마을마다 교회가 있습니다. 문둥병을 앓다가 나은 사람들, 치료받은 사람들이 밖으로 못 나오는 거야. (그렇죠.) 문둥병 흔적이 너무 심하니까. 거기서 그냥 살아. 농사짓고 닭도 키우고 돼지도 키우고. 그런데 그들은 68년도 그때까지는 새벽 예배 90분, 낮 예배 90분, 밤 예배 90분, 이게 1년 365일 돌아가.

이유상: 매일 그렇게 하는 거예요?

정태기: 응, 매일. 일하다가 그것이 그들에게 즐거움이고 소망이고. 그런데 소록도 중앙교회라는 큰 교회가 있어. 중앙교회당에는 어떤 교인들이 모이느냐?

거동이 불편한, 너무 심하게 문둥병을 앓았기 때문에 나았지만 거동이 불편해.
제대로 걸을 수도 없어. 그런 사람들이 와. 어떻게 오느냐? 건강한 사람들이
리어카에 태워서 안아다가 앉혀놔. 그게 중앙교회당이요. 중앙교회당에는
천여 명이 모입니다. 그런 사람들만. 소록도에 그때는 삼천 한 오백 명이
살고 있어. 내가 도착한 곳이 낮 예배 그 시간이라, 그 아무 갈 데가 없으니깐
그 친구가 소개해 준 목사님한테는 한 20분, 2~30분 또 걸어가야 돼 또.
섬 끝에까지. 그러니깐 소록도 중앙교회 예배당 안으로 들어갔습니다. 예배
드릴라고 들어간 게 아니고 더워서. 부목사님이 예배 인도를 허고 계시데요.
그런데 예배 시작하기 전에 통성기도 시간을 줘. 20분을 줘. (20분씩이나요?)
20분씩을 줘. 20분을. 그런데 그 20분이 그들이 원 없이, 원 없이, 자기 속을
털어놓는 시간이야. (그렇죠) 악을 써. 악을 쓰고 난리야. 그런데 나는 기도할
마음도 안 생기고 그냥 눈 감고 앉아 있어. 아마 교회당 뒤편, 늦게 갔기
때문에 뒤편 중간만큼. 그런데 그 막, "주여", "할렐루야" 하고 난리가 났는데,
그 소리가 모아지니까, 천여 명 모아지니까 지붕이 날아갈 것 같애. 그런데
내 뒤에서 한 남자가 통곡을 해. 그런데 그 음성이 바리톤 음성이야. 남자인데.

펑펑 울다가 내뱉는 말이 "하나님, 하나님, 하나님 은혜가 이렇게 놀라운데 내가 어떻게 그 은혜를 갚는지요?" 그분은 펑펑 울어. 그리고 그 말을 또 내뱉어. "하나님, 하나님, 하나님 은혜가 이렇게 놀라운데 어떻게 그 은혜를 갚는지요?" 그게 반복이 돼. 그래 나는 "이게 다 문둥병 심하게 앓은 사람들인데 이 사람은 하나님의 은혜가 뭐가 그렇게 좋을까?" 하고 눈을 뜨고 뒤를 돌아다보는 거야. 근데 깜짝 놀라. 얼굴이 없어. 코가 없어. 귀가 없고 얼굴은 용광로 속에 집어넣어 가지고 숯불, 다 일그러진 다음에 그을려서 이렇게 (화상 입은) 치료를 한, (화상 입은 환자처럼) 응 화상 입은. 눈도 이렇게 붙었고, 입도 좀 돌아갔고. 보니깐 이 사람이 "하나님, 하나님" 하는데 보니까 두 손이 없는 거야. 목만 쳐. 그런데 코가 없으니까 구멍이 바로 뚫렸잖아. 거기서 눈물 콧물이 함께 흘러내려. (그런데도 감사함을 이야기하네요?) 응. 그런데 난 그 모습을, 처음에는 깜짝 놀랐는데 그 모습을 보고 있는데, 내 발끝에서부터 뜨거운 불이, 난 심한 우울증을 앓고 있었는데 뜨거운 불이 치고 올라와. 올라오면서 나도 모르게 "아악" 소리가 나오는 거야. "아악…" 소리가 나오는데 나는 내 소리에 내가 놀랬어. "아악" 하면서 넘어진 거야. 그러니까 난 불을 받았어. 요즘 말로 (아하, 예…) "불 받았다." 그거 아닌가? "아악" 하면서 소리를 질렀는데 넘어졌습니다. 그리고 정신이 없는 거야. 그런데 문제는, 소리가 막 터져 나오니까 이제 걱정이야. 곧 예배가 시작돼. 곧 예배가 시작되는데 내가 이렇게 소리를 지르면 예배가 안 되는 거야. 그것만 걱정이 돼. 막, 소리 안 지를라고 입을 막 틀어막고 그리고 있는데 2분도 안 돼서 그분이 날 툭툭 치는 거야. 내 등을 치면서 하는 얘기가. 이번에는 그분은 울지도 않고, "일어나세요." "예배 끝났어요." (끝났어요?) 예배 시작 안 됐거든. 시작 안 됐는데, 그분이 날 깨울라고 그라는 것 같애. 난 뭐 정신이 없으니까, 참말로. 한참 있다가 또 툭툭 쳐요. "예배 끝났어요." "일어나세요." 그때도 나는 뭐 하냐. 이건 예배 안 끝났고, 곧 시작될 거니까. 그런데 세 번째 그러는데 그때야 눈을 뜬 거야. 눈을 떴는데 웬일이고 아무도 없는 거야. (진짜 예배 끝난 거예요?) 진짜 예배 90분이 지나간 거야. 나는 그때 그 2분, 3분이 그 사이에 그분하고 나하고 둘이만. 그런데 왜 그분이 안 가고 있었느냐? 내가 넘어지면서 "아악" 하면서 입을 탁 틀어막았는데 그분 바짓가랭이를 입에 물고 있는 거야. (허허허) 그걸 손으로 막은 거야. (그분 웃을?) 그 후질그레한 한복 바지를. 그러니깐 못 가고. 이 사람이 일어나야, (자기 옷을 물고 있으니까.) 허허허 (허허…) 물고 있으니까 이분이 걱정이 되었던가 보지? "이러다가는 하루 종일 가겠네?" 하하하, 내가 이렇게 놔 주니깐, 난 넋이 나갔으니까. (그렇죠) 그분이 그런데 보니까 발목이 없는 거야. 둘 다. 걸을 수가 없잖아요. 그러니깐 이렇게 이렇게 밀어. 밖에 나가면 또 이제 데리러 오는 사람이 있어요. (그래도 그분이 끝까지 기다려주시고 그러셨네요?) 그러니까 말이야. 그래서 나갔는데, 나가서 계단에 앉아 있더라고 그분이. 난 그때 눈물이 정신없이 나오는데 그분 어깨를 틀어잡고 난 할아버지인 줄 알았어. "할아버지, 할아버지, 뭐가 그렇게 감사하세요?" "뭐가 그렇게 감사하세요?" "나한테 얘기 좀 해주세요." 그분 입에서 처음 나오는 말이, "난 할아버지 아니여." (허허허) 허허허. "할아버지 아니여." 보니까 마흔여덟, (마흔여덟이요?) 젊은 사람이야. "뭐가 그렇게 고마우세요?" 했더니 그때 그분이 앉아서 몽뎅이 같은 손을 들고 춤을 추는 거야. "고맙고 말고 감사하고 말고" "내가 문둥병에 걸렸더니 내 고향이 나를 버리더구먼." "내 친척들이 나를 버리더구먼." "마지막에 내 가족이 날 버리더구먼." 일제 시대? 일제 시대에는 문둥병 앓으면 강제로 소록도에 이주시키고 다시는 못 나오게 했으니까. (애기도 못 낳게 수술도 시키고 그랬죠?) "그렇게 가족까지, 부모로부터 버림받고 이 소록도 왔는데… 나에게 이렇게 기쁨을 주신 분이 있었어." "나에게 이런 기쁨을, 감사를 주신

분이 있었어." 나는 그때도 울면서 "그분이 누구요?" 했더니 "예수님이야."
예수님이라고. 그때 예수라는 이름을 난 처음으로, 처음으로, '아, 예수가
이런 분이로구나.'

이유상: 마음속 깊이 느끼시는 그런 순간이었겠네요?

정태기: 그렇죠. 예수를 만나는 거죠. 근데 내 친구가 소개해 준 목사님한테 가야
된다는 그 생각을 까마득히 하지 않고 그 권찰님한테. 권찰이더만. 권찰님한테
"권찰님, 나는 갈 데가 없소" "나 좀 재워 주세요." (그분 댁에 가시는 거예요?)
그러니까 그분이 나한테는 허는 얘기가. 자기는 집에 없대요. 자기한테 배당된
두 평도 안 되는 방 하나뿐이래요. 그러니까 그 외부 원조에 의해서, 정부가
통해서 먹는 것 같아요. 나, 자기 "혼자 누우면 그만인 그런 곳에 산다"고
"그래서 갈 수가 없다"고 그때 난 울면서 "난 누워서 잠 안 잘 거요." "그냥
앉아 있을 거요." 내가 너무 진지했던지 "그럼 가재"요. (같이 가자고 하셨어요?)
응. 리어카가 왔는데 리어카에 그분을 앉혀 놓고 나는 따라가죠. 정말로 그분이
딱 누우면 될 만한 그 더운 여름에 거기서 2주 동안 지냈어요. 아마 내 인생에서
제일 많이 울었던 때가 그때였던 것 같아. (네…그러셨겠네요.) 그분이 나를
위해서 기도해 주면서 울 때 난 통곡을 하는 거죠. 그런데 놀라운 장면을
봐요. 그분은 불평불만이 없어요. (그런 몸을, 그런 상황에서도) 언제나 당당해요.
언제나 당당해요. 꿇릴 것이 없어요. 언제나 고맙고, 감사하고, 사는 것이
너무 감사하고. 그런데 기도할 때만 울어요. 날 붙들고 기도할 때마다. 둘이
붙들고 기도하고 울다가 얘기 나누다가 밤을 새우고 어쩔 때는. 15일째 되는
날이었던 것 같아요. 새벽까지 얘기하다가 울다가 잠이 든 거예요. 잠이 들었는
데 아침에 늦잠인 것 같아요. 눈을 뜨니깐 창문으로 햇살이 들어오는 거야.
그때 내가 벌떡 일어서는 거야. 악을 쓴 겁니다. "아니야, 인생은 멋있는

거야." "인생은 살 만한 거야." (네, 그렇게 고백을 하신 거죠?) 고백이 나온 거야. 그렇지, 인생은 살 만한 거야. 그 맛이 나. 힘이 나. 그 힘은 박상천 권찰님과의 깊은 만남이 나에게 준 힘이요. 은혜지요. (그분 성함이 박상천 권찰님?) 그렇지, 박상천 권찰. 그리고 그다음 보따리 들고 안양으로 올라왔어요. 올라와서 내가 제일 먼저 헌책방에 가서 산 것이 『메들리 삼위일체』 600페이지예요. 헌책을 산 거야.

이유상: 영어책 아닌가요?

정태기: 영어책이요. 문법, 해석. 문법, 해석, 작문. 『메들리 삼위일체』 그래서. 이것을 공장에서 트럭에다가 나일론 실 박스를 싣는 일을 하는데 십몇 톤 트럭에다 트럭 실어서 보내 놓고 나면 그때에는 2시간도 3시간도 시간이 있어. 그때는 그 책에 탐독, 빠져들어요. (일하시고 쉬는 시간에 그 영어책을 보시는 거죠?) 그렇지. 그걸 1968년, 1969년 1년 넘게, 1년 반 정도. 어느 날, 그 공장에 갈 때 그 책을 가지고 왔어야 되는 건데 잊어버리고 못 가져온 거야. 차를 보내 놓고 창고에서 이렇게 누워 있는데, 눈을 감고 그 『메들리 삼위일체』 책을, 처음 페이지를 생각해 보는 거야. 다 보여. 처음 페이지가 다 보이고 두 페이지가 또 보여. 문장이 다 나타나. 보니깐 거의 외워. (얼마나 열심히 공부하셨으면 그걸 거의 외우시겠어요.) 응. 보이더라니까. 문장이 보여 그리고 내가 유학 고시를 본 거예요. 유학 시험을. (그래서 합격하셨죠?) 합격한 거야. 168번. (하하, 168번!) 정부 합격 그 게시판에 그러니깐 나로 하여금 미국을 가게 한 힘은 소록도 박상천 권찰님이 준 힘이에요. 그런데 미국 가서도 어려울 때 어디서 힘을 얻느냐? 고향도 왔지만, 박상천 권찰님이 보내 준 편지, (편지도 보내 주셨어요?) 내가 보냈으니까 답장이 오는 거지. 문제는 박상천 권찰님이 한글을 몰라요. 학교를 다녀 본 적이 없기 때문에. (그럼

누가 읽어줘야겠네요?) 옆에 대필자가 있어. 대필자가 박상천 권찰님이 불러 준 걸 받아써 나한테 보내는 거예요. 나는 그 편지를 보면서 통곡을 해요. 화장실에 가서 통곡하고 일하다가 아르바이트하다가 청소하다가 또 울고. 그게 힘이죠. 그런데 문제는, 어쩔 때는 대필자가 옆에다가 자기 이야기를 써. "권찰님이 이 편지를 읽어 주면 불러 주면 저렇게 운다"고. 그게 보여요. 거의 3, 4년을 그렇게 보냈어요. 힘들 때마다 편지가. 그런데 편지가 안 오는 거야. 올 때가 됐는데 몇 개월이 지나도 안 와요. 그런데 어느 날 편지가 온 거야. 반가워서 편지를 뜯었는데 읽어 보니까, 대필자 "박상천 권찰님이 돌아가셨다"고. (그분이 대신 써서 보내 주신 거네요.) 응 "권찰님 돌아가셨다"고 그래서 편지를 더 이상 보낼 수가 없다고. 난 그래서 세상 사람들이 내 영적인 Master라고 그래요. 스승, 영적인 스승이라고 할까? 영적 Mentor, 영적인 Mentor는 지금도 박상천 권찰이에요. 그 세계적인 학자 Wayne Oates 박사도 아니고, 영적인 Mentor는 Clinebell도 아니고, 박상천 권찰이예요. 한글도 모르는, 코도 없는, 귀도 없는, 입도 돌아간, 눈 붙어버린 (그분을 통해서 총장님께서 예수님을 마음속 깊이 체험하는 경험을 하셨으니까.) 그런 거죠. 그런 거죠. 그리고 사실은 박상천 권찰님은 아무것도 가진 게 없어요. (그러시죠) 외부적으로 물질도 가진 것이 없고 몸도 가진 것이 없어요. 그런데 그가 가진 게 있어요. 예수요. 예수가 위대한 분이죠. 예수는 그런 면에서 위대한 분이요. 박상천 권찰님 같은 사람을 그렇게 만드는 건 예수밖에 없어요.

이유상: 그 예수님을 또 그 교회에서 그분을 통해서 총장님께서 또 만나시고 또 그 사랑을 계속 키우셔서 지금 영성치유수련 과정에 크게 또 투입 하셔서 그 에너지가 다른 사람을 살리는 일에 크게 기여하고 있으시니까 예수님의 힘은 정말 어마어마하네요.

정태기: 그렇습니다. 요즘 생각하면, 예수님 생각하면 가슴이 뭉클해요. 어떻게 그렇게 나사렛에서 그렇게 살 수 있었을까? 몸을 바치잖아요.

이유상: 네, 그렇죠. 총장님께서 귀한 시간을 허락해 주셔서 감사합니다. 오늘 저와 총장님께서 나눈 대화는, 또 이전에 저와 총장님께서 나눈 대화는, 육성으로 또 동영상으로도 남기고 또 정리를 해서 책으로도 남기려고 하는데요. 그 출판된 책을 읽는 독자들에게 또 육성을 듣는 독자들에게 또 동영상을 보고 있는 독자들에게 총장님께서 어떤 말씀을 남겨 주실 수 있으실지 말씀을 해주시죠.

정태기: 허허, 이런 부탁을 받을 때마다 나는 머리를 숙일 수밖에 없어요. '내가 무슨 자격으로 다른 사람들한테 이런 얘기를 할 수 있을까?' 그전에도 그런 생각을 했는데 항시 나는 죄인 같애요. 항시 부족한 것 같고 그러면서도 할 수 있다. 부족함 속에서 아픔 속에서 상처 속에서도 엄청난 일을 할 수 있다. 난 사람들한테 부탁하고 싶은 게 있어요. (네, 그걸 말씀해 주시면 아마 사람들에게 귀한 말씀으로 기억이 될 겁니다.) "꿀리지 말아라." (꿀리지 말아라.) "주저앉지 마라." (주저하지 말아라.) 난 예수님이 하신 말씀, "문을 두드리라." 두드려 봐. 그리고 "찾으라." 만난다. "구하라." 주신다. 그건 틀림없는 것 같애요. 그런데 안 해요. 사람들이 안 해. 그런데 나는 그럴 수밖에 없는 게 난 못나서 다른 걸 헐 수가 없는 사람이요. 그래서 그것밖에 밤낮 물고 늘어지는 수밖에… (그것이 제일 중요한 것 아니겠습니까?) 우리 속담에 "한 우물을 파라"고. 이리저리 왔다 갔다 하지 말고 "한 우물을 파라"고. 그리고 꼭 부탁하고 싶은 게 있어요. 어려움이 왔을 때 그게 Chance다. 그게 나에게 엄청난 일이 일어날 수 있는, 그게 기회요 문이다. 어려움이 왔을 때 주저앉으면 안 돼요. 절망하면 안 돼요. 그리고 내가 아무 일도 할 수 없다고 생각이 들 때는 가만히 있으면

돼요. 발광을 할 필요 없어요. 내가 할 수 없으니까 그럼 "알아서 하세요" 해버리면 돼요. 그걸 가지고 이리저리 돌아다니면서 어떻게 일을 처리해 볼라고 그럴 필요 없다고 생각해요. 가만히 있으면 돼요.

이유상: 때로는 잠잠하게 좀 기다리는 그런 시간이 필요하다는 말씀이시죠?

정태기: 그러면 하나님이 해요. 이걸 하나님이 한다고 하는데 사람들은 웃어요. 나도 많이 웃었으니까. 그런데 하나님 말 빼고 가만히 있으면 이루어져요. 도피만 안 하면 돼요. 도피만 안 하면 돼요. 포기하지 않으면, 않으면 돼요. 가만히 앉아서 기다리면 돼요. 내가 어려움을 만났을 때, 나는 다른 방법이 없었기 때문에 자, 사람들은 어려움을 만나면, 큰일을 만나면, 절망해 가지고 술 좋아하는 사람은 술 마시대요. 도박 좋아하는 사람은 도박하고, 잊어버린다고. (네, 그렇죠.) 마약도 하고 뭐 별것 다해요. 그런데 나는 체질이 술을 안 받아요. 술도 못 마셔요. 돈이 없으니까 도박도 헐 수가 없었어요. 마약도 할 수 없었고, 그러니까 가만히 견딜 수밖에 없었어요. 그러면 하나님이 갖다줬어요. 나는 '갖다줬다'는 표현을 쓰고 싶어.

동산의 소리 13 _ 공동번역성경 읽기와 부끄럼 없이 살기

이유상: 우리가 받은 거니까요. 가지고 오신 거죠. 총장님께서 나누어 주신 이야기가 많은 사람들에게 귀한 울림으로 전달되었을 거라고 저는 확신하고 있습니다. 마무리를 하면서 총장님께서 요즈음 개인의 안녕을 위해서, 총장님 자신의 안녕을 위해서 지금 열중하고 계시는 것이 있으시면 말씀해 주시면 좋겠습니다.

정태기: 지금 열중하는 것?

이유상: 네. 총장님. 마음의 평안과 건강과 또 생각의 정리와 총장님의 안녕을 위해서 하시고 계시는 생각들이나 행동들이 있으시면 좀 나눠 주시면 어떨까 싶습니다.

정태기: 흐흐 흠. 난 요즘 집에서 재미있게 읽는 책이 있어요. 그게 성경이요. (성경이요?) 성경. 성경을 어쩔 때는 다섯 장, 일곱 장. 그런데 그 성경을, 그… 우리가 가진 성경은 딱딱해요. 그런데 그 공동 번역이, (공동 번역 성경) 공동 번역 성경이 있어요. (예전에 천주교랑 다 합해서 번역한 거 말이죠?) 그건 꼭 소설 읽는 것 같아요. 문장이. 참 너무 재미있어. (쉬운 말로 그렇게 쓰여 있으니까.) 쉬운 말로. 너무 읽는 게 재미있어. 요즘 그 읽는 재미로 살아요. 새벽 한 시에도 일어나서, 화장실 갔다 와서도 읽고, 저녁밥 먹기 전에도 읽고, 후에도 읽고 성경 읽는 재미, 그런데 젊은 사람들은 어려울 거예요. (네, 쉽지 않죠.) 난 나이가 될 만큼 됐으니깐 내 나이대로 나는 살고 있는 거예요. 언제 주님 앞에 불러갈지 모르니깐 그때까지 부끄러움 없이 한 번 살아보자. 너무 많이

부끄럽게 살았으니까. 부끄러움 없이 살아보자. 그래서 어떤 휴지 하나 어디다 못 버려요. 어쩔 때는 쪼그마한 휴지 하나, 어떤 것이라도 버리면 돼요. 이 버리는 것은 내 양심이 허락을 안 해요. (아…) 내 양심대로 따라서 살자. 하루 종일 '뽀게또'에 넣고 다니다가 집에 가서 쓰레기통에 버려요. 그래야, 사람들은 이게 너무나 좀스럽다. 그런데 그래서 좋아요. 내 양심이 허는 대로, 소리대로 따라서 살자. 부끄러움 없이 살아, 살아보자. 욕심부리지 말자. 그러다 보니깐 뭐가 생겼냐? 나이가 되다 보니까 겁이 안 나요. 겁나는 인간이 없어요. 누구를 만나도 뭘 해도 겁이 안 나요. 그런데 미운 사람은 자꾸 보이는데 이건 어떻게 벗어나서 나아질지도 모르겠어요.

이유상: 아, 미운 사람은 보여요?

정태기: 미운 사람, 신문 보면 뉴스를 보면 못된 인간들이 있어. 정치적으로 (네, 그런 사람들이요?) 예를 들면, 미국의 대통령, Trump 같은 놈들. 못된 놈이죠. 아주 저질이죠. 그런 분노는 내가 못 벗어나겄어. 이해를 헐 수가 없어. (어떡할까 요? 그러면?) 수없이 많은 사람들에게 해를 끼치는, 그 한 사람으로 말미암아. 근데 방법이 없잖아요? 그냥 안 미워헐 수가 없어요. 미워해야 돼요. 그런 사람은 미워하는 것이 하나님 앞에서 부끄러움이 없어요. 난 그렇게 살아요. (미워하고 있다는 마음을 숨기지 않고 드러내고 표현하는 것도 한 방법이 되겠죠?) 암만, 그러죠.

이유상: 귀한 말씀 주셔서 감사합니다. 더 이야기 나누고 싶은데 우리가 이때까지 해 온 이야기 내용이 어마어마한 분량이어서 제가 정리하는 거도 그 시간이 꽤 걸릴 것 같습니다.

정태기: 하하하 수고하시겠소. 우리말로 똥 싸겄소. 똥 싸.

동산의 소리 14 _ 나의 아내 그리고 내 삶에 영향을 준 사람들

정태기: 전화 소리에 우리가 중단됐네요.

이유상: 네. 잠시 그런 일이 있었네요. 코로나 바이러스 때문에 세상이 많이 어려운 가운데서 총장님께서 건강 유지를 잘하셨고, 그래서 감사하고 고맙다는 그런 이야기 해 주셨는데 오늘은 어떤 이야기를 해주실지 또 기대가 됩니다.

정태기: 응, 음, 지금까지 살아오면서 남자는 어쩔 수 없이 여자하고 많은 관계가 이루어지도록 되어 있잖아요? (그렇죠, 그렇죠) 음 (총장님? 간간이 생각나는 여인들이 있으신가요?) 잊혀지지 않는, 나에게 그 깊은 인상을 남긴 그런 여인들 생각이 나요. (어떤 분들이셨는지 정말로 궁금하네요.) 결정적인 예는 우리 어머니고 (네, 제가 딴생각을 하고 있었던 것 같습니다. 허허⋯) 그런데 그다음에 지금도 계속 쉼 없이 그냥 지나가는 길을 가다가 문득 피어나는 구름처럼 가슴에 피어나는 그런 생각이, 여자 생각이, 있어요. 그게 내 짝사랑이요. (아, 그런 적도 있으셨어요?) 내가 목포 연동교회를 중학교 1학년부터 고등학교 졸업할 때까지 6년을 다녔는데 그때 나는 그전에 얘기했다시피 목포로 중학교를 간지, 한 달 만에 치명적인 상처의 말을 들은 거지요. "태기는 못생겨서 여학생들이 아무도 안 따를 거라"고 그 말에 나는 완전히 포로가 되어서, (충격이죠. 그런 말을 들으면) 여자들한테 일절 자신감이 없었어요. 그럼에도 불구하고 그렇게 마음에 깊이 파고드는 여학생이 있었어요. (아⋯) 같은 학년, (네⋯) 교회 다녀, (네) 김난영이라고 (김난영이요?) 이난영이라고, 노래하는

가수 (아주 유명한 가수) 김난영, 김난영, (김난영?) 근데 그 애는 또 교장 딸인데 굉장히 예뻤어요. (총장님 마음에 쏙 드셨는가 봐요) 그렇죠. 혼자 짝사랑 하는 거지요. 그것도 6년 동안, (6년 동안요?) 고등학교 졸업할 때까지 (이야…) 그런데 한 번도, 한 번도 그 얼굴을 보고 이 얘기를 나눠 본 적이 없어요. (아…) "안녕하세요?" "반갑습니다." 인사라도 해 볼 수 있잖아? (네, 그런데 그런 것도 안 하고?) 그런데 그럴, 그럴만한 용기가 나한테 없었어요.

이유상: 6년 동안 그렇게 한 사람을 짝사랑하는 그 삶이 어땠는지 그 이야기를 조금 더 해주시면 어떨까 싶어요.

정태기: 그런데 지금도 너무 많이 생각이 나요. (아…) 지금 몇 년이에요? 59년, 59년 졸업하는 순간 2월 달에 교회 졸업하고 나면, 교회 졸업 예배드리고 난 다음부턴 목포를 떠났으니까. (네…) 어디서 살고 있을까? 뭘 허고 사실은 살고 있을까? 그 예쁜 얼굴은 어떻게 달라졌을까? (알아보시기도 하셨을까요?) 아니야. (허허) 알아보는 것 자체도 겁이 나요. (그때 그 여학생 어디가 그렇게 총장님 마음을 설레게 하고 그러셨어요?) 그냥 이뻤어요. 그냥 이쁘고 좋았어요. 그게 나는 내 마음을 몽땅 그 애한테 준 거지요. 그 애는 나하고 한 번도 대화를 안 했는데 그 애는 내 가슴에 깊은 피맺힌 그리움을 심어주고 헤어진 거지요. 그리고 졸업하고 신학교를 왔잖아요. 신학교를 와서도 나는 여학생들한테는 자신감이 없어요. 그래서 서울에 있는 신학생은 그 의무적으로 교회 봉사를 해야 돼요. (그렇죠. 그렇죠) 서울 남대문 시장 한복판에 있는 향린교회라고 있었어요. 그 교회에 다녔지요. (어느 교회였다고요?) 향린교회. (향린교회?) 향린교회. (네, 네. 향린교회.) 요즘 민권운동으로 유명한 교회야. (네, 그렇죠.) 그전에는 안 했는데, 향린교회를 다녔는데… 그 교회에서 신학교 1년, 2년, 2년 말까지 그러니까 내가 하는 일은, 교회 봉사가 뭐냐 주일학교 학생들을

가르치는 거야. 좀 다른 신학생들은 다 뭐 주일학교 총무도 허고 뭐 뭐도 허고 허두만, 난 자신감이 없으니깐 어린아이들만…. 그땐 내가 초등학교 4학년 몇 반을 가르쳤던 것을, 근데 그 교회 주일학교를 주일 날 오후 두 시에서 네 시까지 해요. 다른 날 하는 게 아니고 주일 날 시장에 있는 아이들 다 모아가지고 그 교회에 간지 2년만, 2학년 말이었던 것 같아요. 10월인가? 근데 그 교회는 오후 4시에 주일 예배가 끝나면 나오는 문이 정문 하나예요. 그때 초등학교 4학년 몇 반 선생님 이화여대 영문과를 다니는 학생이 있어서 여학생이 (네…) 그 여학생도 주일학교 교사였어요. (네…) 근데 그 여학생, 여선생이 주일학교 끝나고 나오는데 정문에 서 있는 거예요. 정문에서 나를 보고 서 있는데, (총장님을 기다리고 있었는가요?) 그건 모르지 (허허…) 기다리고 있었던 거 같아요. 그런데 그걸 인제 얼마나 가슴이 떨리던지 (허허허… 더 그랬겠어요.) 저 앞을 지나가야 되는데 저 여학생, 어떻게 인사를 해야 되는데 그것도 겁나고 (문 앞에 기다리고 서 있으니까) 서 있으니까, 서 있으니까… 나를 기다리는지 누굴 기다리는지 모르지. (그래서 어떻게 하셨어요?) 그렇게 인제 인사 없이 집에 갈라고 그러는데 갑자기 그 여선생이, 여선생이, 정 선생님? 정 선생님 그래요 (오~ 오~) 내 그때 얼마나 놀랬것어… 하하하 그래서 "네" 했더니 "끝났어요?" 끝났다고, "그럼 오늘 차 함께, 커피 한 번, 차 한번 안 마실래요?" "같이 차 안 마실래요?" (이야~ 하하~ 대단한 일이 일어났네요?) 데이트 요청을 한 거지요. (예~ 초대한 거잖아요.) 초대한 거죠. 그때 내가 그 말 듣는 순간 얼마나 겁이 났는지 (아…) "정 선생님, 오늘 시간 있어요?" "함께 커피 마시게요." 그런데 그게 내 가슴에 파고들어 오는데 나는 같이 죽자는 얘기처럼 충격이… 그때 나도 모르게 순간적으로 거짓말이 나와요. (아…) 남대문에서 서울역하고 거리가 가까워요. "서울역에 빨리 나가 봐야 돼요." (허허허…) 허허허 (피하기 위해서 그렇게…) "시골에서 누가 올라와요." 허허허… "시골 누가 올라와요." "기차 시간 늦었어요." (네…) 그 여선생은 그대로 믿었지요. 비도 오고, 이제 버스를 타고 수유리로 오는 거예요. (혼자, 차 마시지는 않으시고?) 그러니까 난 서울역으로 가는 걸로 알고 그 여학생은 헤어졌지요. (그렇죠) 버스를 타고 오면서 나 혼자, 혼자 빙그레 웃는 거예요. 그런데 왜 웃느냐… 내 머리가 보통이 아니라는 거… (하하…) 그 순간에 어떻게 그 말이, 그 거짓말이 나오냐 말이여. 머리가 둔하면 그 얘기 못 허져. 내 머리도 보통이 아니로구나. 허허허. 허허… (허허허) 그렇게 피했어요. 그리고 그리고, 하하하… 며칠 후에 그 여학생이 또 기다리고 있는 거야.

이유상: 어떻게 하셨어요? 두 번째는?

정태기: 난 이제 이번에는 그렇게 안 할 줄 알았지. 그런데 이번에 또 "정 선생님, 끝났어요?" "그러면 오늘 함께 차 마셔요." (아…) 난 또 거짓말, 또 했지요. 그래서 그다음부터는 그 여선생 만나는 것을 피하기 위해서 거짓말을 몇 가지 준비했어요. 즉각적으로 헐 수 있게 약속이 있다고… (그렇게 여학생, 여자를 만나는 거에 대해서는 많이 힘들어 하셨지요?) 자신이 없었지요. 겁이 많았어요. 자신이 없어요. 첫째로… 근데 한두 달 지나니까 그 여선생이 알아요, 나를. 나중에 알았던 것 같애. '아, 의도적으로 피하는구나.' (아, 눈치를 채셨구나!) 눈치를 챈 것 같애. 그리곤 3학년 올라가던 첫 번째, 3월인가? 똑같이 일찍 끝내고 기다리는 거야. 그리고 나를 쳐다보면서 빙그레 웃어요. 하는 얘기가 "정 선생님, 오늘도 무슨 약속 있죠?" (하하하…) "오늘도 무슨 약속 있죠?" 그 말을 하는데 그때 딱 와요. 저 여선생이 내가 거짓말을 한 것 다 알아. (아, 내 속을 다 알고 있구나!) 응. 또 거짓말을 할 수 없잖아? 그래 "없어요." 그랬어요. (하하하…) 하하하. "없어요" 그랬더니 "그럼 저하고 차 마시러 가세요." 그래 따라가는 거요. 근데 남대문시장을 가 봤는지, 알겠지만

남대문시장에서는 그 명동이 가까워요. (그렇죠, 그렇죠) 난 차 마시러 간다고 그랬는데 계속 끌고 데리고 가는 거예요. 1960, 61년인가 2년에 참 한국이 가난할 때 (그땐 그랬죠.) 명동 어느 다방에 들어갔는데, 나는 다방에 들어가 본 적이 없어요. 그때까지는 그리고 커피를 마셔본 적이 없어요. (아하) 완전 촌놈이죠. 명동에 르네상스 다방이라는 데가 있어요. (르네상스 다방?) 명동에, 그런데 거기에는 들어가 보니까 그래, 어떤 사람들이 나오느냐, 연예인들, 음악가들, 예술인들 주로 애용하는 다방이에요. 그러니까 계속 클래식을 트는 거예요. (아, 그 시절에 상당히 젊고 유능하고 어떤 능력이 있다고 여겨지는 그런 사람들이 많이 참여하는, 참가하는 다방이니까) 거기 가면 탤런트들을 자주 만날 수 있어. 그런 다방이에요. 날 그리 끌고 들어가는데 하늘과 땅 차이여. 완전히 섬 촌놈이 지금 한국의 최고의 정상들이, 말하자면 지식인들이 모이는 그곳을 그 여선생은 음악에 대해서 조예가 깊어요. 그리고 저 음악은 뭐고, 뭐 뭐고, 다 얘기를 허는데 나는 얘기를 않고 그냥 듣고만 있지요. 내내. 근데 문제는 커피가 나왔는데 이 커피를 잔을 들어서 마셔야 되는데 손이 떨려요. (아…) 긴장을 하니까, (불편하시고 하니까) 그렇지. 이걸, 이걸 마셔야 되는데 커피잔, 잔만 손에 이렇게 대고 근데 그때 어떤 한국의 여자 탤런트, 대학 졸업했다는 탤런트가 있었어요. 최지희라고 "저기 들어오는 사람이 최지희라고, 영화배우 최지희라고" 여자, 그때 커피잔을 들고는 가슴에 댔어요. 안 떨리게. 그 여선생이 한눈파는 사이에 얼른 한 모금을 마시고 (허허허) 여하튼, 허허허… 근데 그 카페인이란 게, 커피 카페인이란 게 참 신기해요. 목구멍에 딱 들어가니까 긴장이 풀리는 거야. 그리고 이 떨림이 (나아졌어요?) 음~ 그리고 저녁 시간이 된 거야. 그 여선생이 저녁 식사는 나가자고, (거기서 한참 이야기하신 거다, 그렇죠?) 그렇죠. 그 여선생이 또 밥도 사고, 먹고, 또 들어간 거야. 또 들어가서 얘기를 하는데 그 음악과 그 여선생 얘기가 그때는 나는 빠진 거지요. 홀랑 빠진 거야. 난 여자를 못 만나 봤잖아? 또 함께 얘기를 나눠 본 적이 없어요. (네. 그분이 처음으로 남녀 관계가 이제 시작되게 되는) 그러죠. 그러죠. (굉장한 경험이네요. 굉장한 순간이고) 빨려 드는데, 얼마나 지났는지 다방 마담이 와서 문 닫아야 된대요. 그때는 통행금지 시간이 있을 때에요. (그렇죠.) 그래서 나오지요. 나왔는데 그 여선생이 자기 집이 숭실대학교 앞에, 국민주택에 살고 있다고 자기를 데려다 달라고 그래서 버스 타고 숭실대학교 데려다주고 그 집 앞에 들어가는데 보고 내려오는 거야. 그때 내 기분이 꼭 개선장군 같은 기분이요. 나도 이 세상에 태어나서 여자하고 함께 맞상대했다. 만나 봤다. (오랜 시간 동안 같이 이야기하고 차도 마시고 식사도 하고 그러셨으니까) 산에 가서 그 심마니들이 산삼을 캔 맛, (어, 그래요. 심 봤다.) 심 봤다. 하하하 허허. 내가 심 본 거지. 허허허… 천지를 다 내가 가진 것 같은 기분으로 내려오는데, 걸어서 내려오는데 밤이 얼마나 되었는지 나는 감각이 없어요. 11시가 넘어가면 못 다녀요. 그러니까 그냥 걸어 오는데 상도동 파출소에서 나를 불러요. "너는 가도 또 잽힌다"고 여기서 앉아서 새벽 4시까지 앉았다가 (통금이 해지되면 나가라고, 그렇게 이야기하시는 거죠?) 파출소에 들어가서 새벽 4시까지 앉아 있는 거예요. 근데 그 시간이 너무 행복헌 거야. (아, 개선장군이니까… 행복하죠. 허허허… 정말 행복하셨겠어요.) 행복했지요. 공중에 뜬 거지요. 그다음부터는 매 주일 그 여선생하고 매 주일 만나요. 난 그래서 내 공부가 엉망이에요. (아, 그 이후로?) 신학교 성적이 엉망이요. 네, 정신이 없어요. (연애를 하게 되면 학교 공부를 조금 소홀할 수도 있는 거고) 미친, 미친 거죠. 연애를 안 해도 미친 거여. (허허. 근데 기분은 굉장히 좋고 개선장군 같은 그런 힘이 솟구쳐서) 그 어떤 것도 할 수 있을 것 같아. (멋진 경우였을 것 같아요. 제가 생각해도.)

이유상: 또 그 후로 어떻게 되셨어요?

정태기: 계속 나갔죠. 계속 만나고 데려다주고 상도동 파출소에 들어갔고, 잠잤고, 새벽 4시까지 그러고 왔고, 그렇게 하다가 3년을 보낸 거야. 3학년, 1년을, (이야~) 겨울 방학에 고향 섬에 간 거야. 섬이란 모든 것이 다 끊겨져. (그렇죠) 전화도, 전기도, 아무것도 (그 당시에는 휴대전화가 흔하지 않아서 연락이…) 섬은 연락이 안 돼요. 근데 그 여선생하고 연락이 안 되는데 그게 힘들어요. 4학년 되는 해 겨울 방학이 끝나고 그 여선생 보고 싶어서 아마 두 주, 또 두 주 먼저 서울에 올라왔어. 올라와서 내가 들은 게, 여선생이 결혼해서 (아이구) 캐나다로 떠났다는 거예요. (허허, 캐나다로요?) 으응… 서울 공대 출신 만나서… (연락도 없이 그렇게 결혼하고 떠나신 거예요?) 어~ (아이고, 그때 총장님 마음은 어땠을까요?) 개선장군이 땅바닥에 완전히 무너지는 거죠. 이 세상을 다 얻었다가 그때는 나까지 잃어버린 게야. (그러셨겠네요. 개선장군이 막 패잔병이 된 듯한 느낌이었겠어요.) 패잔병, 패잔병이 된 거예요. 4학년, 1년 동안 정신이 없이 살았어요. 그 여선생하고 같이 갔던 다방, 갔던 곳, 산, 계속 돌아다니는 게야. (혼자 가서서?) 혼자 가서… 1년… 어느 11월 추수감사절 무렵 그 여선생과 자주 갔던 수유리 삼각산 마당바위가 있어요. 깊이 들어가면, 화계사로 깊이 들어가면, 마당바위에 앉아서 혼자 그 여선생을 생각하고 있는데, 그때 갑자기 그때 갑자기 내게 울리는 한 소리가 있어요. (음~) 내 가슴에 찡하게 울리는, '사람은 너를 버려도 나는 너를 안 버린다'고. 난 그때 그 신앙이 없어요. 예수는 나하고는 거리가 먼 분이요. 하나님은, 저~ 예수나 하나님은 신학교 4학년까지도 저 하늘 어디에 나를 내려 보고… 그때 예수가 내 아픔을 옆에서 다 보고 있다는 사실을, 실감이 오는 거야. 그때 혼자 울었죠. 바위를 손으로 치면서 그리고 내려오는데 참 신기해요. 그 여선생이 언제 나를 떠났느냐 홀가분해지는… 벗어난 거지요.

이유상: 그 여선생님을 만난 것도 총장님께는 어마어마한 경험이셨고, 또 그 여선생님이 떠나고 나서 혼자 계시면서 하나님의 음성을 들으시면서 하나님을 만나신 것도 또 어마어마한 경험이었네요.

정태기: 나는 그 여자를 하나님이 보낸 거 같애. 근데 그다음에 결혼해 가지고 가족을 두고 미국을 간 거야. 그리고 나중에 10년 후에 교수 돼 가지고 또 미국을 갔지요. 그때는 내가 한참, 미국이고 어디고 명사 강사라, (네, 그러셨지요.) 캐나다에 초청받아서 갔지요. 거기 온 거야. (그 여선생님이? 만나셨어요? 거기서?) 만났어. 만났지. (오오오~) 만나서 둘이 커피 마시면서 내가 헌 얘기가 "참 고마웠다"고… 근데 그 여자가 나를 만난 게 격이 안 돼요. 이대 영문과잖아. 그리고 잘생긴 여자예요. (나이도 또 차이가 있고?) 아니요, 나이는 내보다 적지요 (아, 그래요?) 나이는 나보다 적어요. 그리고 같이, 같은 학년이니깐 근데 자기 아버지는 그 당시 박정희 군사혁명, 거기에 무슨 멤버 같애요. 그니까 배우자로서는 나는 상대가 안 되는 거야 근데 왜 나를 만나는지는 난 몰라요. (글쎄요. 궁금하네요?) 근데 나중에 떠나고, 보낸 다음에 결혼을 하고 난 다음에 그 친구, 그 친구가 있어요. 화간데 그 친구가 나를 만나서 하는 얘기가 나를 참 "사랑했다"고 근데 왜 나를 떠났을까? (그러니까요.) 내가 무슨 소망 있어? 신학생이… 그런데 떠날 이유가 분명해. 지금 생각해 보니까 분명한 게… 여자를 모르다가 내가 이제 한 첫사랑이잖아요. (그렇죠) 그러니까 내가 탁 달라붙은 거야. 거머리처럼 달라붙은 거야. 그러니까 거기에 아마 질겁을 했을 거 같아. (그분이 좀 거북했다는 말씀이겠지요?) 사랑은 달라붙으면 안 돼요. 사랑은 집착하면 안 돼요. (다가가니까) 집착하면, 집착하면 사랑이 아니에요, 병이지. 그러니까 그 여자는 나를 벗어나는 길을 택한 거지. (그런데 연락도 안 하고 그렇게 불쑥 혼자 떠나 버려서) 근데 연락을 헐 수, 허기도 어려워, 어려웠을 거예요. 연락을 허기도… 내가 얼마나 아파할지를 본인도….

이유상: 캐나다에서 만나셨을 때는 어땠어요? 그분은 아마 총장님께서 캐나다에 가서 강연하시고 그 소문이 전역에 퍼지고 해서 나타나셨을 텐데 그 만남은 어땠어요?

정태기: 그 만남은 너무너무 차분했어. 나는 나중에 그 여자를 '사람은 너를 버려도 나는 너를 안 버린다'는, 그때 그걸 기점으로 해서 거기서 벗어난 것 같애. 사람들은 그렇게 첫사랑인데 어떻게 잊겠냐 하는데 난 그게 아니에요. 나한테 깊이 파고들고 떠나지 않는 것은 고등학교 1학년부터, 중학교 1학년부터, 짝사랑했던 나영이 있지? 그, 사람, 여자는 아니에요. (네…) 다만 나도 잘못했는 거야. 내가 거머리처럼 달라붙어 가지고 도망간 거야. (부담이 되었을…) 부담이, 부담이 되지요. (부담이 되었을 수가 있겠네요?) 그러니까 너 없으면 나 죽어. 그런 식이면 나중엔 사랑 못해요. 겁나지. (그래요.) 그 여자를 떠나보낸 건 나지요. 내 잘못이요. 그렇게 그 여자… 내가 만난 좋은 여자요. 그다음에 신학교 졸업허고 공장에 들어가죠. 공장에 들어가서 완전 절망 상태에서 내가 만난 여자가 우리 집사람이요. 박 이사, 박 이사는 그때 신학교 학생이었어요.

이유상: 그 이야기도 조금 더 해주시면 감사하겠습니다. 사모님은 첫사랑 이야기와 또 교회에서 선생님으로 있었던 그 여자 선생님하고의 이야기를 아시나요?

정태기: 알지요. 알지요. 으음… 본, 우리 집사람도 사랑이 있을 거니까….

이유상: 지금 사모님하고 만나신 그 이야기는 떠올려 보면, 무엇이 제일 먼저 생각이 나시나요?

정태기: 나는 그 열등감이 강했던, 남자로서 여자에 인기가 없다는, 그건 게 (여자들에 대해서) 그런데 그때 신학교에서 나를 아는 여학생이 우리 집사람하고 친구였어. 학교 다니는데, 내 후배가 나한테 데리고 온 거야. 나한테 데리고 왔는데,

그… 여자가 아니야 천사야. (하하하. 천사로 여겨지는 거죠?) 우리 집사람은
예뻤어요. 굉장히 예뻤어요. 그때 안양 인구가 4만이 안 될 때야. 안양 읍이야.
농촌은, 실제 안양에 살고 있는, 2만도 안 되는데 그 안양에 나하고 우리
집사람이 둘이 다니면, 사람들이 전부 다 쳐다봐요. 우리 집사람만, (사모님을
쳐다본다고요?) 그렇지. 완전… 뭐야… 달덩어리같이. (네, 너무 예쁜 천사 같은
분이니까) 그리고 사람들이 "저 빼짝 마른 촌놈이 어떻게 저, 저런 여자 저런
여자하고 같이 다니냐"고 그런 눈으로 보는 것 같아. 그래도 나는 참 좋았어요.
(허허허) 그런 나를 공장에 다니는, 소망도 안 보이는 그런 사람을 선택해
준 아내한테 고마워요. 난 아무것도 따질 생각도 없고 그냥 결혼했어요. (어떻게

사모님이, 어떻게 총장님을 선택했다 그런 이야기도 하신 적이 있으셔요?) 내가
좋았대요. (좋았다고?) 응. 그리고 우리 집사람은 내가 좋을 게 뭐 있었어요?
몸은 빼짝 말랐지, 언제 죽을지도 모르니까 병약허지, 근데 결혼 전에 데이트
허면서, 우리 고향 섬을 데리고 왔어요. (같이 가셨어요?) 우리 고향, 우리
집사람이 청주잖아요. 청주 출신이 근데 바다를 몰라, 바다를 안 가봐서 그래서
우리 고향 임자도 섬으로 데리고 왔는데 거기에 반한 거야. (이야! 하하하)
나를, 선택은, 좋게 보는 것도 있고 우리 고향에 반해서 했고, 하여튼 그래서
결혼했어요. 그리고 저렇게 더 좋은 두 딸 낳아 줘서 고맙고

이유상: 그러니까 총장님께서 태어나셔서 생각나는 여인 중에서는 세 번째 여인이다.
그렇죠?

정태기: 그렇죠. 근데 난 울 식구들은 놔두고 푸름이 두 살, 큰 딸이 다섯 살, 놔두고
나 혼자 미국으로 떠났잖아요. (네, 그러셨지요.) 미국 기숙사는, 학교 기숙사는
남학생 여학생 구분이 없어요. 왜 이쪽 방은 남학생 하고, 이쪽은 여학생
하고, (맞아요.) 구분이 없는데 그때 동양 학생으로서는 내가 처음이었어요.
그리고 인도에서 온 학생을 받았어요. 인도에서 누가 왔느냐… 유명한 댄서
(Dancer)야, 인도의 무희, 여잔데 대학을 졸업하고 신학교, (입학한 거예요?)
신학교에 유학을, 유학을 온 거죠. 그 여학생 방은, 나는 3층인데 2층, 그녀의
이름은 Sandra Josh로 공부가 좀 못 미치는지, 나도 모르는데 나한테 뭘
물어보는 거예요. 나는 신학을 했으니까 종종 좀 가르쳐 주고 그렇게 한
1년, 2년째 되는데 어느 날, 근데 새벽 1시가 넘었는데 그 Sandra Josh한테
전화가 온 거야. 자기 방에 오래요. (새벽 1시에?) 미국 학생들은 딱 공부를
시작하면 잠을 안 자요. 새벽 1신데 난 또 무슨 도울 일이 있나? 미국 학생들은
잠을 안 자니까 (네, 네…) 그래 내려갔는데 Sandra Josh가 문을 열고 들어가니

까, 커피를 끓여 가지고 날 보고 주면서 "I love you." 하는 거야. (아이고) 사랑 고백을 하는 거야. (허허허. 내 심장이 지금 막 쾅쾅 뛰네요. 그런 소리 들으니까) "I love you." 그러는데 그때 내가 (어떻게 하셨어요?) 딱 그 순간에 내 가족, 아내하고 두 딸, 겁이 덜컹 나는 거야. 그래서 "I love you" 허는데 내가 받으면서 내 입에서 나온 얘기가 "Thank you." (어 허허허) 그리고는 ("땡큐"는 커피가 "땡큐"인 거죠? 허허허) "Thank you" 허구넌 마시고는 그냥 돌아왔어. (아, 빨리 나오셨어요?) 나왔어요. 그래 내 친구 Larry한테 그 이야기를 했더니 "넌 미국 여학생한테 그렇게 Thank you 했으면 너는 뺨 맞는다." (하하하) 하하. 근데… (많이 도와주시고 하셨으니까 아마 그 여학생은 그게 감사해서 "I love you." 했을 수도 있죠. 어떤 마음에서 그렇게 했는지….) 아마 (심야에) 사랑하는 의미에서 했던 것 같애. 다른 사람한테 들었어. 음~ 근데 지금 생각하면 왜 내가 그랬을까? 그냥 앉아서 그 여학생 얘기를 좀 오래 들을 걸… 그것도 아쉬워요. (그다음 날은 그 Sandra가 뭐라고 이야기 안 했어요?) 그다음부터는 좀 멀어졌어요. (아…) 나도 멀리했고, (고향에 있는 부모님과 또 사모님 두 딸까지 있는 유부남이셨으니까) 그랬죠. (그 당시에 그렇죠?)

이유상: 그래도 제가 이야기를 들어보면 총장님께서 살아오시면서 여러 여인들이 먼저 총장님께 다가오고, 또 초대를 하고, 사랑을 고백하고 하는 그런 일들이 많이 있었네요?

정택기: 나는 내가 먼저 여자를 찾아가서 "I love you." 그런 타입이 못 돼요. 혼자 그냥 살아서 죽더라도.

이유상: 가만히 계셔도 그분들이 먼저 와서 고백을 하니까 얼마나 멋있어요? 그것 역시 그 여인들에 대한 그 떨림과 열등감과 이런 것들이 충분하게 치유가

되고 변화가 되는 그런 경험은 어떤 것이었을까요?

정태기: Kentucky Lexington, 35살, 그 치유 경험을 나는 그런 치유 경험을 하면서부터 그래서 벗어난 것 같애. (아, 네) 자신감을 얻은 것 같애. 근데 그것은 혼자 앉아서 그냥 자각으로 일어난 게 아니고 그 4달 동안, Kentucky Lexington, 그렇게 많은 사람들과 어울리고 포옹하고 얘기 나누고 수없이, 일종의 영성수련이죠. (우리가 하고 있는 영성치유수련과 같은 그런 분위기가 거기서) 그래서 한 4개월 동안 살다 보니깐 거기서 벗어나 해방을 맞은 거야. 그다음부터는 여자에 대해서 두려움을 안 느끼는, 오히려 자신감이 생기는… (그 Lexington, Kentucky에서 경험하신 그 치유 집단의 그 경험은 정말 총장님을 이전의 사람에서 새사람으로 다시 태어나게 한 그런 어마어마한 경험이었죠?) 기적이죠. 나한테 기적을 베푸는… 사람을 모르던 나를, 내가 사람을 알게 되었으니까. (같이 아파하는 사람들이 모여서 그 마음과 마음을 어루만지면서 변화를 경험하는) 무엇보다도 그 미국 여자들은 진심으로 나한테 너는 못난 사람이 아니라는 걸, 자기들은 너무, 내가 너무 좋대 그것이 진심으로 해주는 말을 계속 들을 때, 거기서 확 생기는, 말로는 안 돼. 그냥 그냥 지나가는 말로는 안 돼. 뜨겁게 진심으로 해줄 때 달라져요. (겉모습과 이러한 것들을 보지 않고 사람의 속을 보는 그런 만남이 그 치유 집단에서 일어나는 거지요?) 사랑은 그런 거야. 사랑은 그런 거야….

이유상: 그 치유 집단에서 총장님께서 아버지도 다시 만나시고, 어머니도 다시 만나시고, 그런 이야기들을 강연에서 가끔 하시는데 아버지 참외 이야기 다섯 개, 거기에서 Kensington 치유 집단에서 일어난 것이지요?

정태기: 그렇지요. 놀라운 사건이요. 거기서 아버지 참외 다섯 개를 딱 기억허면서 아버지가 180도 달라졌으니까… 그 아버지가 진실로 사랑했구나… 근데

깨닫고 보니깐 우리 아버지만 그렇게 무섭고 그런 게 아니고, 물론 둘째 아내를 갖는 것은 우리 아버지가, 많진 않지만, 근데, 다른 사람들은 여유가 없어. 경제적인 여유가 없어. 그래 여자를 둘을 헐 수가 없어. 그래서 못 허는 거지. 여유가 있는 사람들은 거의 다 해. 그러니깐 (그 시절에는 거의 다 그랬었죠?) 그걸 특별히 죄인으로, 그것도, 나중에 내가 참외 다섯 개 경험을 하면서부터 아버지를 새롭게 만나게 되는, 그다음부터 아버지를 싫어해 본 적이 없어요. 진심으로… 참 멋있는 분이요. 보니깐…

이유상: 아들을 위해서, 아들을 위해서 그 먼 곳에 가서서 뻘밭을 걸어가시고 하셔서 그 귀한 참외를 구해 오셔서 운동회 때 가지고 오셔서 묵묵하게 전해 주시는 그 아버지의 속마음이 그지요? 속마음이

정태기: 뜨거운 거지. 뜨거운 거죠. 그러면서도 우리 아버지가 불량했다면, 참 행동이, 그런 점이 털끝만큼도 없어요. 두 가정을 거느렸다는 그거 외에는 깨끗해요. 정직해요. 누구한테 대한 태도든가 그리고 정의로워요.

이유상: 그 당시에는 아마 그렇게 사시는 분들이 많으셨고 또 그 당시에는 그런 아버님이 멋있는 분으로 또 그 동네에서 여겨지기도 했었지요?

정태기: 그런데 당하는 사람들은, 식구들은 멋있다고 생각이 안 돼. 다른 남자들은 부러워허겠지요.

이유상: 부러워하죠. 능력 있다고 그렇게 여기시죠. 우리 외할아버지도 그러셨어요. 그래서서 동네 사람들이 다 부러워하고 그랬죠. 그래도 총장님께서 그 Lexington, Kensington 그 치유 집단에서 아버지 어머니와 다시 만나는 그 경험이 정말 많은 사람의 가슴에도… 그 이야기를 조금 더 해주시겠습니까?

정태기: 난 거기서 어머니도 새롭게 만난 거지요. 근데 문제는 다 우리 어머니 아버지 돌아가시고 난 다음에, 어머니는 새롭게 다 발견한 거지요. 중학교, 고등학교 때까지 맛있는 음식 있으면 꼭 학교 앞으로 찾아와요. 문제는, 우리 어머니는 시골도 깊은 섬 외따른 섬 여자라 도시 길을 모르잖아요? (그렇죠) 그 당시 도시 사람들은 다들 따닥따닥 집이라… 그런데 학교 건물들만은 웅장하게 그러니까 학교 다니는 길이 제일 쉬워. 학교를 찾아와요. 그것이 그렇게도 부끄럽고 챙피하고 어머니가 싫었는디 근디 내가 치유 받고 난 다음 영성수련을 통해 치유 받고 난 다음에 다 달라진 거야. 어머니 경험은 수도 없이 쏟아져 나와요. 내가 아버지 사랑 못 받고, 어머니는 남편 빼앗기고, 일 중독자가 되어 버리고, 나는 어머니 사랑도 못 받잖아. 그러다 보니깐 오줌싸개, 야뇨증에 걸리지요. 근데 이 야뇨증이 초등학교 졸업할 때까지 매일 계속된 거야. (스트레스를 받는 어린아이의 몸짓이겠죠?) 그렇죠, 퇴행, 일종의 Freud 말로 퇴행이야. 어린아이로 돌아가고 싶은, 다시 어머니의 보살핌을 받고 싶은, 사랑받고 싶은 욕구… 근데 그런 것이 우리 어머니는 내가 오줌 싸는 것 가지고 한 번도 문제 삼지 않았어요. 그런 것들이 다 성경과 연관이 돼. 참 나한테는 어머니 복이 있는 거지요. 그리고 오늘, 이유상 교수하고 나하고 같은 스승 밑에서 배운 거이, Clarence Barton이요.

이유상: 네. Clarence Barton 교수님… 저도 그 밑에서 훈련받고 그랬지요.

정태기: 내가 Claremont 신학교에서 Kentucky Louisville로 간 이유는 Clarence Barton, Clarence Barton을 만나러 간 거야. 그 사람이 소문이 났어요. (아, 그럼요. 그분은 뭐 미국에서도 굉장하신 분이죠.) Supervisor로서는 최고이죠. 그때 Claremont에 안식년 교수로 써던(The Southern Baptist Theological Seminary) 교수가 왔어요. 안식년 있으면서 나더라 이 공부 할라면 꼭 와서

Clarence Barton 지도를 받으라고 소개해서 내가 그 Claremont에서 우리 식구들 다 태우고 4기통 차로 Louisville까지 일주일 갔어요. 북쪽으로 다 돌아서. (거의 일주일 걸리죠.) 아따…. (하하, 어떠셨어요?)

이유상: 그래서 Clare, Clarence Barton 교수님 만나서 임상훈련을 상당히 빡세게 받으셨을 텐데 그 경험은 어떠셨어요?

정태기: 스트레스를 많이 받았어요. 피똥도 싸고… 나더러, 제일 잊혀지지 않는 얘기가 두 가지가 있어요. "너… 지식 배우러 왔냐?" "지식은 도서관에 가면 책 15권, 10권에서 15권만 뽑아서 읽으면 거기에 다 있다." "상담은 지식이 아니다." "먼저 니가, 니가 바뀌어져야 한다."

이유상: 사람과 사람이, 속마음이 만나야 되는, 그런 경험을 해야 되는 것이니까요. 그분이 그걸 굉장히 많이 강조하셨지요. 미국에서는 임상 목회 교육 가르치는 그 영역에서 그분만큼 좋게 평가하는 분이 없을 정도로 영향력이 굉장하시지요. 아마 총장님께서 그렇게 경험하시고 개인적으로 치유를 경험하신 그런 것들을 너무 귀하게 여기시기 때문에, 한국에 돌아오셔서 영성치유수련을 시작하셨습니다. 또 많은 한국인을 살리는 그런 일에 전념해 오셨는데 이제 은퇴를 앞두고 계시고, 그 시점에서 뒤돌아보는 이런 기회를 가져 보시니까 지금 마음은 어떠신지 한번 여쭤보고 싶었어요.

정태기: 나는 이제 마무리하면서 굉장히 자랑스러워요. 우리가 이 치유상담, 치유상담을 이렇게 이루겠다는, 이루어 왔다는, 미국 사람들은 목회상담도 심리학에 의존해요. 거기가 심리학에 많이 의존해요. 근데 Healing을 그들은 받아들이지 않아요. Healing을 무속이라, 무속에 가깝다고 그런 의미에서… 나는 그걸 Healing 속에서 엄청난 지혜가 있다고 생각해요. 그런데 미국은, 내 요점이

미국, 서양, 독일이고 미국이고 상담은, 목회상담 분야 목회상담 분야는 치유상담을 절대로 넘어설 수가 없다. 왜냐하면 우리는 사람을 한꺼번에 다 이렇게 전체적으로, 사람한테는 기본적으로 치유되지 않으면 어려운 필수적인 조건이 있어요. 그러니 난 "Will To Sing", 노래를 부르지 않으면 사람은 병들어요. 두 번째로 "Will To Dance", "Will To Dance", 춤추지 않으면 사람은 병들어. 노래 부르고 춤을 추면 사람이 풀려요. 그다음에 "Will To Relate", "Will To Encounter", (깊이 만나는 것을 말씀하시는 거지요?) 깊이 만남은, 만남이 없으면 사람은 죽어요. "Will To Sing", "Will To Dance", "Will To Encounter", and "Will To Relate" 그리고 "Will To Believe", 이 욕구대로 "Will To Believe", 믿지 않으면 사람은 허무하게 병들고 약해져 버리고.

이유상: 네, 그렇죠. 총장님께서 언급하신 그 모든 것이 우리가 지금 이때까지 해왔던 영성치유수련에 다, 프로그램, 프로그램에 녹아 있는 그런 과정이죠.

정태기: 그러니깐 사람들이 달라지는 거예요. 그렇게 되면 사람들은, 그런데 이 치유상담, 이 욕구를 동시에 채울 수 있는 곳이 전 세계에서 아무 데도 없어요. (그게 아마 우리 영성치유수련이 가지는 독특한) 독특한, (유일한 그런, 과정이 아닌가 저는 그렇게) 우리 교수님들이 전부 다 그걸 인증하고 이 치유상담을 앞으로 계속 개발해 가야 돼요. 이제는 우리 한국이 세계 모든 면에서 선진국 수준에 올라와 있어요. 이제 우리가 더 바라볼 나라가 없어요. 우리 민족이. 우리가 이끌어 가야 돼. 근데 상담도 마찬가지야 상담도 우리를 넘어설 분야가 없어요.

이유상: 우리가 이제 어디 가서 배워 오는 게 아니라 우리의 것들을 소개하고, 그런 시대가 왔다는 거죠?

정태기: 그런 시대가 온 거죠. 우리가 그걸 이루게 된 거예요. 이건 엄청난, 세계적인 사건이요. 우리 한국 신학교 보면, 안병무 박사가 민중신학을 해 가지고 좀 붐을 일으켰는데 해방신학, 민중신학 모든 분야는 어느 한 분야에 치우칠 수 있어요. 근데 우리는 같이, 함께 인류는 그렇게 건강하게 살아 올 수 있었던 게 그 욕구가 채워지기, 채워질 때 건강하게 살아왔어요.

이유상: 우리는 어떤 부분을 강조하는 것이 아니라 우리는 전체를 아울러서 함께 다시 만나는 그런 것을 추구하는 집단이고, 총장님께서 제일 나중에 이야기하셨 던, "Will To Believe"라는 신앙안에서 이런 모든 것들이 이루어진다 하는 그것이 아마 우리의 영성치유수련이 가지는 독특함이 아닌가 그렇게, 저도 그렇게 여기고 있습니다. 오늘 귀한 말씀을 많이 나눠 주셔서 정말 감사합니다. 총장님께서 만나셨던 어떤 그 여러 여인들에 대한 이야기들은 제가 처음 듣는 이야기도n 있고, 또 들어도 들어도 새롭게 여겨지는 그런 이야기들 이어서 제 마음도 아주 설레이고 아주 감동적인 그런 이야기였구요. 그 와중에 서도 하나님을 깊이 만나는, '나는 너를 버리지 않는다' 하는 그 자각을 하셨다는 그 이야기는 정말 우리가 잊지 말고 마음속에 새겨야 할 그런 말이 아닌가 그렇게 여겨집니다.

정태기: 그런데 현대사회가 특별히 핸드폰 시대의 사회는, 사람들이 거기에 미쳐 있어. (그렇죠, 요즘은) 그렇게 들다보면 "Will To Believe", 하나님을 만나는 그 욕구가 약해지도록 되어 있어. (그렇지요. 보는 것에 더 많이 치중하게 되니까 요.) 그리고 만남도 욕구도 핸드폰에서 이루어지지 않잖아요? (네, 맞습니다.) 사람은 다 병들어 가는 거예요. 이걸 다시, 이런 사람 불러다가 다시, 치유해 낼 수 있는 방법은 우리한테 있어요. 해결점은 우리한테 있어요.

이유상: 진정한 Encounter를 경험 하기 위해서 노래하고, 춤추고, 또 만나고… 그 모든 과정이 믿음 안에서 이루어져야 한다. 그것은 정말 총장님께서 영성치유수련을 그동안 이끌어 오신 기둥이 되는 그런 목표였지요? 앞으로도 아마 총장님께서 이때까지 해 오셨던 것들을 잘 이어받아서 우리가 이 시대에 맞게 더 접목시키는 그런 일들이 더 깊이 일어나야 되지 않을까? 그렇게 저는 생각합니다. 오늘 귀한 시간 내 주셔서 또 그리고 개인적인 귀한 이야기를 해 주셔서 정말 감사합니다.

정태기: 고맙습니다.

이유상: 건강하시고요. 앞으로도 더 많은 영향력을 우리들에게 남겨 주셨으면 좋겠습니다.

정태기: 감사합니다. OK.

상담치유의 초석,
영성치유수련

| 일러두기 |

"2부 치유상담의 초석, 영성치유수련"에 실린 일곱 편의 연구 논문은 모두 "치유상담대학원
대학교 학술 project 연구비 지원"을 받아 수행되었습니다.

엄마/아빠 테라피의 이론과
치유작업의 실제*

김 중 호**

본 논의는 내용상 전반부와 후반부로 구분될 수 있다.

전반부는 엄마/아빠 테라피의 필요성을 밝히기 위한 것으로서 어린 시절 부모의 양육 환경과 부모와의 관계 경험이 어떻게 자녀의 성격 형성과 정신병리의 원인이 되는가를 심리학적인 이론들을 통해서 알아본다.

후반부는 부모와의 관계에서 발생한 상처와 문제를 다루는 임상적인 치유작업에 대한 논의로서 여러 심리치료의 기법들을 도입해서 '3중 작업'이라는 통합적인 방법을 제시한다. 따라서 치유작업에 관심이 있거나 많은 분량을 읽는 것에 부담을 느끼는 독자는 후반부만을 읽어도 무방하다.

---

* 이 글은 김중호, "엄마/아빠 테라피의 이론과 치유작업의 실제,"「치유상담협회 학술대회 & 보수교육 자료집」(2024), 22-47에 수록된 것을 일부 수정함.
** 크리스찬치유상담연구원 원장, 한국치유상담협회 회장

I. 들어가는 말

마음의 상처가 없는 사람은 없다. 정도에 차이가 있을 뿐, 모든 사람은 상처를 가지고 있다. 필자는 오랫동안 치유와 상담에 관한 일을 했는데, 내가 만난 사람들은 모두 마음의 상처를 가지고 있었다. 물론 상처의 종류는 달랐다. 방임, 학대, 거절과 배신, 상해와 사고, 자연재해 그리고 가정폭력, 성폭력, 가족의 죽음으로 인한 상실 등 다양했다.

그런데 그들에게는 하나의 공통점이 있었다. 상담 과정에서 어린 시절로 돌아가는 과거로의 여행을 떠났다. 그들은 자기의 청소년기, 아동기, 유년기, 유아기의 삶을 되돌아보며 그때의 경험을 말했다. 그런데 그 여행의 끝자락에 이르면 반드시 만나는 대상이 있었다. 엄마와 아빠였다. 즉, 그들은 자기의 상처를 말하면서 과거로 가는 긴 여행을 떠났고, 그 여행의 마지막 지점에 이르면 거기서 엄마와 아빠를 만났다. 필자는 엄마와 아빠에 대해 말하지 않는 내담자를 거의 보지 못했다. 그래서 나는 의도적으로 엄마와 아빠에 대한 이야기를 하도록 주문을 하기도 한다. "어린 시절 엄마는 어떤 분이셨습니까? 아버지는 어떤 분이셨나요? 아버지와 관계는 어떠했습니까? 기억나는 대로 말해 보세요." 결혼과 가족상담 전문가인 노만 라이트(H. Norman Wright) 교수는 상담 중에 내담자에게 반드시 물어보고 요청하는 말이 있다고 했다. "아버지에 대해서 말해 보세요."(Tell me about your father.)[1] 필자는 노만 라이트의 상담 방식에 동의한다.

엄마와 아버지에 대한 그들의 기억과 정서는 다양했다. 그리움과 슬픔, 두려움과 공포, 미움과 분노, 불안과 회피, 후회와 죄책감…. 엄마가 그립다고 말했고, 아버지가 무섭고 두렵다고 말했으며, 때로는 죄책감으로 회한의 눈물을 흘리기도 했다.

---

1 H. Norman Wright, *Always Daddy's Girl* (CA, USA: Regal Books, 1989), 9.

부모로부터 방임과 학대받았던 기억을 떠올리며 분노로 몸을 부르르 떠는 사람도 있었다.

그런데 엄마와 아버지에 대한 이야기 속에는 엄마와 아버지만 있는 게 아니었다. 그들 자신의 성격과 행동 그리고 현재 살고 있는 삶의 문제와 특징들이 나타나 있었다. 대인관계의 문제, 부부관계의 문제, 자녀 양육의 문제, 직장생활의 문제, 신앙생활의 문제 그리고 외부 대상을 인지하고 해석하는 신념과 사고의 문제, 공포와 불안과 분노와 같은 강렬한 감정들을 처리하는 방식의 문제, 자기의 본능적인 욕구를 표현하거나 해소하는 욕구 충족의 문제, 특히 스트레스를 받을 때 그 스트레스에 대처하는 방식의 문제 등…. 필자는 그들의 이야기를 들으면서 확인할 수 있었다. 어린 시절 부모의 양육 환경과 부모와의 관계 경험은 자녀의 성격 형성과 행동 특성 그리고 정신병리의 중요한 배경이 된다는 것을 알았다. 필자는 그런 내용을 심리학과 상담에 관한 책을 통해서 이미 알고 있었다. 노만 라이트는 그의 저서, 『언제까지나 아빠의 딸』(*Always Daddy's Girl*)이라는 책에서 이렇게 기록했다. "당신의 아버지는 당신이 알고 있는 것 이상으로 현재의 당신의 삶에 여전히 영향을 주고 있다. 예를 들어, 당신 자신에 대한 현재의 생각과 감정 그리고 다른 사람들과의 인간관계는 아버지가 당신에게 미친 영향을 반영한다."[2] 그러나 이제 필자는 그런 사실을 책이 아니라 상담의 경험을 통해서 임상적으로 확신할 수 있게 된 것이다.

그리고 치유와 회복을 위해서는 엄마와 아버지에 대한 이야기가 필요하다는 것을 알게 되었다. 엄마와 아빠에 대한 이야기를 해야 한다. 우리의 근원적인 상처의 뿌리에는 엄마와 아빠가 있기 때문이다. 그런 필요성 때문에 필자는 '엄마/아빠 테라피'(Mom & Dad Therapy)라는 치유 과정을 생각하게 되었다. 엄마/아빠 테라피

---

2 Ibid., 10.

의 핵심은 무엇일까? 엄마와 아빠에 대한 기억 속으로 들어가서 그 기억 속에 있는 엄마와 아빠를 만나고 그 기억의 이야기를 가지고 나오는 것이다. 즉, 무의식 속에 있는 그 이야기를 의식화하고 언어를 통해서 밖으로 내어놓아야 한다. 특히 엄마와 아빠에 대한 감정을 만나고 그 감정을 표출하는 것이 중요하다. 그리고 상처로 인하여 몸과 신경계 속에 얼어붙어 있는 부동화 에너지를 방출하는 것이 필요하다.

부모의 양육 환경은 자녀의 성격 형성 또는 정신병리의 주요한 배경이 된다. 엄마와 아빠는 우리에게 생명과 사랑을 주었지만, 또한 아픔과 상처도 주었다. 엄마와 아빠도 한 인간이며, 엄마와 아빠도 상처를 받았기 때문이다. 상처를 받으면 상처를 줄 수 있다. 우리는 그런 부모를 이해해야 한다. 우리에게 생명을 주신 것만으로도 감사해야 한다. 그러나 이해하고 감사하는 것과 치유를 받는 것은 다른 것이다. 치유는 내가 해야 한다.

II. 논의의 개요

본 논의는 치유상담연구원에서 하고 있는 영성치유수련을 배경으로 한다. 영성치유수련은 2박3일 동안 열리는 치유 중심의 프로그램이다. 그러나 영성치유수련의 모든 내용과 진행 과정을 논의에 담지 않았다. 그 과정 중에 필자가 담당하고 있는 '엄마/아빠 테라피'라는 순서가 있는데, 그 시간에 진행되는 치유작업의 이론과 실제에 대한 글이라 할 수 있다.[3]

필자는 오랫동안 엄마/아빠 테라피를 하면서 그 과정과 치유작업에 대한 이론

---

3 영성치유수련의 전체적인 이해를 위해서는 필자가 기록한 논문,『학술심포지엄, 정태기 "치유상담 30년"』에 게재 한 "영성치유수련의 이론적 토대, 외적구조와 내적구조"를 참고 하기 바란다.

적인 이해와 정립이 필요하다고 느꼈다. 본 논의는 그런 목적을 염두에 두고 작성되었다. 즉, 엄마/아빠 테라피의 이론적인 정립과 함께 치유 과정에서 활용되고 있는 임상적인 접근 방법을 분석적으로 검토해 보고자 한다. 이론적인 정립에는 많은 내용들이 포함될 수 있지만, 특히 주목하고 싶은 것이 있다. 어린 시절 부모의 양육환경이 자녀의 성격 형성과 정신병리에 왜 그리고 어떻게 그 원인과 배경이 되는가 하는 점을 살펴보는 것이다. 이에 대한 설명이 가능할 때 엄마/아빠 테라피의 필요성이 정당화될 수 있기 때문이다. 그런 설명을 위해 필자는 대상관계이론, 애착이론, 뇌신경과학이론 등 여러 심리학적인 연구들을 그 근거로 삼았다.

임상적인 치유작업에 대한 논의에서는 대상관계이론과 애착이론 외에, 안구운동둔감화 재처리(Eye Movement Desensitization and Reprocessing), 소매틱 경험(Somatic Experience)치료 그리고 프라이멀 절규치료(Primal Screaming Therapy)에서 활용되는 치유 기법들을 참고했다. 이것은 세 가지의 기법들을 통합한 3중적인 접근으로서 필자가 엄마/아빠 테라피의 시간에 실제로 활용하고 있는 것이다. 엄마/아빠 테라피는 넓은 공간에서 많은 참가자들이 동시에 함께 작업을 하는 대집단치유 과정이다. 즉, 개인적으로 자기 이야기를 하고 작업을 할 수 있는 개인 치유의 시간이 없다.4 그런 상황을 고려해서 많은 참가자가 동시에 치유작업을 할 수 있도록 도입하게 된 것이 세 가지의 통합적인 접근 방법이다.

---

4 영성치유수련은 대집단치유와 소집단치유가 계속 교차 반복되는 구조를 가지고 있다. 개인 치유는 소집단 작업시간에 이뤄진다.

III. 성격 형성의 못자리

어린 시절 부모의 양육 환경은 자녀의 성격 형성과 정신 문제를 유발하는 심리적인 못자리가 된다. 물론 부모와 관계없이 발생한 사건과 경험들을 배제해서는 안 된다. 우발적으로 발생한 트라우마와 같은 충격적인 사건은 당연히 고려되어야 한다. 마음에 상처를 남길 수 있는 환경은 크게 두 가지로 구분될 수 있다. 하나는 외상적 환경(traumatic environment)이고, 다른 하나는 반복적 환경(recurrent environment)이다. 외상적 환경은 신체적으로나 정신적으로 과도한 충격을 주어 정신 구조가 일시적으로 또는 지속적으로 붕괴되거나 마비되게 하는 환경을 말한다. 이런 환경은 한 번만 경험해도 상처가 남거나 장애가 발생될 수 있다. 반복적 환경은 외상적 환경에 비해 경미한 충격을 주지만, 그것이 반복되면 결과적으로 마음의 상처나 장애가 생기게 되는 환경을 의미한다.[5] 강압, 방임, 학대, 거절 등 부모의 부정적인 양육 환경은 반복적이지만 동시에 외상적인 환경이 될 수 있다. 그런 양육 환경에서 자란 자녀들은 그렇지 않은 자녀들에 비해 정신장애가 발생할 가능성이 높다. 많은 심리학자가 어린 시절 부모와의 관계 경험이 자녀의 성격 형성과 행동 특성 그리고 정신병리의 중요한 배경이 된다는 데 견해를 같이한다.

인간발달이라는 측면에서 볼 때, 성격 형성의 가장 중요한 시기는 5세 이전의 시기라 할 수 있다. 발달의 영역에는 결정적 시기라는 것이 존재한다.[6] 결정적 시기는 언어 습득이나 성 역할 정체감의 형성처럼 어느 하나의 정신 기능이 민감하고 빠르게 발달하는 시기를 말한다. 성격이 형성되는 결정적인 시기는 언제일까? 지그문트 프로이트(Sigmud Freud)가 만든 정신분석에서는 외디푸스콤플렉스를 포함하

---

5 김중호, 『내면부모와 내면아이; 상처와 치유』(서울: 학지사, 2018), 64, 78.
6 정옥분, 『발달 심리학: 전생애 인간발달』(서울: 학지사, 2004), 32-33, 87.

150 | 2부 _ 상담치유의 초석, 영성치유수련

여 그 이전의 기간이 성격 형성의 결정적 시기라고 보는데 대체로 동의한다. 대상관계이론에서는 외디푸스콤플렉스보다 더 이른 시기에 비중을 둔다.

성격은 어떻게 형성되는 것일까? 대부분의 대상관계 이론가들은 성격발달의 배경으로 유아의 초기대상인 엄마와의 관계에 주목했다. 이것은 성격발달의 기본동기가 유아 자신의 본능에 있다는 프로이트의 '욕동이론'(drive theory)과 차이가 있다. 프로이트에 따르면, 유아의 생물학적이고 본능적인 욕동은 대상보다 먼저 존재하며, 대상은 단지 욕동의 욕구를 만족시켜 주는 그 무엇에 불과하다.[7] 이때 대상은 엄마를 포함하는 양육자이다. 따라서 전통적인 정신분석에서는 유아가 부모와 같은 외부 대상과 어떤 관계를 맺는가 하는 것이 별로 의미가 없다. 유아의 정신 내부에서 일어나는 내적 경험과 환상, 즉 욕동의 충족 정도 그리고 원본능과 자아와 초자아 사이에 발생하는 갈등과 통합의 정도가 성격발달의 중요한 요인이라고 보았다.

그러나 대상관계이론은 프로이트의 입장과 다르다. 최초의 대상관계 심리학자로 알려진 멜라니 클라인(Melanie Klein)은 비록 프로이트와 마찬가지로 본능과 욕동에 주목했지만, 그 본능과 욕동을 엄마라는 대상과 연결시킴으로서 엄마 대상의 중요성을 강조했다. 클라인은 성격발달의 결정적인 요소는 인간관계적인 환경이라고 말함으로써 프로이트의 욕동모델을 수정했다.[8] 클라인에 따르면, 유아는 단순히 본능적 욕구를 해소하기 위해서만 엄마의 젖가슴을 찾는 것이 아니다. 유아가 손가락을 빠는 것은 단지 배고픔의 욕구를 충족하기 위한 대체 행동이 아니다. 엄마라는 대상을 찾다가 엄마가 없기 때문에 손가락으로 치환한 것이다.

클라인은 유아가 기본적으로 욕동을 지닌 존재라는 것을 인정했다. 그러나 유아

---

7 Michael St. Clair, *Object Relations and Self Psychology: An Introduction*. (CA, USA: Brooks/Cole, 2004), 22-23.

8 Ibid., 13.

의 욕동은 본질적으로 외부 대상을 향한 것이며, 따라서 욕동과 대상은 함께 묶여있는 것이라고 말했다. 욕동이 관계적이라는 것이다. 욕동은 대상, 즉 엄마와의 관계 속에 존재한다. 유아는 대상을 향한 관계적인 욕구를 가지고 있으며 따라서 관계적인 행동을 필요로 한다. 클라인은 유아의 욕동과 그 욕동이 만들어내는 환상 경험이 성격 형성의 핵심이라는 프로이트의 입장을 수용했지만, 동시에 그 욕동을 대상과 연결지음으로서 본능과 욕동이 대상 없이 존재한다는 프로이트의 입장에 반대했다.[9]

로날드 페어베언(Ronald D. Fairbairn)은 프로이트의 욕동이론에 반대함으로써 순전한 대상관계 모델을 확립했다. 페어베언에 따르면, 인간은 본능과 쾌락을 추구하는 존재가 아니라 '대상을 추구하는 존재'(object-seeking being)이다. 프로이트가 말한 리비도적 욕동은 언제나 뚜렷한 대상을 지향하는데, 그 대상은 항상 인간이다. 그리고 유아에게 그 대상은 엄마이다. 즉, 리비도가 추구하는 궁극적인 목표는 욕동의 만족이 아니라 대상과의 관계이다.[10] 유아의 성격은 본능과 자아와 초자아라는 삼중구조 속에서 발생하는 내적 갈등에 의해서 형성되는 것이 아니라 엄마라는 외부 대상과의 관계를 어떻게 경험하느냐에 따라서 형성된다. 페어베언에 따르면, 인간이 지닌 기본적인 욕구는 외부의 대상들과 형성하는 관계적인 욕구이다.[11]

도날드 위니캇(Donald Winnicott)은 유아의 성격발달의 배경으로 엄마환경과 엄마역할(mothering)의 중요성을 누구보다 강조했다. 위니캇은 '충분히 좋은 엄마'(good-enough mother)라는 개념을 만들어냈는데, 이것은 유아가 잘 성장할 수 있는 최적의 환경을 제공하는 것을 말한다. 충분히 좋은 엄마는 아기의 성장에 필요한

---

9 Ibid., 36-37.
10 W. Ronald D. Fairbairn/이재훈 역, 『성격에 관한 정신분석학적 연구』(서울: 한국심리치료연구소, 2003), 80.
11 Michael St. Clair(2004), Ibid., 52-53.

최적의 조건과 환경을 만들어 주고, 아기가 지닌 전능감과 전능욕구에 충분히 응답하며, 외부의 침범으로부터 아기를 보호하고 지켜주는 엄마이다. 그런 엄마는 아기의 신호와 몸짓에 거울같이 반영하기(mirroring)를 잘하고, 아기의 불편감을 없애주고 보호하기 위해 신체적으로 안아주기(holding)와 다루기(handling)를 잘하며, 아기가 필요로 할 때 놀이의 파트너가 되어 주는 대상 제시하기(object-presenting)를 적절하게 잘한다.

위니캇에 따르면, 아기가 엄마의 얼굴을 볼 때 실제로 보게 되는 것은 바로 자기 자신이다. 예를 들어, 엄마가 아기를 보며 기쁨과 행복감을 느끼면 그것이 엄마의 얼굴에 반영되고, 유아는 그런 엄마의 얼굴을 바라보며 자기 자신도 즐겁고 행복하다고 느낀다. 위니캇은 그런 유아의 상태를 유아의 입장에서 이렇게 설명했다. "내가 [엄마 얼굴에] 보여지는 것을 바라봄으로써 내가 있는 거야"(When I look I am seen and so I exist.) 그렇게 함으로써 엄마는 아기에게 아기 자신을 되돌려 준다. 위니캇은 "홀로 존재하는 아기는 없다… 아기도 없고 엄마도 없다. 아기와 엄마의 관계가 있을 뿐이다"라고 말했다. 이것은 아기가 언제나 엄마와 함께 있으며, 엄마의 보살핌이 없다면 아기는 존재하지 못한다는 것을 의미한다. 위니캇의 일관된 주장은 엄마환경이 유아의 성격발달 또는 정신병리의 발생에 중요한 배경이 된다는 것이다.[12]

해리 스탁 설리반(Harry Stack Sullivan)은 인간을 사회심리적인 관점에서 이해했다. 설리반은 인간발달의 조건으로 대인관계의 중요성을 강조했다. 유아의 성격발달은 부모와 자녀 사이에 이뤄지는 관계적이며 사회적인 조건에 달려 있다. 설리반에 따르면, 인간은 프로이트가 말한 것처럼 죽음본능과 생명본능 사이에서 싸우고 갈등하는 외로운 존재가 아니다. 외부 대상과의 상호작용을 통해서 자기가 발달되

---

12 Ibid., 70-71, 73-74.

어 가는 관계적인 존재이다. 설리반은 이렇게 생각했다. 성격은 욕동과 같은 자기 내적 요인에 따라 형성되는 것이 아니라, 자기 행동에 대한 외부의 '반영된 평가' (reflected appraisals)에 의해서 형성되는 것이다. 즉, 성격은 독자적으로 형성되는 것이 아니라 중요한 외부의 인물과의 상호작용의 산물이라는 것이다. 어린 시절 유아에게 가장 중요한 외부의 인물은 누구일까? 유아에게 부모보다 더 중요한 사람은 없다. 유아의 생존은 전적으로 부모에게 의존되어 있기 때문이다. 따라서 유아의 성격발달에 가장 많은 영향을 미치는 사람은 부모일 수밖에 없다. 유아는 자신의 절대적 의존대상이 되는 부모를 어떻게 경험하느냐에 따라 건강한 성격발달은 물론 정신적인 장애를 경험할 수 있다.[13]

애착이론은 인간이 왜 그토록 선택적이며 지속적인 애착관계를 형성하려고 하는지 그 이유와 그런 애착관계의 단절과 상실이 어떻게 개인의 고통과 불안을 유발하며 문제행동의 원인이 되는지를 밝혀냈다. 애착이론의 아버지라고 불리는 존 볼비(John Bowlby)에 따르면, 유아는 애착대상인 주 양육자(엄마)에게 가까이 가려는 생물학적인 애착행동 체계를 가지고 태어나는데, 그 체계는 애착대상과 가까이 있는 것이 생존과 안전에 도움이 된다는 것을 진화론적인 경험을 통해서 알게 되어 유아의 본능적 행동으로 정신 속에 자리를 잡게 된 것이다. 애착대상이 되는 주 양육자의 역할은 유아의 '안전기지'(secure base)와 '안전한 피난처'(safe haven)가 되는 것이다. 안전기지란 유아가 새로운 것을 탐색하고 놀이 활동을 하도록 지원하는 심리적인 발판이 되어주는 것이며, 안전한 피난처는 유아가 불안하거나 몸이 불편할 때 언제든지 달려와서 위로받고 쉴 수 있는 대상이 되는 것이다.[14] 볼비는 이렇게 말했다. "애착과 발달이라는 정신의학적 관점에서 볼 때 안전기지보다 더

---

13 Frank Summers/이재훈 역, 『대상관계이론과 정신병리학』 (서울: 한국심리치료연구소, 2004), 442-450.
14 John Bowlby/김수임 외 옮김, 『존 볼비의 안전기지』 (서울: 학지사, 2014), 30-32.

중요한 것은 없다.”[15]

볼비는 '내적작동모델'(internal working model)이라는 개념을 제시했는데, 내적 작동모델은 개인이 자기 및 외부 대상을 바라보고 이해하는 인지와 해석 그리고 특정 행동을 지속하게 만드는 대인관계 양식의 근거로서 유아기에 형성되어 성인이 되기까지 그대로 유지되는 경향이 있다. 인간은 내적작동모델이 어떻게 형성되어 있는가에 따라 건강한 인간관계를 맺으며 생산적인 삶을 살 수도 있고 그렇지 않을 수도 있다. 내적작동모델은 언제 어떻게 형성되는 것일까? 볼비의 견해에 따르면, 생후 5개월 이내에 주 양육자(엄마)와 상호작용을 통해서 기본적인 모델이 형성되며, 5세 이전에 고정되어 성인이 되어도 쉽게 바뀌지 않는다.[16] 즉, 한번 형성된 내적작동모델은 웬만해서는 바뀌지 않는다. 나이가 들수록 정교해지고 더 단단해지는 경향이 있다. 내적작동모델은 개인의 성격 형성과 행동 특성을 규정하는 중요한 요소로서 그 형성 과정은 어린 시절 유아가 자신의 주 양육자인 부모를 어떻게 경험하는가에 따라 영향을 받는다.

애착이론의 어머니라고 불리는 메리 에인스워스(Mary Ainsworth)는 '낯선 상황(Strange Situation) 실험연구'를 통해서 유아들의 애착유형을 안정애착, 회피애착, 양가저항애착 등 세 가지로 분류해 냈다(낯선 상황 실험연구는 유아가 자기 집이 아닌 낯선 장소에서 약 20분 동안 구조화된 에피소드에 따라 엄마와 분리와 재회를 경험하게 하고 그때 유아가 나타내는 행동반응을 관찰하고 분석함으로서 유아의 성격과 행동 특성을 파악하는 연구이다). 그 후 에인스워스의 제자인 메리 메인(Mary Main)은 세 가지 유형 외에 혼란

---

15 Jon G. Allen/권정혜 외 옮김, 『트라우마의 치유』 (서울: 학지사. 2010), 61. recited from John Bowlby, A Secure Base.

16 David J. Wallin/김진숙 외 역, 『애착과 심리치료』 (서울: 학지사. 2010), 48-50, 102. (최근의 애착이론에 따르면, 상담자의 도움을 받아서 메타인지(meta-cognition) 기능과 정신화(mentalizing)의 능력을 향상시키면 애착유형의 변화, 곧 불안정애착이 안정애착으로 바뀌면서 내적작동모델의 변화가 가능한 것으로 보고 있다.)

애착 유형이 더 있다는 것을 발견했다. 따라서 애착유형은 네 가지로 분류될 수 있는데, 그 유형에 따른 유아들의 행동에는 다음과 같은 두드러진 차이가 있다.[17]

1) 안정애착 유형의 유아들은 엄마를 탐색과 놀이 활동을 위한 안전기지로 활용하는 것이 뚜렷하고, 엄마로부터 분리될 때 그 고통을 민감하고 적절한 행동으로 표현하며, 엄마와 재회 시에 그 고통이 쉽게 진정되어 탐색과 놀이 활동을 재개한다. 유아들의 행동에 유연성과 회복탄력성이 있다. 2) 회피애착 유형의 유아들은 엄마보다 장난감 같은 무생물에 더 관심을 보이고, 엄마로부터 분리될 때 엄마를 본체만체하며 분리되는 고통을 표현하지 않는다. 엄마와 재회할지라도 반가워하거나 위로받고 싶은 마음을 보이지 않는다. 이런 행동은 돌봄을 청하는 그들의 요구가 엄마의 무관심으로 소용이 없을 것이라고 생각되기 때문이다. 3) 양가저항애착 유형의 유아들은 엄마에게 매우 집착적으로 매달리며, 엄마로부터 분리되기 전부터 경계하고 불안을 느끼다가 분리의 순간에는 그 고통을 울음과 과격한 행동으로 표출한다. 엄마와 재회가 이뤄져도 감정이 진정되지 않으며 울음으로 분노를 계속 표출한다. 엄마를 만나도 기뻐하거나 위로받지 못한다. 4) 혼란애착 유형의 유아들은 행동에 일관된 목표와 방향이 없으며, 엄마에 대한 인지가 불안정하다. 엄마를 향한 행동에 접근과 회피의 모순된 두 가지의 행동을 보이며, 때로는 무기력하고 맥없이 쓰러지거나 몸이 얼어붙는 부동화 또는 해리상태가 된다.

유아의 애착유형은 어떻게 형성되는 것일까? 유아마다 서로 다른 애착유형이 형성되는 것은 이유가 있기 때문이다. 그것은 선천적이거나 유전적인 것이 아니다. 리비도적 욕동과 같은 유아의 내적 요인에 의한 것도 아니다. 애착이론에 따르면, 그 원인은 주 양육자의 양육 환경과 양육 행동에 있다. 연구된 바에 따르면, 유아들

---

17 Ibid., 38-45. recited in Ainsworth, *Patterns of attachment;* Main and Solomon, *Procedures for Identifying Infants as Disorganized/Disoriented during the Ainsworth Strange Situation.*

의 애착유형 별로 그들의 주 양육자인 부모의 양육 태도와 행동에 차이가 있다.

1) 안정애착 유아를 둔 부모들은 유아가 보내는 비언어적인 신호에 민감하고 신속하고 적절하게 반응했으며, 유아가 탐색과 놀이 활동을 할 때 안전기지가 되어 주었고, 유아가 불안하거나 몸이 불편할 때 쉽게 접근할 수 있는 안전한 피난처가 되어 주었다. 특히 유아를 곁에 두고 지켜주는 보호의 행동과 유아가 탐색과 놀이 활동을 할 수 있도록 보내주는 분리의 행동에 균형이 있었다. 에인스워스에 따르면, 중요한 것은 양육의 양이 아니라 양육의 질과 조율된 의사소통이라고 했다.[18]

그러나 회피애착과 양가저항애착과 혼란애착 유형의 자녀를 둔 부모들의 행동은 달랐다. 2) 회피애착 자녀를 둔 부모는 유아의 신호에 비반응적이고 거절적이었으며, 감정 없이 무뚝뚝하게 대하고 분노와 짜증을 보이는 경우가 많았다. 3) 양가저항애착의 자녀를 둔 부모는 자녀와 눈을 마주치지 않았고, 자녀의 비언어적인 신호에 둔감하고 비반응적이었으며, 반응을 할지라도 너무 늦게 또는 비일관되게 반응하고, 자녀의 자율적인 행동을 못하도록 통제했다. 4) 혼란애착 유형의 자녀를 둔 부모는 자녀양육 자체를 부담스럽게 느끼며 싫어했고, 자녀를 신체 정서적으로 학대하거나 방임했으며, 자녀가 두려움을 느낄만큼 겁을 주었다. 때로는 부모 자신이 겁먹은 행동을 보이기도 했다.[19]

대니얼 스턴(Daniel N. Stern)은 유아가 자기의 내적 표상세계를 어떻게 구성하는지를 연구했다. 그는 자신의 연구를 『최초의 관계』(The First relationship)라는 책으로 출판했는데, 그의 연구에 따르면, 유아가 자기의 내적 표상세계를 구성하는 것은 현실에 기반한 생생한 경험의 결과라고 했다. 현실에 기반한 생생한 경험은 유아가 엄마와 신체적이며, 정서적으로 주고받는 직접적인 상호작용의 과정을 말한다.[20]

---

18 Ibid., 36, 41. recited in Ainsworth, *Infancy in Uganda: Infant Care and the Growth of Love*
19 Ibid., 58-59.
20 Daniel N. Stern/민주원 역, 『최초의 관계- 유아와 어머니』 (서울: 눈 출판그룹. 2015), 23.

즉, 유아의 내적 표상세계가 형성되는 것은 어린 시절 부모와의 관계를 어떻게 경험했는가에 따른 결과라 할 수 있다.

이런 연구들을 통해서 우리가 알 수 있는 중요한 사실이 있다. 어린 시절 부모의 양육 환경은 자녀의 성격발달과 행동 특성을 구성하는 못자리가 된다는 것이다. 이외에도 많은 심리학자는 인간의 성격발달의 원인을 부모의 양육 태도와 양육 환경에서 찾았다. 위에 제시된 연구들은 부분적인 것에 불과하다. 부모의 양육 환경은 자녀의 성격이 만들어지는 요람과 같다.

IV. 정신병리의 근원적 배경

언급한 것처럼, 부모의 양육 환경은 자녀의 성격발달만이 아니라 정신병리를 유발하는 배경이 될 수 있다. 그런 사실은 대상관계이론가들의 연구에서 밝혀지고 있다. 페어베언은 조현병으로 알려진 분열성 병리의 원인을 밝혀내기 위한 연구를 했다. 분열성 병리의 특징은 마음이 분할되어 양가적인 상태가 되는 것이다. 즉, 대상에 대한 강렬한 욕구가 있지만 동시에 그 대상에게 가까이 가는 것을 두려워한다. 분열성 병리가 발생되는 근원은 초기 발달단계에서 유아가 겪는 외상(trauma) 경험 때문이다. 유아의 가장 큰 외상 경험은 대상, 곧 엄마의 젖가슴을 향한 자신의 사랑이 받아들여지지 않고 거절을 받았다고 느끼는 것이다. 유아에게는 소망적인 욕구가 있는데, 그것은 엄마의 젖가슴을 빠는 행동, 곧 사랑의 행동을 함으로써 엄마와 하나가 되려고 하는 것이다. 그런 욕구는 엄마의 적절한 반응, 곧 유아에게 젖을 주는 적응행동을 통해서 충족된다. 그러나 엄마의 부적절한 반응으로 그 욕구가 충족되지 않으면 유아는 실망과 좌절을 경험한다. 이때 유아는 엄마의 젖가슴을 빠는 자신의 사랑이 엄마를 파괴시켰다고 느끼며 동시에 엄마를 향한 자신의 사랑이 거절을 받았다고 느낀다. 그리고 자신이 엄마라는 대상을 사랑하는 것은 나쁜 것이라는 결론을 내린다. 유아는 심한 갈등과 불안에 휩싸인다. 대상을 사랑하기 원하지만 그것은 대상을 파괴하는 것이 되기 때문이다. 분열성 병리의 특징이 나타난다. 유아는 사랑하는 대상, 곧 엄마를 잃어버리게 될 것이라고 느낀다. 유아는 대상 상실에 대한 불안을 자기 안으로 떠안는다.[21]

이때 유아가 취하는 방어적인 조치는 두 가지이다. 하나는 엄마 대상을 보호하기 위해 대상으로부터 철수하는 것이다. 철수는 분열성 병리의 주요 증상으로써 사회적인 관계를 포기하고 자신의 내적 세계로 숨어버리는 것이다. 그 이유는 자신의 사랑이 거절되었다고 느끼며 더 이상 상처받는 것이 두렵기 때문이다. 그 결과 사회활동과 대인관계를 회피하고 스스로를 고립시킨다. 다른 하나는 대상을 좋은 대상(만족스러운 대상, 수용적인 대상)과 나쁜 대상(불만족스러운 대상, 거절하는 대상)으로 분열시켜서 내재화하는 것이다. 분열과 내재화는 유아가 자신의 사랑이 거절되었다는 고통과 불안을 줄이기 위한 방어적인 조치이다. 대상을 분열시키는 것은 좋은 대상을 나쁜 대상으로부터 보호하려는 의도 때문이다. 이처럼 엄마의 행동이 부적응적일 때 유아의 내적 세계는 분열되는데, 이런 초기 분열의 현상을 설명하기 위해서 페어베언은 '분열적 자리'(schizoid position)라는 개념을 제시했다. 자리라는 용어는 단계라는 말과 차이가 있다. 자리는 단순히 지나가면 사라지는 것이 아니라 하나의 특성이 전 생애 동안 지속된다는 의미를 지닌 개념이다. 페어베언은 분열적 자리가 인간의 근원적인 심리상태라고 생각했다. 따라서 어느 정도의 분열과 좌절은 모든 인간의 보편적인 현상이라 할 수 있다.[22]

위니캇은 부모의 양육 환경에 따라서 자녀에게 '참자기'(true self)가 형성될 수도

---

21 Frank Summers/이재훈 역(2004), Ibid., 48.

22 The American Psychoanalytic Association, Edited by Burness E. Moore and Bernard D. Fine, *Psychoanalytic Terms & Concepts.* (NY, USA: Vail-Ballou Press. 1990), 72.

있고 '거짓자기'(false self)가 형성될 수도 있다고 했다. 참자기는 유아가 '나의 세계'와 '나 아닌 세계'를 구분함으로써 형성되기 시작한다. 엄마가 유아의 본능적인 충동과 욕구에 적응적으로 응답해 주면 유아는 환경, 즉 나 아닌 세계를 발견하게 되고, 그 결과 나의 세계를 확립하게 된다. 이때 엄마가 충분히 좋은 양육 환경을 제공함으로써 외부의 침범으로부터 유아를 보호해 주어야 한다. 그러면 유아에게는 참자기가 형성된다. 참자기는 자신의 감정과 욕구를 자발적으로 표현하고, 자기 자신에 대한 신뢰와 확신이 있기 때문에 외부 사람들의 압력이나 영향에 흔들리지 않고 자신이 원하는 삶을 살아 갈 수 있는 능력을 지닌다. 그러나 유아의 양육 환경이 안전하지 아니하고 엄마가 유아의 본능적인 욕구를 충족시켜주지 못하면 유아는 마지못해 반응함으로써 거짓자기를 발달시킨다. 특히 부모가 유아의 자연적인 충동과 욕구를 지나치게 통제하고 억압한다면 유아는 자신의 진정한 감정을 숨기고 부모가 받아들일 수 있는 것으로 바꾸어 표현함으로써 거짓된 삶을 살게 된다. 거짓자기는 자신의 감정과 욕구를 숨기고 표현하지 않음으로써 내적 상태와 외적 행동 사이에 불일치를 나타낸다. 또한 자기 자신에 대한 확신이 부족하기 때문에 외부 대상의 말과 행동에 너무 쉽게 많은 영향을 받는다. 거짓자기는 마지못해 환경의 요구에 응답함으로써 진정한 감정과 욕구를 은폐하고 외부의 사람들과 거짓된 관계를 맺는다. 그 결과 자신의 삶이 가짜 같고 허무하다는 느낌을 갖게 된다.[23]

오토 컨버그(Otto Kernberg)는 외부 사람과의 관계가 어떻게 내면화되어 한 사람의 심리구조가 형성되는지를 연구했다. 유아는 환경 안에 존재하는 초기대상과의 관계를 내면화시키는데, 초기대상은 엄마이다. 내면화된 대상관계는 유아의 심리구조의 뼈대가 되고 그것은 더욱 확장된다. 컨버그는 클라인의 이론을 수용해서 생애 초기의 유아는 외부의 대상, 곧 엄마를 부분대상(좋은 대상과 나쁜 대상)으로 나

---

23 Michael St. Clair(2004), Ibid., 71.

누어서 받아들인다고 보았다. 그러나 성장함에 따라 그 대상들의 통합이 이뤄진다. 즉, 한 대상인 엄마 안에 좋은 모습과 나쁜 모습이 동시에 존재할 수 있다는 것을 이해한다는 것이다. 그러나 외부의 부모 환경이 박탈과 방임으로 계속되면 유아는 자기 내부에 있는 좋은 대상을 보호하기 위하여 좋은 대상과 나쁜 대상을 계속해서 분열시킨다. 그 결과 유아의 정신세계가 분할(splitting)된다. 유아기의 분할기제는 모든 아기에게 나타나는 것이기 때문에 어느 정도까지는 정상적이지만, 이 기제가 지속될 경우, 경계성 인격장애(borderline personality disorder)의 원인이 될 수 있다.[24] 경계성 인격장애를 지닌 사람은 자기표상과 감정과 대인관계가 불안정하고, 특히 우울과 분노의 기복이 매우 심하기 때문에 충동적인 행동을 자주 나타낸다. 행동이 예측할 수 없이 폭발적인 경우가 많다. 경계성 인격장애의 원인으로는 아동기의 학대나 방임 때문이라는 견해가 있다. 컨버그에 따르면, 경계성 인격장애를 지닌 사람들은 대개 생후 2~3년 동안에 과도한 좌절과 외부의 강한 공격을 받은 흔적이 있다고 했다. 이때 유아는 극도의 분노와 공격성을 느끼게 되고, 그 공격성을 부모에게 투사함으로써 자신을 보호하려 하며, 결과적으로 왜곡된 부모 이미지를 갖게 된다. 즉, 부모를 위험하고 위협적인 존재로 보며 두려워하고 미워한다.

볼비는 그의 동료인 제임스 로버츤(James Robertson)과 함께 엄마와 애착관계를 형성한 유아가 엄마로부터 강제로 떨어질 때 나타내는 심리 행동적인 반응 과정을 연구했다. 그들은 영상 촬영을 통해서 엄마로부터 강제로 분리된 유아들이 나타내는 심리 행동적인 반응 과정을 관찰 연구하였다. 그 연구에 따르면, 유아는 엄마로부터 분리되는 과정에서 저항(resistance), 절망(despair), 이탈(detachment)이라는 심리적인 과정을 단계적으로 경험하는 것으로 알려졌다.[25] 볼비에 따르면, 이것은

---

24 Ibid., 132-132.

25 David J. Wallin/김진숙 외 옮김(2010), Ibid., 33. recited in Bowlby, *Attachment and Loss: Vol. 1*; Mario Marrone(1988)/이민희 역, 『애착이론과 심리치료』(서울: 시그마프레스, 2005), 68-71.

엄마를 잃은 유아가 그 상실의 슬픔을 애도하는 과정에서 나타내는 애도 반응으로 볼 수 있다.

볼비는 런던 아동지도 클리닉에서 의사로 있을 때, 절도 전과가 있는 44명의 비행청소년들을 만날 기회가 있었는데, 그들의 상태와 성장 배경을 그 대조군인 44명의 절도 전과가 없는 청소년들의 상태와 비교 연구했다. 그 결과 밝혀진 내용은 다음과 같다. 44명의 절도 전과 청소년들 중에 17명은 5세 이전에 6개월 이상 주 양육자인 엄마로부터 떨어지는 장기적인 분리가 있었다. 그들은 애착결핍으로 분류되었다. 이것은 대조군인 44명의 절도 전과가 없는 청소년들의 경우에는 그 시기에 단 2명만 주 양육자로부터 분리의 경험이 있었다는 것과 비교된다. 연구 결과 볼비의 주장에 따르면, 유아기에 주 양육자로부터 장기간 분리되는 경험은 자녀의 성격발달에 부정적으로 파국적인 영향을 끼침으로써 청소년들의 반사회적인 행동의 원인이 될 수 있다는 것이다. 즉, 청소년들의 파국적인 행동의 뿌리에는 유아기에 주 양육자로부터 분리, 방임, 학대 등으로 돌봄을 받지 못해서 발생한 애착장애라는 문제가 있다고 했다.[26]

애착이론에는 애착 트라우마(attachment trauma)라는 개념이 있다. 이것은 애착 관계에서 발생하는 트라우마로서 안정 애착을 방해하는 상황을 말한다. 애착 트라우마는 주로 부모와 자녀 사이에서 발생하는데, 그 배경에는 학대(신체적 학대, 정서 언어적 학대, 성적 학대)와 방임(신체적 방임, 정서적 방임, 심리사회적 방임)과 거절(심리적 거절, 물리적 거절) 등의 문제가 있다. 존 알렌(Jon G. Allen)은 이렇게 말했다. "많은 트라우마가 애착관계에서 발생한다…. 생애 초기에 발생하는 애착 트라우마는 이후 나타나는 트라우마에 더욱 취약하게 만든다."[27] 알렌에 따르면, 자녀가 부모로부

---

26 Ibid., 32. recited in Bowlby, *Forty-Four Juvenile Thieves: Their Characters and Home- Life.*
27 Jon G. Allen/권정혜 외 옮김(2010), Ibid., 58.

터 신체적인 학대를 받으면 그 후 공격성과 폭력성뿐만 아니라 약물남용과 우울증 그리고 자해와 자살 행동의 위험이 높고, 성적인 학대를 당하면 외상후스트레스장애, 우울증, 행동장애, 성생활장애 등이 나타나며, 정서 언어적인 학대를 받으면 수치감, 낮은 자존감, 우울증, 자살 충동 그리고 불안과 해리와 같은 증상에 시달릴 수 있다고 했다.[28]

주디스 허만(Judith Herman)은 트라우마 연구의 고전으로 알려진『트라우마와 회복』(*Trauma and Recovery*)이라는 책을 저술했는데, 그 책에서 이렇게 말했다. "성인기에 반복적인 트라우마를 경험하면 이미 형성된 성격 구조가 파괴된다. 그러나 아동기에 반복적인 트라우마를 경험하면 단지 성격이 파괴되는 것이 아니다. 처음부터 파괴된 성격이 형성된다."[29] 허만에 따르면, 부모로부터 학대를 받은 자녀는 스스로 해결할 수 없는 적응 과제에 직면하게 된다. 예를 들면, 1) 믿을 수 없는 대상과의 관계에서 신뢰감을 형성하는 것, 2) 안전하지 않은 환경에서 안전감을 경험하는 것, 3) 언제 학대가 시작될지 모르는 불안한 상황에서 통제감을 갖는 것, 4) 아무것도 할 수 없는 무기력한 상태에서 자기를 지키고 보호하는 것, 5) 의존할 수 없는 대상과의 관계에서 애착관계를 형성하는 것, 6) 강압적이고 폭력적인 상황에서 자기 주도성을 잃지 않는 것, 7) 자기감이 혼란스러운 상태에서 자기 정체감을 유지하는 것 등이다. 학대받는 자녀가 스스로 이런 적응 과제를 해결하는 것은 불가능하다. 자녀의 유일한 대처 방안은 해리(의식이 변형된 이상 상태)가 되는 것이며 또한 생존을 위하여 억압과 부정과 투사 등의 방어기제를 발달시키는 것이다.[30]

부모의 양육 환경이 자녀의 성격 형성과 정신병리의 배경이 될 수 있다는 것은 최근에 발달한 뇌신경학적인 연구에 의해서도 확인되고 있다. 자녀가 부모로부터

---

28 Ibid., 36-40.
29 Judith Herman/최현정 역,『트라우마』(서울: 플래닛, 2007), 169.
30 Ibid., 169.

일관되게 안전하고 양육적인 보살핌을 받는다면 자녀의 신경계는 최적의 각성상태를 유지할 수 있지만, 방임이나 학대와 같은 부정적인 환경에 처하게 된다면 신경계의 각성에 문제가 발생할 수 있다. 고전적인 신경계 이론에 따르면, 자율신경은 교감신경과 부교감신경으로 되어 있는데, 교감신경은 몸과 마음이 각성되고 에너지가 필요할 때, 즉 운동을 하거나 공격 또는 도피 등의 행동이 필요할 때에 활성화되고, 부교감신경은 몸과 마음이 이완되고 휴식을 취하거나 잠을 잘 때에 활성화된다.[31]

외부환경이 안전할 때 교감신경과 부교감신경은 내성영역(window of tolerance)이라는 안전한 범위 내에서 원활하고 균형 있게 오르고 내리며 교차된다. 이런 과정을 길항작용(antagonism)이라고 한다. 내성영역이란 신경계가 안정된 상태를 유지할 수 있는 범위를 나타내는 용어로서 교감신경과 부교감신경이 이 범위 내에 있을 때 개인은 신체적으로나 정신적으로 안정감을 느낄 수 있다.[32] 외부의 환경이 위험하면 방어를 위해 교감신경이 과잉 각성됨으로서 내성영역의 위쪽 상한 경계를 이탈할 수 있다. 교감신경이 상한 경계를 이탈하면 심장박동수의 증가, 혈압상승, 호흡장애, 분노와 짜증 그리고 두통과 근육통 등이 나타나며 심할 경우 공황장애가 발생할 수 있다.

외부환경이 위험을 넘어 생명을 위협 할 만큼 압도적이면 교감신경과 부교감신경이 동시에 지나치게 과잉각성 됨으로서 내성영역의 상하 경계를 모두 이탈한다. 이때 신체와 정신은 긴장성 부동화(tonic immobility) 상태가 되는데, 긴장성 부동화는 신체의 에너지 수준이 매우 높은 상황에서 그 에너지를 방출할 수 없도록 얼어붙

---

31 Bessel Van Der Kolk, *The Body Keeps The Score*. (NY, USA: Penguin Books, 2014), 79; 김중호, 『트라우마 치유상담』. <미출판 자료집>. (서울: 치유상담대학원대학교, 치유상담연구원. 2022), 22-23.
32 Pat Ogden, "감정, 마음챙김, 움직임", recorded in Fosha Diana ect., 노경선 · 김건종 공역, 『감정의 치유력』 (서울: NUN, 2013), 153-156; 김중호(2022), Ibid., 154.

은 상태가 되는 것을 말한다. 이런 상태를 고바야시 히로유키는 자동차의 가속기와 브레이크 페달을 동시에 밟는 경우에 비유했다.[33] 소매틱 경험치료를 만든 피터 레빈(Peter Levine)에 따르면, 이것은 외상후스트레스장애와 같은 여러 장애가 발생하는 원인이 된다.[34] 이때 개인은 위협적인 환경에 완전히 굴복되어 공격과 도피가 불가능하며, 무기력, 해리, 우울 등의 상태가 되기도 한다.

　　최근의 연구에 따르면, 자율신경에 대한 이해에 변화가 있다. 다미주신경이론 (polyvagal nerve theory)을 제시한 스테픈 포지스(Stephen Porges)는 연구를 통해 부교감신경을 등쪽 미주신경(dorsal vagus nerve)과 배쪽 미주신경(ventral vagus nerve)으로 구분함으로써 자율신경에는 교감신경, 등쪽 미주신경, 배쪽 미주신경 등 모두 세 종류가 있다는 것을 밝혀냈다. 세 종류의 자율신경계는 오랜 발달의 과정을 지나면서 계통발생적으로 진화된 것이다. 가장 먼저 발달된 것은 수초화되지 않은 등쪽 미주신경으로서, 그 기능은 서맥, 해리, 얼어붙기, 기절, 죽은척하기(유사죽음) 등의 부동화(immobility) 상태가 되게 하는 것이다. 이것은 신진대사, 산소, 음식 등의 요구량을 최소화하고 에너지를 보존함으로써 생명을 위협하는 상황에서 살아남기 위해 취하는 원시적인 방어행동이다. 두 번째로 진화된 것은 교감신경이다. 교감신경은 위험한 상황에서 생존하기 위해 싸우기 또는 도망치기 등의 가동화(mobility)의 필요성 때문에 발달했다. 세 번째로 진화된 것은 수초화된 배쪽 미주신경이다. 이 새로운 미주신경은 얼굴 표정과 목소리 등에 안정과 친근감이 나타나게 하고, 등쪽 미주신경과 교감신경을 하향조절로써 사람들과의 소통, 상호작용, 협력, 도움을 주고받기, 공동체 형성 등을 가능하게 한다. 포지스는 그런 기능을 '사회적 관여'(social engagement)라고 했다.[35]

---

33 김중호(2022), Ibid., 18-19.

34 Peter A. Levine/서주희 역, 『몸과 마음을 잇는 트라우마 치유』(서울: 학지사, 2014), 90.

35 Stephen W. Porges, "정서인식과 표현에서 몸과 뇌의 상호작용", recorded in Fosha Diana ect./노경선,

스테픈 포지스는 연구를 통해 '신경지각'(neuroception)이라는 신경계의 중요한 기능을 발견했는데, 신경지각은 환경이 안전한지, 위험한지 또는 생명에 심각한 위협이 되는지를 대뇌피질의 의식적인 판단 없이 자동적으로 감지하는 신경계의 능력을 말한다.[36] 신경계가 환경을 어떻게 지각하는가에 따라 그때마다 작동되는 신경계가 다르며 또한 그 신경계가 내성영역에서 반응하는 역치에 차이가 있다. 앨런 쇼어(Allan N. Shore)는 포지스의 신경지각이론을 내성영역의 개념과 연합해서 설명했는데, 그 내용을 정리하면 다음과 같다.

1) 자율신경계가 외부 환경을 안전하다고 신경지각하면 배쪽 미주신경이 활성화되어 사회적 관여 기능을 유지할 수 있는 최적의 각성상태가 된다. 이때 신경계는 내성영역 안에 있다. 2) 자율신경계가 외부 상황을 위험하다고 신경지각하면 교감신경이 활성화되어 공격 또는 도피를 위한 가동화 상태가 되며, 이때 신경계는 내성영역의 상한 경계를 위로 이탈할 수 있다. 3) 자율신경계가 외부 상황을 생명의 위협으로 신경지각하면 등쪽 미주신경이 작동함으로서 해리와 부동화와 유사죽음 상태가 된다. 이때 신경계는 내성영역의 하한 경계를 아래로 이탈한다.[37]

어린 시절에 부모로부터 방임, 학대 등의 애착 트라우마를 겪은 사람들은 자율신경계의 신경지각에 문제가 발생할 수 있다. 그들은 안전한 상황을 위험이나 생명위협의 상황으로 왜곡되게 신경지각할 수 있으며, 반대로 위험한 상황을 안전한 상황으로 신경지각할 수도 있다. 왜냐하면 상호작용과 사회적 행동을 할 수 있는 배쪽 미주신경이 제대로 발달되지 못했으며, 과각성을 유발하는 교감신경에 매이

김건종 공역(2013), Ibid., 125-127.

36 Stephen W. Porges/노경선 역, 『다미주이론』 (서울: 위즈덤하우스, 2020). 79-80; Pat Ogden/이승호 역, 『감각운동 심리치료』 (서울: 하나의학사, 2021), 207.

37 Allan N. Shore, "우뇌 정서 조절: 발달, 외상, 해리 그리고 정신치료의 핵심 기제", recited from J. Wheatley-Crosbie, "자율신경계 각성" 그래프; recited from Stephen W. Porges, 『포지스의 신경계 이론, 안전성의 은유』, recorded in Fosha Diana ect., 노경선, 김건종 공역 (2013), Ibid., 143-144, 154.

거나 해리와 부동화상태를 유발하는 등쪽 미주신경이 쉽게 활성화되기 때문이다.

이외에도 더 많은 연구와 사례가 있다. 이런 연구와 사례들을 통해서 알 수 있는 것은 어린 시절 부모의 양육 태도와 양육 환경이 자녀의 성격 형성만이 아니라 정신병리를 유발할 수 있는 근거가 된다는 것이다. 따라서 인간의 성격발달과 정신 장애의 문제를 이해하고 그 치유를 위해서는 어린 시절에 경험한 부모의 양육 환경과 부모와의 관계 경험을 알아보고 그 시절에 미해결된 문제들을 다루고 처리하는 과정이 필요하다.

V. 내적 대상: 치유작업의 대상

엄마/아빠 테라피의 임상적인 치유 과정에 대한 논의는 매우 중요하다. 영성치유수련은 이론적이기보다 실제적인 치유작업이 강조되는 수련이기 때문이다. 치유작업에 대한 실제적인 과정을 언급하기 전에 분명히 해야 할 것이 있다. 치유 과정에서 만나고 작업해야 하는 대상에 대한 이해가 필요하다. 물론 그 대상은 엄마와 아빠이다. 그러나 그 엄마와 아빠는 외부에 물리적으로 존재하는 엄마와 아빠가 아니다. 이미 우리의 마음속에 들어와 있는 '내적 대상'(inner objet)으로서의 엄마와 아빠이다. 우리의 삶과 인간관계에 지속적으로 영향을 주는 것은 우리의 마음 밖에 있는 외적 부모가 아니라 이미 우리 안에 들어와 자리를 잡고 있는 내면화된 내적 부모이기 때문이다. 따라서 엄마/아빠 테라피에서 만나고 작업해야 하는 대상은 내적 대상으로서의 엄마와 아빠라는 것을 기억해야 한다. 이 점을 명료화하는 것이 필요하다. 그렇지 않으면 현실적으로 혼란이 발생하고 물리적인 부모와 갈등을 초래할 수 있기 때문이다.

대상관계이론에서 대상은 비인격적인 사물이 아니다. 개인의 욕구와 기대에 만족을 주는 인격적인 대상을 말한다. 그런 의미에서 대상은 한 개인이 상호관계를 맺는 사람이라 할 수 있다. 그러나 대상을 이렇게 정의하면 그 대상이 외부에 있는 외적 대상이라고만 생각할 수 있다. 대상관계이론에서 말하는 대상은 자기 밖의 외적 대상만이 아니라, 보다 강조하는 것은 자기 안에 있는 내적 대상이다. 따라서 상담과 치유 과정에서 직면하고 만나야 하는 대상은 내적 대상이라 할 수 있다.

분열성 병리를 연구한 페어베언에게 있어서 치유는 다른 사람들과 직접적이고 온전한 인간관계를 맺을 수 있는 능력을 형성하도록 돕는 것을 의미한다. 분열성 병리의 문제는 사람들과의 관계에서 고립과 장애를 느끼는 것이기 때문이다. 페어베언은 임상적인 치유의 과정에서 항상 환자의 무의식으로부터 나쁜 대상을 추방하도록 돕는데 초점을 두었다. 왜냐하면 내면화된 나쁜 내적 대상이 인간관계에 장애를 유발하는 요소라고 보았기 때문이다. 내면에 나쁜 대상이 있으면 투사라는 방어기제에 의해서 지금 만나고 있는 상대방을 나쁜 사람으로 인지 왜곡하는 원인이 된다. 내면의 나쁜 대상들이 추방되면 그들에게 향했던 카텍시스(cathexis), 곧 에너지 집중과 정서적인 과잉투자를 그만둘 수 있다. 즉, 자아가 나쁜 대상들로부터 해방되는 것이다.[38]

따라서 치유자는 피치유자가 나쁜 대상들을 추방하고 그 매임으로부터 해방될 수 있도록 돕기 위하여 안전한 환경을 제공하고 인격적인 관계를 형성해야 한다. 치유자가 좋은 대상이 되어 줌으로써 피치유자의 내면에 있는 나쁜 대상을 대신하는 것이다. 이때 피치유자는 좋은 대상이 되어준 치유자의 인격을 내면화해서 자신의 내적 대상을 좋은 대상으로 바꾸게 된다. 페어베언은 이런 치유자의 역할과 치유 과정을 '인격화'(personalization)라고 말했다. 인격화는 치유자와 피치유자 사이에

---

38 Michael St. Clair(2004), Ibid., 62-63. recited from W. Ronald Fairbairn, *The Repression and the Return of Bad Objects.*

형성되는 치유적 관계로서 초기의 외상적 관계를 대체할 수 있을 만큼 안전하고 만족스러운 관계를 제공하는 것을 말한다. 정신병리의 배경에는 인생 초기 또는 과거에 발생한 외상적 관계에 그 원인이 있다. 치유를 위해서는 그것을 보상할 수 있는 긍정적이며 만족스러운 관계를 경험하는 것이 필요하다.[39] 페어베언의 치유 과정에서 알 수 있는 것이 있다. 치유작업의 핵심적인 대상은 바로 피치유자의 내면에 있는 내적 대상이다. 나쁜 내적 대상을 좋은 내적 대상으로 대치하는 것이다.

치유 과정에서 내적 대상에 주목해야 한다는 것은 미카엘 클레어(Michael St. Clair)의 설명에서도 밝혀진다. 클레어는 여러 대상관계 학자의 이론들을 종합적으로 분석해서 모두 공유될 수 있는 형태로 정리해 놓았다. 그는 한 사람의 내부 세계와 외부 세계가 어떻게 관계를 맺고 상호작용 하는 지를 대상표상과 자기표상의 개념으로 설명한다. 표상은 한 대상에 대한 특징적인 이미지와 생각으로서 그 대상을 자기 안에 심리적으로 구상화한 상태를 가리키는 말이다. 대상표상은 외부의 물리적인 대상이 내면화되어 마음속에 자리를 잡은 심리적인 이미지로서 그것은 외부 대상이 내적 대상이 되었다는 것을 의미한다. 우리 안에는 대상표상으로서의 부모표상이 있다. 부모표상은 부모에 대한 이미지로서 그것은 이미 부모가 내적 대상이 되었다는 것을 말한다. 자기표상은 자기 자신에 대한 이미지와 생각으로서 이것은 어린 시절 유아가 의미 있는 외적 대상과 관계를 맺으면서 형성되는 것이다.

클레어의 설명에 따르면, 한 사람의 내부 세계를 이루는 핵심적인 요소는 대상표상과 자기표상인데, 그 형성 과정은 어린 시절 부모와 어떤 관계를 경험했는가에 따라 영향을 받는다. 이미 형성되어 있는 대상표상과 자기표상은 부모가 아닌 다른 사람들과의 관계 형성에 영향을 주게 되는데, 이때 주로 사용되는 정신기제가 투사이다. 즉, 우리는 부모와의 관계에서 내면화된 부모표상과 자기표상을 외부의 다른

---

39 Frank Summers/이재훈 역(2004), Ibid., 70.

대상에게 투사함으로서 외부 대상을 있는 그대로 보지 못하고 인지왜곡하게 된다.[40] 대상관계이론의 공유된 입장은 다음과 같다. 우리는 대상표상과 자기표상을 바탕으로 외부 대상을 인지하고 경험한다. 그 대상표상과 자기표상은 과거에 부모와 어떤 관계를 맺었는가에 따라 형성된다. 그리고 현재 상호작용을 하고 있는 외부 대상에게 그 표상들을 투사한다. 만약 그 표상들이 부정적으로 형성되어 있다면 외부 대상을 부정적으로 인지왜곡함으로써 건강한 관계를 형성하기 어렵다.

클레어의 설명에서 주목하고 싶은 것이 있다. 그것은 치유 과정에서 다뤄야 할 대상이 밖에 있는 것이 아니라 우리의 내면에 있는 내적 대상이라는 것이다. 왜냐하면 현재의 삶이 고통스럽고 현재의 인간관계가 결렬되는 이유는 이미 우리 안에 형성되어 있는 나쁜 내적 대상, 곧 그 대상의 표상이기 때문이다. 치유는 내면화된 나쁜 내적 대상을 좋은 내적 대상으로 바꾸는 것이다. 요컨대, 엄마/아빠 테라피에서 작업해야 할 대상은 외부에 실재하는 엄마와 아빠가 아니라 이미 우리의 마음속에 들어와 있는 내적 대상으로서의 엄마와 아빠이다.

VI. 임상적 치유작업 (1) ― 타겟 이미지

엄마/아빠 테라피의 실제적인 임상과정에서 활용되고 있는 기법은 언급한 것처럼 몇 가지의 방법들이 병합된 통합적인 접근이다. 첫째는 안구운동 둔감화 재처리에서 치유기법으로 사용되고 있는 타겟 이미지(target image)에 주목하는 것이고, 둘째는 소매틱 경험치료에서 신체에 축적되어 있는 에너지를 방출하기 위하여 도입되고 있는 신체감각 알아차리기(awareness)와 신체반응 경험하기(experiencing)

---

40 Michael St. Clair(2004), Ibid., 4-6.

에 의식적으로 참여하는 것이며, 셋째는 프라이멀 절규치료에서 억압된 감정을 정화하고 치료하기 위해 활용되고 있는 소리지르기(screaming) 작업을 능동적으로 하는 것이다. 중요한 것은 이런 세 가지의 작업이 동시에 함께 이뤄진다는 점이다. 즉, 세 가지의 작업은 시간적 간격을 둔 별도의 작업이 아니라 동시간적 작업이다. 따라서 필자는 이것을 '3중 작업'(triple work)이라고 부르고 싶다. 이제 3중 작업의 기법들에 대해서 하나씩 그 구체적인 과정과 절차를 알아본다.

엄마/아빠 테라피에서 해야 할 첫 번째 작업은 어린 시절 또는 성장 과정 중에 부모로부터 상처받았던 사건에 대한 심상적인 기억(마음속의 그림)을 떠올리고 그 심상을 주목해서 바라보는 것이다. 개인마다 상처에 대한 다양하고 많은 심상들이 있을 것이다. 그러나 그중에서 가장 아프고 충격적인 심상을 선택하고 그 심상에 주목하는 것이 필요하다. 그런 심상을 안구운동둔감화 재처리에서는 '타겟 이미지'라고 한다. 타겟 이미지에 주목하는 것은 그렇지 아니한 이미지를 떠올리는 것보다 치유적이다. 왜냐하면 그것은 상처에 대한 대표성을 가지고 있기 때문이다.

상처의 심상적인 기억을 떠올리고 주목하는 것은 정신분석에서 말하는 '재구성 작업'(reconstructional work) 그리고 인지행동치료에서 활용되는 '노출치료'(exposure therapy)와 유사한 측면이 있다. 재구성 작업은 정신분석에서 강조되는 치유의 주요 원리이다. 재구성 작업은 성격 형성과 정신병리의 근원이 되는 무의식의 역동적인 힘과 동기에 대한 이해와 통찰을 얻고 억압된 감정을 정화하며 정신장애를 치료하기 위해서 그 원인이 되는 인생 초기 또는 과거에 발생한 충격적인 사건을 기억해 내는 것을 말한다.[41] 그리고 그 기억을 언어로 진술하는 것이다. 다른 말로 하면, 과거에 발생한 충격적인 사건을 심상적으로 그리고 언어적으로 복원하는 것이라

---

41 The American Psychoanalytic Association, Edited by Burness E. Moore and Bernard D. Fine(1990), Ibid., 163-164.

할 수 있다. 그러나 그 심상을 복원해 내는 것이 쉽지 않다. 왜냐하면 그 심상은 오랫동안 무의식 속에 억압된 채 꺼내 보지 않았기 때문이다. 그 결과 심상은 희미하게 퇴색되어 있거나 파편화되어 조각나고 찢겨져 있는 경우가 대부분이다. 프로이트는 트라우마와 같은 충격적인 장면에 대한 심상을 재구성하고 복원하는 것은 마치 조각난 그림의 퍼즐을 맞추는 것과 유사하다고 말했다.[42] 이처럼 재구성작업은 쉽지 않은 과정이지만, 이것은 무의식을 의식화하는 작업으로서 그 작업이 가능할 때 치유가 일어난다. 엄마/아빠 테라피에서 타겟 이미지에 주목하는 것은 정신분석에서 말하는 심상적인 재구성작업이 된다고 할 수 있다.

치유 과정에서 심상을 다루는 기법은 인지행동치료에서 트라우마의 치유에 효과가 있는 것으로 알려진 노출치료에서도 찾아볼 수 있다. 노출치료는 내담자가 공포, 과각성 등의 반응을 하도록 조건화되어 있는 자극(사람, 장소, 장면, 물건, 기억과 상상, 이야기 등)에 지속적이며 반복적으로 노출되게 함으로써 그 자극에 대한 반응을 둔감화 시키는 치료법이다. 노출치료에서는 이렇게 말한다. 사람은 공포와 불안을 조성하는 위협적인 상황에 계속 노출되어 있음에도 불구하고 무서운 결과가 나타나지 않으면 공포와 불안이 감소하거나 사라진다. 노출치료의 전문가로 알려진 모우러(Mowrer)는 이렇게 말했다. 공포를 유발하는 상황, 기억, 생각 등에 반복적으로 직면했음에도 불구하고 공포반응이 일어나지 않는다는 것을 경험하면 공포반응이 소멸되거나 둔감화된다. 지속노출치료(Prolonged Exposure Therapy)를 만든 에드나 포아(Edna Foa)에 따르면, 지속노출치료는 트라우마의 경험과 기억 그리고 그 기억을 자극하는 단서에 회피하지 않고 지속적으로 직면하고 노출됨으로써 자신의 인식과 인지가 잘못되었다는 것을 체계적으로 확인시켜서 그 증상을 완화하는 기법이다.[43]

---

42 Joshep Breuer & Sigmund Freud(1896), *Further Remarks on the Neuro-Psychoses of Defence*.
43 채정호 김하경, "외상후스트레스장애의 지속노출치료: 교통사고 피해자 증례보고 1례," recited from Foa & Rauch, 「인지행동치료」 제5권 제1호, 2005, 7.

노출치료는 그 방법에 따라 실제노출(in vivo exposure)과 심상노출(imaginal exposure) 등이 있다. 실제노출은 트라우마를 떠올리게 하는 단서, 즉 트라우마 사건이 발생한 현장에 직접 가보거나 회피하던 행동을 실제로 해보는 것으로서 현장노출이라고도 한다. 심상노출은 상상을 통해서 트라우마 사건에 대한 기억 또는 트라우마 사건과 관련이 있는 상황이나 행동을 심상적으로 떠올리며 상상 속에서 경험하는 것이다.[44] 임상 장면에서 더 많이 사용되는 기법은 심상노출이다. 이것은 트라우마의 기억이 심상적으로 복원된다는 점에서 정신분석의 재구성 작업과 유사한 측면이 있다. 엄마/아빠 테레라피에서 상처의 타겟 이미지에 주목하는 것은 노출치료에서 활용되고 있는 심상노출이라는 기법과 맥을 같이 하는 것으로 볼 수 있다.

프란신 샤피로(Francine Shapiro)가 만든 안구운동 둔감화 재처리에서는 타겟 이미지에 주목하는 것을 매우 강조한다. 안구운동이란 안구를 좌우로 재빨리 반복해서 움직이는 것을 말한다. 그렇게 하면 긍정적인 생각과 이미지가 만들어지면서 트라우마와 관련된 공포와 고통이 사라지는 효과가 있다.[45] 안구운동둔감화 재처리는 '정보재처리'의 원리와 '이중주목'(attention double)의 원리에 근거한 치료법이다. 정보재처리는 트라우마의 발생 시에 처리되지 아니한 정보를 다시 처리하는 것을 의미한다. 트라우마처럼 고통스런 사건에 대한 정보(경험과 기억)는 우리의 정신 안에서 처리되지 않은 채 본래의 날것 그대로 남아 있다. 즉, 트라우마 사건에 대한 심상, 소리, 냄새, 신체감각 느낌, 감정, 생각 등이 소화되지 않고 얼어붙은 채 그대로 있는 것이다. 정보재처리는 그렇게 소화되지 않고 얼어붙어 있는 트라우

---

44 최윤경, "외상후스트레스장애에서 지속노출치료의 효과에 대한 예비연구," recited from Cahill, Hembree, Marshall & Nacash, "*Dissemination of Exposure Therapy in the Treatment of PTSD*" 「인지행동치료」 제10권 제1호, 2010, 99.

45 오동훈 최준호, "안구운동 민감소실 및 재처리 요법 치료후 국소 뇌 혈류변화: 두 증례의 SPECT 연구," recited from Sadock & Sadock, "*Synopsis of Psychiatry: Behavioral Sciences, Clinical Psychiatry,*" 「생물정신의학」 Vol.11, No.2, November 2004, 174.

마에 대한 정보를 녹여서 소화된 상태로 만드는 것이다.[46]

　이중주목이란 동시에 두 가지의 대상에 의식을 집중하고 바라보는 것으로서 임상장면에서의 이중주목은 다음과 같이 진행된다. 내담자가 한편으론 트라우마에 대한 자신의 기억과 심상, 즉 타겟 이미지에 집중하고 그것을 바라보면서, 다른 한편으론 좌우로 빠르게 움직이는 상담자의 손가락을 눈으로 바라보며 따라가는 것이다. 전자(타겟 이미지를 바라보는 것)를 내부주목이라 하고, 후자(상담자의 손가락을 바라보는 것)를 외부주목이라고 한다.[47] 내부주목의 대상이 되는 것은 트라우마 사건에 대한 이미지, 장면 그리고 신체감각과 감정 등을 포함한다. 안구운동 둔감화 재처리의 치료가 본격적으로 시작되면 상담자는 내담자에게 이렇게 요청한다. "자신이 겪었던 트라우마의 사건들 중에서 가장 아프고 고통스러웠던 사건은 어떤 것인가요? 마음속에 남아 있는 이미지 중에서 가장 충격적인 이미지를 찾아보세요." 그렇게 함으로써 치유 과정에서 내부주목해야 할 타겟 이미지를 찾도록 돕는다.

　외부주목, 곧 내담자가 상담자의 손가락을 바라보며 따라가는 것은 양측성 교차 자극(bilateral activation)을 위한 것이다. 안구가 좌우로 움직이면서 시각적으로 양측성 자극이 계속된다. 프랑수아 루보프(Francois Louboff)에 따르면, 이것은 트라우마의 기억망을 가로지르는 여행이 된다고 말했다. 그 결과 '트라우마 기억망'과 합리적 사고가 가능한 '일반 성인 기억망'이 연결되고 그 통로가 열리게 됨으로써 치유가 일어나는 것이다. 치유는 끊어지고 단절된 두 기억망을 이어줌으로서 두 기억망이 서로 소통이 가능한 상태가 되게 하는 것이다. 두 기억망이 연결되면, 일반 성인 기억망 속에 있는 합리적인 신념과 사고 기능이 트라우마 기억망에 주입되어서 그곳에 날 것으로 되어 있는 트라우마의 기억과 정보를 소화할 수 있는

---

46 Louboff F./임말희 역, 『그때 그 장면을 지우고 싶어요』 (서울: 눈 출판그룹, 2015), 219-220.
47 Ibid., 221.

상태로 처리해서 일반 성인 기억망 안으로 편입 이송하게 된다.[48]

엄마/아빠 테라피에서는 참가자들이 각자 자신의 타겟 이미지를 찾도록 도움을 받는데, 이것은 준비된 강의를 듣거나, 상처 만나기 명상을 하거나, 또는 소집단 작업 시간에 자기를 개방하는 과정을 통해서 이뤄진다. 강의를 듣는 것이 자극이 되어 연상적으로 타겟 이미지의 장면이 떠오르기도 하고, 눈을 감고 어린 시절과 과거에 발생한 사건들을 회상함으로써 그 장면이 보이기도 하며, 소집단에서 자기가 상처받은 이야기를 할 때 타겟 이미지가 생각나기도 한다. 이런 과정을 통해서 참가자들은 기억 속에 있는 엄마와 아빠에 대한 타겟 이미지를 찾고 만난다. 부모의 타겟 이미지에 주목하는 것은 다음과 같은 의미가 있는 작업이라는 것을 기억할 필요가 있다. 언급한 것처럼, 그것은 물리적으로 존재하는 외적 대상으로서의 부모가 아니라 이미 내재화된 내적 대상으로서의 부모를 직면하는 것이다. 이처럼 엄마/아빠 테라피에서 하는 작업 중의 하나는 상처의 타겟 이미지에 주목하는 것인데, 이것은 정신분석의 재구성작업과 인지행동치료의 노출치료에 그 배경을 두고 있지만, 그 용어와 개념의 적극적인 출처는 안구운동 둔감화 재처리에 있다.

VII. 임상적 치유작업 (2) ― 신체감각과 신체경험

엄마/아빠 테라피에서 두 번째로 하는 작업은 타겟 이미지를 주목할 때 자기 몸에서 발생하는 신체감각들을 알아차리고 몸에서 일어나는 자연스러운 반응, 즉 흔들림, 떨림, 경련 등을 허용하고 경험하는 신체 작업을 하는 것이다. 소매틱 경험 치료를 개발한 피터 레빈(Peter Levine)은 신체적인 접근 방법을 강조한다. 소매틱

---

48 Ibid., 220.

경험치료는 신체감각에 주의를 기울이고 자연스러운 신체 반응(흔들림, 떨림, 경련 등)을 허용함으로서 트라우마로 인하여 신체에 축적되어 있는 에너지를 방출하는 신체에 기반한 치료법이다. 소매틱 경험치료에서는 기억, 감정, 인지 등의 영역을 다루는 전통적인 심리치료와 달리 신체와 신경계에서 발생하는 반응과 감각의 경험을 치료의 중요한 대상으로 생각한다. 트라우마의 사건으로 신체에 발생한 에너지(공격 에너지 또는 도피 에너지)가 방출되지 못하고 신체에 축적되어 얼어붙어 있는 것이 외상후스트레스장애와 같은 트라우마 증상의 원인이 된다고 보기 때문이다. 따라서 치유적 과제는 트라우마의 사건에 대한 기억, 진술, 통찰 고통스러운 감정의 재경험 등이 아니다. 트라우마 사건으로 신체에 쌓여 있는 에너지를 방출함으로서 미처 완결하지 못한 신체의 생리적 반응을 완결하는 데 있다.

소매틱 경험치료에서는 신체에 발생하는 모든 반응과 감각을 통제하거나 억제하지 않고 그대로 진행되도록 허용하면서 그 반응과 감각을 있는 그대로 알아차리고(awareness) 경험하는 것(experiencing)을 치유의 근간으로 삼는다. 그렇게 하는 것이 신체에 축적된 에너지를 효과적으로 방출할 수 있는 생물학적이고 자연적인 방법이라고 생각하기 때문이다.[49]

피터 레빈은 야생동물의 행동을 관찰함으로서 트라우마의 문제와 그 치유에 필요한 정보와 지식을 얻게 되었다. 임팔라(영양)나 사슴 같은 초식동물들은 위협에 처할 때 생존을 위한 세 가지 행동, 즉 투쟁반응, 도피반응, 부동화(얼음)반응을 나타낸다. 이런 반응은 파충류와 포유류의 동물뿐만이 아니라 인간에게 이르기까지 모든 동물에게서 볼 수 있는데, 이것은 살아남기 위한 생존전략으로서 진화론적인 경험에 의해서 본능적인 행동으로 신체 속에 자리를 잡게 된 것이다. 신체가 얼어붙는 부동화(freezing immobility) 반응은 투쟁과 도피의 반응이 생존을 보장하지 못한

---

49 Peter A. Levine/양희아 역, 『내 안의 트라우마 치유하기』 (한국: 소울메이트, 2016), 214, 290.

다고 느껴질 때 사용하는 생존전략으로서 마치 죽은 것처럼 꼼짝하지 않는 상태가 되는 것이다. 이때 작동되는 자율신경은 등쪽 미주신경이다. 생리학적 관점에서 볼 때, 부동화의 전략은 투쟁 또는 도피의 전략만큼 생존율이 높은 방어전략이다.[50] 왜냐하면 맹수와 같은 포식동물들은 몹시 굶주린 상태가 아니면 죽어 있는 것처럼 보이는 부동화 상태의 동물을 잡아먹지 않기 때문이다. 한편 부동화상태에 있으면 포식동물들에게 잡혀 먹힐 때 죽음의 고통을 덜 느끼게 되는 둔감화의 효과도 있다.

그러나 부동화 반응(얼음상태, 죽은 척하기, 유사죽음)에는 다음과 같은 몇 가지의 문제가 있다. 그것은 신체에 발생한 에너지가 해소 또는 방출되는 것을 방해함으로서 트라우마로 인한 장애와 증상을 유발한다. 이때 에너지를 통제하여 자기 안에 가두어 두는 내재화(internalizing/acting in)가 나타나는데, 이것은 무기력과 해리와 우울증의 원인이 될 수 있다. 반대로 에너지를 밖으로 표출하는 행동화(acting out)가 나타나기도 하는데, 이것은 분노와 폭력의 원인이 될 수 있다.[51] 내재화와 행동화는 외상후스트레스장애의 특징이기도 하다.

피터 레빈은 야생동물들의 행동반응을 관찰함으로서 그들은 왜 인간과 달리 외상후스트레스장애와 같은 증상들이 나타나지 않는지 그 이유를 알게 되었다. 그리고 그 관찰로부터 트라우마의 치유를 위한 획기적인 방법인 소매틱 경험치료를 만들었다. 야생의 초식동물들은 포식자에게 쫓기거나 잡혀 먹힐 것 같은 트라우마의 환경에 빈번하게 노출되지만 인간처럼 외상후스트레스장애와 같은 트라우마의 증상들이 나타나지 않는다. 왜 그런 것일까? 레빈의 연구에 따르면, 야생의 초식동물들은 그 위협과 부동화 반응(유사 죽음상태)에서 벗어나는 순간에 자신의 신체와 신경계에 발생한 에너지(도피 에너지)를 즉시 방출하는 행동을 하기 때문이다. 예를

---

50 Ibid., 140-141.
51 Peter A. Levine/박수정 외 옮김, 『무언의 목소리: 신체기반 트라우마 치유』(서울: 박영 Story, 2021), 60-63.

들면, 몸을 부르르 떠는 경련반응 또는 몸을 흔들거나 잡아당기는 행동 등이다. 이것은 긴장상태와 이완상태를 리드미컬하게 왕복함으로서 '긴장과 이완'의 주기를 마무리하는 치유적 과정이 된다.[52]

레빈에 따르면, 인간에게 외상후스트레스장애와 같은 트라우마의 증상이 생기는 것은 트라우마로 인하여 신체와 신경계에 발생한 에너지를 방출하지 못하기 때문이고, 그 에너지를 방출하지 못하는 것은 야생동물처럼 떨기와 경련 같은 신체반응을 못하기 때문이다. 사람은 왜 그런 신체반응 행동을 못하는 것일까? 이성과 사고의 발달로 신체적이고 본능적인 반응을 통제하기 때문이다. 즉, 이성의 뇌(대뇌피질)가 파충류의 뇌(뇌간)를 억압하기 때문이다. 레빈은 이렇게 말한다. "우리의 지성(이성의 뇌)은 본능(파충류의 뇌)을 무시하기 때문에 우리는 트라우마의 반응과 증상을 없애지 못한다. 그러나 우리는 우리가 생각하는 것보다 훨씬 더 네 발 달린 동물들과 닮아 있다."[53] "자신 안에 있는 동물적인 부분과 접촉이 잘 될수록 트라우마에서 빠르게 회복된다는 사실은 결코 우연이 아니다." 파충류의 뇌는 위험 상황에서 공격, 도피, 부동화 등의 생존반응을 선택적으로 유발하지만, 또한 신체의 떨림과 경련 등의 반응을 일으켜서 신체에 축적되어 있는 에너지를 방출하게 하는 치유적 기능을 가지고 있다.

소매틱 경험치료의 핵심은 내담자의 몸과 신경계 속에 축적되어 있는 에너지를 방출할 수 있도록 돕는데 있다. 그것을 가능하게 하는 것이 자신의 몸에서 발생하는 감각느낌(felt sense)을 알아차리고 또한 몸에서 자연스럽게 일어나는 신체반응(흔들림, 떨림, 경련 등)을 이성으로 통제하지 않고 허용하며 기꺼이 경험하는 것이다. 피터 레빈은 말하기를, "부동반응에서 빠져나올 때 그것을 부드럽고 안전하게 하는 방법

52 Peter A. Levine/양희아 역(2016), Ibid., 143.
53 Ibid., 20.

은 우리의 감각느낌을 사용하는 것이다"라고 했다.[54]

엄마/아빠 테라피에 참여한 참가자들은 치유 과정에서 자신의 몸에서 발생하는 신체감각을 알아차리고 떨림과 경련 등의 신체반응을 허용하고 경험하도록 안내를 받는다. 이때 참가자들은 수동적이기보다 능동적이고 적극적일 필요가 있는데, 적극적이라는 것은 몸을 흔들고 떨고 털어내는 동작을 의도적으로 하는 것을 의미한다. 특히 치유작업이 시작되는 초기에는 의도적이고 의식적인 동작이 필요하다. 의도적인 동작은 하나의 마중물이 되어 그 다음 과정에서 무의식적이며 자발적인 떨림과 경련의 반응을 이끌어낼 수 있는 자극이 되기 때문이다. 즉, 처음에는 의도적으로 떨림 동작으로 시작했지만 점차 무의식적이고 자발적 동작으로 전환되는 것이다. 이런 신체반응은 앞에서 제시한 것처럼, 타겟 이미지를 주목하면서 동시에 이뤄질 때 효과적이다. 타겟 이미지의 주목과 떨림의 신체반응을 병합하는 것이다.

VIII. 임상적 치유작업 (3) — 엄마, 아빠 부르기

프란츠 알렉산더(Frantz Alexander)에 따르면, 정신분석 치료의 중요한 과제는 환자의 마음속에 억압되어 있는 아픈 감정을 해소하는 '교정적 정서체험'(corrective emotional experience)에 있다. 그는 이렇게 주장했다. 치료의 기본 원칙은 우호적인 환경에서 환자로 하여금 과거에 처리할 수 없었던 정서적 상황에 노출되게 하는 것이다. 즉, 환자가 겪은 트라우마의 경험을 수정하기에 적절한 교정적 정서 체험이 필요하다. 그는 주장하기를 지적인 통찰만으로는 부족하며 반드시 정서적인 요소와 함께 체계적인 현실 검증이 있어야 한다고 했다.[55]

---

54 Peter A. Levine/서주희 역(2014), Ibid., 54.

최근의 심리치료에서는 인지치료가 우세했던 시기에 약화되었던 감정 작업의 필요성에 다시 주목하는 현상이 나타나고 있다. 리처드 라이언(Richard Ryan)은 「동기와 감정」(*Motivation and Emotion*)이라는 학술지에서 이렇게 기록했다. "인지적 접근이 우세했던 30년이 지나고 이제는 동기와 감정의 처리 과정이 다시금 조명을 받고 있다. 실제로 동기와 감정을 다루지 않는 인지적인 개입들은 그 효과가 적을 뿐만 아니라 적용할 수 있는 영역도 제한적이라는 사실이 밝혀지고 있다."[56] 팻 옥덴(Pat Ogden)은 여러 학자의 연구를 바탕으로 이렇게 말했다. "최근에 이르러 심리치료는 인지발달모델에서 상호주관적 맥락에서의 정서의 우선성(primary of affect)으로 그 강조점이 바뀌었다. 따라서 심리치료는 과거의 대화치료(talking cure)에서 이제 정서소통치료(affect communicating cure)로 재정의 되고 있다. 그 결과 감정조절과 감정처리가 정신병리와 심리치료의 핵심요소로 부각되고 있다."[57] 존 알렌은(Jon G. Allen)은 그가 저술한 책, 『트라우마의 치유』(*Coping with Trauma - Hope Through Understanding*)에서 감정을 다루는 것에 대한 중요성을 다음과 같이 말했다. "트라우마는 정서의 범위를 축소시키는 경향이 있는데, 사람들은 공포나 분노에 사로잡혀 긍정적인 정서를 경험하지 못하기도 한다. 트라우마를 치유하는 것은 감정을 더 많이 느끼고 표현하는 것이지, 아무것도 느끼지 않고 표현하지 않는 것이 아니다." "트라우마로 어려움을 겪는 사람들은 급작스러운 정서의 폭발로 무방비 상태가 되는 경우가 있다. 그러나 그것은 그들이 자기의 감정을 억압하기 때문

---

55 Irvin D. Yalom/최혜림 · 장성숙 공역, 『최신 집단정신치료의 이론과 실제』(서울: 하나의학사, 2001), 45. recited from Frantz Alexander and T. French, *Psychoanalytic Therapy: Principles and Apprications.*

56 Allan N. Shore, "우뇌 정서 조절", recited from Richard Ryan, *Motivation and Emotion: A New Look and Approach for Two Reemerging Fields.* recorded in Fosha Diana ect., 노경선 · 김건종 공역(2013), Ibid., 135-136.

57 Pat Ogden, "감정, 마음챙김, 움직임", recorded in Fosha Diana ect., 노경선 · 김건종 공역(2013), Ibid., 229.

에 역으로 폭발하게 되는 것이라고 나는 믿는다."[58]

엄마/아빠 테라피의 세 번째 작업은 큰소리로 엄마와 아빠를 부르는 것인데, 이것은 감정작업을 더 효과적으로 하기 위한 것이다. 엄마/아빠 테라피에 참석한 구성원들은 엄마와 아빠를 소리쳐 부르도록 안내를 받는다. 이 작업은 아더 야노브 (Arthur Yanov)의 프라이멀 절규치료의 기법에 근거한 것이다. 프라이멀 절규치료는 유아기에 경험한 외상체험을 재체험하게 해서 신경증을 치료하는 정신요법이다. 소리를 지르는 절규는 상처 또는 트라우마의 경험을 재체험하게 함으로써 미해결된 어둡고 아픈 감정을 정화하고 상처를 치유할 수 있는 효과적인 방법이 된다. 왜냐하면 소리를 지르는 것은 고통스러운 감정을 밖으로 담아내는 컨테이너 또는 통로의 역할이 되기 때문이다.

야노브가 프라이멀 절규치료를 개발하게 된 배경이 있다. 심리치료를 받기 위해 그에게 찾아온 내담자들이 자신의 고통을 표현하는 말에 공통점이 있었다. 그들이 치료받고자 하는 내용은 달랐지만 그 고통을 표현하는 말이 매우 유사하다는 것을 알게 되었다. "미궁에 빠져있는~ 방향을 잃어버린~ 피가 거꾸로 솟는~ 밀어내는~ 온몸이 조여드는~ 잡아당기는~ 눌리고 끌려 다니는~ 아래로 가라앉는~ 가슴이 두근두근한~ 심장이 마구 뛰는~ 머리가 아픈~ 답답한~ 두려운~" 등의 표현이었다. 어떻게 이처럼 유사한 표현을 할 수 있을까? 그들은 어떤 유사한 경험을 한 것일까? 야노브는 이렇게 생각했다. 그것은 모든 사람이 생애 최초로 겪게 되는 출생외상 (birth trauma) 때문이다. 즉, 신생아가 엄마의 자궁에서 빠져나와 산도를 지나 세상으로 나올 때 그런 고통을 경험한다는 것이다.[59] 어느 자료에 따르면, 출생 시에 신생아가 겪는 고통은 산모가 겪는 고통의 일곱 배나 된다고 한다. 신생아는 죽을힘

---

58 Jon G. Allen/권정혜 외 옮김(2010), Ibid., 88-89.
59 http://rationalwiki.com/wiki/Primal Screaming Therapy.

을 다해 세상에 나오는 것이다. 그러므로 엄마의 자궁에서 산도를 지나 세상에 나온 사람들은 모두 출생외상을 가지고 있다고 할 수 있다. 야노브는 출생외상의 흔적이 모든 사람에게 남아 있으며, 그것은 그 후 발생하는 모든 상처에 대한 아픔과 고통을 느끼고 표현하는 방식의 근거가 된다고 보았다.

출생외상과 마음의 상처를 치유하는데 필요한 것은 무엇일까? 야노브에 따르면, 과거에 발생한 상처의 아픔을 지금 다시 경험하면서 그 아픔을 쏟아내는 과정이 필요하다. 그런 과정에 도움이 되는 것이 바로 절규하며 소리를 지르는 것이다. 큰소리, 히스테리컬한 소리, 울음소리, 통곡소리, 아우성소리 그리고 절규와 비명 등의 소리를 내는 것이다. 이런 과정 중에 출생과 그 후 발생한 상처의 끝나지 아니한 아픔과 고통이 종료된다. 물론 소리를 지르는 것은 힘들고 어려운 작업이다. 그것은 과거에 발생한 상처의 아픔과 고통을 생생하게 재경험하는 것이 되기 때문이다. 그러나 그렇게 할 수 있을 때 치유가 이뤄진다. 프라이멀 절규치료의 핵심은 소리를 지름으로서 그리고 출생외상의 고통을 재경험함으로서 미해결된 고통을 완결하는데 있다.

야노브는 이렇게 말했다. "[치유의 장에서] 고통을 많이 경험하면 경험할수록 [일상에서는] 그만큼 고통이 줄어드는 것이다."[60] 야노브의 주장은 다른 심리학자들에 의해서 지지를 받는다. 그린버그(Greenberg)와 파이비오(Paivio)에 따르면, 치유 과정에서 트라우마와 같은 충격적인 과거의 사건을 재경험하는 것은 환자에게 새로운 경험이 됨으로서 그것은 정서조절 능력이 향상되는 효과가 있다고 했다. 이런 입장을 공유하는 연구자들은 이렇게 말한다. "감정적으로 고통스러운 기억을 조절하기 위해서는 우선 그 기억을 재방문해야 한다."[61]

---

60 http://rationalwiki.com/wiki/Primal Screaming Therapy.

61 Allan N. Shore, "우뇌 정서 조절", recited from Richard Ryan, recorded in Fosha Dianaect/노경선, 김건종 공역(2013), Ibid., 161.

프라이멀 절규치료가 얼마나 효과적이며 유용한 방법인지에 대한 실험적인 연구 결과는 부족하다. 그러나 그런 절규치료를 뒷받침해주는 주장들이 있다. 프로이트와 그의 스승인 죠셉 브로이어(Joshep Breuer)는 일찍이 감정정화의 치료적 효과에 대해 말하면서 소리(발성)의 필요성에 대해 강조했다. 그들의 주장에 따르면, 히스테리아(정신병)는 환자가 쇼크를 받았을 때 발생한 감정을 충분하게 표출하지 못했기 때문에 생기는 것이다. 따라서 치료를 위해서는 발산되지 못해서 죽어 있는 감정에 소리를 주어 방출하도록 해야 한다고 했다.[62] 프로이트와 브로이어는 소리를 내는 것이 마음속에 쌓여 있는 감정을 방출하고 정화할 수 있는 효과적인 방법이 된다는 것을 알고 있었던 것 같다. 칼 로저스의 딸, 나타리 로저스(Natalie Rogers)는 그녀의 책, 『인간중심의 표현예술치료』에서 이렇게 말했다. "소리는 아주 강력한 도구이다…. 소리를 활용하면 동작이 자연스럽게 확장된다. 큰소리는 폭력, 분노, 공격, 싸움 그리고 트라우마와 비극적인 고통과 관련이 있는 감정들을 쉽게 불러일으킨다. 아픔과 고통이 담겨 있는 소리는 무의식 속에 깊이 묻어둔 감정을 빠르게 데리고 나올 수 있는 통로가 된다."[63]

소매틱 경험치료를 개발한 레빈은 소리를 내는 것이 인식의 문을 열고 미주신경을 자극하는 치유적 효과가 있다고 했다. 레빈은 치료 과정에 다양한 찬트(chant)와 고대의 소리내기 수행을 도입했는데, 노래와 찬트는 모든 문화권과 종교에서 지구살이의 짐을 가볍게 해주는 영적인 의례였다고 말한다. 특히 하복부를 깊이 공명하는 톤으로 찬트를 부르기 위해 입을 벌리면 자동적으로 목과 가슴이 열려서 미주신경의 구불구불한 많은 가지를 기분 좋게 자극하게 된다고 했다. 레빈은 티베트의 찬트를 약간 변형해서 사용했는데, 예를 들면, 숨을 내쉴 때마다 "부우우~"(Vooooo)

62 Irvin D. Yalom/최해림, 장성숙 공역(2001), Ibid., 48. recited from Breuer & Freud, *Studies on Hysteria*.
63 Natalie Rogers/이정명, 전미향, 전태옥 공역, 『인간중심의 표현예술치료』(서울: 시그마프레스, 2007), 106-113.

하는 소리를 길게 내면서 하복부를 자극하는 진동에 주의를 집중하는 것이다. 레빈에 따르면, 이런 소리를 낼 때 부동화나 과잉 자극된 자율신경계에 새로운 신호를 보냄으로써 신경계의 장이 열리고 신경계가 확장되는 효과가 있다고 했다.[64]

엄마/아빠 테라피에서 엄마와 아빠를 큰소리로 부르는 것은 위에서 언급한 이론들과 기법에 근거한 것이다. 엄마와 아빠를 소리쳐 부를 때 엄마 아빠에 대해 쌓여 있던 감정들, 특히 공포, 분노, 슬픔, 죄책감 등을 느끼고 경험하게 되며 그 감정들이 방출됨으로써 마음이 정화되는 치유가 일어난다. 그러나 엄마와 아빠를 소리쳐 부르는 것이 쉽지 않다. 왜냐하면 그 과정이 익숙하지 않고 낯설게 느껴지며 또한 그 과정 중에 아픔과 고통을 경험하기도 해야 하기 때문이다. 때로는 참가자들의 저항이 나타날 수도 있다. 그런 저항을 최소화하고 적극적으로 참여할 수 있도록 도울 수 있는 환경과 분위기를 마련하는 것이 필요하다. 이에 대한 적절한 방안 중의 하나는 음악을 배경으로 사용하는 것이다. 음악은 청각적인 자극이 되어 입으로 소리를 내는 것에 대한 낯설음, 부담감, 저항 등을 줄여주는 효과가 있다.

엄마와 아빠를 소리쳐 부르는 것은 감정정화의 효과만을 위한 것이 아니다. 엄마와 아빠에 대한 대상표상이 바뀔 수 있으며 자신의 좌절된 욕구가 치유될 수 있다는 가능성을 고려한 것이다. 엄마와 아빠에 대한 상처로 얼어붙어 있던 에너지와 부정적인 감정이 방출되면 엄마와 아빠에 대한 대상표상이 바뀌기 시작한다. 즉, 부정적인 대상표상이 긍정적으로 변화될 수 있다. 엄마와 아빠의 호칭은 단지 소리와 언어 이상의 의미를 가지고 있기 때문이다. 엄마와 아빠라는 단어는 어린 시절에 있었던 과거의 경험을 기억나게 하는 연상 언어이다. 엄마와 아빠의 호칭 속에는 엄마와 아빠의 얼굴, 표정, 말, 행동에 대한 경험과 기억들이 담겨 있으며, 엄마와 아빠에 대한 자신의 감정과 욕구와 생각들이 내포되어 있다. 엄마와 아빠를

---

64 Peter A. Levine/박수정 외 옮김(2021), Ibid., 138-139.

소리쳐 부르면 엄마와 아빠에 대한 부정정적인 감정들이 방출되면서 그 호칭과 연계되어 있는 부모에 대한 이미지에 변화가 나타나는 것이다.

엄마/아빠 테라피에 참석한 사람들은 엄마와 아빠를 부르며 과거에 하고 싶었지만 하지 못한 말을 하기도 하고, 이전에는 전혀 생각하지 못했던 말을 하기도 한다. 때로는 울고 통곡하며 자기 가슴을 두드리거나 바닥을 치면서 소리친다. 그런데 그들의 말에는 '왜?'라는 질문이 많다. 그들은 이해할 수 없는 부모의 행동을 이해하고 싶어 한다. 그들은 '왜?'라고 질문함으로서 그 답을 찾기도 하지만 찾지 못하는 경우가 많다. 주디스 허만에 따르면, 트라우마와 같은 고통스러운 환경에서 살아남은 생존자는 '왜?'라는 질문을 자주 한다. 자기에게 왜 그런 일이 일어났는지를 알고 싶어 하기 때문이다. 그러나 그 해답은 항상 인간의 이해 너머에 있다. 생존자의 딜레마이다. 그 결과 생존자는 때때로 신학자가 되기도 하고 철학자나 법학자가 되기도 한다고 했다.[65]

그런데 이때 생존자에게는 점진적으로 인식의 중요한 변화가 일어나기 시작한다. 즉, 왜라는 질문에 답을 찾지는 못했지만, 트라우마의 사건 또는 엄마와 아빠를 바라보는 관점에 변화가 생기는 것이다. 해답을 찾을 수 없는 왜라는 질문은 경직된 자기인식의 울타리를 두드리는 효과가 있기 때문이다. 그 결과 엄마와 아빠를 이해하고 수용할 수 있는 가능성이 열린다. 상처 때문에 묻혀 있었던 엄마와 아빠에 대한 긍정적인 이미지가 떠오르고 때로는 새로운 이미지가 형성되기도 한다. 엄마와 아빠에 대한 대상표상에 변화가 생기는 것이다. 부정적인 자기표상이 긍정적으로 바뀌기도 한다.

---

65 Judith Herman/최현정 역(2007), Ibid., 296.

IX. 과장하기와 내성영역의 확장

　이상 세 가지의 치유작업, 즉 타겟 이미지에 주목하는 심상작업, 몸을 흔들고 떠는 신체작업, 소리쳐 엄마와 아빠를 부르는 감정작업이 엄마/아빠 테라피의 핵심적인 치유 과정이다. 그러나 이 세 가지의 작업이 분리되지 않고 동시에 병합적으로 이뤄진다는 것을 기억하는 것이 중요하다. 즉, 세 가지의 작업을 동시에 함께하는 '3중 작업'이 될 때에 치유의 효과가 극대화된다.[66] 앞에서 첫째, 둘째, 셋째 등으로 설명한 것은 순위를 고려한 것이 아니라 각각의 내용과 접근법을 구체적으로 설명하기 위해 구분한 것일 뿐이다.

　3중 작업의 주안점은 상처와 트라우마로 인하여 신체 안에 축적되어 있는 에너지를 방출하고, 마음속에 억압되어 있는 감정을 정화하며, 엄마와 아빠에 대한 대상표상에 변화가 일어나도록 하는 데 있다. 그렇게 하기 위해서 엄마와 아빠에 대한 타겟 이미지에 주목하면서 몸을 의식적으로 흔들고 떨며 엄마와 아빠를 소리쳐 부르는 것이다. 이런 작업을 뇌신경학적으로 말한다면, 교감신경을 자극하고 활성화하는 과정이 된다고 볼 수 있다. 그런데 그 과정이 더 효과적으로 이뤄지기 위해 요구되는 것이 있다. 몸을 흔드는 신체동작과 소리 지르는 발성을 의식적으로, 의도적으로, 과장하고 확장하는 것이다. 즉, 몸의 움직임과 흔들림과 떨림 등의 동작을 크고 빠르게 하며, 엄마와 아빠를 최대한 큰소리로 강렬하게 부르는 것이다. 확성기의 볼륨을 최대치로 올리는 것을 염두에 두면 도움이 된다. 이런 태도와 행동은 한마디로 '과장하기'(exaggerating) '확장하기'(expanding) '증폭하기'(amplification)라 할 수 있다. 스스로 과장되었다는 느낌이 들만큼 의도적으로 그렇게 행동하는 것이다. 그러나 의식 수준에서는 과장이지만 뇌신경계와 무의식 수준에서는 과장

---

66 김중호(2022), Ibid., 226-227.

이 아니다. 그렇게 해야만 몸과 신경계 속에 축적되어 있는 에너지와 무의식 속에 억압되어 있는 아픈 감정들이 효과적으로 소산될 수 있기 때문이다.

게스탈트 심리치료(Gestalt Therapy)의 치료기법에 '과장하기'라는 것이 있다. 과장하기는 내담자가 어떤 말이나 행동을 과도하게 표현함으로써 자신의 무의식적인 감정 또는 욕구를 좀 더 잘 알아차리고 그 행동을 완결하도록 돕는 것이다. 과장하는 방법으로는 내담자가 무심코 내뱉은 어떤 말을 반복하게 하거나 큰소리로 말하게 하는 것이다. 과장하기 기법은 역설적으로 진행될 수도 있는데, 예를 들면 슬픈 감정을 억제하여 작은 목소리로 말하는 내담자에게 더욱 작은 목소리로 말하게 하는 것이다. 그렇게 함으로서 내담자는 자기의 억압된 슬픔을 자각하게 되고 결국 울음을 터트리는 감정경험을 할 수 있게 된다.[67] 치유 과정 중에 몸을 떨고 있는 내담자에게 몸을 더욱 크게 떨게 하거나 반대로 적게 떨게 하는 것도 과장하기의 기법에 해당된다. 그렇게 함으로서 내담자는 떠는 자기행동을 완결지을 수 있게 된다.

외상후스트레스장애와 같은 병리가 있는 사람은 교감신경이 과잉 각성되거나 부교감신경 또는 등쪽 미주신경이 지나치게 작동됨으로서 종종 내성영역을 이탈하는 경우가 있다. 따라서 치유를 위해서는 교감신경과 부교감신경의 이탈 방지를 위해 그 내성영역의 경계를 확장시킬 필요가 있다. 내성영역의 경계가 확장되면 신체적인 각성의 수준이 안정되고 감정조절(affect regulation) 능력이 향상된다.[68] 엄마/아빠 테라피에서 과장되게 신체를 움직이고 엄마와 아빠를 소리쳐 부르는 것은 부동화 에너지의 방출과 억압된 감정의 정화뿐만이 아니라 자율신경의 내성 영역을 확장하기 위한 것이다.

---

67 김정규, 『게슈탈트 심리치료』(서울: 학지사. 1998), 258. recited from Garzetta & Harman, *Gestalt Therapy Discussions with the Masters*.

68 Pat Ogden, "감정, 마음챙김, 움직임", recorded in Fosha Diana ect.,/노경선, 김건종 공역(2013), Ibid., 248-250.

그런데 생각해 보아야 할 문제가 있다. 치유작업 중에 과장하기 행동을 하면 교감신경의 조절경계가 자율신경의 내성영역을 위쪽으로 이탈함으로서 일시적인 호흡장애, 심장박동 수의 증가, 두통, 근육통, 탈진 등의 혼란과 곤란이 발생하는 경우가 있다. 따라서 바람직한 것은 교감신경의 조절 경계가 내성영역을 이탈하지 않는 범위 내에서 그 경계에 최대한 근접하는 상태가 되는 것이라 할 수 있다. 치유자의 정교한 치유적 접근이 필요하다. 이런 논의는 소매틱 경험치유를 창안한 피터 레빈의 설명에서도 찾아볼 수 있다. 레빈은 포지스의 다미주신경이론을 적극적으로 수용했다. 다미주신경이론에 따르면, 트라우마로 인하여 발생하는 병리의 뇌신경학적인 특성은 등쪽 미주신경이 과잉 각성됨으로써 부동화 상태가 되는 것이다. 부동화 상태는 언급한 것처럼, 생명이 위협받을 정도로 충격적인 트라우마의 환경에 직면했을 때 신체에 발생한 에너지(공격 에너지 또는 도피 에너지)가 방출되지 못하고 얼어붙어 있는 것을 말한다. 따라서 치유를 위해서는 교감신경을 자극해서 신체 안에 얼어붙어 있는 에너지를 방출하도록 해야 한다. 그러나 교감신경이 지나치게 활성화됨으로서 교감신경에 압도당하지 않아야 한다.

다음은 레빈이 그의 저술인 『무언의 목소리』(*In an Unspoken Voice*)에서 주장한 그의 말을 요약해서 정리한 것이다.

치유자가 해야 할 첫 번째 과제는 내담자가 치유작업을 할 수 있도록 에너지를 동원하게 하는 것이다. 내담자가 교감신경을 활성화함으로써 생리적인 마비와 부동화 상태에서 벗어날 수 있는 전환 상태가 되도록 도와야 한다. 그러면 내담자는 공격과 도피의 행동을 할 수 있도록 준비된다. 이때 중요한 것은 내담자가 교감신경에 압도되지 않고 그 강렬한 흥분의 감각을 견뎌낼 수 있도록 하는 것이다. 내담자는 강렬하지만 관리할 수 있는 에너지의 파도를 경험한다. 이런 감각적인 경험에는 흔들림, 떨림, 진동, 호흡, 얼얼함, 열과 추위 등의 경험이 포함된다. 그런 경험을 통해서 신체에 축적되어 있던 에너지가 방출된다. 이런 과정을 지나면 진화의 세 번째 단계에서 형성된 사회적인 유대 시스템과 평형상태, 즉 배쪽 미주신경이 다시 작동되기 시작한다. 요컨대 부동화상태에서 벗어나 교감신경의 흥분을 관통한 사람만이 회복이 주는 깊은 평온감을 느낄 수 있다.[69]

레빈의 견해에 따르면, 치유의 과정에서 교감신경이 각성되는 것은 필요한 것이며, 그것은 치유에 도움이 된다는 것을 알 수 있다. 엄마/아빠 테라피의 치유기법으로 사용되는 3중 작업은 교감신경을 자극함으로서 신체 안에 축적되어 있는 부동화상태의 에너지를 방출하고 마음속에 억압되어 있는 부정적인 감정들을 해소하고 정화하는데 도움이 되는 접근법이라 할 수 있다.

그런데 교감신경의 각성 정도와 더불어 생각해 보고 싶은 것이 있다. 언급한 것처럼, 신체에 축적된 에너지의 방출과 감정정화의 과정에서 바람직한 것은 교감신경이 활성화되지만 교감신경에 압도되지 않는 것이다. 즉, 교감신경이 내성영역의 상한 경계를 이탈하지 않으면서 그 경계에 근접하는 상태가 되는 것이다. 그러나 신체작업과 감정작업이 너무 안이한 상태에서만 진행되면 자율신경의 내성영역이 확장되는 것을 기대할 수 없다. 의문이 생긴다. 엄마/아빠 테라피에서 과장하기 작업을 할 때 교감신경의 조절경계가 내성영역을 이탈하는 경우가 발생할 수 있는데, 그럼에도 불구하고 과장하기라는 접근법이 치유에 도움이 되는 것일까 하는 의문이다. 그것은 트라우마를 재경험하게 하는 것은 아닐까? 또한 그것은 다미주신경이론에서 말하는 안정과 사회적 유대감을 경험할 수 있는 배쪽 미주신경으로 가는데 방해가 되는 것은 아닐까?

필자는 오랫동안 그런 의문을 가지고 있었으며 그 의문에 대한 대답을 찾아왔

---

69 Peter A. Levine/박수정 외 옮김(2021), Ibid., 119-120.

다. 그런 중에 필자가 찾은 신중한 대답은 이것이다. "그렇다! 과장하기 작업은 치유에 도움이 된다." 심리치료와 뇌신경과학을 통합적으로 연구한 브롬버그(Bromberg)는 말하기를, 치료자는 환자가 안전하게 느끼는 그 한계와 범위를 넘지 않도록 해야 하지만 그것은 당연히 불가능한 일이며, 오히려 그 불가능한 경험 때문에 환자에게 치료적 변화가 가능해진다고 하였다.[70] 브롬버그의 이해에 따른다면, 엄마/아빠 테라피에서 신체작업과 감정작업을 할 때 교감신경의 조절경계가 내성영역을 벗어나는 것은 발생될 수 있는 일이며, 오히려 그런 이탈 경험이 내성영역의 확장에 도움이 되는 것이라고 할 수 있다.

필자는 엄마/아빠 테라피에서 나타나는 과각성적인 신체작업과 감정작업, 곧 교감신경이 내성영역을 이탈하는 것이 치유와 내성영역의 확장에 도움이 되는 것은 다음과 같은 이유를 포함하기 때문이라고 생각한다.

엄마/아빠 테라피에서 나타나는 과각성적인 신체작업과 감정작업은 일상적인 삶의 현장과 달리 안전한 상황에서 이뤄지기 때문이다. 피치유자는 함께 작업하고 있는 모든 참가자로부터 적극적이며 무조건적인 지지와 존중을 받는다. 참가자들은 피치유자가 하는 모든 말과 행동을 공감적으로 이해하고 수용한다. 그린버그(Greenberg)와 파이비오(Paivio)에 따르면, 지지적이고 공감적인 치료자가 제공하는 안전이 보장된 공간에서 환자가 트라우마를 재경험하는 것은 새로운 경험으로서 그것은 조절되지 않은 과각성과 저각성의 정서 상태를 치료자와 함께 상호 교환적으로 조절하는 경험이 된다고 하였다.[71] 더욱이 엄마/아빠 테라피에 참석한 사람들은 유사한 문제를 유사한 방식으로 작업을 하고 있다는 동질감을 느낀다. 과장되게 몸을 움직이고 소리를 지르는 신체작업과 감정작업을 개인이 혼자서 한다면, 그것

---

70 Allan N. Shore, "우뇌 정서 조절", recited from Bromberg, *Awakening the Dreamer: Clinical Journeys*. recorded in Fosha Diana ect.,/노경선, 김건종 공역(2013), Ibid., 249.

71 Ibid., 161. recited from Greenberg & Paivio, *Working with Emotions in Psychotherapy*.

은 낯설고 어색하고 불안을 느낄 수 있는 일이다. 그러나 그 작업을 모든 참석자가 함께한다면 동질감을 느낌으로서 낯설음과 불안이 그만큼 감소될 수 있다.

알프레드 비온(Alfred Bion)에 따르면, 유아가 건강하게 자라기 위해서는 유아 스스로 소화할 수 없는 감정들을 주 양육자인 엄마가 담아주는(containing) 경험이 필요하다. 유아는 자신을 압도하는 감정을 수용적인 엄마에게 투사하고 엄마는 그 것을 담아준다. 담아준다는 것은 유아가 투사한 감정을 엄마가 처리하고 조절하여 유아가 소화할 수 있는 형태로 바꾸어서 다시 유아에게 되돌려 주는 것이다.[72] 그렇 게 함으로써 유아는 그 감정을 자기 안에 통합하여 스스로 조절할 수 있게 된다. 엄마/아빠 테라피에서 치유작업을 함께하고 있는 집단은 피치유자가 스스로 감당 할 수 없어서 투사적으로 표출한 경험과 감정을 담아주는 커다란 컨테이너와 같다. 집단에는 피치유자가 표현한 경험과 감정을 공감적으로 수용하고 공유적으로 처리 하는 기능이 있다. 참가자들은 자기만이 아니라 모든 집단원이 상처를 가지고 있으 며 그 아픔과 고통을 유사한 방식으로 표출하고 있다는 공유된 경험을 한다. 그 결과 스스로 소화할 수 없었던 자신의 경험을 소화할 수 있는 상태로 바꿀 수 있는 기회가 마련된다. 이처럼 집단에는 담아주고 안아주는 모성적인 기능이 있다. 이런 모성적 기능 때문에 엄마/아빠 테라피에서 교감신경이 내성영역을 이탈하는 과각 성적 경험이 발생할지라도 그것은 치유, 곧 자율신경의 내성영역 확장에 도움이 된다고 할 수 있다.

요컨대 엄마/아빠 테라피의 초기과정에서 타겟 이미지에 주목하는 심상작업과 몸을 흔들고 떠는 신체작업과 엄마와 아빠를 소리쳐 부르는 감정작업을 할 때, 그 행동을 의식적으로 과장하고 확장하고 증폭하는 것은 치유에 도움이 된다. 그것은 다음 단계에서 그런 행동을 무의식적이며 자발적으로 할 수 있도록 자극하는 마중

---

72 David J. Wallin/김진숙 외 옮김(2010), Ibid., 190-191.

물이 될 뿐만 아니라 뇌신경학적인 측면에서 내성영역의 확장에 도움이 되기 때문이다.

X. 나가는 말

지금까지 기술한 논의의 주안점은 두 가지다. 하나는 엄마/아빠 테라피가 왜 필요한가 하는 것이고, 다른 하나는 그 치유의 임상적인 접근을 어떻게 할 것인가 하는 점이다. 전자의 질문에 대한 답을 찾기 위해 대상관계이론과 애착이론 그리고 최근에 발달한 뇌신경과학 등의 연구를 살펴보았다. 이런 연구의 공통된 결론 중의 하나는 부모의 양육 환경이 자녀의 성격발달은 물론 정신병리의 원인이 된다는 것이다. 부모의 양육 환경이 열악할 때 자녀의 정신세계는 황폐해진다. 내면아이 연구에 업적을 남긴 휴 미실다인(Hugh W. Missidine)에 따르면, 자녀의 정신병리를 유발할 수 있는 부모의 부정적인 양육태도에는 완벽주의, 강압, 방임, 학대, 거절, 과보호, 과허용 등이 있다고 했다.[73] 자녀가 이런 양육 환경에서 자란다면 정신적인 장애가 발생할 수 있다.

후자의 질문, 곧 임상적인 치유작업에 대한 논의에서 필자는 '3중 작업'이라는 접근법을 제시했다. 3중 작업은 1) 엄마와 아빠로부터 상처받은 가장 대표적인 장면, 즉 타겟 이미지에 주목하는 심상작업과 2) 신체에 축적되어 있는 부동화 에너지 (공격 에너지와 도피 에너지)를 방출하기 위해서 신체감각을 알아차리고 떨기와 경련 등의 행동을 적극적으로 하는 신체작업과 3) 억압된 감정을 정화하고 부모 대상표상의 긍정적인 변화를 위해 엄마와 아빠를 소리쳐 부르는 감정작업을 동시에 하는

---

73 W. Hugh Missildine. *Your Inner Child of The Past.* (NY, USA: Simon & Schuster, 1963), 66-69.

것이다. 3중 작업의 심리학적인 배경은 안구운동 둔감화 재처리와 소매틱 경험치료와 프라이멀 절규치료 그리고 최근에 발달한 뇌신경과학 이론 등이다. 중요한 것은 이런 세 가지의 치유작업이 동시에 함께 이뤄져야 한다는 점이다.

엄마/아빠 테라피의 작업을 할 때 유념해야 할 것이 있다. 작업을 하는 부모대상이 외적 대상이 아니라 이미 내재화된 내적 대상으로서의 엄마와 아빠라는 점이다. 즉, 치유 과정 중에 만나고 직면해야 할 대상은 마음 밖에 있는 물리적인 엄마와 아빠가 아니다. 경험적으로 이미 마음속에 들어와 있는 내적 대상으로서의 엄마와 아빠이다. 치유작업 중에 엄마와 아빠에 대한 타겟 이미지를 떠올리고 소리 내어 엄마와 아빠를 부르는 것은 내적 대상으로서의 엄마와 아빠를 만나기 위한 것이다. 치유의 현장에서 작업하는 내적 대상으로서의 부모와 삶의 현장에서 만나는 부모를 구분하는 것이 중요하다. 이런 구분이 되지 않으면 일상에서의 물리적인 부모와 갈등과 충돌이 발생될 수 있기 때문이다.

치유 과정에서 몸을 흔들고 떠는 신체동작과 엄마 아빠를 소리쳐 부르는 발성작업을 할 때, 그 작업이 충분하게 이루어질 수 있도록 그 동작과 발성을 과장하고 확장하고 증폭하는 것이 필요하다. 왜냐하면 그렇게 해야만 몸속에 축적되어 있는 부동화 에너지와 억압된 감정이 방출되고 해소될 수 있기 때문이다. 동작과 소리를 과장하고 확장하기 위해서는 의도적이고 의식적인 행동이 필요하다. 특히 치유작업을 시작하는 초기과정에서는 더욱 그렇다. 그것은 무의식적이고 자발적인 행동을 끌어내는 마중물과 같은 효과가 있기 때문이다. 그러나 그렇게 행동하는 것이 쉽지 않다. 왜냐하면 우리의 이성적 사고가 그런 행동을 허용하려 하지 않기 때문이다. 즉, 이성의 뇌가 파충류의 뇌를 통제하고 억압하는 것이다. 그러나 레빈이 말한 것처럼, 우리는 생각하는 것보다 훨씬 더 네 발 달린 동물과 닮아있으며, 그런 동물적인 부분과 접촉이 될수록 그만큼 치유가 잘 이뤄진다는 것을 이해할 필요가 있다.

엄마/아빠 테라피는 영성치유수련에서 활용되는 구조화된 치유 프로그램 중의 하나이다. 엄마/아빠 테라피는 무의식 속에 있는 엄마와 아빠를 만나고 엄마와 아빠에 대한 경험과 이야기를 의식으로 가지고 나오는 것이다. 중요한 것은 언어적인 진술과 함께 신체에 축적되어 있는 부동화 에너지를 방출하고 마음속에 억압되어 있는 감정을 정화하는 것이다. 그렇게 함으로써 신체와 정서 그리고 관계적으로 미해결된 문제들을 완결한다.

필자가 처음으로 엄마/아빠 테라피 작업을 시작할 때에는 그 필요성과 치유작업에 대한 이론적인 정립이 부족한 상태였다. 그 작업을 계속하면서 어느 정도 이론적인 정립이 가능하게 되었고, 임상적인 접근 방법이 체계를 갖추게 되었다. 그러나 충분하지는 않다. 앞으로 계속되는 연구와 치유작업의 경험을 통해서 수정과 보완이 필요하다. 다만 이런 작업과 논의를 할 수 있게 된 것은 필자에게 엄마/아빠 테라피를 할 수 있는 기회가 주어졌기 때문이라는 것을 기억하고 싶다. 감사한 일이다.

참고문헌

김대호·최준호. "극단적 스트레스 장애의 안구운동 민감소실 및 재처리 요법: 증례보고." *J Korean Neuropsychiatr Assoc* Vol. 43. No 6.

김정규. 『게슈탈트 심리치료』. 서울: 학지사, 1998.

김중호. 『트라우마 치유상담』 <미출판 자료집>. 서울: 치유상담대학원대학교, 치유상담연구원, 2022.

_____. 『내면부모와 내면아이: 상처와 치유』. 서울: 학지사, 2018.

_____. "영성치유수련의 이론적 토대: 외적구조와 내적구조." 「학술심포지움: 정태기 "치유상담 30년"」. 한국치유상담협회, 치유상담대학원대학교, 크리스찬치유상담연구원 공동주최, 2015.

오동훈·최준호. "안구운동 민감소실 및 재처리 요법 치료 후 국소 뇌혈류 변화: 두 증례의 SPECT 연구." 「생물정신의학」. Vol. 11, No 2 (November 2004).

이현수. 『엄마 냄새』. 경기: 김영사, 2013.

정옥분. 『발달 심리학: 전생애 인간발달』. 서울: 학지사, 2004.

정태기. 『내면세계의 치유』. 서울: 상담과 치유, 2014.

_____. 『위기와 상담』. 서울: 상담과 치유, 2010.

채정호·김하경. "외상후스트레스장애의 지속노출치료: 교통사고 피해자 증례보고 1례." 「인지행동치료」 제5권 제1호 (2005).

최윤경. "외상후스트레스장애에서 지속노출치료의 효과에 대한 예비연구." 「인지행동 치료」 제10권 제1호 (2010).

Clair M. St. *Object Relations and Self Psychology: An Introduction*. CA,USA: Books/Cole, Cengage Learning, 2004.

Herman J. *Trauma and Recovery*. NY, USA: Basic Books, 1997.

Levine P. A. *Waking The Tiger - Healing Trauma*. CA, USA: North AtlanticBooks, 1997.

Missildine W. H. *Your Inner Child of The Past*. NY, USA: Simon & Schuster, 1963.

Poulter S. B. *The Father Factor*. NY, USA: Prometheus Books, 2006.

_____. *The Mother Factor*. NY, USA: Prometheus Books, 2008.

The American Psychoanalytic Association. Edited by Burness E. Moore and Bernard D. Fine

Psychoanalytic Terms & Concepts. NY, USA: Vail-Ballou Press, 1990.

Van Der Kolk. B. *The Body Keeps The Score*. NY, USA: Penguin Books, 2014.

Wright H. N. *Always Daddy's Girl*. CA, USA: Regal Books, 1989.

Allen J. G. *Coping with Trauma-Hope Through Understanding*. 2nd ed. 권정혜 외 옮김.『트라우마의 치유』. 서울: 학지사, 2010.

Bowlby J. *A Secure Base*. 김수임 외 옮김.『존 볼비의 안전기지』. 서울: 학지사, 2014.

Bradshaw J. *Home Coming: Reclaiming and Championing Your Inner Child*. 오제은 역.『상처받은 내면아이 치유』. 서울: 학지사, 2004.

Clair M. St. *Object Relations and Self Psychology: An Introduction*. 안석모 역.『대상관계이론과 자기 심리학』. 한국: Cengage Learning, 2009.

Fairbairn W. R. *Psychoanalytic Studies of The Personality*. 이재훈 역.『성격에 관한 정신분석학적 연구』. 서울: 한국심리치료연구소, 2003.

Fosha Diana ect. *The Healing Power of Emotion*. 노경선 · 김건종 공역.『감정의 치유력』. 서울: NUN, 2013.

Herman J. *Trauma and Recovery*. 최현정 역,『트라우마』. 서울: 플래닛, 2007.

Levine P. A. *Waking The Tiger - Healing Trauma*. 양희아 역.『내 안의 트라우마 치유하기』. 한국: 소울메이트, 2016.

Levin P. A. *Healing Trauma: A Pioneering Program for Restoring the Wisdom of Your Body*. 서주희 역.『몸과 마음을 잇는 트라우마 치유』. 서울: 학지사, 2014, 2014.

Levine P. A. *In an Unspoken Voice*. 박수정 외 옮김.『무언의 목소리: 신체 기반 트라우마 치유』. 서울: 박영 Story, 2021.

Louboff F. *Jaimerais Tant Tourner La Page*. 임말희 역.『그때 그 장면을지우고 싶어요』. 서울: 눈 출판그룹, 2015.

Mario Marrone. *Attachment and Interaction*. 이민희 역.『애착이론과 심리치료』. 서울: 시그마프레스, 2005.

Missildine W. H. *Your Inner Child of The Past*. 이종범, 이석규 공역.『몸에 밴 어린 시절』. 서울: 가톨릭 출판사, 2002.

Ogden P. *Sensorimotor Psychotherapy: Interventions for Trauma and Attachment*. 이승호 역.

『감각운동 심리치료: 트라우마와 애착을 위항 치료개입』. 서울: 하나의학사, 2021.

Paul M. *Inner Bonding*. 정은아 역. 『내면아이의 상처 치유하기』. 서울: 소울 메이트, 2013.

Porges S. W. *The Pocket Guide to The Polyvagal Theory*. 노경선 역. 『다미주이론』. 경기: 위즈덤 하우스, 2020.

Rogers N., *The Creative Connection: Expressive Arts as Healing*. 이정명 · 전미향 · 전태옥 공역. 『인간중심의 표현예술치료』. 서울: 시그마프레스, 2007.

Seamands D. A. *Healing of Memories*. 송헌복 · 송복진 공역. 『상한 감정과억압된 기억의 치유』. 서울: 죠이선교회 출판부, 1999.

Summers F. *Object Relations Theories and Psychotherapy*. 이재훈 역. 『대상관계이론과 정신병리 학』. 서울: 한국심리치료연구소, 2004.

Stern D. N. *The First Relationship*. 민주원 역. 『최초의 관계- 유아와 어머니』. 서울: 눈 출판그룹, 2015.

Stoop D. & Masteller J. *Forgiving Our Parents, Forgiving Ourselves*. 정성준 역. 『부모를 용서하기 나를 용서하기』. 한국: 예수전도단, 2001.

Van Der Kolk. B. *The Body Keeps The Score*. 제효영 역. 『몸은 기억한다』. 서울: 을유문화사, 2016.

Wallin D. J. *Attachment In Psychotherapy*. 김진숙 외 옮김. 『애착과 심리치료』. 서울: 학지사, 2010.

Wright N. *Making Peace with Your Past*. 송현복 · 백인숙 공역. 『당신의 과거와 화해하라』. 서울: 죠이선교회 출판부, 1996.

Yalom I. D. *The Theory and Practice of Group Psychotherapy - Fourth Edition*. 최해림 · 장성숙 공역. 『최신 집단정신치료의 이론과 실제』. 서울: 하나의학사, 2001.

영성을 춤추다*

박 선 영**

I. 들어가는 말

이 글은 치유상담연구원의 영성치유수련에서 대집단으로 진행되는 춤동작치료 프로그램의 원리와 구조를 밝히고, 영성훈련에서 필요한 전인적 치유를 제안하며, 동시에 집단상담과 심리치료 장면에서 춤동작치료를 적용할 수 있는 가능성을 제시하는 것이 그 목적이다. 영성치유수련은 1997년 정태기의 열정으로 시작되어 현재까지 계속되고 있는 대규모 집단치유 프로그램으로, 참여자 전체가 참여하는 대집단과 8~10여 명으로 이루어진 소집단 프로그램으로 구성된다. 대집단에서는 강의와 치유가 이루어지는데, 대집단치유는 치유에 관한 강의, 음악찬양, 춤동작, 명상 등의 주제로 각 분야의 전문가들이 인도한다.[1]

전인적 차원의 치유를 제시한 클라인 벨[2]은 영적 · 정신적 · 신체적 차원의 온전

---

* 이 글은 「치유상담협회 학술대회 & 보수교육 자료집」 (2024), 48-60에 수록된 것을 일부 수정하였음.
** 치유상담대학원대학교 상담심리학과 교수

1 김중호, "영성치유수련의 이론적 토대: 외적구조와 내적구조,"「학술심포지엄 정태기 "치유상담 30년"」 (2015): 109-112.

함을 이루도록 지향해야 한다고 설명하였다. 호주의 기독교문화센터 연구자인 데이빗 테이시(David Tacey)는 2004년 자신의 책 *The Spiritual Revolution: The Emergence of Contemporary Spirituality*에서 현대 영성이 어떻게 변화할 것인지 말하면서, 새로운 영성적 요구의 핵심은 바로 몸에 대한 새로운 이해라고 주장하였다. 기독교 영성은 영과 몸을 구별하여 몸을 열등하게 보는 이원론을 교리적으론 배격하지만, 역사적으로 몸의 의미가 이중적이었고 현대인의 영성 생활 곳곳에서 몸이 존중받지 못하는 모습[3]은 그리 어렵지 않게 찾아볼 수 있다. 현대인의 전인성을 회복하기 위해서는 신체적 차원의 치유가 절실히 필요하다고 할 수 있는데, 다행히도 개인의 심리나 정서를 사유의 개념으로만 여기던 기존의 상담과 치유 영역에서 신체는 그 자체로 인지/정서/심리의 총합체로 새롭게 이해되고 있다.[4] 영성은 단지 찬양하고, 기도하고, 말씀 듣는 것이 아니다. 진정한 나, 참된 나를 찾는 것이다. 내 안에 심어 놓으신 하나님의 본성을 찾는 것이다.[5]

인간의 문화가 발달해오면서 언어보다 비언어적 의사소통이 우선한다는 것은 널리 알려진 사실이다. 춤은 기본적으로 인간의 감수성과 가장 직접적인 관계를 맺으며,[6] 내면 깊은 곳에서 표출되는 느낌을 표현하고 몸에서 경험된 모든 감정과 정서를 표현하게[7] 도와준다. 또한 새로운 생명의 시작을 보여주는 움직임과 호흡은 말이나 생각보다 먼저 일어나며 자신의 욕구를 충족하기 위한 의사소통 수단으로

---

2 Howard John Clinebell, *Well Being: A Personal Plan for Exploring and Enriching the Seven Dimensions of Life: Mind, Body, Spirit, Love Work, Play, the World* (Harper Collins, 1992).

3 최승기, "몸을 존중하는 영성,"「신학과 실천」78 (2022): 103-130.

4 김나영, "4차 산업시대에서의 경계 인식과 발달을 위한 신체심리학적 고찰,"「무용예술학연구」72-5 (2018): 75-86.

5 함창진, "청소년을 위한 영성수련 프로그램 개발," (한남대학교 학제신학대학원 석사학위논문, 2012), 2.

6 김선정, "춤을 통한 신체표현의 치유효과 연구: 군산 여성쉼터의 '춤추는 숲 프로그램을 중심으로," (광주교육대학교 교육대학원 석사학위논문, 2014).

7 정희자, "발레교육이 아동의 EQ에 미치는 영향,"「대한무용학회」26 (1999): 285-297.

사용된다. 이러한 춤과 동작의 치유적 힘과 심리치료 이론을 결합한 것이 예술치료의 한 형태인 춤동작치료이다. 심리학적 관점에서 춤은 개인의 인격적 성장과 통합의 과정을 위하여 신체의 표현적 움직임을 사용하는 것으로서, 복잡한 신체-정신 상호작용을 인식하고, 신체 운동의 증대를 통하여 정서적, 인지적 및 신체적 원인이 있는 자신의 표현을 다룬다는 점에서 총체적인 치료 접근이라고 볼 수 있다.[8] 이러한 이유로 춤동작치료가 영성훈련에서 전인적인 치유를 위한 역할을 할 수 있을 것이라 생각된다.

최근에 기독교 영성훈련에 관한 다양한 이슈와 내용에 대한 논의가 진행되지만 대부분 마음 차원의 연구가 주를 이루며,[9] 영성과 관련하여 신체적 차원에 관한 연구가 이루어지고 있다고는 하지만 그 역시 문헌적 연구가 대다수라 할 수 있다.[10] 실제적인 차원에서 교외 공동체와 교회 밖에서도 다양한 영성훈련 프로그램[11]과 연구[12]가 진행되고 있지만, 신체적 차원이 포함된 연구는 거의 미비하다. 치유상담

---

8 안나 할프린/임용자 · 김용량 옮김, 『치유 예술로서의 춤』 (서울: 물병자리, 2002).

9 김수천, "이세종선생의 영성형성을 위한 성서묵상 훈련 고찰," 「신학과 실천」 63 (2019): 189-211; 나은주, "에바그리우스의 영성훈련과 팔복의 영성," 「신학과 실천」 72 (2020): 281-306; 박은규, "실천신학의 긴급한 과제: 영성 훈련," 「신학과 실천」 4 (2001): 5-7; 오방식, "토마스 머튼의 비폭력적인 삶을 위한 영성훈련에 대한 연구," 「신학과 실천」 57 (2017): 371-399; 이강학, "영성지도의 현대적 이슈들." 「장신논단」 46-4 (2014): 197-223; 이종민, "포스트코로나 시대의 영성훈련을 위한 고찰: 솔로 타임을 중심으로," 「신학과 실천」 79 (2022): 259-290.

10 김은혜, "포스트 바디시대에 대한 신학적 응답," 「신학과 실천」 68 (2020): 759-784; 이명경, "움직임으로 드리는 대안예배 유형연구," (이화여자대학교 신학대학원 석사학위논문, 2001); 이은경, "기호자본주의 시대 마음의 오작동과 몸을 통한 치유가능성," 「신학과 실천」 79 (2022): 693-718; 이희철, "몸의 소리를 듣다: 트라우마 목회상담을 위한 목회신학적 성찰," 「목회와 상담」 40 (2023): 107-132; 장화영, "기독교 영성 함양에서 몸수행에 관한 목회신학적 연구 -기독교와 동학의 몸의 신학을 중심으로-," (한신대학교 신학전문대학원 박사학위논문, 2006); 정연득, "종교중독에 대한 목회신학적 대응," 「신학과 실천」 26-2 (2011): 45-78; 최승기, "몸을 존중하는 영성," 「신학과 실천」 78 (2022): 103-130.

11 포이메네스 영성수련, 뜨레스디아스, 주박스테이 프로그램, '열 번의 물러남' 기도학교, 에이레네 영성지도, 목회상담센터의 영성 지도 아카데미, 다일영성수련, 치유상담연구원 영성치유수련.

12 조한상, "제4차 산업혁명 시대의 영성수련- 다일영성수련의 회복과 치유사역을 중심으로-," 「신학과 실천」

연구원에서 진행하는 영성치유수련 과정에서 나타나는 치유 효과에 대해서는 참여자들의 자존감 향상과 우울감 감소에 관한 연구[13]와 치유의 의미와 경험에 관한 현상학적 연구[14] 그리고 참여자들의 소감과 증언이 치유상담연구원의 계간지「치유와 상담」에 자세히 언급되어 있다. 그러나 영성치유수련에서 진행되는 춤동작치료 프로그램에 관한 연구는 찾아보기 어렵다.

본 논의에서는 춤동작치료의 원리와 구조를 알아보고, 이를 바탕으로 영성훈련에서 전인적 치유를 위해 춤동작치료를 적용한 영성훈련을 제안하는 것을 목적으로 한다. 이를 위해 지난 20여 년 동안 춤동작치료를 적용하고 있는 정태기의 영성치유 집단 프로그램을 그 대상으로 하였다.

II. 춤으로 마음을 치유하다

1. 치유를 위해 인류가 선택한 춤

인류는 왜 춤을 추게 되었을까? 새로운 생명의 시작을 보여주는 움직임은 언어나 생각보다 먼저 일어나며 자신의 욕구를 충족하기 위한 의사소통 수단으로 사용되었다. 미국 춤동작치료사 샤론 채클린[15]은 초기 부족사회에서 춤은 자연이나 자

---

68 (2020): 255-278; 유상희, "치유의 의미와 경험에 대한 현상학적 연구: 정태기의 영성치유 집단을 중심으로," 「신학과 실천」 87 (2023): 389-422.

13 서혜숙, "내면치유 집단상담이 자존감향상과 우울감에 미치는 영향." (상명대학교 복지상담대학원 석사학위논문, 2008).

14 유상희, "치유의 의미와 경험에 대한 현상학적 연구: 정태기의 영성치유 집단을 중심으로," 「신학과 실천」 87 (2023): 389-422.

15 Sharon Chaiklin and Hilda Wengrower/류분순 외 옮김, 『무용동작치료의 예술과 과학』 (서울: 시그마프레스, 2014), 3-4.

기에 대한 표현이며, 세상을 이해하는 수단인 동시에 자신이 그 부족의 일원임을 느끼게 해주는 행위라고 설명하였다. 춤은 기본적으로 인간의 감수성과 가장 직접적인 관계를 맺으며,[16] 내면 깊은 곳에서 표출되는 느낌을 표현하고 몸에서 경험된 모든 감정과 정서를 표현[17]하게 도와준다. 또한 심리학적 관점에서 춤은 개인의 인격적 성장과 통합의 과정을 위하여 신체의 표현적 움직임을 사용하는 것으로서, 복잡한 신체-정신 상호작용을 인식하고, 신체 운동의 증대를 통하여 정서적, 인지적 및 신체적 원인이 있는 자신의 표현을 다룬다는 점에서 총체적인 치료 접근이라고 볼 수 있다.[18] 이러한 움직임의 사용은 자신의 마음 상태나 기분, 활동성, 무기력 혹은 경직성을 말해 주며 움직임의 상호작용은 한 사람의 성격을 변화시키거나 적어도 새로운 경험이나 감각을 일으키도록 할 수 있다.[19] 그러므로 인류가 태고적부터 삶의 방식의 하나로 춤을 선택한 이유는 감정 표현과 발산으로 인간의 심리적 항상성을 유지하고 공동체의 유대감을 촉진하기 때문이라 할 수 있다.

인간의 문화가 발달해오면서 언어보다 비언어적 의사소통이 우선한다는 것은 널리 알려진 사실이다. 근육활동으로 감정을 표현하는 것이 춤의 기초이며, 춤동작은 그런 활동을 구조화하고 조직화하는 수단이 되므로 참여자들의 비언어적 의사소통의 수단이 된다. 감정을 언어로 표현하면 그것을 숨기거나 위장할 수 있지만 비언어적 표현은 완전히 통제하기 어렵다. 걷는 것과 같은 단순한 동작도 자신의 주된 기분을 나타낼 수 있다.

---

16 김선정, "춤을 통한 신체표현의 치유효과 연구: 군산 여성쉼터의 '춤추는 숲 프로그램을 중심으로," (광주교육대학교 교육대학원 석사학위논문, 2014), 1.

17 정희자, "발레교육이 아동의 EQ에 미치는 영향," 287.

18 안나 할프린/임용자·김용량 옮김, 『치유 예술로서의 춤』, 44-46.

19 주성용, "무용동작치료가 지적장애 여자고등학생의 자기표현능력과 자아존중감에 미치는 효과," (원광대학교 대학원 박사학위논문, 2011), 6-7.

2. 몸과 움직임

몸은 자연 그 자체이다. 마치 자연이 순환하는 것처럼 우리 몸에서도 생존 욕구에 따라 끊임없는 변화가 일어나고 있다. 배고픈 아이가 엄마 젖을 찾기 위해 팔을 뻗고, 배를 채운 다음에는 온몸을 엄마 품에 내려놓는다. 그런 의미에서 보자면 몸은 우리의 욕망을 끊임없이 표현하고 그것을 채우기 위해 작동한다고 말할 수 있다. 그렇다면 역사적으로 욕망 표현의 수단이며 동시에 주체인 몸에 대한 우리의 인식은 어떠했는지 살펴보자.

기원전 5세기 소크라테스는 인간의 본질을 몸과 질적으로 다른 영혼에서 찾았으며, 이후 몸과 영혼의 관계가 대립적으로 발전하게 되었다. 그는 몸을 변덕스러운 현상이라 보았으며, 이러한 현상 이면에 본질은 영혼이라고 생각했다. 소크라테스는 그 당시 몸 관리에 너무 치중하는 젊은 세대에게 영혼을 돌보도록 계몽하는 것을 자신의 소명이라 여겼다. 이러한 과정에서 이전에는 경계가 불분명하던 몸과 영혼, 본질과 비본질이 물질과 정신으로 양극화하기 시작한 것이다. 16세기 르네 데카르트(Rene Descartes)는 정신과 몸이 각각 하나의 실체로 독립적으로 존재한다는 '심신 이원론'(mind-body dualism)을 주장했다. 그의 이론을 다른 말로 표현하면 몸을 소유하고 있는 정신이라 할 수 있다. 인간은 사유를 위해 몸이 필요하다는 것이다. 이러한 몸에 대한 개념은 17세기 스피노자에 이르러 변화되었는데, 그는 육체를 폄하하고 정신을 높이 평가하는 주류 서양 철학의 분위기에서 정신과 육체의 원리적 평등을 주장했다. 그는 몸과 영혼의 관계를 탐색하면서 정신과 육체를 분리하는 이원론을 극복하고 인간의 통일성을 확립하려 하였다. 그는 인간을 몸이고 정신이라 했다.

자연에는 언제나 파도처럼 일어나고 사라지는 흐름이 존재하듯이, 몸에 대한 사고나 개념도 변화되었다. 1930년대 2차 세계대전의 긴장 속에서 증오와 파괴라는 인간의 본능에 대한 의문을 품었던 지식인 중 알버트 아인슈타인은 '인간의 본능을 제어하는 방법'에 물음을 담은 편지를 지그문트 프로이트에게 보낸다. 프로이트는 답신에서 문화가 발전하면 육체적 행동 수준에서도 변화가 촉진되며 이 변화는 궁극적으로 몸과 마음 전체의 변화를 가져 오게 되는데, 심리적인 측면에서 문화가 가져온 현상이란 지성을 강화하는 것이다. 이렇게 강화된 지성의 힘은 본능을 제어할 수 있으므로 문명의 발전이 전쟁을 막을 수 있다고 하였다.[20] 프로이트는 지성의 힘으로 본능을 제어하며 자신의 욕망을 억누르는 것을 이상적인 인간으로 보았다.

20세기 후반 프랑스를 중심으로 모리스 메를로-퐁티, 하이데거, 푸코 등 현상학과 실존주의자들에 의해 몸에 대한 철학적 사유가 발전하면서 인간의 몸이 욕망의 바탕이자 최초의 발현 장소라는 생각을 갖게 되었다.[21] 이 중에서도 메를로-퐁티는 몸이 주체이며 의미라는 사실을 현상학적으로 논증하였다. 그는 몸짓은 말로 표현되지 않아서 침묵하는 것처럼 보이지만 의미를 갖고 있다고 말하면서, 몸짓과 언어는 분리될 수 없는 연속성이 존재한다고 하였다. 우리가 친구를 만날 때 그 친구의 몸 자체가 아니라 말과 표정과 몸짓을 바라본다. 이때 몸은 자신이 원하는 것을 하고 자기를 표현할 수 있는 능력이다. 몸이 없으면 말도 할 수 없고 원하는 것을 표현할 수 없기 때문이다. 몸이 만들어내는 움직임, 즉 몸짓은 자신과 타인으로 향하는 실존의 방식이며, 실존의 근원에는 몸이 존재한다. 나는 나의 몸과 함께 세상에 존재하며 그 세상과 관계를 맺는다.

---

20 지크문트 프로이트/성해영 옮김, 『문명속의 불만』 (서울대학교출판문화원, 2014).
21 이윤정, "춤의 주체로서의 몸," (국민대학교 박사학위논문, 2003), 5.

3. 몸동작과 영성

이러한 몸을 기독교에서는 어떻게 바라보고 있는지 살펴보자. 바울은 몸을 "성령이 거하시는 장소"라고 했는데, 이때 인간의 인격 전체를 지칭하고 있다.[22] 정태기는 영성[23]을 이렇게 설명하고 있다. 영성은 인간의 전인적 생명과 관계를 갖고 있으므로, 인간의 영성은 지성과 감성과 덕성의 기반이 되며 서로 통전되고 초월되며 일어나는 생명현상이다. 그는 건강한 영성을 위한 네 가지 필수 조건을 설명하면서 몸짓과 춤에 관한 이야기를 하고 있다.

…첫째로 하나님 임재의 느낌을 받는 곳이면 어디서나 생동감을 느끼고 변화를 일으킨다고 하였다. 이는 인간이 누릴 수 있는 참 자유를 체험케 한다. 둘째는 다른 사람들과의 진지한 만남에서 오는 사랑이며… 마지막으로는 어린아이의 모습을 회복하는 것인데, 이런 어린아이의 모습을 잃어버린 사람은 마음이 굳어있고 융통성이 없으며 생동감과 창의력이 없고, 반대로 그 모습을 회복한 사람들은 감격과 경이감, 웃음과 눈물, 춤과 놀이가 살아 움직인다.

그는 치유를 통해 어린아이처럼 활기 있고 생동감 있게 온몸으로 춤을 추는 것이 건강한 영성의 필수조건이며, 영성이 건강해진 사람은 생동감과 창의력을 갖게 된다고 하였다. '5 Rhythms'라는 움직임 명상을 만든 가브리엘 로스(Gabrielle Roth)는 영성을 이렇게 표현하였다.

---

22 김재성, "제국의 지배 이데올로기와 바울의 '그리스도의 몸'으로서 공동체 해석," 「신학사상」 108 (2000), 219.
23 정태기, "치유와 영성," 한신대학교 강연 원고, 2002.

"몸과 마음이 하나로 이어지는 그 순간 영혼이 살아나고 영성이 피어난다."[24]

필자는 1992년경 대전 근교에서 진행되는 영성수련에 참여하게 되었는데, 그 모임의 안내자는 '스피리츄얼 하모니 댄스 프레이어'(Spiritual Harmony Dance Prayer)라는 복잡하고도 긴 이름의 '몸기도'를 소개하였다. 이름과 달리 그 구조는 아주 단순하다.

세 사람이 한 조가 되어, 세 명 모두 손을 뻗어도 서로에게 닿지 않을 정도로 충분히 큰 삼각형 모양을 만들고 각자 그 꼭지점에 선다.

삼각형 꼭지점에 선 사람들을 임의로 A, B, C라 부른다면, A가 삼각형의 바깥쪽을 향해 서고, 나머지 사람들은 A를 바라보는 것이다. 준비가 되면 A가 움직임을 시작하고, B, C는 A의 동작을 마치 그림자처럼 따라 하는 것이다. 이때 A는 가능하면 눈을 감고 자기 내면에 온전히 집중해서 천천히 몸을 의식적으로 움직여보거나 혹은 즉흥적으로 자기도 모르게 흘러나오는 움직임을 따라가거나 허용하면 된다. B와 C는 눈을 뜨고 A의 움직임을 따라가는 것이다.

적당한 시간(처음에는 대체로 10여 초 정도)이 흐르면, 몸기도를 리드하던 A가 몸을 왼쪽 혹은 오른쪽으로 돌아선다. 만일 A가 B가 있는 쪽을 향해 왼쪽으로 몸을 돌렸다고 하자. 그렇다면 B와 C는 앞쪽에 있던 A가 자신을 향해 몸을 돌릴 때 자신도 같은 방향(여기서는 왼쪽)으로 몸을 돌리는 것이다. 그러면 전체 삼각형의 모양은 달라지지 않지만, 이제 B는 삼각형의 바깥쪽을 바라보고 나머지 사람들은 B를 향해 방향을 바꾸게 된다. 이 경우 B가 리더가 되어 움직임을 이어가는 것이다. (다음의 [그림 1.1]과 [그림 1.2] 참조)

---

24 2003년 필자와의 개인적 소통.

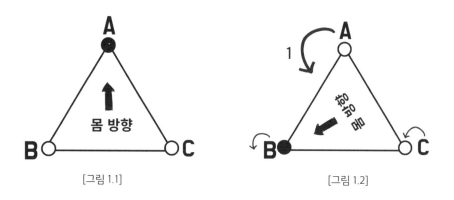

[그림 1.1]   [그림 1.2]

여기서 필자는 그동안 한국무용을 공연하는 전문 무용수로서는 느껴보지 못한 강렬한 체험을 하게 되었다. 그 경험은 가브리엘 로스가 이야기한 것처럼 몸과 마음이 하나 되어 영혼이 살아나는 것 같았으며, 정태기의 영성에 대한 표현처럼 마치 아이가 되어 생동감을 느끼는 상태라 표현할 수 있다. 몸기도를 하는 동안 나도 모르게 몸이 저절로 움직여지고, 어느 순간 삼각형의 세 사람의 몸이 하나가 된 것처럼 함께 동시에 움직이는 신비한 경험이었다. 영성수련을 마치고 무용단에 돌아와 후배 무용수들에게 세 명이 함께하는 몸기도를 소개했다. 3분 정도의 몸기도를 마친 무용수 한 사람은 이렇게 자신의 경험을 표현했다.

"박 선배! 내가 20년 넘게 무용을 해왔는데, 오늘 처음으로 춤을 춘 것 같아요!"

그때 그 무용수의 충격적인 소감은 내가 무용수에서 춤동작치료사로 삶의 진로를 바꾸는 계기를 만들어 주었다.

4. 춤동작치료

예술치료의 하나인 춤동작치료(Dance/Movement Therapy)는 몸과 마음이 서로 연관되어 있으며 서로에게 영향을 주는 유기적인 체계를 갖고 있으며, 개인의 내면, 대인관계 그리고 초월적 영역에서 감각, 지각, 정서, 인지의 통합이 발달을 촉진한다고 믿는다. 미국무용치료협회(American Dance Therapy Association)는 춤동작치료를 개인의 감정적, 인지적, 사회적, 신체적 통합을 촉진하는 과정에서 움직임 동작을 심리 치료적으로 사용하는 것[25]이라 정의한다. 춤동작치료에서는 본질적으로 사람들이 자연스럽게 음악 리듬에 운동 감각적으로 반응하도록 돕는다. 대부분의 사람은 리듬이 있는 음악을 그냥 듣기만 하는 것이 아니라 좀 더 능동적으로 반응하며, 음악이 흘러나오면 인간의 몸은 리듬에 따라 움직이고 싶은 욕구를 느낀다.[26]

1940~1950년대에 걸쳐 현대 무용과 개인 심리학 및 심리치료의 기존 이론이 통합되면서 "춤동작치료"라는 새로운 분야가 탄생하게 되었다. 1950년대를 이르러 춤동작치료는 다양한 치료적 개입 스타일을 사용하였고, 이 시기에 기초 원리가 만들어졌다. 춤동작치료는 현대 무용 동향이 집단과 개인 심리학 및 심리치료 이론과 통합되면서 1940년대와 1950년대를 거쳐 진화해 갔는데, 현대 무용의 이런 움직임은 춤동작치료의 기초를 형성했고 선구자들은 자신이 치료하는 대상들의 요구와 자신이 일하는 환경에 따라 춤동작치료를 적용하며 자신들의 영역을 구축해 나갔다. 미국의 현대 무용가이며 춤동작치료의 초기 개척자로 알려진 마리안 체이스(Marian Chace)는 1942년 적십자사 자원봉사자로 7,500명의 환자를 수용하는 성

---

25 American Dance Therapy Association, "춤동작치료의 정의," (2024년 7월 5일). https://www.adt-a.org/

26 Susan L Sandel, Sharon Chaiklin and Ann Lohn/박선영 외 옮김, 『춤동작치료와 정신건강』(세종: DMT미디어, 2018), 223.

엘리자베스병원(St. Elizabeths Hospital)에서 "의사소통을 위한 춤"(Dance for Communication)이라는 프로그램을 시작하였다. 1947년 그녀는 미국에서 최초로 성 엘리자베스병원의 춤동작치료사로 정식 채용되었다.[27] 마리안 체이스는 설리반 (Harry Stack Sullivan)과 라이히만(Frieda Fromm-Reichmann)의 대인관계 및 상호작용 이론을 기반으로 민속춤을 접목하여 심상과 비언어적 의사소통을 통한 그룹 역동과 리듬의 중요성을 강조하였다. 그녀는 치료에 도움이 되는 춤의 요소를 인식 하고 구체화하였으며, 동작으로 이루어지는 치료사의 대인관계 역할을 개발하였 다.[28] 여기서 가장 기본적인 개념이면서도 다른 모든 개념의 출발점이 바로 춤은 의사소통이며, 따라서 인간의 기본적인 욕구를 충족시켜 준다는 것이다. 체이스가 치료에 사용한 기본 원리는 크게 4가지로 구분할 수 있으며, 춤동작치료의 핵심 개념이라 할 수 있다.

1) 몸동작(Body Action): 품위 있고 조화로우며 건강한 몸은 땅과 연결을 유지하 면서도 몸의 각 부분이 유연하고 힘이 있는 움직임을 위해 유기적으로 서로를 지지 하는 상태라고 할 수 있다. 마리안 체이스는 몸의 형태와 기능이 왜곡된 현상을 갈등과 고통에 대한 부적절한 반응이라 보았다.[29] 예를 들어 공격성, 죄책감, 성적 인 느낌을 억제하기 위해 에너지를 억누르고 공간을 제한적으로 사용하며, 몸의 각 부분을 분리하여 움직인다. 어떤 사람들은 두려움에 반응하느라 과도한 움직임 을 보이기도 한다. 몸동작은 이완과 수축을 도와주며, 이를 통해 정서 표현을 도와 준다.

---

27 Fran J Levy/고경순 외 옮김, 『무용동작치료: 치유의 예술』 (서울: 시그마프레스, 2012), 26.
28 Susan L Sandel, Sharon Chaiklin and Ann Lohn/박선영 외 옮김, 94.
29 Harry Chaiklin, ed., *Marian Chace: Her Papers* (Columbia, American Dance Therapy Association, 1975), 155.

2) 상징성(Symbolism): 내담자는 주로 상징적인 몸동작을 사용하는데, 이때 말로 표현할 수 없는 감정의 복잡하고 깊은 느낌을 하나의 동작으로 표현하면서 자신의 주관적인 감정을 전달한다. 움직임 상징(movement symbol)이라는 위장 덕분에 내담자들은 자신에게 필요한 것, 감정 그리고 욕구를 더 쉽게 표현하게 된다. 예를 들어, 분노를 억누르는 내담자의 감정 표현을 돕기 위해 도끼로 나무를 찍어 쓰러트리는 이미지를 사용하는 것과 같은 상징적 움직임은 내담자가 기억을 떠올리고, 재현하고, 재경험할 수 있는 도구가 된다.

3) 움직임을 통한 치료적 관계(Therapeutic Movement Relationship): 상담자는 내담자가 표현하는 특징적인 동작의 핵심에 반응함으로써 그 사람의 세상으로 들어갈 수 있다. 비언어적 의사소통으로 인한 상호 주관적 신뢰를 구축하여 억압된 생각이나 감정을 드러내고 과감하게 새로운 경험이나 관계를 시도하게 해준다.

4) 리듬이 있는 그룹 활동(Rhythmic Group Activity): 리듬은 말하기, 걷기, 놀기, 일하기와 같이 생활의 모든 측면에 담겨있다. 원시인들도 그룹으로 함께 움직이면 개인이 혼자 느끼는 것보다 더 큰 힘과 안정감을 얻게 된다는 걸 이해했다.[30] 체이스는 리듬이 개인의 행동을 구조화하고, 사람들 사이의 일치감과 연대감을 만들어낸다고 했다. 예를 들어, 그룹에 어울리기 어려워하거나 머뭇거리는 사람들도 그룹의 리듬에 함께 할 수 있다. 리듬에 맞춰 움직이면서 표현된 감정은, 그룹원 개개인을 공통의 에너지로 이끌어주며 힘과 안전감이 강화되는 것을 경험하게 된다. 춤동작치료는 가장 쉽고 단순한 동작으로 정서를 표현하게 해준다. 모든 사람이 함께하는 동작에 리듬이 더해지면, 참여자들이 이 동작을 의식하지 못할 때도 있지만, 함께 상징적이며 리듬이 있는 동작을 통해 자신에게 더욱 집중하게 된다. 체이스는 리듬을 의사소통과 신체지각(body awareness)을 위한 치료적 도구로 보았다.

---

30 Susan L Sandel/박선영 외 옮김, *Sharon Chaiklin and Ann Lohn*, 97-98.

몸동작, 상징성, 움직임을 통한 치료적 관계, 리듬이 있는 그룹 활동이라 부르는 이 4가지 기본 개념은 춤동작치료 이론의 토대라 할 수 있다.

5. 집단 춤동작치료의 주요 목표

이 글의 초점은 집단으로 이루어지는 영성수련이므로 집단 춤동작치료의 목표에 대해 알아보기로 한다. 집단으로 이루어지는 경우에는 주요 대상의 욕구와 필요에 따라 좀 더 세부적인 목표를 설정하게 되지만, 큰 틀에서는 주로 다음의 다섯 가지 목표를 다루게 된다.

첫 번째 목표는 심리/신체적인 인식과 조절이다. 몸의 이완된 부분과 긴장된 부분을 비교하고 그 차이를 알아차리며, 몸의 각 부분이 어떻게 움직이고 이 공간에서 어디에 위치하는지 인식하고 이를 조절할 수 있는 능력을 향상시키는 움직임 활동을 제공하는 것이다. 이를 위한 방법으로는 스트레칭, 수축과 이완, 몸의 각 부분 활성화와 같은 다양한 준비 동작을 실시하게 된다.

두 번째 목표로는 타인과 관계를 맺을 수 있게 돕는 것이다. 그룹의 다른 사람과 시선을 맞추며, 다른 사람들의 존재를 알아차릴 수 있는 기회와 함께 그룹원과 상호작용을 시작하고 다른 사람에게 먼저 다가갈 수 있게 도와주는데 이를 통해 자신이 이 그룹의 구성원이라는 느낌을 갖게 된다. 고립된 개인으로 존재하던 구성원들이 그룹의 구성원과 신체적 연결을 시작하게 되면 심리치유를 위한 심리적 안정감이 만들어진다.

세 번째는 지금 여기로 돌아오게 도와주는데, 이는 자신의 내적 자극에 빠져있지 않고 머릿속 생각에서 빠져나와 지금 여기에 더 집중할 수 있게 도와준다. 지금 이순간으로 돌아오게 촉진하는 방법은 리듬과 움직임을 사용하는 것이다. 심장박동처럼 정확한 비트를 갖는 리듬 음악은 자연스러운 몸동작을 할 수 있게 도와주고,

치료자의 안내로 이루어지는 구조화된 활동 역시 참여자들이 현재로 돌아오게 한다.

네 번째 목표는 삶에서 더 많은 옵션을 가질 수 있게 해주는 것이다. 몸동작의 기본 요소인 속도와 크기, 방향을 바탕으로 다양한 동작을 확장하는 경험을 촉진하는 것이다. 이는 여러 가지 상황에서 자신에게 익숙하고 고정된 선택이 아니라 좀 더 새롭고 성장에 도움이 되는 선택을 할 수 있도록 다양한 옵션을 갖기 위한 것이다.

다섯 번째는 자존감 증진이다. 다른 사람과 함께 같은 동작으로 움직여보고, 성공/숙련하는 경험을 해보고, 리더가 되어 주도적인 동작으로 그룹의 활동을 통제하는 경험을 갖게 하는 것이다. 자신의 움직임을 다른 사람이 함께해 줄 때 자신의 표현을 세상이 공감하며 응답해 주는 느낌을 갖게 되며 성취감으로도 이어진다.

III. 영성수련에서의 춤동작치료

영성치유수련은 1997년 정태기의 열정으로 시작되어 현재까지 계속되고 있는 대규모 집단치유 프로그램으로, 그 주제와 목적은 아주 단순하고 명확하다. 참여자들의 마음의 상처를 치유하고 회복하도록 돕는 것이다. 2박 3일간 집단이 함께 숙박하며 집중적으로 진행되는 영성치유수련은 대집단 강의와 대집단치유 그리고 소집단 개인 치유가 순차적이며 유기적으로 진행되는 구조를 갖고 있다. 이 중에서 대집단치유는 치유에 관한 강의, 음악 찬양, 춤동작, 명상 등의 주제로 각 분야의 전문가들이 인도한다.[31] 영성치유수련에서 대집단치유 프로그램의 하나로 필자가 진행하

---

31 김중호, "영성치유수련의 이론적 토대: 외적구조와 내적구조," 서울: 크리스찬치유상담연구원 학술심포지엄

는 춤동작치료를 시작하게 된 것은 2003년으로, 처음에는 둘째 날 저녁 시간에 진행되는 프로그램이었다. 그 당시 춤동작치료를 경험한 많은 참여자들은 짧은 시간에 깊은 환희와 자유를 경험했다고 표현했으며, 이러한 참여자들의 반응을 본 정태기는 프로그램을 안내한 필자에게 "한번의 춤치유가 지난 이틀간 참여자들이 경험한 만큼의 마음을 열었다"고 말했다. 그 후 춤동작치료는 영성치유수련의 참여자들이 가장 먼저 경험하는 프로그램이 되었으며, 최근에는 첫째 날 '마음 열기'와 함께 둘째 날 저녁에 진행되는 '축제의 장'으로 확장되었다.

1. 치유를 위한 마음 열기

영성치유수련의 전체 과정을 안내하는 오리엔테이션 이후 가장 먼저 시작되는 '마음 열기' 프로그램은 심리/신체적인 인식과 조절이라는 그룹 춤동작치료의 첫 번째 목표를 위해, 치료자는 신체 각 부분의 이완을 도와주는 스트레칭, 관절 돌리기, 두드리기와 같이 단순하고 누구나 따라 할 수 있는 쉬운 동작을 안내하여 참여자들의 심리적 신체적 안정감과 그룹의 유대감을 촉진하게 된다. 대체로 낯선 환경은 많은 사람에게 불안감을 주어 몸과 마음의 긴장도를 높일 수 있는데, 자기 내면의 상처를 드러내고 그 아픔을 다루게 되는 치유 현장에 참여한 사람들의 초기 긴장도는 더욱 높다고 할 것이다. 우리가 미지의 것을 경험하게 되면 마치 심연으로 떨어지는 것과 같은 두려움을 느끼게 되는데,[32] 두려움은 몸을 수축하게 만들어 구부정한 어깨와 멈춘 호흡으로 표현되기도 한다 이런 몸은 만성적인 감정 상태의 반응일 수 있다.[33]

정태기 "치유상담 30년"(2015).

32 Joan Chodorow/박선영 옮김, 『춤동작치료와 심층심리학』(세종: DMT미디어, 2016), 123.

33 Pat Ogden, *Kekuni Minton, and Clare Pain*/김명권 외 옮김, 『트라우마와 몸』(서울: 학지사, 2019),

아주 충격적인 상황을 겪은 사람은 누구나 분열을 경험한다. 민델[34]은 긴장이란 대체로 방어의 신체/심리적 표식이며, 방어하는데 너무 많은 에너지를 사용하게 되면 용기, 지혜, 상상과 같은 창의적 사고가 어려워진다고 했다. 고통을 느끼지 않기 위해 신체를 버리고 그 경험을 부정하게 되고, 자기 자신과의 연결이 끊어진다. 감각을 느끼는 경로로 들어오는 정보의 흐름을 차단하기 위해 신체를 차단하는 것이다. 신체를 차단하게 되면 고통이 차단되고, 따라서 분노, 두려움, 부정적이거나 위험하다고 느껴지는 여러 정서를 포함한 모든 감정도 차단된다. 심지어 기쁨도 차단될 수 있다.

영성치유수련은 마음의 상처를 치유하고 회복하도록 돕는 것이 그 목적이지만, 부가적인 목적들(meta-goals)도 있는데 그 중에 첫 번째 요인은 자기의 감정을 알아차리고 언어화하는 능력[35]이다. 춤동작치료에서는 감정 상태를 알아차리기 위한 방법으로 자신의 긴장 상태를 인식하도록 돕는다. 자신의 긴장 상태를 인식하기 위한 좋은 방법은 몸 각 부분의 긴장/이완상태를 비교하는 것이다. 예를 들어 양쪽 어깨를 귀에 닿을 정도로 들어 올렸다가 천천히 내린 후 왼쪽과 오른쪽 어깨의 긴장도를 비교해 보게 하는 것이다. 어깨 긴장도는 양쪽 어깨가 비슷할 수도 있고, 한쪽의 긴장도가 다른 쪽에 비해 높거나 낮을 수 있지만, 여기서 중요한 것은 어깨의 긴장도를 수정하는 것이 아니라 자기 몸에 주의를 보내고 좀 더 인식할 수 있게 하는 것이다. 자기 몸을 인식하는 과정에서 외부를 향한 주의와 시선이 자기 내면으로 돌아올 수 있다.

심리학자 칼 로저스[36]는 자기 내면으로 들어가 마음의 상처를 만나 치유하기

48.

34 아놀드 민델/정인석 옮김, 『명상과 심리치료의 만남』 (서울: 학지사, 2011), 150.

35 김중호, "영성치유수련의 이론적 토대: 외적구조와 내적구조," 110.

36 Carl R Rogers, "What understanding and acceptance mean to me," *Journal of Humanistic*

위해서는 개인의 안정감과 그룹의 유대감이 중요한 요인이라고 했다. 그러므로 집단의 초기에 자신의 몸을 두드리거나 쓰다듬고 리듬에 따라 단순한 움직임을 하면서 신체적 긴장감을 이완하는 것이 치유 과정을 촉진하기 위한 중요한 부분이라 할 수 있다.

2. 리듬으로 함께하는 몸

참여자들의 주의가 자신의 내면을 향하면서 심리/신체적 긴장이 풀어지면, 그룹이 리듬에 따라 움직임을 함께하는 단계로 들어간다. 이때부터 춤동작치료에서 '바디 로직'이(Body Logic)라 부르는 활동이 시작된다. 바디 로직은 음악의 리듬에 따라 단순하고 반복적이며 누구나 따라 하기 쉬운 동작을 이어가는 활동을 말한다. 이때 리더의 동작을 정확하게 따라 하지 않아도 좋으며, 자신이 할 수 있는 만큼만 움직여도 좋다는 것을 명시적으로 안내해야 한다.

리듬에 맞춰 리더의 동작을 따라 하던 그룹원들은 시간이 지날수록 개인의 동작은 자기만의 버전으로 조금씩 변형되고 확장되는 것을 볼 수 있다. 동작이 확장된다는 말은 신체의 말단에서 일어나던 몸의 움직임에 중심이 포함되는 것을 뜻하는데, 이는 신체적 긴장도가 낮아지는 의미로 볼 수 있다. 신체적 긴장도가 높으면 움직임을 할 때 몸의 일정 부분만 고정하여 움직이는 것이 일반적인 현상이기 때문이다. 몸과 마음이 이완되면, 몸의 움직이는 부분이 많아지고 그와 함께 동작의 크기도 확장된다. 개인의 동작이 확장되면 그룹원 전체의 안전한 활동을 보장하기 위해 공간을 좀 더 확보하는 것이 필요하다. 앉아 있던 참여자들은 자신의 의자를 공간의 가장자리로 옮겨 놓고 공간을 채우듯 넓게 선다.

Psychology 35-4(1995): 7-22.

참여자들은 리듬이 있는 음악을 그냥 듣기만 하는 것이 아니라 좀 더 능동적으로 반응하게 되는데, 그룹원 사이의 리듬과 몸짓이 공유되면 심리적 긴장감이 서서히 줄어들고 서로를 향한 신뢰감이 조금씩 쌓여간다. 이러한 그룹의 유대감은 자기 내면의 부정적인 감정을 다루는 과정에서 상호 공감과 지지를 위한 든든한 기초로 작용할 수 있다. 리듬은 영성적인 요소에도 긍정적인 영향을 미친다. 예를 들어, 명상이나 기도, 혹은 공연에서 리듬은 참여자들의 집중력을 증진시키고 내면의 평화와 조화를 유도한다. 또한, 많은 종교의식에서 리듬은 신성한 요소와 연결된 신비로움을 느끼게 도와준다.

3. 나는 당신의 편이에요

영성치유수련의 부가적인 목적(meta-goals) 중 다른 하나는 인간관계를 형성하는 데 도움이 되는 것[37]으로 다른 사람들의 아픔을 공감하고 그들을 돌보는 능력을 향상시키는 것이다. 위에서 설명한 그룹 춤동작치료 주요 목표 중 두 번째인 타인과 관계 맺기의 촉진은 영성치유수련의 목적에서 인간관계를 형성하는 데 도움을 주는 것과 동일하다고 할 수 있다. 외로움은 연결감의 상실이며 고통이고, 무언가 잘못되어 있다는 표식이다. 우리는 외로움의 고통을 줄이려 시도하고, 집단의 소속감을 가지려고 애쓴다. 집단원들이 리듬에 따라 함께 움직임을 하게 되면, 서로의 시선을 접촉하게 되고 이 공간에 나 혼자가 아니라 다른 사람들이 함께 있다는 것을 알아차리게 된다. 동일한 리듬으로 움직임을 함께하는 경험은 비언어적으로 자신이 집단의 다른 사람과 함께하는 구성원이라는 느낌을 갖게 해준다. 리듬을 맞춰 움직임을 할 때 많은 사람들은 편안함을 느끼게 되고, 그 편안함을 기반으로

---

37 김중호, "영성치유수련의 이론적 토대: 외적구조와 내적구조," 110.

함께하는 사람들과의 유대관계가 만들어진다.

이러한 유대감이 만들어지는 이유는 몸 그 자체의 특성 때문이다. 몸은 그 자신이 주체이며 동시에 타인에게 대상이 되는 이중성을 갖는다.[38] 사회적 관계 발달 측면에서 양육자와 유아는 아기의 첫 번째 9개월간 사회적 대화를 만들어내는 상호적 행동과 연결고리를 창조해 낸다. 몸으로 소통하는 신체적인 조율은 양육자-아이의 감정적 교환을 제공하는데, 이는 양육자가 적극적으로 심리 신체적인 함께 해주는 경험을 통해 이루어진다. 스턴(Stern)은 이러한 소통 양식들이 소실되지 않고 한 사람의 전 생애에 걸쳐서 자기가 작동하는 방식이 된다고 지적한다.[39] 조율한다는 것은 감정을 암시하는 것으로, 이 감정은 언제나 양식 변환적인 동전의 양면과 같고 소리, 움직임, 만짐 그리고 인간의 기본적 움직임으로서 무언가에 다가가거나 피하게 만드는 '즐거움-불쾌함'의 경험이라 할 수 있다.

사회신경과학 분야의 창립자인 시카고 대학의 존 테런스 카치오포(John T. Cacioppo)는 유전자의 가장 큰 목적이 생존과 번성이며 이를 위해 인간에게 필요한 것은 사회적 연대라고 하였다. 그의 말에 따르면 인간은 협력하고 살도록 진화되어 왔다는 것이다. 사람은 태어나면서부터 사람의 말과 행동 그리고 생각을 읽고, 다른 사람의 권리와 기본을 존중하는 법을 배우기 시작한다. 세상에서 몸에 깃들어 있는 하나의 개인으로서 자신을 의식하는 것은 공감에 그 기초를 두고 있다.

4. 더 큰 존재를 만나는 시간

첫날과 둘째 날 오후까지 진행되는 대집단의 강의와 소집단 그룹치유는 둘째

---

38 박서영, "춤에서 몸이 행하는 역할 고찰," (한국예술종합학교 예술전문사과정, 2005), 64.

39 Daniel N Stern, *The interpersonal world of the infant: A view from psychoanalysis and developmental psychology* (New York: Basic Books, 1985), 56.

날 저녁 '축제의 장'으로 이어지는데, 축제의 장은 감정의 방출을 통한 카타르시스와 알아차림의 확장이 일어나는 시간이다. 축제는 자신보다 더 큰 존재를 만나는 시간이며, 평소에는 허용되지 않는 일탈적 행동이라 할 수 있는 인간의 유희적 욕구와 욕망을 마음껏 표출하는 카타르시스를 경험[40]하게 된다. 이러한 비일상적 경험은 영성수련을 마치게 된 후 돌아가는 일상적 삶의 중요성을 더욱 잘 느끼는 계기가 될 수 있다.

이 시간에는 2일 동안 진행된 대그룹과 소그룹치유 시간에서 미처 해소되지 못하거나 처리되지 못한 감정 그리고 다른 사람의 치유 경험을 돕거나 함께하면서 촉발되거나 떠오른 감정을 움직임으로 풀어내게 된다. 이를 통해 새로운 통찰과 함께 자신에게 현재 필요한 것이 무엇인지 인식하는 과정이 이루어진다. 축제에서 펼쳐지는 움직임은 개인의 내면에 담겨 있으며 언젠가는 표현될 수밖에 없는 다양하고 복잡한 감정들과 관련이 있다. 감정 표현의 방식은 그 정도에서 다양하게 드러나는데, 예를 들어 만성적이거나 극도의 긴장으로 자기 생각과 마음의 표현을 금지하고 억압 혹은 억제하거나, 반대로 폭발하거나 분출되고 정서를 통제하지 못하는 상태가 있을 수 있다. 움직임 레퍼토리의 확장은 감정의 폭을 확장하는 것과 같다. 신체화란 끊어졌던 지각 경로를 다시 연결하고, 펼쳐지는 삶에 존재하는 풍부한 감정에 접근할 수 있는 가능성을 회복시킴으로써 몸을 활성화하는 것을 의미한다.

축제의 장에서 펼쳐지는 카타르시스에 대해 아리스토텔레스는 긴장을 풀어내는 방법으로 두 가지 방법이 있다고 설명하였다.[41]

1) Purging: 정서적 긴장을 없애기 혹은 제거하기

---

40 류정아, 『축제인류학』(서울: 살림, 2003), 161.
41 Joan Chodorow/박선영 옮김, 『춤동작치료와 심층심리학』(세종: DMT미디어, 2016), 193.

2) Purification: 정서적 긴장의 정화 혹은 변형

이는 아들러[42]가 적극적 상상의 움직임 버전이라고 할 수 있는 오센틱 무브먼트에서 설명한 것처럼 "내적 충동을 검열하거나 판단하거나 비판하지 않고, 개인이 그 순간에 느끼는 것을 즉시 표현하는 것"과 유사하다. 내 삶을 고통스럽게 하는 동일시 사고에서 벗어나려면 새로운 경험을 허용하는 선택을 해야 한다.

IV. 나가는 말

치유상담연구원의 영성치유수련에서 진행되는 춤동작치료 프로그램은 몸과 움직임의 원리를 바탕으로 치유를 위한 마음을 열고, 함께하는 리듬으로 만들어진 타인과의 유대감으로 안정적인 치유의 내면 여행을 도와주며, 성장을 위해 자기보다 더 큰 존재를 만날 수 있게 도와준다. 또한 치유 과정을 위한 실험적이며 몸/마음/영혼의 온전한 영적 만남의 시간이라 할 수 있다. 이러한 춤동작치료 프로그램은 영성치유수련의 첫 순서인 마음 열기와 둘째 날 저녁에 진행되는 축제의 장으로 진행된다. 마음 열기는 심리 신체적 활성화와 연결감을 통해 수련 참여자들의 몸과 마음을 열고 그룹의 유대감을 도와주고, 축제의 장에서는 치유 과정에서 일어나는 감정 방출과 확장을 촉진하게 된다. 이러한 과정은 춤과 리듬이 갖는 자기표현과 유대감의 원리에 의한 목표를 기반으로 진행되는데, 그 목표는 다음과 같다. 심리/신체적 인식과 조절을 촉진하고, 타인과 관계를 맺을 수 있게 하며. 리듬과 움직임

---

42 Janet Adler, "Integrity of body and psyche: Some note on work process in B. Govine and Joan Chodorow ed., *What is dance therapy, really?* (Columbia: American DAnce Therapy Association, 1973), 42-53.

을 통해 지금 여기로 돌아오게 도와준다. 몸동작의 기본 요소인 속도와 크기, 방향을 바탕으로 삶에서 더 많은 옵션을 가질 수 있게 해주며 이를 통해 자존감을 증진하게 해준다.

필자는 춤동작치료가 영성치유수련에서 어떤 과정으로 진행되는지 그리고 내면의 치유 과정에서 춤과 리듬의 역할은 무엇인지 그 의미를 학문적으로 밝히려 시도하였다. 춤동작치료 프로그램의 목표와 원리를 살펴볼 때, 전인적 치유가 필요한 영성훈련 그리고 집단상담과 심리치료 장면에서도 적용해보길 제안하는 바이다. 하지만 영성치유수련에서 춤동작치료 프로그램의 구체적인 효과는 무엇이며 그 한계나 문제점은 논의에 포함시키지 않았다. 이 부분에 관해서는 후속 연구가 필요하다고 할 것이다.

참고문헌

김나영. "4차 산업시대에서의 경계 인식과 발달을 위한 신체심리학적 고찰." 「무용·예술학연구」 72-5 (2018): 75-86.

김선정. "춤을 통한 신체표현의 치유효과 연구: 군산 여성쉼터의 '춤추는 숲' 프로그램을 중심으로." 광주교육대학교 교육대학원 석사학위논문, 2014.

김수천. "이세종선생의 영성형성을 위한 성서묵상 훈련 고찰." 「신학과 실천」 63 (2019): 189-211.

김은혜. "포스트 바디시대에 대한 신학적 응답." 「신학과 실천」 68 (2020): 759-784.

김재성. "제국의 지배 이데올로기와 바울의 '그리스도의 몸'으로서 공동체 해석." 「신학사상」 108 (2000), 219.

김중호. "영성치유수련의 이론적 토대: 외적구조와 내적구조." 학술심포지엄 「정태기 "치유상담 30 년"」 (2015): 109-112.

나은주. "에바그리우스의 영성훈련과 팔복의 영성." 「신학과 실천」 72 (2020): 281-306.

류정아. 『축제인류학』. 파주: 살림, 2003.

박서영. "춤에서 몸이 행하는 역할 고찰." 한국예술종합학교 예술전문사과정, 2005.

박은규. "실천신학의 긴급한 과제: 영성 훈련." 「신학과 실천」 4 (2001): 5-7.

서혜숙. "내면치유 집단상담이 자존감향상과 우울감에 미치는 영향." 상명대학교 복지상담대학원 석사학위논문, 2008.

오방식. "토마스 머튼의 비폭력적인 삶을 위한 영성훈련에 대한 연구." 「신학과 실천」 57 (2017): 371-399.

유상희. "치유의 의미와 경험에 대한 현상학적 연구: 정태기의 영성치유 집단을 중심으로." 「신학과 실천」 87 (2023): 389-422.

이강학. "영성지도의 현대적 이슈들." 「장신논단」 46-4 (2014): 197-223.

이명경. "움직임으로 드리는 대안예배 유형연구." 이화여자대학교 신학대학원 석사 학위논문, 2001.

이윤정. "춤의 주체로서의 몸." 국민대학교 박사학위논문, 2003.

이은경. "기호자본주의 시대 마음의 오작동과 몸을 통한 치유가능성." 「신학과 실천」 79 (2022): 693-718.

이종민. "포스트코로나 시대의 영성훈련을 위한 고찰: 솔로 타임을 중심으로." 「신학과 실천」 79

(2022): 259-290.

이희철. "몸의 소리를 듣다: 트라우마 목회상담을 위한 목회신학적 성찰."「목회와 상담」40 (2023): 107-132.

장화영. "기독교 영성 함양에서 몸수행에 관한 목회신학적 연구 ― 기독교와 동학의 몸의 신학을 중심으로." 한신대학교 신학전문대학원 박사학위논문, 2006.

정연득. "종교중독에 대한 목회신학적 대응."「신학과 실천」26-2 (2011): 45-78.

정태기. "치유와 영성." 한신대학교 강연 원고, 2002.

정희자. "발레교육이 아동의 EQ에 미치는 영향."「대한무용학회」26 (1999): 285-297.

주성용. "무용동작치료가 지적장애 여자고등학생의 자기표현능력과 자아존중감에 미치는 효과." 원광대학교 대학원 박사학위논문, 2011.

조한상. "제4차 산업혁명 시대의 영성수련 ― 다일영성수련의 회복과 치유사역을 중심으로."「신학과 실천」68 (2020): 255-278.

최승기. "몸을 존중하는 영성."「신학과 실천」78 (2022): 103-130.

함창진. "청소년을 위한 영성수련 프로그램 개발." 한남대학교 학제신학대학원 석사학위논문, 2012.

Adler Janet, "Integrity of body and psyche: Some note on work process in *What is dance therapy, really?*, ed., B. Govine and Joan Chodorow. Columbia: American Dance Therapy Association, 1973.

Chaiklin Harry, ed., *Marian Chace: Her Papers*. Columbia: American Dance Therapy Association, 1975.

Clinebell John Howard. *Well Being: A Personal Plan for Exploring and Enriching the Seven Dimensions of Life: Mind, Body, Spirit, Love Work, Play, the World*. Harper Collins, 1992.

Rogers R Carl, "What understanding and acceptance mean to me." *Journal of Humanistic Psychology* 35-4 (1995): 7-22.

Stern N Daniel. *The interpersonal world of the infant: A view from psychoanalysis and developmental psychology*. New York: Basic Books, 1985.

Chaiklin Sharon and Hilda Wengrower/류분순 외 옮김.『무용동작치료의 예술과 과학』. 서울: 시그마프레스, 2014.

Chodorow Joan/박선영 옮김.『춤동작치료와 심층심리학』. 세종: DMT미디어, 2016.

Freud, Sigmund /성해영 옮김.『문명속의 불만』. 서울대학교출판문화원, 2014.

Halprin Anna/임용자 · 김용량 옮김.『치유 예술로서의 춤』. 서울: 물병자리, 2002.

Levy J Fran/고경순 외 옮김.『무용동작치료: 치유의 예술』. 서울: 시그마프레스, 2012.

Mindell Arnold/정인석 옮김.『명상과 심리치료의 만남』. 서울: 학지사, 2011.

Ogden Pat, Kekuni Minton, and Clare Pain/김명권 외 옮김.『트라우마와 몸』. 서울: 학지사, 2019.

Sandel L Susan, Sharon Chaiklin and Ann Lohn/박선영 외 옮김.『춤동작치료와 정신건강』. 세종: DMT미디어, 2018.

집단상담 리더 경험에 관한 현상학적 연구
— 정태기의 영성치유 집단을 중심으로*

백 정 미**

I. 들어가는 말

애니메이션 영화 <인사이드아웃 1, 2>에는 인간의 다양한 감정들이 서로 어떻게 좌충우돌하는지, 인간 내면을 잘 묘사하고 있다. 인간이 자신의 감정을 부인하고 억압하게 되면 관계에서 어떤 일이 일어나는지 보여준다. 영화는 다양한 감정들이 인간에게 다 중요하고 필요한데, 어떤 감정은 부정적으로 평가되어 힘을 잃고, 어떤 감정은 과도하게 일을 하여 오히려 불균형을 만들어내는 모습을 표현한다.

최근 우리 사회는 심리치료나 심리상담이 방송매체나 도서들을 통해 자연스럽게 전파되고 있다. 마음 건강에 대한 사회적 관심과 필요성이 높아지면서 국가 지원 상담 프로그램이 진행되고 있다. 자신의 아픔뿐만 아니라 다른 이의 아픔을 함께 나누며 위로받고 지지받는 경험은 집단이 가지는 힘이다. 그러나 개인 상담에 비해

---

* 이 글은 백정미, "집단상담 리더 경험에 관한 현상학적 연구: 정태기의 영성치유 집단을 중심으로," 「신학과 실천」 91 (2024): 295-323에 게재된 논문을 일부 수정함.
** 치유상담대학원대학교 상담심리학과 교수

일반인들이 집단상담에 참여하는 기회를 접하는 것이 아직 부족한 현실이다. 최근 기독상담 분야에서 집단상담과 관련된 연구로 황헌영은 "비블리오드라마를 통한 성서이야기와 드라마치료의 통합적 모형"[1]을 제안하였고, "제4차 산업혁명 시대의 영성수련: 다일영성수련의 회복과 치유사역을 중심으로"[2]에서 조한상은 하나님과의 관계성 회복을 통한 이웃과의 관계 회복을 강조하며 다일 영성수련에 대해 조명한다. 김기철은 영혼 돌봄에 기반을 두는 목회상담에 대해 논하면서 효율적이고 실천적인 소그룹 영적 치유와 성장 프로그램의 필요성을 제안하였다.[3] 이처럼 전인건강을 위한 심리적, 영적, 신체적 조화를 이루는 집단상담의 장은 여러 심리적 어려움에 직면하고 있는 현대인에게 중요한 상처 회복의 통로가 될 수 있을 것이다.

정태기는 아브라함 매슬로우의 인간의 욕구 중 신비에의 욕구, 즉 자아초월의 욕구의 중요성을 강조했다.[4] 믿음에의 욕구에 굶주린 사람은 양심조차 마비되어 정상적인 감정을 경험하고 표현하기 힘들어진다는 것이다. 또한 현대인들의 접촉과 만남의 단절은 자신뿐 아니라 관계에도 영향을 미치며 병들어가게 된다고 보았다. 따라서 정태기는 치유상담을 통해 오랜 마음의 상처를 치유하고 전인 건강이 회복하도록 돕기 위해 영성치유 집단[5] 프로그램을 진행해 오고 있다. 최근 정태기 치유상담에 대한 연구와 경험들을 지속적으로 담아내기 위한 작업이 이어지고 있다. "정태기 치유상담 30년" 학술심포지엄을 시작으로 "현대사회 트라우마와 치유

---

1 황헌영, "통합적 기독상담모형으로서 비블리오드라마," 「신학과 실천」 67 (2019): 319-345.

2 조한상, "제4차 산업혁명 시대의 영성수련: 다일영성수련의 회복과 치유사역을 중심으로," 「신학과 실천」 68 (2020): 255-278.

3 김기철, "영혼돌봄에 기반을 두는 목회상담: 영성지도의 속성을 받아들이는 상담," 「신학과 실천」 63 (2019): 239-269.

4 정태기, 『내면세계의 치유』 (서울: 상담과 치유, 2010) 111-114.

5 유상희, "치유의 의미와 경험에 대한 현상학적 연구: 정태기의 영성치유 집단을 중심으로," 「신학과 실천」 87 (2023): 393-396. 정태기의 치유에 대한 관점과 영성치유 집단에 대한 자세한 설명 참조.

상담", "치유상담 이야기" 주제의 학술심포지엄이 진행되어왔다.[6] 학술논문으로는 "치유상담운동이 개인의 삶에 끼친 영향에 관한 질적 연구: '자신의 삶으로 치유'하는 목회(기독교)상담자 정태기의 영향을 중심으로",[7] ""치유의 의미와 경험에 대한 현상학적 연구: 정태기의 영성치유 집단을 중심으로"[8]가 있다. 또한 치유상담연구원 계간지인 「상담과 치유」를 통해 참여자 경험 이야기를 소개하고 있다.

한국적 상황과 문화에 적절한 기독교 영성을 바탕으로 한 집단상담 프로그램의 연구와 활성화는 다양한 이론적 바탕과 오랜 경험적 연륜이 어우러져 발전된다고 본다. 이를 위해 영성치유 집단의 구조적 성격과 다른 집단 프로그램과의 차별된 특징을 찾기 위한 노력이 필요하다. 따라서 본 연구는 집단의 치유경험을 심층적으로 이해하기 위한 방법으로서 정태기 영성치유 집단에 참여한 소집단 리더를 대상으로 현상학적 연구 방법을 통해 치유 경험의 의미와 본질을 이해하고자 하였다. 본 연구의 목적은 집단상담 지도자들의 집단상담 참여 경험을 이해하고 설명하기 위해서 영성치유 집단에 참여한 리더들의 개별적이면서도 공통된 정서적 반응과 그 구조의 본질을 이해하는 것이다. 이러한 연구 목적을 달성하기 위한 연구 문제는 다음과 같다.

첫째, 영성치유 집단에 참여한 리더들이 경험하는 소집단 경험의 의미와 본질은 무엇인가?

둘째, 영성치유 집단에 참여한 리더들의 치유 경험에서 드러나는 현상은 무엇인가?

---

6 치유상담대학원대학교, 크리스챤치유상담연구원, 한국치유상담협회가 공동주최한 학술심포지엄이 2015년 "정태기 치유상담 30년," 2016년 "현대사회 트라우마와 치유상담," 2017년 "치유상담 이야기," 2024년 한국치유상담협회 학술대회 "나는 치유상담자로 산다, 영성수련: 치유의 꽃을 피우다" 주제로 진행됨.

7 정푸름, "치유상담운동이 개인의 삶에 끼친 영향에 관한 질적 연구: '자신의 삶으로 치유'하는 목회(기독교)상담자 정태기의 영향을 중심으로," 「목회와 상담」 27 (2016): 335-360. 정태기의 강의를 수강한 대상자를 심층면접한 근거이론연구임.

8 유상희, op.cit, 389-422. 영성치유 집단 참여자들의 경험에 대한 현상학적 연구로 진행됨.

II. 선행연구

1. 집단상담자의 리더 역할

집단상담은 집단원 간 상호작용을 통해 집단 역동이 일어나고, 그 안에서 서로를 반영하고 비추면서 피드백을 주고받고 자기성찰을 도모하는 과정이다.[9] 집단상담은 집단이 진행되는 과정에 따라 초기, 과도기, 작업, 종결 단계로 나눌 수 있다. 집단상담자는 집단상담 초기 단계에서 신뢰감을 형성하고 과도기 단계에서 집단 내의 갈등이나 저항 등을 민감하게 인지하고 다루어야 한다. 작업 단계에서 집단원의 깊은 자기 탐색을 다루고 응집력을 높이는 행동을 장려하며, 종결 단계에서 집단상담 경험의 의미를 명확히 하고, 상담에서 배운 사실을 일상생활에 적용하도록 돕는다.[10] 따라서 상담자는 단계별 특징과 치료적 개입을 이해하고 실행하기 위해 훈련이 필요하다. 집단상담 과정에 영향을 미치는 집단 리더의 주요 변인에 관한 연구를 살펴보면, Lieberman, Yalom, Miles는 집단 리더의 네 가지 역할을 정서적 자극, 운영적 기능, 보살핌, 의미 귀인으로 설명했다.[11] Yalom은 집단상담자의 과업으로 집단의 구성과 유지, 문화 형성, 지금-여기의 활성화와 명료화를 위한 기법들을 소개한다.[12] Corey, Corey & Corey는 유능한 집단상담자의 개인적 특성으로 용기, 자진해서 모범 보이기, 현재에 존재하기, 온정, 진정성, 돌봄, 집단과정에 대한

---

9 김은하, 백지연, "집단상담 실습수업에서의 리더경험에 관한 현상학적 연구," 「상담학연구」 20 (2019), 184.

10 Marianne S. Corey, Gerald Corey, & Cindy Corey, 『집단상담 과정과 실제』(서울:센게이지러닝코리아, 2019), 216-219.

11 Lieberman, Yalom, & Miles, 『Encounter groups: First facts』(New York:Basic Books, 1973); 박재황, "자기성장집단의 발달단계에 따라 집단지도자 리더십 특성이 집단응집력에 미치는 영향," 「교육심리연구」 17 (2003), 108 재인용.

12 Irvin D. Yalom/최해림·장성숙 역, 『최신 집단정신치료의 이론과 실제』 4판 (서울: 하나의학사, 2001), 138-151.

믿음, 개방성, 비판에 방어적이지 않기, 민감한 문화적 쟁점 인식, 공감능력, 자신감, 활력, 자기돌봄에 전념하기, 자기인식, 유머감각, 창의성, 개인적인 헌신과 전념을 다루었다.[13]

Gazda, Ginter, Horne에 의하면, 배려와 온화함, 집단 자료의 재구성, 집단 규칙과 시간 관리 등의 적절한 설정, 적절한 수준의 정서적 자극, 자기수용, 적절 수준의 자기개방, 낮은 이기적 욕구, 적절한 개입에 대한 판단력, 개별 집단원의 속도에 대한 존중, 진실성, 공감, 집단의 요구와 일치성 등을 효율적인 집단 리더의 특성으로 들었다.[14] 정성란 외 연구자들은 집단상담자의 인간적 특성에 대해 집단원에 대한 사랑과 관심, 자기수용, 개방성, 용기, 긍정적 변화에 대한 믿음, 돌보려는 마음, 창의성, 지혜를 제안하고 있다.[15] 박재황은 상담 과정 단계별로 집단 지도자의 리더십 특성과 집단 응집력의 관계를 연구한 결과 초기 단계 지도자의 인성적 측면의 중요성을 강조했고, 치료적 개입은 단계에 따라 점진적 증가를 제시했다.[16] 이는 리더의 특성들을 집단 과정에서 어떻게 조절하며 집단원과 균형을 맞추어야 하는지를 보여준다. 집단의 리더는 집단의 성장과 발달의 주체이며 이들의 자질과 특성은 집단과 참가자에게 많은 영향을 미치는 요인이다.[17] 따라서 집단상담의 장은 개방성과 참여, 공감하는 공간으로써 자신과 타인을 재발견할 수 있는 만남과 성장의 장이 될 수 있다.[18] 집단상담에서 서로 마음을 여는 참만남의 관계 경험은 집단원

---

13 Marianne S. Corey, Gerald Corey, & Cindy Corey, *op.cit,* 34-42.

14 Gazda, Ginter, & Horne, 『Group counseling and group psychotherapy: Theory and application』 (Boston: Allyn and Bacon, 2001); 박재황, *op.cit,* 108 재인용.

15 정성란 외 공저, 『집단상담』 (서울: 학지사, 2013), 35.

16 박재황. "자기성장집단의 발달단계에 따라 집단지도자 리더십 특성이 집단응집력에 미치는 영향," 「교육심리연구」 17 (2003): 107-125.

17 권경인, 김창대, "한국 집단상담 대가의 특성 분석," 「상담학연구」 8 (2007): 979-1010.

18 김경희, 임은미, "상담전공 대학원생이 수업 중 집단상담에서 경험한 자기성장의 의미," 「상담학연구」 15 (2014): 195-215.

각자가 자신의 내면세계와 주관적인 삶의 경험을 나누도록 촉진하며 자기성장을 목표로 삼기에 집단상담 프로그램이 다양하게 개발되고 적용되며, 그 효과성이 검증되어오고 있다.

2. 정태기의 영성치유 집단

정태기의 영성치유 집단이 가진 다른 집단상담과의 차이와 독특성에 대해 살펴보고자 한다. 영성치유 집단은 정태기의 열정, 철학, 전문성 그리고 자기치유 경험이 집약된 치유 프로그램이다.[19] 치유상담에 대해 정태기는 마음의 상처로 인해 죽어가는 사람들, 상처의 포로가 된 채 살아가는 사람을 도와 다시 회복하게 돕는 '생명 살리기'라고 한다. 그런 의미에서 영성치유 집단은 함께 아파하는 공동체의 장이다. 그곳에서 함께 울고 함께 춤추고 함께 아파해주는 공동체의 모습을 경험한다. 그곳은 마음속의 아픔을 마음껏 털어놔도 받아주는 환경으로 '뜨거운 사랑의 용광로'를 경험하게 한다.[20] 그 안에서 뻥 뚫리는 경험을 통해 그동안 눈치 보고 주눅 들어 있던 내면의 아이가 마음껏 춤추고 뛰어놀게 해 줌으로써 전혀 새로운 세계의 신비를 경험하는 장이 된다고 표현한다.[21] 안전한 공동체 안에서 함께 얘기를 나누면서 위로받고 지지받는 경험을 통해 다시 힘을 얻게 되는 경험이다. 그러므로 정태기의 치유상담은 치유에 대해 가르치는 방법이 아니라 지금 여기에서 치유의 경험이 촉진되도록 하는 상담 방법이다.[22]

---

19 김중호, "영성치유수련의 이론적 토대: 외적구조와 내적구조," 「정태기 치유상담 30년 학술 심포지엄 자료집」 (2015), 109.
20 이유상, 『동산의 소리에 귀 기울이고』 (미발행본, 2024), 98-99.
21 *Ibid*, 104.
22 정푸름, *op.cit*, 62.

영성치유 집단은 대집단 강의와 대집단치유 그리고 소집단 개인 치유 세 가지 영역이 어우러져 2박 3일 동안 마라톤 형식으로 집중되어 진행된다.[23] 대집단 강의는 참가자들이 자신의 상처를 떠올리게 하고 그 상처를 소집단에서 털어놓도록 돕는다. 대집단치유는 음악치료, 춤동작치료, 명상치료 등이 전체 참여자들과 함께 이루어져 노래하고, 춤추고, 소리 지르고, 웃고 울며 감정정화가 일어나는 집단 역동이 나타난다. 소집단 개인 치유는 8~10명으로 구성된 소집단에서 한 사람씩 자기 상처를 내놓고 집단 리더의 도움을 받아 치유 작업을 하는 것이다. 대집단치유와 소집단 개인 치유의 교환적이며 반복적인 상호작용이 특징적이다.[24]

김중호는 영성치유 집단의 소집단 개인 치유는 축소된 사회에서 부적절한 자기 행동을 교정할 기회를 갖게 되며 어린 시절의 원가족 관계의 재현 장소가 된다고 말한다.[25] 소집단의 치유 작업은 3단계로 이루어지는데, 첫째는 집단원의 자기 상처인 과거의 경험을 털어놓는 자기 개방의 단계이고, 둘째는 수련자의 상처를 치유하기 위해 리더가 적극적으로 돕고 개입하는 치유 개입 단계이며, 셋째는 다른 집단원들이 수련자의 이야기를 듣고 응답하는 돌봄 및 피드백의 단계이다. 소집단 개인 치유의 특징은 개인의 자기 개방과 털어놓기 그리고 개인이 지닌 상처의 독특성에 따라 맞춤형의 치유 작업을 할 수 있는 장을 제공한다는 것이다. 안전하고 우호적인 환경에서 과거 상처의 개방과 재구성 작업은 참여자들이 억압해 온 고통스러운 기억들로부터 자유로워지게 한다. 이 치유 과정 가운데 소집단 리더들의 촉진자로서의 역할이 중요하게 작용하므로 리더들의 역할과 현장에서의 경험에 대한 목소리를 듣는 것은 의미 있을 것이다.

---

23 김중호, *op.cit*, 111-112.

24 *Ibid*, 114.

25 *Ibid*, 113.

III. 연구 방법

1. 연구 참여자

본 연구는 정태기의 영성치유 집단 리더의 집단치유 경험을 통합적으로 이해하고자 하였다.

영성치유 집단 프로그램이 166회를 이어오고 있는데는 여러 요인이 작용하겠지만, 그곳에 지속적으로 참여하는 리더와 코리더들이 있었기에 소집단 시간이 진행되어왔다. 따라서 영성치유 집단에 참여하는 리더들의 참여 경험을 직접 들음으로써 소집단치유의 의미와 본질을 구체적으로 살펴보려 한다. 연구 참여자는 집단상담 리더로서 10년 이상 경험한 5명과 7년 이상 경험한 3명, 총 8명을 선정하였다. 성별로는 여성 6명, 남성 2명이며, 연령대는 50대 2명, 60대 3명, 70대 3명이고 종교는 모두 기독교이었다.

2. 자료 수집

연구자는 자료 수집을 위하여 심층 인터뷰를 진행하였으며 면담을 위하여 반구조화된 형식의 질문을 구성하였다. 연구자가 제작한 질문의 적절성과 타당도를 확인하기 위해 질적 연구 경험이 풍부한 상담 전공 교수에게 자문하며 수정하였다. 연구 참여자에게 인터뷰에 앞서 연구 동의서를 메일로 보내 먼저 동의를 받고 연구에 대한 취지를 설명하였고, 연구 참여자와의 면담은 평균 1시간 반에서 2시간 정도 진행했다. 현상학적 방법 모델을 근거로 영성치유 집단에 참여한 리더들의 경험을 중심으로 질문 형식을 구성하였다. 현상학적 질문의 형식은 첫째, 리더들이 영성수련에 참여하며 어떤 경험을 하는지 찾고자 했다. 둘째, 영성수련에서 소집단치유에 대한 본질을 규명하고자 했다. 셋째, 영성수련 소집단에서 리더들이 경험하는 치유 과정과 삶의 연관성을 발견하고자 했다.

3. 자료 분석

본 연구 참여자들의 개인 인터뷰 녹취 자료는 Colaizzi의 현상학적 연구 방법을 사용하여 분석하였다. 질적 연구 방법 중 현상학적 연구 방법은 현상에 대한 여러 개인의 체험 구조를 탐색하고 분석함으로써 현상을 구성하고 있는 의미의 본질과 구조를 파악하는 것을 추구한다.[26] Colaizzi의 현상학적 기술의 방법은 생활 세계에서 일상적으로 경험하는 체험을 드러나는 그대로 유지하면서 그 정체를 파악하기 위한 방법이다.[27] 따라서 본 연구는 현상학적 접근이 인간의 통합된 이해와 치유의 의미를 파악하는데 가치가 있다고 보았다. 집단상담 참여 경험에 대한 의미 세계와 과정을 탐구하기 위하여 경험 현상에 대한 본질적인 접근이 필요하였다.

4. 연구의 신뢰도

본 연구의 신뢰성을 위해 연구자의 위치를 밝히면 연구자는 치유상담대학원대학교 교수이나 영성치유수련 프로그램을 진행하지 않으며, 영성치유 집단 1차 참여 경험이 있다. 본 연구 결과의 타당성을 높이기 위해 연구자는 집단 리더들이 영성치유 집단에서 경험하는 의미 세계를 현상학적으로 탐색하기 위하여 판단중지 상태를 유지한 채 참여자의 내면으로 들어가려고 노력하였고, 그 과정에서 한 개인으로

---

26 존 W. 크레스웰/조흥식, 정선욱, 김진숙, 권지성 역, 『질적연구방법론: 다섯가지 접근』 (서울: 학지사, 2015), 91-92.
27 이남인, 『현상학과 질적연구』 (파주: 한길사, 2005), 40.

서 경험하고 지향하는 의미 파악에 중점을 두었다. 또한 Lincoln과 Guba(1985)가 제시한 연구 참여자 검토(member checking) 절차를 따라 연구 참여자 전원에게 자료 분석 결과를 메일로 보내 질문이나 의견의 피드백을 받는 상호주관적 검증을 하였다. 또한 전문가 동료 검증을 통해 연구 결과에 대한 검토를 하였다.

IV. 연구 결과

집단 리더로서 영성치유 집단, 소집단 경험에 대한 원자료를 분석한 결과, 4개의 범주, 13개의 드러난 주제군, 51개 의미 단위로 분류되었다. 연구 참여자들의 경험 내용과 구조에 대한 구성 요소는 <표 1>과 같다.

범주	드러난 주제	의미 단위
소집단치유 경험	대집단에서 밑작업으로 소집단의 장이 열림	억압된 감정이 터져 나옴 마음이 무장해제 됨 춤동작, 음악, 강의가 연결성 있게 진행됨
	억눌렸던 상처를 꺼내놓음	꺼내 보지 못한 애기를 나눔 맺힌 한을 풀어냄 막혔던 담이 허물어짐 공감받고 수용 받음 자신을 깊이 볼 수 있는 기회
	협력을 통한 치유	집단원이 조력자로 참여함 대역을 통해 상처를 재연함 다른 집단원의 피드백을 들음 지지에 의해 끈끈한 응집력을 가짐
	몸과 마음의 변화	얼굴빛이 달라지고 몸이 자유로워짐 가장 자연스럽고 나다운 모습이 됨
집단 리더의 역할	자기 개방의 환경 조성	적극적 참여를 격려함 집단의 흐름을 따라감 집단구성원의 다양성 파악

	집단의 구조화	시간 조절 배분을 함 전체를 파악하는 통찰력 오리엔테이션으로 준비시간을 가짐
	집단에서 자기조절	리더 자신의 욕심을 내려놓음 앞서가지 않으려는 자세 해결책을 주려 하지 않음
	전문기관 협력과 후속 연계	어려운 사례를 나누며 논의함 코리더와 지원팀 도움받음 연구원에 피드백을 전달함 연결되는 기관을 소개해 줌 꾸준히 상담받도록 안내함
집단 리더자 경험	함께 동행하는 영적 순간	함께 두려운 기억에 다가감 막다른 곳에서 나아갈 힘을 얻음 상처 얘기를 나누는 것에 감사 자신의 한계를 인정하고 신에게 의지함 포용하는 마음이 넓어짐
	치유의 성찰	자기성찰의 시간 나를 발견하는 시간 나를 내려놓음
	깊이 있는 삶의 경험 확장	더 깊게 배우고 싶은 마음으로 인도 다양한 사례를 통한 삶의 경험 상담 공부를 통해 사람에 관심 가짐 치유를 위한 헌신 보람을 경험
집단 리더됨의 과정	집단을 위한 준비	이전 자료를 살펴보고 준비함 우선순위를 두는 마음가짐 자기 점검의 시간 말씀과 기도로 영적 상태 유지
	전문성 역량 강화	리더가 되는 단계를 체계적으로 거침 개인 분석과 수퍼비전을 통해 발전 자신의 상처 치유를 위해 노력 리더로서 성숙한 인격적 자질 지속적 리더 교육 참여 타기관 프로그램을 공유하며 비교

1. 영성치유 집단에서 소집단 경험

1) 대집단에서 밑작업으로 소집단의 장이 열림

영성치유 집단은 전체가 모여 하는 대집단 강의, 음악치료, 동작치료 프로그램이 소그룹 집단상담과 함께 2박 3일의 시간표가 짜여 있다. 다른 집단상담이 구조화나 반구조화된 집단이 진행되는 것과 달리, 정태기 치유 집단의 특징은 연결된 프로그램이 있다는 것이다. 대집단의 시간은 소집단의 밑작업에 영향을 주어 개인의 상처를 개방하는 자리로 나아갈 수 있도록 돕는다. 전체 집단에서 진행하는 강의, 음악, 동작 프로그램은 참여자로 하여금 함께한다는 것을 느끼며, 혼자 짊어져 온 상처를 내려놓고 싶은 마음을 갖게 한다. 이처럼 모든 전체적인 프로그램은 상처치유를 위한 유기적인 역할을 한다. 따라서 대집단을 이끌며 전체를 운영하는 진행팀과 그 과정을 함께하며 연결고리가 되는 소집단 리더들은 서로를 믿고 함께 치유의 장에 임한다고 한다.

"자연스럽게 자신을 오픈하게 하는 대집단 시간에 강의나 춤동작 등을 통해 열린 마음을 가지게 하는 그런게 장점이죠." (참여자 2)

"큰 집단에서 일어난 역동과 소집단 그룹원들의 이야기들과 내 문제가 연결이 되면서 조금 더 생쌀이 불려진다는, 같은 쌀이구나를 안다고 할까." (참여자 1)

"영성치유수련의 그룹치유는 어떤 독자적인 것이 아니고 치유의 큰 흐름 중의 과정이라고 봐요. 리더자는 그들이 어느 방향으로 가야 하는지를 알려주고 방향으로 조금 인도해 주는 것. 다른 집단은 개인의 역량으로 하지만, 여기는 여러 사람들이

함께 프로그램을 움직여가는 그 부분이 다른 부분이라고 생각해요." (참여자 4)

참여자들은 노래, 춤동작에 따라 움직이면서 그동안 닫혔던 마음이 서서히 열리게 된다. 내가 여기에 온 이유를 자신에게 묻는 질문을 통해 소그룹에서 그 이야기를 풀어내기 시작한다.

"영성수련은 강의와 음악, 춤치유, 집단치유가 어우러져서 저는 종합 아트라고 생각해요. 어느것 하나가 빠지면 그룹에 들어가서 역동이 잘 일어나지 않아요. 몸을 움직이고 털면 마음을 열게 되는데 음악 드럼 같은 리듬, 춤을 추고 무대 위에도 올라가고 그런 모습들을 보면서 사람들이 자기도 모르는 사이에 무장해제가 되는 것 같아요. 서로 연결고리가 되어 마음을 열게 작용하죠." (참여자 5)

"다른 집단과 다른 것은 첫째, 집단 장이 마련되어 있다는 것, 그 장에는 이론과 실제가 어우러져 있어요. 강의로부터 시작해서 실제 장이 벌어지는데 거기서 역동이 일어나죠. 당신 왜 왔소? 질문에 내가 왜 왔는지를 그제야 알게 되죠." (참여자 6)

"모든 전체적인 프로그램은 상처 치유를 위한 유기적인 역할을 하는 것인데 춤동작이나 음악치료가 빠졌던 적이 있는데 너무너무 이 작업이 어렵더라고요." (참여자 8)

2) 억눌렸던 상처를 꺼내놓음

대집단 강의나 동작, 음악치료 시간을 통해 참여자들은 내면에 억누르고 막고 있던 것이 있다는 사실을 깨닫고, 그것에 대해 알아보고 싶다는 마음이 열리는 경험을 하게 된다. 소집단에서의 경험은 마치 막혔던 담이 허물어지듯이 그동안 자신들이 표현하지 못한 다양한 감정이 건드려지면서 밖으로 드러난다. 집단원들이 자신의 힘든 기억을 함께 공감해주며 머물러주는 경험이 치유의 시간이 된다.

"힘든 기억에 얽매여서 옴짝달싹못하는 사람들이 주로 오기 때문에 일반상담보다 더 비중 있게 그분들을 편하게 풀어주고 맺힌 한을 개방하게 하고." (참여자 1)

"핵심 주제와 관련된 사람이 있을테고 표현해 보지 못한 감정들을 쏟아내면서 억압되었던 것이 터져 나와서 구르기도 하고 충분히 애도하지 못한 부분이 나오기도 하고." (참여자 2)

"그동안 한번도 꺼내 보지 못한 얘기를 말하고 다른 사람들의 치유 작업을 보면서 자신도 경험하게 되는 것 같아요." (참여자 3)

"내 얘기를 드러내고 누군가로부터 공감을 받고 수용을 받는 그런 기회는 가장 값진 경험인 것 같아요. 내가 하고 싶은 얘기를 함으로써 성경에서 얘기하듯이 막혔던 담이 허물어지는 그런 경험을 하는 것이 치유라고 봐요. 그 순간 자신의 영이 확 열리는 경험을 했다는 분도 있어요." (참여자 4)

참여자들은 소집단에서 마음의 상처를 꺼내놓으며 그동안의 억눌렀던 감정들이 쏟아져 나오며 통곡하고 자신을 더 깊게 이해하고 만나는 시간을 가지며 치유의 경험을 한다.

"이게 내 잘못이라고 생각해서 참고 살고 했던 사람이 네 잘못이 아니야 그 말에 그동안의 감정이 와르르 무너지며 통곡하고 울고 이런 거 폭발적인 치유가 일어나

는 거죠." (참여자 4)

"자기를 진짜 알게 될 때 흘리는 눈물이 진짜 치유의 눈물이죠." (참여자 6)

"여기서는 자기 자신을 드러낼 수 있는 자기를 깊이 볼 수 있는 기회가 되고 자기 문제를 마음껏 꺼낼 수 있는 나도 한 번 해 보자 역동이 일어나게 되는 계기가 되죠." (참여자 7)

"평생 이제 한 번도 누군가 다른 사람에게 얘기해 보지 못한 어떤 쓴 뿌리들 상처를 그냥 털어놓고 누군가 앞에서 말하는 것만으로도 그것이 치유가 되는 경험을 하죠." (참여자 8)

3) 협력을 통한 치유

소집단은 상처를 개방하며 연대감이 생기면서 서로 역할을 대역하며 공감대가 자연스럽게 형성되어 더 감정이 깊어지는 경험을 하게 된다고 한다. 자신만이 그런 고통을 경험한 것이 아니었다는 걸 인식하고 다른 집단원과 공유하면서 공감받는 경험이 치유의 바탕이 된다. 집단원이 나의 가족 구성원이 되어 역할을 대신해 주면서 과거 상처가 재연되고 미처 이전에 생각해 보지 못한 부분을 발견하게 된다. 또한 상대방 입장에서 듣는 피드백이 새로운 경험을 하게 한다. 지지하는 집단원으로 인해 집단응집력이 형성된다.

"집단원들의 많은 참여를 시키려고 하며 집단원도 자신이 도움이 될 수 있구나 하는 자신감을 느끼는 것 같아요. 방관자로 있기보다 다같이 합해서 조력자로 삼고자

했어요." (참여자 1)

"나만의 아픔이 아니라는 경험이 자신을 개방하고 집단원과 유대감을 형성하게 되요. 비슷한 경험이 나를 개방하는 시발점이 되는 경우도 있고." (참여자 2)

"자신의 상처를 드러내게 전체 집단에서 건드려진 드러난 부분을 가지고 오는 참여자를 관찰하여 그것을 표현하게 하고 대역의 역할을 맡아 엄마, 아빠, 상사 등이 되어 주어 그들이 상처가 된 부분을 다루도록 도와요." (참여자 3)

"엄마 같고 아들 같고 남편 같고 그래서 그룹에서 작업하고 그게 그룹치유에서 굉장히 좋은 것 같아요." (참여자 4)

"치유작업을 하면서 아 그 자리에 서보니까 다른 생각이, 가족세우기 해보면 그의 입장이 느껴지고 떠오르는 거에요. 자기가 일어난 경험, 입장을 바꿔서, 분노작업을 할 때 여러 사람들이 함께 도와주는데, 시원하고 자기 혼자서는 그렇게까지 표출을 할 수 없는데 막 도와주니까…." (참여자 5)

4) 몸과 마음의 변화

리더들은 참여자들의 표정, 몸동작에서 자유로워지고 달라진 변화를 발견하게 된다. 참여자들은 얼굴빛이 달라지고, 웃고, 긴장이 풀어지며 어린아이 같은 가장 자연스럽고 나다운 모습이 나오면서 변화를 드러내는 순간이 온다.

"참여자들이 얼굴빛, 웃음, 얼음이 녹아 물이 흐르듯이 말이 많아지는 것, 집단에

적극 참여하는 모습 등에서 변화를 발견할 수 있어요." (참여자 3)

"얼굴빛이 달라져요. 처음에 와서는 웃지도 않고 우두커니 앉아 있던 사람들이 얼굴에 광채가 나고 춤이 달라지고 웃고 끝날 때 되면 하하 호호." (참여자 4)

"가실 때의 모습은 저는 이제 막 어린아이의 모습 같아요. 어린아이가 해맑게 뛰어노는 가장 자연스럽고 가장 나다운 저는 치유가 그렇다고 생각하거든요." (참여자 8)

2. 집단 리더의 역할

1) 자기개방의 환경 조성

리더들은 참여자와의 신뢰관계 형성이 초기에 중요하다고 보았다. 소집단은 신뢰 형성을 통해 자기개방을 위한 안전한 환경을 조성할 수 있기 때문이다. 리더는 집단에 참여한 다양한 참여자를 파악해서 그들이 안전한 환경 속에서 자신의 이야기를 풀어낼 수 있도록 격려한다. 또한 참여자가 마음을 열고 적극적으로 참여할 수 있게 존중하며 공감하려고 노력하였다.

"그 사람이 아프다면 그건 지금 힘든 건데 이 순간에는 그 사람을 존중해주고 그 아픔을 공감해야 치유가 되요." (참여자 2)

"참여자들이 신뢰하며 그룹에 참여할 수 있도록 마음이 열리도록 돕는 것이 중요해요. 시간이 제한되어 있고 목적을 가지고 참여하였으므로 적극적으로 친해지고 참여하기를 격려하죠." (참여자 3)

"너무나 여러 계층들이 오시기 때문에 주로 어떻게 보면 상처가 있는 분들이 오기 때문에 이제 그것이 미성숙하고 날 것으로 오시기 때문에 이게 막 부딪히고 그런 걸 좀 빨리 파악해야 되는 것 같아요. 전체 그룹을 위해서는…." (참여자 8)

2) 집단의 구조화

집단의 리더는 시간의 구조화를 하여 전체 집단원의 참여하는 정도와 시간 안배를 할 수 있어야 집단 진행에 도움이 된다. 리더는 한 개인마다 자신의 이야기를 나누는 시간, 상담적 개입의 시간, 마무리하고 정리하는 시간의 적절한 분배를 통해 참여자들이 균등하게 기회를 가지도록 한다.

"20분 정도 자기개방을 하고 내놓은 이야기 시간의 흐름 중 어느 한 지점을 여기서 다루기 원하는지 본인에게 물어봐서 선택하게 하여 그 부분에 집중하여 들어가서 20분 치유의 시간을 갖고 나머지 10분 정도 정리의 시간을 갖고 분위기를 환기시키고 다음 사람이 하고 그러죠." (참여자 1)

"시간은 한정되어 있고 여러 사람이 들어오니까 리더가 시간 안배를 잘해야 하죠. 한 사람에게 집중되면 그룹의 분위기가 깨져버려서 그걸 리더가 잘 배분해야죠. 어느 정도 선에서 개입해서 들어가서 명료화하며 시간 안배를 해야 할 수 있지 그렇지 않으면 너무 힘들어요." (참여자 4)

집단 리더는 집단원의 참여를 파악하고 살피며 개인의 역동이 어떻게 일어나며 어떻게 받아들이는지를 관찰하고 도와주는 역할을 한다. 집단을 시작하면서 오리엔테이션을 통해 상처를 만나는 준비작업을 하여 참여자가 소집단에서 다루고 싶은 이야기에 집중하도록 돕는다.

"개인 한 사람 한 사람에 집중하지만, 전체를 파악하는 눈도 겸해야 하는 능력이 있어야죠. 전체를 보는 통찰자, 돕는 자며 해결자는 아니라는 것, 이 사람들이 상처를 드러내고 해소할 때 격려하고 도와주면서 그 사람들이 좀 더 힘을 가지고 갈 수 있도록 하는 역할이죠." (참여자 4)

"오리엔테이션을 잘 해 놓으면 집단의 역동이 굉장히 힘이 있거든요. 그래서 저는 좀 오리엔테이션에 좀 집중을 많이 하는 편이에요. 상처 만나기 명상을 해서 이제 어떤 도움을 받고 싶은지를 좀 이렇게 음악을 통해서 명상을 좀 떠올리게 하고." (참여자 8)

3) 집단에서의 자기 조절

집단의 리더는 속도 조절을 통해 참여자의 흐름을 파악하고 너무 앞서가지 않게 절제하면서 참여자의 이야기를 집중하여 듣는다고 한다. 참여자가 충분히 자신의 이야기를 표현하고 선택하는 과정에서 치유의 장이 열리게 된다. 리더는 참여자를 따라가며 앞서가지 않으면서 내가 이끌려고 하지 않는 태도가 중요하다고 하였다. 리더가 준비한 것, 자기의 욕구를 내려놓을 수 있을 때 집단에 더 편안하게 임하게 된다고 한다.

"2박 3일 동안 흐름을 따라가야 해서. 쉬는 시간이나 이런 때에도 전적으로 집중해주려 하죠." (참여자 1)

"리더자의 절제가 필요하죠. 리더가 앞서가지 않는 것, 너무 짧은 기간 동안 욕심을 좀 내려놓는 것, 절제하는 것이 굉장히 중요해요." (참여자 2)

"내가 준비해 간 도구들도 그날 그룹의 분위기에 따라 내려놓고 그 흐름을 따라갈 수 있는 자세를 가지려고 해요. 리더로서는 잘하려는 욕심도 있는데, 시간이 지날수록 내려놓게 되고." (참여자 3)

4) 전문기관 협력과 후속 연계

집단원 중 전체 분위기에 영향을 주는 개인이 있는 경우 전체 집단 자원을 활용하여 도움을 받기도 한다. 집단마다 리더를 돕는 코리더가 있어 전체 분위기를 살피고 리더의 요청에 도움을 준다. 리더들은 매일 리더 회의를 통해 어려운 사례를 논의하고 정보를 교류하면서 진행의 흐름을 함께 공유한다.

"지금 역동이 일어나는 사람에게 집중하도록 돕고 리더와 코리더가 같이 협력하구요." (참여자 2)

"힘든 경우 이제 코리더님한테 전담 마크해달라고 하거나 우리 직원들에게 좀 봐달라고 하거나 좀 그렇게 작업을 했던 것 같아요. 연구원 뒤에서 같이 하고 계신 자원들을 활용해야죠." (참여자 8)

"이거를 다 이제 리더들끼리 나누고 좀 어려운 케이스를 같이 나누기도 하고 의논도 하고 그다음 날 또 회의하고 그래서 같이 나누고 이제 정보도 듣고 하죠." (참여자 8)

영성치유 집단에 참여자들은 집단 참여 이후 원하는 경우 지속적인 치유를 위한 연결 기관의 정보를 안내받기도 한다. 이는 집단을 통해 경험한 자기 탐색의 기회를 이어나가게 하고 심리상담 공부의 장으로 연계되기도 한다. 참여자들은 단회성 집단경험이 가질 수 있는 한계를 전문기관의 연계를 통해 상담과 교육으로 보완할 수 있다.

"거기에 온 사람 중에 개인상담이 필요한 경우 상담센터로, 성폭력 피해자의 경우 성폭력센터로 안내를 해줄 수 있고 치유상담연구원으로 공부를 계속 할 수 있게 일회성으로 끝나는 것이 아니라 연결되게 해줘서 자기를 더 알아갈 기회를 제공해 주게 되죠." (참여자 5)

"계속 팔로워해서 상담을 받고 교육을 받으면 좋겠다고 해서 이제 거기로 연계를 시켰고 꾸준히 상담을 받았고 교육을 계속 받은 걸로 제가 알고 있어요." (참여자 8)

3. 집단 리더자 경험

1) 함께 동행하는 영적 순간

리더들은 소집단에서 깊은 직관, 영성이 작용하는 순간을 경험했다. 한 사람과의 진정한 만남의 자리에서 느껴지는 연결성을 통해 혼자가 아니라 함께 깊은 어두움을 지나는 경험을 한다. 그 순간 함께하는 하나님의 인도를 느끼며 참여자의 삶의 이야기에 스며든다고 한다. 리더가 무엇을 해서가 아니라 존재로서 함께 나누는 수용의 순간이 치유의 시간이 된다. 참여자의 이야기에 함께 웃고 울며 이야기 나누는 것이 감사하게 느껴지며 리더는 그 자리에 머무는 힘을 얻는다. 그 속에서 다른 이의 삶을 포용하고 이해하는 마음이 넓어지는 것을 경험한다.

"한동안 도저히 어떡해야 할지 모르는 순간에 모서리 지점처럼, 그런 지점에서 힘을 얻어 갈 수 있는 순간, 혼자는 거기에 못 내려가는데 같이 거기 가보는 것, 어렸을 때 힘든 두려운 장소에 가서 둘러볼 수 없었던, 나를 믿어주고 같이 내려가고 올라오는 역할을 하는 거죠." (참여자 1)

"그들의 삶을 같이 애기할 수 있는 것도 감사하고, 여전히 부족한 건 부족한거고 내가 오늘 여기까지라는 걸 인정하고 나와 함께하신다는 것, 이게 되면서 마음이 편안해지더군요." (참여자 4)

"여기저기 시간과 돈을 투자하며 가보지만 이게 별거 없구나 하나님 앞으로 계속 돌아오게 되더라구요. 모든 걸 내려놓고 더 깊이 내 것으로 만드는 힘이 있어야 하는 것 같아요." (참여자 4)

"내가 경험하지 못한 것을 보면서 내가 생각한 것만이 옳은 게 아니구나. 생각의 폭이 넓어지고 편파적인 것이 없어지고, 다양한 경험 있는 사람들을 만나면서 점점 포용할 수 있는 게 많아지니까 이해할 수 있는 마음이 넓어지게 되는 것 같아요." (참여자 7)

2) 치유의 성찰

참여자들은 리더로서 집단에서 자신을 성찰하며 참여하였다. 자신의 한계를 인정하고 수용하면서 편안하고 안정된 상태를 유지하는 것이 중요하다는 것을 깨달았다. 소집단에 참여하며 자신을 돌아보는 시간이 되고 자신이 먼저 치유가 되어야 소집단에서 리더로서 역할을 하는 데 도움 된다고 보았다. 리더가 진솔한 모습으로 집단에 참여하는 것이 집단의 역동에 영향을 미치기 때문에 자신의 내면 치유에 대한 노력을 계속하는 것이 중요하다고 말한다.

> "저에게는 성찰의 시간이죠. 도와줄 수 있다는 행복이 커서 만사 제쳐놓고 가요. 그곳에서 이루어지는 역사를 보면 하나님 믿기를 잘했다고 생각되고 예배의 순간의 감동이 느껴져요." (참여자 6)

> "가장 나를 발견하는 시간, 내가 아는 내 삶만 알았는데 영성수련에 온 사람들 얘기를 들으면서 그런 경험이 쌓이면서 나의 있는 모습 그대로를 다 보여줄 수 있는 그게 또 그 사람들에게 위로가 되는 상호작용이 되는 것 같아요." (참여자 7)

> "내가 나를 내려놔야 하고 상처가 집단에서 전이되지 않도록 노력하는 거고, 제 상처를 깊이 들여다보고 그 상처를 치유하는 노력을 많이 하는 것, 자신에 대한 내면치유에 대한 노력을 하는 것 밖에 없었어요. 치유자의 상처가 치유되지 않으면 그룹 내에서 일어나는 역동이 있죠." (참여자 4)

3) 깊이 있는 삶의 경험 확장

리더는 집단에서 많은 사례를 접하면서 임상경험의 깊이를 쌓아가는 기회가 되어 자원이 된다고 한다. 상담을 공부하면서 다양한 사람에게 관심을 가지고 알아가는 집단경험이 리더에게 유익을 준다고 하였다. 참여자들이 참자기를 찾아가고 힘을 얻는 치유의 과정에 함께하는 것이 보람 있다고 한다. 자신들이 먼저 영성치유 집단을 반복해서 경험하고 치유되어 자원봉사의 헌신으로 이어지며 경험이 확장되고 있었다.

"제가 리더를 안 했다면 이렇게 많은 스펙트럼과 다양한 삶의 깊이 있는 경험을 했을 수 있을까, 정말 많은 임상 케이스가 있는 거죠. (생략) 그거는 치료자로서도 정말 엄청난 자원이죠." (참여자 8)

"나에게 영성치유수련은 나의 또 다른 발견이다. 그냥 평범한 삶을 살고 있었는데 내 인생의 가장 잘한 선택을 뽑으라면 상담 공부를 한 것 같아요. 사람에 대해 관심을 가지게 되었죠." (참여자 5)

"참여자가 자신으로 살아갈 힘을 얻게 될 때인 것 같다. 자신이 맡은 역할도 억지로가 아니라 자연스러운 나를 찾게 되는 것이 보람 있죠." (참여자 3)

"함께 울고 웃고 얘기하며 집단을 경험한 거라 그들이 치유받고 좀 더 삶이 나아지고 자기 정체성도 확립이 되고 이런 경험을 해주고 싶은 마음에 열심히 다하지 않았나 싶어요." (참여자 4)

"저희 리더들이 무료로 봉사한다는 사실에 굉장히 신선한 충격을 받아요. 그것이 저희도 뿌듯하게 여길 수 있는 것이고, 저희는 또 집단 실습을 자연스럽게 할 수 있는 코리더로 참여해서 경험하고 시간이 흘러 리더로 세워지는 기회가 있는 것도 강점이라고 생각합니다." (참여자 5)

4. 집단 리더됨의 과정

1) 집단을 위한 준비

리더는 집단에 참여하기 위해 준비하는 시간을 가졌다. 이전 기록을 살펴보고 집단에서 사용할 자료를 챙기며 익숙한 태도로 매너리즘에 빠지지 않기 위해 노력한다. 무엇보다 영성치유 집단의 날짜를 우선순위로 두는 마음가짐의 준비를 한다. 또한 말씀과 기도로 영적 상태를 유지하려고 한다. 자신이 해결되지 않은 마음 상태로 참여하여 집단에 영향을 미칠 수 있으니 자기 점검을 하고 묵상하며 자신을 돌보고자 했다.

> "저는 계속 영성수련 사례도 다 기록을 해놓았고 그것을 봐요. 치료기법들을 정리해서 묶어놓은 것이 있는데 그것도 한 번 살펴보고 가져갈 자료들도 정리하고 준비하는데 일주일 정도 몰두해요." (참여자 6)

> "지난 번 했던 것도 보고, 내 삶을 다시 살펴봐요. 자기 점검, 내가 어떤 마음으로 참여할 것인가를 살펴보고. 내가 해결되지 않은 부분이 있으면 영향을 주니까 자기 점검이 중요해요." (참여자 7)

> "마음 중심부터 담고 있어야 한다고 봐요. 1년 달력이 나오면 우리 가족 행사를 기록하고 다음이 연구원 행사, 영성수련 날짜를 기록하고 그 기간은 다른 행사를 잡지 않아요. 우선순위를 두는 마음가짐을 가지죠." (참여자 6)

> "자신의 영적 상태를 유지하기 위해 말씀과 기도로 준비해요." (참여자 3)

2) 전문성 역량 강화

집단 리더들은 사명감을 가지고 상담 관련 교육을 계속 받으면서 리더로서 훈련을 받아왔다. 리더가 되기 위해서는 치유상담연구원 일반과정과 전문과정, 인턴과정 수업에서 교육받고, 임상실습과 집단경험에서 코리더 경험들을 통해 비로소 리더의 역할을 맡게 되는 체계적 단계를 거친다. 또한 전문가가 되기 위해 자신의 상처 치유를 위한 개인 분석을 받고 임상실습에 수퍼비전을 받으면서 참여한다. 리더는 성숙한 인격적 자질을 갖추기 위해 이와 같은 훈련의 시간이 중요하다고 보았다.

"일반과정 2년 4학기 마치고 전문과정 가면 원하는 사람 중 코리더를 참여할 기회가 주어지고 인턴 과정까지 코리더를 10번 정도 하게 되요. 그 이후 리더로 참여할 수 있는 기회가 되요. 인턴 마치고 콜로키움 3시간씩 6번, 부부사랑 만들기 3시간씩 6개월 12번 참석하는 것도 있고 해피엔딩 리더로 참여하고 리더를 60번 이상하고서 집단상담을 할 수 있는 대처능력도 생기더라구요." (참여자 2)

"리더는 임상경험을 많이 해야 하지 않을까. 본인이 상담도 받아야 하고 수퍼비전을 받아야 더 발전성이 있지 않을까. 자기 스타일로 굳지 않게. 리더들의 인격적인 자질이 필요하다고 생각해요. 성숙한 인격. 신앙 인격이 성숙되는 것, 사람을 존중해주고 사랑해주는 내면의 영성을 겸하는 리더들이 되면 좋겠고 초심을 잃지 않으면 좋겠어요." (참여자 2)

리더들은 치유상담연구원에서 진행하는 주기적인 리더교육에 참여할 뿐 아니라 전문성을 위한 새로운 프로그램들을 공유하고 참여하려 한다. 집단참여 후 리더의 사후 모임에서 사례 수퍼비전과 집단 진행에 대한 평가가 이루어져 다음 집단을 위한 도움을 나눈다. 이런 모임은 리더들의 결속에도 도움이 된다고 보았다. 지속적인 교육의 중요성을 강조한다.

> "리더 교육이 정말 필요해요. 실제 리더에게 필요한 교육을 철저히 시켜서 코리더들도 잘 세워나가야 하죠. 준비된 사람들을 키우는 게 필요하죠. 연구원에서 하는 교육들을 계속 듣고…. (생략) 전문성 훈련이 계속 이어져 오죠. 유익한 프로그램을 공유하며 적용하려고 해요." (참여자 6)

> "리더들이 이번에 어떤 좀 더 좋았던 거 이번에 참 이런 강의가 너무 좋았고 너무 도움이 됐다. 이게 빠지니까 너무 힘들었다, 지지그룹에서 이렇게 나눈 것들을 연구원에도 도움이 될 만한 정보들은 저는 좀 나누고 있어요. 리더들만의 교육과 또 같이 좀 알아가는 장들이 이어져야 그래야 결속이 될 수 있을 것 같아요." (참여자 8)

V. 결론 및 논의

본 연구는 영성치유 집단 리더 8인의 자료 분석을 통해 영성치유 집단에서 소집단의 본질과 리더의 집단경험이라는 현상의 의미와 본질 구조를 파악하려고 하였다. 드러난 4개의 본질적 주제 범주를 종합하여 영성치유 집단의 소집단 리더 경험을 정리하면 다음과 같다.

첫째, 정태기의 영성치유 집단에서 소집단은 대집단의 전체 프로그램과 연계를 통해 역동이 일어난다는 것이다. 전체 프로그램이 상처 치유를 위해 유기적으로 움직이며 참여자들에게 영향을 미쳤다. 구조화된 대집단과 소집단의 적절한 시간적 배치와 진행을 통한 촉진은 톱니바퀴가 맞아떨어져 굴러가는 효과를 가져왔다. 대집단에서의 강의와 치유 시간은 누구에게도 표현해 보지 못한 깊은 상처에 다가가는 장이 열리게 하였고 소집단에서 집단원 한 사람씩 돌아가며 이야기를 꺼내고 재연을 통해 서로 공감대를 형성하고 아픔을 나누었다. 유상희의 연구에서도 집단원들의 이야기를 통해 상처와 고통의 보편성을 경험함으로 위로와 치유를 경험한 소그룹 공동체 경험의 중요성이 드러났다.[28] 집단원들은 자신들의 억눌림으로부터 자유로워진 몸과 마음의 변화를 대집단에서 춤추고 노래하면서 드러냈다. 이는 집단에서 춤동작 치료가 심리적 긴장을 줄이고 유대감을 높여 내면의 부정적 감정을 다루도록 마음을 열고 상호 공감과 지지를 위한 기초를 놓는다는 내용과 연결된다.[29]

집단 참여자들은 상처를 드러내며 자신의 진정한 모습을 찾아가며 가장 자신다운 상태가 되는 과정에서 치유가 일어났다. 김용태는 정태기의 치유상담은 자신이 작은 존재임을 인정하고, 다른 사람들에게 작은 존재로 보여도 괜찮다고 메시지를 전한 데서 치유의 시작이 일어났다고 보았다.[30] 정태기의 자신을 노출시키는 행동은 예수님의 치유사역을 상담적으로 구체화한 행동이라고 설명했다. 그런 의미에서 영성치유 소집단은 자신들의 마음속에 숨겨진 상처들을 드러낼 수 있는 안전한 공동체를 제공해 준다고 볼 수 있다. 2박 3일의 집단경험은 자신의 상처 치유의 시작이며 자신이 변화함으로 가정, 교회 더 나아가 민족의 변화를 향해 지속적인 확장을 추구하는 삶의 전환점이라는데 의미가 있다.

---

28 유상희, *op. cit*, 418.

29 박선영, "영성을 춤추다," 「한국치유상담협회 2024 학술대회 자료집」 (2024): 55-58.

30 김용태, "부조화와 분열을 넘어 일치를 향한 30년: 한국 교회와 사회에 끼친 영향," 「정태기 치유상담 30년 학술심포지엄 자료집」 (2015): 35-36.

둘째, 소집단에 영향을 미치는 집단 리더의 역할을 찾아볼 수 있었다. 먼저 신뢰 관계가 형성되어 자기 이야기를 개방할 수 있는 분위기를 조성하기 위한 노력을 하였다. 다양한 사람들이 모이므로 각 특성을 파악하고 참여를 독려하며 안전하다고 느끼도록 그들의 삶의 이야기를 존중하며 공감하였다. 또한 적절한 시간 분배와 참여를 위한 구조화를 통해 균등한 기회를 제공하고 개인의 역동을 관찰하며 집중하였다. 이는 선행연구에서 Gazda, Ginter, Horne이 제시했던 효율적인 집단 리더의 특성과 맥을 같이 한다. 참여자들은 리더로서의 자기 절제는 중요한 덕목 중 하나라고 강조한다. 집단을 위해 준비한 것이 있어도 지금 여기에서의 과정보다 자신이 앞서지 않아야 한다는 것이다. 그 조절을 위해 자신의 휴식과 관리가 필요하다고 보았다. 소집단 리더는 코리더와의 소통을 통해 집단의 전체 흐름을 파악하고 어려운 사례에 대해 매일 진행하는 전체 리더 회의에서 나누고 진행팀의 도움을 구했다. 또한 리더들은 단회성 집단경험이 가질 수 있는 한계를 보완하기 위해 참여자의 필요나 요청에 따라 전문기관의 상담과 교육으로 연계하였다. 이처럼 집단 리더들은 소집단 전체의 진행과 참여자 개인의 치유 과정을 위해 다양한 역할을 하였다.

셋째, 영성치유 집단에 참여하는 리더들의 소집단 경험을 살펴보았다. 소집단 리더자로 참여한 경험은 리더들에게 어떤 영향을 미치고 무엇을 경험하는지에 대해 알 수 있었다. 우선 삶의 지평 확장의 경험을 들 수 있다. 이는 다른 이의 삶과 그 속에 담긴 상처와 아픔을 나누면서 치유의 순간에 함께 동행하는 영적 경험이다. 자신의 한계에 이를 때 나아가는 힘을 느끼고 함께 깊은 상처의 자리로 다가가는 경험을 하였다. 영성치유 집단은 모든 과정에 현존하는 초월적 존재, 하나님이 치유에 개입하신다는 믿음을 가지는 영적인 공동체이다.[31] 다양한 삶을 함께 나누는

---

31 김중호, *op. cit*, 125.

경험은 리더들의 사람에 대한 이해와 포용의 깊이를 더했다. 내담자의 삶에 관여하시는 하나님의 깊은 섭리에 대해 새로운 인식을 하도록 돕고 그 새로운 인식으로 내담자의 풍부한 이야기로 확장해 가며 정체성을 확립해 가도록 돕는 것이 목회상담자의 역할일 것이다.[32] 또한 리더들은 영성치유 집단의 참여가 자기성찰의 시간이며 자신을 발견하는 자리가 되었다. 따라서 자신의 내면치유를 위해 계속 노력하는 것이 중요함을 강조했다. 그래야 진솔한 상담자로서 내담자와 함께 치유 과정에 함께 할 수 있다고 보았다. 리더로서 보람을 느끼는 것은 상담자로서 다양한 삶의 깊이를 경험하는 임상 사례를 접할 수 있다는 것이다. 집단원들이 자신을 찾아가며 힘을 얻는 모습을 보며 뿌듯함을 경험하고 치유를 위한 헌신에 보람을 느꼈다.

넷째, 집단 리더로서 어떤 과정을 준비하며 훈련하는지에 대해 자료 분석 결과 드러난 몇 가지를 살펴보면 우선 집단을 준비하는 자세이다. 그것은 이전 자료들을 살펴보고 준비해 갈 자료를 정리하며 무엇보다 자신의 영적 상태를 점검하는 것이다. 현재 삶에서 영향을 줄 수 있는 자신의 심리적, 영적 측면을 살펴보는 시간을 가졌다. 이는 리더로서 다양한 상호작용을 더 민감하게 알아차리고, 상호작용 안에서 내 모습을 확인하면서 자기성찰을 깊이 있게 할 수 있도록 촉진하는 전문적 성장의 필요성을 논한 선행연구와도 연결된다.[33] 또한 삶의 우선순위에 집단 일정을 놓아 먼저 시간을 내놓고 참여하는 마음의 준비를 하였다. 그리고 체계적인 상담교육과 임상 실습 경험을 쌓는 시간을 통해 전문성을 키워나갔다. 집단상담에 참여한 내담자로서의 경험을 통해서 집단상담이 갖는 특성을 실제 경험을 통해 직접 체험할 수 있게 된다는 기존 연구처럼[34] 집단 리더가 되기 전에 충분한 임상 실습과

---

32 양재아, "목회상담가의 자세와 질문기술연구: 이야기치료 중심으로,"「신학과 실천」 89 (2024): 493-519.
33 김은하, 백지연, op. cit, 185.
34 김동일, 이혜은, 이한림, 김명찬, 송민정, 이명화, "구조화된 집단상담 프로그램의 지도자 훈련 경험에 관한 질적연구,"「질적탐구」 8 (2022), 251.

집단참여 경험을 가졌다.

집단 리더는 사람에 대한 존중과 사랑을 가진 성숙한 인격을 갖추는 것도 중요하다고 강조한다. 리더 사후 모임을 통해 사례 수퍼비전이 이루어지고 유익한 프로그램들을 공유하며 지속적인 참여와 교육에 대한 안내가 공동체에 속한 리더들을 좀 더 결속되게 하였다. 영성치유 집단 리더가 되기까지 준비 과정뿐 아니라, 리더가 된 이후에도 지속적 훈련의 중요성을 깨달으며 노력하고 있었다. 선행연구에서 집단상담자의 전문성을 위해 개인 상담 경험, 집단상담 경험, 집단 계획과 조직 능력, 상담 이론에 관한 지식, 인간에 관한 폭넓은 지식과 경험을[35] 논하고 있듯이, 본 연구의 참여자들도 집단상담 지도자의 전문성 훈련과 인격적, 신앙적 성숙을 위한 지속적 노력을 강조하고 있다. 따라서 상담자의 전문성이 요구되는 집단상담 리더로서 지속적으로 전문성을 고양할 수 있는 제도적 장치가 뒷받침되어야 할 것이다. 연구 참여자들이 경험하고 있듯이 집단 리더로서의 다양한 임상경험은 전문 상담사로서의 훈련에 도움이 된다. 리더들이 현장에서 필요로 느끼는 구체적인 임상교육과 수퍼비전이 주기적으로 관리되는 것이 중요할 것이다.

본 연구의 의의는 다음과 같다. 첫째, 본 연구는 집단 리더를 통해 집단상담의 참여 과정 경험을 참여자의 생생한 언어로 깊이 있게 분석하였다는 데 의의가 있다. 둘째, 정태기의 영성치유 집단 소집단 내의 리더 경험을 탐구하여 영성 치유의 의미와 집단의 본질 구조를 규명했다는 데 의의가 있다고 할 수 있다. 마지막으로 후속 연구에 대한 제언으로 영성치유를 위한 다양한 집단상담 참여자 대상의 경험뿐 아니라 상담자의 참여 경험에 대한 질적, 양적 연구가 활성화되어 전인 건강을 위한 영성치유 집단 프로그램이 체계적으로 보완되고 확대되기를 기대한다.

---

35 정성란 외 공저, 『집단상담』 서울: 학지사 (2013), 212-217.

참고문헌

권경인·김창대. "한국 집단상담 대가의 특성 분석." 「상담학연구」 8 (2007): 979-1010.

김경희·임은미. "상담전공 대학원생이 수업 중 집단상담에서 경험한 자기성장의 의미." 「상담학연구」 15 (2014): 195-215.

김기철. "영혼돌봄에 기반을 두는 목회상담: 영성지도의 속성을 받아들이는 상담." 「신학과 실천」 63 (2019): 239-269.

김동일·이혜은·이한림·김명찬 송민정·이명화. "구조화된 집단상담 프로그램의 지도자 훈련 경험에 관한 질적연구." 「질적탐구」 8 (2022): 231-259.

김용태. "부조화와 분열을 넘어 일치를 향한 30년: 한국 교회와 사회에 끼친 영향." 「정태기 치유상담 30년 학술심포지엄 자료집」 (2015): 25-41.

김은하·백지연. "집단상담 실습수업에서의 리더경험에 관한 현상학적 연구." 「상담학연구」 20 (2019): 165-189.

김중호. "영성치유수련의 이론적 토대: 외적구조와 내적구조." 「정태기 치유상담 30년 학술심포지엄 자료집」 (2015): 109-130.

박선영. "영성을 춤추다." 「한국치유상담협회 학술대회 자료집」 (2024): 48-60.

박재황. "자기성장집단의 발달단계에 따라 집단지도자 리더십 특성이 집단응집력에 미치는 영향." 「교육심리연구」 17 (2003): 107-125.

양재아. "목회상담가의 자세와 질문기술연구: 이야기치료 중심으로." 「신학과 실천」 89 (2024): 493-519.

유상희. "치유의 의미와 경험에 대한 현상학적 연구: 정태기의 영성치유 집단을 중심으로." 「신학과 실천」 87 (2023): 389-422.

이남인. 『현상학과 질적 연구』. 경기: 한길사, 2005.

이유상. 『동산의 소리에 귀 기울이고』. 미발행본, 2024.

이충효·임은미. "상담수련생의 생애 첫 집단상담 공동리더 경험에 대한 내러티브 탐구." 「평생학습사회」 15 (2019): 53-78.

정성란·고기홍·김정희·권경인·이윤주·이지연·천성문 공저. 『집단상담』. 서울: 학지사, 2013.

정태기. 『내면세계의 치유』. 서울: 상담과 치유, 2010.

정푸름, "치유상담운동이 개인의 삶에 끼친 영향에 관한 질적 연구: '자신의 삶으로 치유'하는 목회(기독교)상담자 정태기의 영향을 중심으로," 「목회와 상담」 27 (2016): 335-360.

Marianne S. Corey, Gerald Corey, & Cindy Corey/이동훈·권경인 역, 『집단상담 과정과 실제』 10판. 서울: 센게이지러닝코리아, 2019.
Yalom, I. D/최해림·장성숙 역, 『최신 집단정신치료의 이론과 실제』 4판. 서울: 하나의학사, 2001.

정태기의 영성치유 집단에 나타난 치유의 의미와 경험*

유 상 희**

I. 들어가는 말

현대 사회에서 '마음의 치유', '상처의 치유', '상처받은 치유자' 등 '치유'라는 용어가 종종 사용된다. 영어 heal, cure, therapy가 치유로 번역되기도 하고, 상담, 치료, 심리치료 등과 유사한 의미를 가진 용어로 이해되기도 한다.

기독(목회)상담 영역에서 치유는 예수님의 사역과 목회 돌봄의 기능으로 설명될 수 있다. 성경 내 여호와 라파(Jehovah rapha), 즉 치유의 하나님이라는 히브리어에서 나타나듯이 하나님은 스스로를 치유자로 표현하고 있으며, 신약성경은 예수님의 치유 사역을 기록하고 있다고 제시되기 때문이다.[1] 클레브쉬와 재클(William A.

---

* 이 글은 유상희, "치유의 의미와 경험에 대한 현상학적 연구: 정태기의 영성치유집단을 중심으로," 「신학과 실천」 87 (2023): 389-422에 게재된 내용을 수정 · 보완한 것이다.
** 치유상담대학원대학교 상담심리학과 교수
1 이기춘, "기독교의 치유와 영성," 「기독교사상」 4 (1988): 74-76; 정태기, 『아픔·상처·치유』 (서울: 상담과 치유, 2000), 12-18.

Clebsch & Charles Jaekle)은 초기 교회시대로부터 현재까지 서구 교회역사 내 목회적 돌봄의 주요한 네 가지 기능이 치유(healing), 지탱(sustaining), 인도(guiding), 화해(reconciling)라고 제시하고 있으며, 목회적 돌봄의 고유한 형태로서의 치유는 어려움이나 장애를 극복하고 전인성을 회복하고 이전보다 더 나은 상태로 발전하는 것이라고 설명한다.[2] 여기서 말하는 전인성의 회복을 힐트너(Seward Hiltner)는 신체적 차원에 국한된 것이 아닌 정신적, 사회적, 영적 차원 등을 포함한 것으로 설명하며, 치유는 인간의 상실되거나 손상을 입었던 기능이 "전인적으로 완전히 작용하도록 하는 것" 또는 "기능적인 완전성을 다시 회복하는 것"으로 설명한다.[3] 투루니에(Paul Tournier)는 진정한 치유는 몸, 정신, 영혼의 전인적 치유[4]라고 말하며, 클라인벨(Howard J. Clinebell)은 몸, 마음, 관계, 일, 놀이, 세상, 영의 상호연관된 7가지 차원의 치유가 전인성 또는 전인건강[5]을 의미한다고 제시한다. 따라서 목회돌봄이나 기독(목회)상담은 "본질적으로 치유적 성격"[6]을 가지고 있으며, 치유는 전인적 차원에서 경험되어야 한다고 이해될 수 있다.

심리·상담 영역에서의 '마음의 치유'나 '상처의 치유'는 주로 심리학적 관점을 바탕으로 한 내적 치유를 의미하며, 가족치료사 브래드쇼(John Bradshaw)는 "과거에 무시당하고 상처받은 내면아이"(neglected, wounded inner childe of the past)가 불행의 가장 큰 원인[7]으로 이를 치유하는 것을 내적 치유로 제시한다. 이러한 관점에

---

2 William A. Clebsch and Charles Jaekle, *Pastoral Care in Historical Perspective* (New York: Jason Aronson, 1975), 8-10; 치유, 지탱, 인도, 화해와 더불어 목회적 돌봄과 상담의 중요한 기능으로 양육 (nurturing), 해방(liberating), 역량강화(empowering)가 추가되어 제시된다. Loren Townsend, *Introduction to Pastoral Counseling* (Nashville: Abingdon Press, 2009) 참조.

3 시워드 힐트너/민경배 역, 『목회신학원론』 (서울: 대한기독교서회, 1987), 117-120.

4 폴 트루니에/황찬규 역, 『인간치유의 길』 (서울: 보이스사, 1977), 173.

5 하워드 클라인벨/이종헌·오성춘 역, 『전인건강』 (서울: 성장상담연구소, 1995), 24-28.

6 Carol A. Wise, *Pastoral Psychotherapy: Theory and Practice* (London: Jason Aronson In., 1983), 25-26.

서 기독(목회)상담 영역에서의 내적 치유는 상처받은 감정과 치유되지 못한 기억들을 목회적인 차원에서 돌보아 주고 치유해 주는 것이라고 이해되기도 한다.[8] '상처입은 치유자'의 관점을 제시한 나우웬(Henri J. M. Nouwen)에 따르면 치유는 "인간의 죄책감, 억눌림, 상처로 부터의 해방"을 의미하며, 치유의 과정은 "인간 내면의 세계가 영적 발돋움을 갖는 것"으로 영적 지도나 나눔을 통해 기독교 공동체에서 일어난다고 제시한다.[9] 이처럼 심리학적 관점을 접목한 치유의 의미는 과거의 상처받은 내면 아이 치유라는 내적 치유 개념에서부터 인간의 상처, 억눌림, 죄책감 등으로 부터의 해방이라는 개념으로 폭넓게 이해되고 있다.

기독(목회)상담 영역에서 치유의 의미나 치유의 경험에 대한 논의들은 지속되어 왔으나 대부분 교회라는 기독 공동체 내에서의 치유의 경험이나 치유목회 모형을 통한 치유 경험들에 대한 연구들이 주를 이루며, 기도, 말씀, 안수, 예배, 의례 등을 통해 경험되는 치유에 대한 문헌적 연구가 대다수이다.[10] 더불어 교회 밖에서의 치유 경험[11]이나 불안, 중독, 귀신들림 등의 특정 주제에 대한 치유 연구가 진행되나 문헌적 연구가 주를 이룬다.[12] 최근 긍정심리학의 발전으로 용서,[13] 감사[14] 등이 행

---

7 존 브래드쇼/오제은 역, 『상처받은 내면아이 치유』(서울: 학지사, 2004), 31.

8 존 웜버/이재범 역, 『능력치유』(서울: 나단, 1991), 145-146.

9 변영인, "헨리 나누웬의 영성과 치유적 상담에 대한 고찰," 「복음과 상담」 11 (2008): 51-52, 81; 헨리 J. M. 나우웬/최원준 역, 『상처입은 치유자』(서울: 두란노, 1999), 120-126; 헨리 J. M. 나우웬/박동숙 역, 『영혼의 양식: 265일 지혜와 믿음을 향하여』(서울: 두란노, 1997), 37.

10 김수영, "의례수행의 치유기능에 대한 목회상담학적 연구," 「신학과 실천」 49 (2016): 505-531; 김의식, 『성경과 치유』(서울: 통독원, 2023); 권명수, "관상기도의 의식의 흐름과 치유," 「신학과 실천」 16 (2008): 217-250; 박혜정, "성만찬과 성유식이 함께 있는 치유-예배," 「신학과 실천」 12 (2007): 199-232; 오성춘, "치유목회를 통한 공동체 형성의 가능성," 「기독교사상」 28/1 (1984): 56-66; 이상억, "치유에 대한 분석적-비평적 이해의 관점에서 바라본 목회상담의 정체성 연구," 「장신논단」 30 (2007): 311-348; 한경국, "상황설교로서의 한국교회 치유설교 이해," 「신학과 실천」 51 (2016): 141-166.

11 정승록, 박병화, "산림휴양이 기독교인의 신앙 몰입과 치유회복에 미치는 영향," 「신학과 실천」 49 (2016): 453-478.

12 윤득형, "의례를 통해 본 사별슬픔 치유와 목회돌봄: 여성의례를 중심으로," 「신학과 실천」 63 (2019):

유상희 _ 정태기의 영성치유 집단에 나타난 치유의 의미와 경험 ㅣ 261

복감, 삶의 만족도, 관계 역량, 사회 역량 등에 미치는 영향들에 대한 양적 연구와 질적 연구가 진행되고 있으나 치유와 관련된 경험적, 과학적 연구는 미비하다.

따라서 본 연구는 현대를 살아가는 이들이 경험하는 치유 경험의 본질과 치유의 의미를 살펴보는 것을 목적으로 하며, 특히 교회 밖에서 이루어지고 있는 치유 경험에 대해 경험적 연구인 질적 연구를 진행한다. 이를 위해 본 연구는 정태기의 영성치유 집단 프로그램에 참여한 이들이 경험하는 치유 경험의 본질과 치유의 의미를 현상학적 연구 방법을 사용하여 연구하였다.

II. 정태기의 영성치유 집단

1. 정태기의 치유에 대한 관점

정태기는 국내 1세대 목회상담가[15]로서 한신대학교 목회상담 분야 교수를 역임하였고, 1997년 크리스찬치유목회연구원(현 치유상담연구원)을 설립하였으며 2014년 크리스찬치유상담대학원대학교(현 치유상담대학원대학교)를 설립하였다. 한신대학교,

---

303-330; 이상현, "현대인의 불안에 대한 실존적 탐색과 치유: 폴 틸리히의 불안이해를 중심으로," 「신학과 실천」 66 (2019): 295-321; 조윤옥, "관계중독의 치유에 관한 연구," 「신학과 실천」 38 (2014): 409-440.

13 김서연, 박종효, "용서프로그램이 고등학생의 긍정심리와 사회역량에 미치는 영향," 「교육연구」 77 (2020): 137-161; 조영주, "배우자 용서와 자기용서의 부정반응과 긍정반응이 관계만족 및 삶의 만족에 미치는 영향," 「한국심리학회지: 상담 및 심리치료」 34/2 (2022): 765-792; 최호정, "용서중재 미술치료 이론 개발을 위한 여성의 부모용서과정에 관한 질적 연구," 「예술심리치료연구」 11/3 (2015): 175-198.

14 김경화, "대학생의 감사노트 작성이 감사성향과 행복감에 미치는 영향," 「한국콘텐츠학회논문지」 20/7 (2020): 244-255; 박선민, 김아영, "감사일지 쓰기가 초등학생의 감사성향과 행복감에 미치는 영향," 「교육방법연구」 26/2 (2014): 347-369.

15 손운산, "한국 목회돌봄과 목회상담의 발전과 과제," 「목회와 상담」 17 (2011), 9; 유상희, "한국 기독(목회)상담의 역사와 연구동향," 「한국기독교상담학회지」 30/1 (2019), 249.

Northern Baptist Theological Seminary, Claremont School of Theology에서 수학한 정태기는 목회상담, 내적 치유, Clinebell의 전인 건강 등의 관점을 한국적 상황에 적용하여 '치유상담'이라 명명하였고, 한국 교회와 사회에 '치유상담'을 정착시킨 선구자 역할을 한 것으로 평가된다.[16] 정태기는 인간이 상처받게 되는 근본적 원인으로 관계를 언급하며, "인간의 마음과 영의 상처는 대부분 관계에서 시작된 것들"이라고 제시한다.[17] 삶을 이끌어 가는 힘이 사랑이라고 제시한 신학자 틸리히(Paul Tillich)와 인간의 기본욕구 중 하나로 친밀감과 소속감의 욕구를 제시한 심리학자 매슬로우(Abraham M. Maslow)를 언급하며, 인간은 생존을 위해 물질적 영양분이 필요함과 동시에 "인간관계와 신앙에서 얻은 사랑의 영양분"이 필요하다고 말한다.[18] 관심과 사랑을 주고받아야 할 대상으로부터 무관심을 경험할 때 인간은 몸과 마음과 영혼이 상처 입게 되며, 특히 하나님의 사랑을 가장 크게 체험할 수 있는 가정에서 부모로부터 충분한 관심과 사랑을 받지 못할 때 상처받게 된다고 제시한다.[19]

정태기는 상처받은 마음을 "비뚤어진 운전사"로 비유하며, 상한 마음을 치유한다는 것은 "내 안에 어떤 운전사가, 언제부터, 무슨 연유로, 내 의식 속에 들어와서 지금까지 나를 끌고 다니는 것일까 등을 탐구하고, 그 원인을 찾아내어 눌린 영혼을 해방시켜주는 작업"이라고 설명한다.[20] 다시 말해, 상한 마음을 치유한다는 것은

---

16 유상희, "한국 기독(목회)상담의 역사와 연구동향," 251; 정푸름, "치유상담운동이 개인의 삶에 끼친 영향에 관한 질적 연구: '자신의 삶으로 치유'하는 목회(기독교)상담자 정태기의 영향을 중심으로," 「목회와 상담」 27 (2016): 335-360; 정태기, 『내면세계의 치유』 (서울: 규장문화사, 2000)의 교보문고 저자 소개 참조.

17 정태기, "정태기 목사의 치유상담칼럼: 상한 마음의 치유," 「활천」 725/4 (2014), 55. 더불어 정태기, 『내면세계의 치유』, 90-101와 정태기, 『숨겨진 상처의 치유』 (서울: 규장, 2002), 116-144의 참조.

18 정태기, "정태기 목사의 치유상담칼럼: 상한 마음의 치유," 55.

19 정태기, 『내면세계의 치유』, 90-101; 정태기, 『숨겨진 상처의 치유』, 87-97; 정태기, "정태기 목사의 치유상담칼럼: 가정의 힘," 「활천」 730/9 (2014), 57; 정태기, "정태기 목사의 치유상담칼럼: 상한 마음의 치유," 55.

"하나님의 형상을 지니고 태어난 인간은 누구나 아름다운 삶의 열매를 맺으면서 살 수 있는 가능성"이 있다는 것을 알아차리는 것으로, 상처의 치유는 "잃어버린 나의 참된 자아를 찾게 되는 것"이다.[21] 상처받은 영혼을 가진 이들은 "자신을 알지도 그리고 자신과 화해하지도 못했기에 자기 자신과 깊이 불화하는 사람들"이라고 표현하며, "자신을 알고 자신과 화해하는 것이 치유의 첫걸음"이라고 제시한다.[22] 정태기는 '자기 자신과의 화해'로서의 치유와 더불어 클라인벨이 제시한 전인적 차원의 치유를 제시하며 영적, 정신적, 신체적 차원뿐 아니라 대인관계적, 대사회적, 자연 환경적 차원과의 성숙한 관계를 유지하는 것 또는 온전함(wholeness)을 이루는 것을 지향해야 한다고 설명한다.[23]

정태기는 설교, 말씀, 치유 목회, 한풀이, 꿈해석 등 신학과 심리학의 대화와 상호 협력을 바탕으로 한 다양한 방식의 치유의 방법[24]을 제시하며, 특히 상처를 치유할 수 있는 중요한 힘으로 사랑을 경험할 수 있는 "좋은 만남의 관계" 또는 "소그룹 공동체"를 강조한다.[25] 인간이 하나님의 사랑을 경험할 수 있는 가장 기초적이며 중요한 공동체는 가정이며, 부모 등 가족관계로부터 관심과 사랑을 받지 못할 때 몸과 마음과 영혼이 상처받기 쉬우며 이러한 상처는 하나님의 사랑으로 이루어진, 성령이 함께하는 소그룹 공동체를 통해 치유될 수 있다고 설명한다.[26]

---

20 정태기, 『내면세계의 치유』, 12-18; 정태기, 『숨겨진 상처의 치유』, 13-14; 정태기, "정태기 목사의 치유상담칼럼: 상한 마음의 치유," 54-55.

21 정태기, "정태기 목사의 치유상담칼럼: 상한 마음의 치유," 54.

22 정태기, "치유의 첫걸음," 「상담과 치유」 86 (2022), 7.

23 정태기, 『숨겨진 상처의 치유』, 25-39; 정태기, 『아픔·상처·치유』, 20; Howard Clinebell, *Well Being* (San Francisco: Harper, 1991), 7-9.

24 정태기, 『아픔·상처·치유』, 32-172, 193-200; 정태기, "정태기 목사의 치유상담칼럼: 치유의 역사책," 「활천」 729 (8): 54-55.

25 정태기, 『내면세계의 치유』, 93; 정태기, "정태기 목사의 치유상담칼럼: 상한 마음의 치유," 55.

26 정태기, "정태기 목사의 치유상담칼럼: 가정의 힘," 57; 정태기, "정태기 목사의 치유상담칼럼: 상한 마음의

여러 사람이 함께하는 소그룹 공동체는 하나님의 사랑과 이웃의 사랑을 가장 뜨겁게 체험할 수 있는 치유의 장(field)인 것이다.[27] 이러한 치유의 장을 만들기 위해 정태기는 1997년 3월 크리스찬치유목회연구원(현 치유상담연구원)을 설립하고 이를 "치유 공동체"[28]로 명명하며, 2001년 12월부터 2박 3일 일정의 영성치유 집단프로그램을 시작하였다. 영성치유 집단은 교회 밖 공동체에서의 치유경험을 위해 계획된 치유 집단프로그램이라 하겠다.

2. 정태기의 영성치유 집단

영성치유 집단은 2박 3일 집단상담프로그램으로 영성수련, 영성치유수련, 영성치유 집단 프로그램으로 불리우며, 본 연구에서는 영성치유 집단으로 표기한다. 정태기는 집단치유를 3단계로 제시하며, 이를 위해 1차, 2차, 3차에 걸친 영성치유 집단을 제공한다.[29] 1차 영성치유 집단은 내적 치유를 목표로 하며, 2차는 한치유, 3차는 춤치유, 명상치유, 해피엔딩, 부부사랑만들기 프로그램이 필요에 따라 진행된다. 영성치유 집단은 2001년 12월 1회차를 시작으로 2023년 4월 161회차[30]가 진행되었고, 1차 내적 치유 109회, 2차 한치유 15회, 3차 명상치유 4회, 춤치유 5회, 해피엔딩 1회, 부부사랑만들기 27회가 포함된다. 1차 치유영성집단은 일반인 참여가 가능하며, 2차, 3차는 치유상담연구원과 치유상담대학원 학생들에게만 제공되

치유," 55.

27 정태기, "정태기 목사의 치유상담칼럼: 상한 마음의 치유," 55.

28 치유상담연구원, "치유공동체," 「치유상담연구원영성 수련」, 접속 2023.10.20., http://www.chc-i.or.kr/researcher/employ.jsp.

29 정태기, 『내면세계의 치유』, 95.

30 영성치유 집단은 코로나 감염병의 확산으로 2020년부터 2022년까지 줌 화상으로 3일 동안 진행되었으며 2023년 4월 161회차부터 다시 대면 프로그램으로 복귀되었다.

고 1차 영성치유 집단을 포함한 총 2회의 영성치유 집단 참여가 수료 또는 졸업요건이다.

　　본 연구는 2023년 4월 진행된 1차 영성치유 집단(161회차)에 참여한 이들을 대상으로 하며, 1차 영성치유 집단은 내적 치유에 관한 4번의 대그룹 주제 강연, 2번의 대그룹 춤치유, 6번의 소그룹 치유시간으로 구성된다. 6번의 대그룹 프로그램은 치유상담대학원대학교 교수들[31]이 진행하며, 6번의 소그룹 프로그램의 리더와 코리더는 치유상담연구원에서 일반, 전문, 인턴과정 총 6년 훈련 과정을 이수한 상담사들과 치유상담대학원 졸업생 중 임상 훈련을 받은 상담사들이 참여하고 있다. 치유를 위한 처음 단계인 1차 영성치유 집단에서는 "마음속의 구정물을 흔드는 작업"이며, "무의식 속에 가라앉아 있던 크고 작은 상처들이 의식의 표면 위로" 떠오르게 하여 "무엇이 현재 자신을 괴롭히고 있으며, 자신의 무엇 때문에 타인이 괴로워하는지" 등 자신의 문제를 표현하고 이를 객관적으로 들여다보는 프로그램이 제공된다.[32] 상처 입은 자신과의 만남을 통해 자신과 소그룹원의 이야기를 경청하고, '괜찮다' '이 정도면 잘 해왔다'고 서로를 위로하고 격려하며 자신과 화해하는 시간을 갖도록 프로그램이 제공된다.[33]

---

31 161차 영성치유 집단의 대그룹 주제강의는 정태기 명예총장이 두 번, 김중호 교수가 한 번, 정푸름 교수가 한 번 진행하였고, 두 번의 대그룹 춤치유는 박선영 교수가 진행하였다.

32 정태기, 『내면세계의 치유』, 96; 정태기, "치유의 첫걸음," 7; 2단계, 3단계인 2차, 3차 영성치유 집단은 수면 위로 떠오른 찌꺼기들을 끄집어내는 작업인 "조리질 역할"을 한다고 정태기는 설명한다.

33 정태기, "치유의 첫걸음," 7.

III. 연구 방법

1. 현상학적 연구

질적 연구 방법으로서의 현상학적 연구(phenomenological research)는 "하나의 개념이나 현상에 대한 여러 개인의 체험(lived experiences)의 공통적 의미를 기술"하는 연구 방법이다.[34] 현상을 경험한 이들로부터 자료를 수집하고, 이들이 경험한 경험의 본질에 대해 기술하며, 이들이 '무엇을 경험했는지'와 '어떻게 경험했는지'를 기술한다.[35] 현상학적 연구는 공통된 현상을 경험한 개인들의 주관적 경험과 더불어 다른 사람들과 공통되는 객관적 경험을 탐색하며, 관찰, 문서, 인터뷰 등의 방법으로 자료를 수집할 수 있다.[36] 현상학적 연구에서는 연구자의 개인적 경험에 대한 '괄호치기' 또는 '판단중지'(epoche)가 중시되며, 이는 연구자의 경험을 문제시하는 것이 아닌, 참여자의 경험을 탐색하고 기술하는 과정에서 연구자의 과거의 지식이나 그로 인한 판단이 참여자의 경험을 왜곡하지 않도록 주의하는 것을 말한다.[37]

2. 자료 수집

본 연구는 2023년 4월 13-15일 안성수양관에서 대면으로 진행된 161회차 영성

---

34 존 W. 크레스웰/조흥식 · 정선욱 · 김진숙 · 권지성 역, 『질적연구방법론: 다섯가지 접근』 (서울: 학지사, 2015), 102.

35 *Ibid.*, 102

36 *Ibid.*, 104-105.

37 *Ibid.*, 104, 106.

치유 집단 참여자를 대상으로 연구 참여자를 모집하였다. 프로그램의 마지막 날 광고 시간에 본 연구에 대해 공지하였고, 128명 참여자들[38] 중 11명이 연구 참여신청서를 작성하였으며 결과적으로 총 6명이 연구에 참여하였다.[39] 연구 참여자들에게 연구 목적, 연구 진행 방법, 녹음이나 녹화 여부 및 파기, 개인정보보호, 비밀보장, 연구 참여 중단 권리 등에 대한 안내가 서면과 구두로 제공된 후 연구 참여동의서를 받았다. 2023년 7월부터 8월까지 1~2회에 걸쳐 대면 또는 줌(zoom) 화상으로 인터뷰가 진행되었으며, 영성치유 집단에 참여하게 된 동기, 치유를 위한 주제들, 2박 3일의 참여 경험, 치유의 의미 등의 질문에 답하는 형식으로 진행되었다.

연구 참여자는 모두 여성이었으며, 30대 1명, 40대 2명, 50대 2명, 60대 1명으로 구성되었다. 일반인 1명, 대학원생 5명이 참여하였다. 일반인 1명은 영성치유 집단에 참여한 경험이 있는 남편의 권유를 받아 참여하였고, 대학원생 5명은 졸업 요건을 충족하기 위해 참여하였으며 그중 2명이 치유에 대한 기대도 있었다고 표현한다. 기독교인 4명(사모 2명), 천주교인 1명, 비종교인 1명이었으며, 모두 기혼자이나 이혼 1명, 재혼 1명이 포함되었다.

3. 자료 분석

본 연구의 자료 분석을 위해 무스타카스(Clark Moustakas)의 분석 방법을 사용하였다. 무스타카스의 현상학적 연구 분석 방법을 바탕으로 첫째, 치유영성 집단 참여 경험에 대한 녹취된 개인의 경험들을 전사하였고, 둘째, 전사된 내용들을 반복적으

---

38 161차 영성치유 집단은 치유상담연구원생 58명, 치유상담대학원생 39명, 일반인 31명, 총합 128명이 참여하였으며, 강사, 스탭, 리더, 코리더 40명이 일정을 진행하였다.

39 연구 참여신청서를 작성한 11명 중 2명은 개인적 사유와 이중관계 이유로 연구에 참여하지 않았고, 연구에 참여했던 3명은 2024년 4월 연구 참여 철회를 희망하여 본 글에서는 인용된 내용이 삭제되었다.

로 읽으며 의미 있는 진술들을 선별하고 나열하는 자료의 수평화(horizonalization) 작업을 통해 진술들의 목록을 작성하였다, 셋째, 진술들의 목록을 의미 단위 또는 주제라고 부르는 더 큰 단위로 묶고 참여자들에게 '무슨 일이 발생했는지'의 조직적 기술(textual description)과 그 경험이 '어떻게 일어난 것인지'에 대한 구조적 기술(structural description)을 하였다. 마지막으로 조직적 기술과 구조적 기술을 통합하여 경험의 '본질'을 제시하였다.[40]

4. 연구의 신뢰성

본 연구의 신뢰성 향상을 위해 연구자의 위치를 밝히고자 한다. 본 연구자는 치유상담대학원대학교 교수이나 영성치유수련 프로그램을 진행하지 않으며, 2015년 1차 영성치유 집단, 2018년 2차 명상치유 집단, 2023년 3차 춤치유 집단에 참여한 적이 있음을 밝힌다. 링컨과 구바(Lincoln & Guba)가 제시한 질적 연구의 신빙성(credibility), 전이가능성(transferability), 의존가능성(dependability), 확증가능성(confirmability)[41]을 확보하기 위해, 본 연구는 전사된 자료의 반복적 읽기와 더불어 자료 분석 시 개인의 경험적 측면을 괄호치기하고 무스타카스의 분석 방법을 적용하기 위해 노력하였다. 또한 영성치유 집단 참여 수기가 기록되어 있는 치유상담연구원 계간지인 「상담과 치유」 21호(2002년 봄호)부터 88호(2023년 봄호)까지에 기록된 영성치유 집단 참여 수기를 읽고 분석[42]하였으며, 인터뷰한 내용의 자료 분석과

40 Clark Moustakas, *Phenomenological Research Methods* (Thousand Oaks, CA: Sage, 1994); 크레스웰, 『질적연구방법론』, 229-230 재인용.

41 Yvonna S. Lincoln and Egon G. Guba, *Naturalistic Inquiry* (Beverly Hills, CA: Sage, 1985); 크레스웰, 『질적연구방법론』, 290, 296-298 재인용.

42 「치유와 상담」은 치유상담연구소에서 발간하는 계간지로 1997년 3월부터 출간되었고, 2001년 12월부터 시작된 영성치유 집단의 후기들은 2002년 21호부터 게재되었다. 2002년 봄 21호부터 2014년 가을 71호까지

결과검토 시 프로그램 운영자, 동료 조언 등 삼각 검증을 통해 신빙성, 전이 가능성, 의존 가능성, 확증 가능성을 증진하기 위해 노력하였다.

IV. 연구 결과

161회차 영성치유 집단 참여자 6명을 대상으로 한 인터뷰를 통해 28개의 하위 주제, 6개의 본질적 주제를 도출하였으며, 두 개의 범주로 구분되었다.[43]

<표 1> 연구 결과

범주	주제	하위 주제
치유의 경험	치유의 주제	무거운 감정들 가족과의 갈등 상실과 애도 대물림되는 상처들
	치유를 돕는 경험	상처와 부족함의 이야기들 수용과 공감 상처의 보편성

는 매년 4회 출간되었고, 그 후 매년 2회 출간되고 있어 2023년 5월 기준 총 88번째 「치유와 상담」 계간지가 출간되어 있다. 영성치유 집단 참여 후기에 나타난 치유의 주제는 자기 자신, 내면 아이, 성장 과정의 상처, 분노, 불안, 애착, 가족 갈등, 자녀 양육, 질병이나 질환, 죽음과 상실이 있으며, 참여 동기로 가족, 지인, 목사의 권유나 치유 경험에 대한 자발적 참여가 표현되었다. 치유 경험에 대한 표현으로는 자기개방의 두려움, 치유에 대한 기대 등 참여 전 마음들과 울부짖음과 눈물, 자기개방, 기억의 재정립, 춤치유를 통한 치유, 리더와 소그룹 집단원을 통한 위로와 치유, 하나님의 위로와 사랑, 경청과 공감, 용서 구함과 용서 받음 등이 표현되었다. 치유를 지속적 과정으로 표현하였고, 치유를 통해 경험된 인도, 화해, 지지, 해방 경험을 표현하였다.

43 161회차 영성치유 집단 참여자 중 연구 참여신청서를 작성한 11명 중 2명은 개인적 사유와 이중관계 이유로 연구에 참여하지 않았고, 9명을 대상으로 한 인터뷰를 통해 543개의 의미단위를 발견하였고, 28개의 하위 주제, 6개의 본질적 주제를 도출하였으며, 두 개의 범주로 구분되었다. 이후 2024년 4월 연구 참여자 3인이 연구 참여 철회를 희망하며 3인의 인용된 내용은 삭제되었으며, 28개의 하위 주제, 6개의 본질적 주제, 2개의 범주는 변화가 없었고 내용을 보완하기 위해 다른 연구 참여자의 인용 문구가 일부 추가되었다.

		몸의 치유
		함께하는 조력자들
	치유의 의미	자기답게 사는 것
		온전한 상태의 회복
		자연스러움과 편안함
		마음의 상처가 아무는 것
		자기 가치감과 자기 신뢰
		연결되고 소통되는 것
치유의 과정	치유의 여정	이전의 노력들
		참여 전후 마음
		마침표가 없는
	치유 후 변화	감정 해소와 편안함
		타인 수용과 연민
		대화 방식의 변화
		상처 입은 치유자
		치유의 확장
	남아 있는 치유	나를 찾아서
		오래된 외로움
		남아 있는 얘기들
		해소되지 않은 관계
		거리두기 후 화해

1. 치유의 주제들

1) 무거운 감정들

참여자들은 과거나 현재 삶에서의 경험되는 불안, 슬픔, 분노, 두려움, 우울 등의 감정들과 자신의 선택과 행동에 대한 죄책감이나 하나님이나 가족 및 대인관계에서 느끼는 배신감 등 해소되지 못하고 쌓여있는 감정들을 표현하는 기회를 가졌다고 표현한다.

남아 있는 슬픔이 있을 텐데 이거를 다 떨쳐내지 못한 채로 그냥 살아가는 기분이라는 게 있었거든요···. 엄마의 이야기를 나눌 수 있는 곳이 아무 데도 없어서 그냥 혼자서만 기억하는 걸로 이제 살다가 품고 있는 거죠···. 처음으로 이거에 대한 이야기를 해 보는구나라는 느낌이 들었던 것 같아요. (참여자 1)

교회 안에서 거짓말로 패거리를 만들어 가지고 다른 사람들을 공격하는 그런 양상을 띤 사람이 있었어요. 그분이 전혀 뜬금없이 이제 저한테 공격을 하고··· (소그룹에서) 막 울다가 그때 이제 많은 사람들이 또 위로해 주는데. 함께 막 떠들고 두드려 패주고 나니까 좀 속이 시원하더라고요. (참여자 9)

2) 가족과의 갈등

참여자들은 소그룹 참여 시 원가족, 현가족, 확대가족 내 관계 갈등을 치유의 주제로 표현하였다. 가족 내 부나 모와의 애착 문제나 인정 욕구, 시어머니와의 관계, 자녀와의 관계, 편애로 인한 형제자매 갈등이 표현되었으며, 가정폭력, 외도, 이혼, 재혼의 주제들도 표현되었다.

시어머니와 친정엄마 나의 어떤 관계 이런 것들을 메인으로 얘기를 했던 것 같아요. (참여자 3)

저는 남편 때문에 힘들었던 일 얘기를 했어요. (참여자 6)

그동안 너무 밖에 일을 많이 해서 딸한테 소홀했다는 게 저에게 있는 죄책감이나 후회였어요. (참여자 8)

3) 상실과 애도

참여자들 중에는 부나 모를 상실하고 애도의 시간을 갖지 못한 아픔을 소그룹에서 나누고 치유의 경험을 하였다고 표현하였다.

어머니가 돌아가신 경험이 두 번이 있어요…. 그런 과정을 겪어오면서 분명히 뭔가 남아 있는 슬픔이 있을 텐데 이거를 다 떨쳐내지 못한 채로 그냥 살아가는 기분이라는 게 있었거든요…. 엄마의 이야기를 나눌 수 있는 곳에 아무 데도 없어서 그냥 혼자서만 기억하는 걸로 이제 살다가 품고 있는 거죠…. (소그룹) 그때 처음으로 이거에 대한 이야기를 해보는구나라는 느낌이 들었던 것 같아요. 많이 울고 이야기도 많이 나누고…. (참여자 1)

4) 대물림 되는 상처들

원가족 내 갈등이나 상처가 자신의 감정과 대인관계에 영향을 미치고 자녀와의 관계에서 상처를 만들어 삼대에 걸쳐 해소되지 않는 우울, 불안, 두려움 등의 감정들과 관계 갈등이 대물림되고 있음이 표현되었다.

조별 모임에서 각자 부모님에 대한 상처…. 그 애착의 문제가 얼마나 각 사람에게 뿌리 깊게 인격 형성과 자신감과 세상으로 나가는 에너지에 큰 역할을 하는지를 그냥 본 것 같고…. 저도 그 시간에 아빠가 아프셨기 때문에 엄마와 함께하지 못했던 시간이 얼마나 나에게 사람들과의 관계 속에서 안정감 없는 대인관계를 만들었는지 본 것 같아요…. 그로 인한 내 자존감, 정체성 문제 때문에… 딸한테 소홀했다는 게 저에게 있는 죄책감이나 후회였어요. 내가 정리되지 않은 채로 결혼을 해버리니

까 그게 아직까지도 해결이 안 된 채 평행선으로… (참여자 8)

2. 치유를 돕는 경험들

1) 상처와 부족함의 이야기들

참여자들은 강사들과 소그룹 그룹원들이 나눈 상처와 부족함에 대한 이야기들이 자신의 아픔과 상처를 이해하고 표현하는 데 도움이 되었다고 말한다. 모든 참여자들은 소그룹 내 그룹원이 나눈 다양한 아픔과 이야기들을 언급하였다.

어떤 얘기들은 좀 내 마음에 엄청 와닿는 것도 있어서, 그래서 같이 막 눈물도 엄청 나고… 그때 내가 많이 마음이 움직였던 것 같아요. (참여자 1)

다른 사람들이 부모와의 갈등 얘기를 할 때 진짜 많이 제가 울면서 들었거든요. (참여자 8)

얘기하다 보니까 다들 상처가 있으신 분이고 제 상처를 그래서 얘기할 수 있었고요. 그냥 낯선 사람이라 더 부담 없이 제 얘기를 할 수 있었어요…. 제 그 초라한 모습 그대로, 제가 겪은 불행 그대로 말을 하면서 제가 좀 뭘 내려놨다고 그래야 되나…. (참여자 6)

정태기 목사님도 그렇고 정푸름 교수님이 그때 자신의 어떤 얘기를 하셨잖아요. 이렇게 겉으로 보이는 모습과 또 내 안에 진짜 어떤 그리 선하지 않는 모습 같은 거를… 그냥 일종의 부족함이죠. 그거를 그냥 이렇게 탁 내보여 가지고 덤덤하게

얘기를 하실 때 아 어쩜 저렇게 솔직하게 많은 사람 앞에서 자기를 잘 고백할 수
있을까 자기 마음을…. 그게 되게 감동적이었고, 나도 저런 힘이 있는 사람이 되고
싶다. 이런 생각을 많이 하게 됐어요. 그리고 그 강연이 끝나고 이제 그 다음에 바로
뭔가 이렇게 (소그룹) 세션을 하러 가잖아요. 이제 그 사람들이 마음의 빗장을 이렇
게 탁 내려놓게 해주는 힘이 있는 그런 말씀이었던 것 같아요. (참여자 2)

소그룹뿐만 아니라 쉬는 시간, 식사 시간, 숙소 등에서 새로운 사람들과의 만남
을 통해 자신의 상처들을 나눈 것을 언급하였고, 목사, 사모, 목회자 자녀, 기독교인
등이 다수였으나 비종교인, 타종교인 등 다양한 사람들을 만날 수 있고 다양한 나눔
이 있어서 도움이 되었다고 표현한다.

숙소에서 또 어떤 인연이 만나진 거예요…. 서로 기도 제목을 나누고 약간 나눔을
해 준거예요. (참여자 3)

2) 수용과 공감

참여자들은 자신의 아픔과 상처를 표현했을 때 정죄하거나 해답을 주기보다
적극적으로 경청해 주고 공감해 주는 경험이 치유에 도움이 되었음을 표현하였다.

조별로 앉아서 자신의 어떤 진짜 아무한테도 털어놓지 못했던 그 상처들을 툭툭
털어놓는데 다 같이 거기에 대해서 울어주고 정죄하지 않는 거 있잖아요. 네가 잘했
다 잘못했다 이런 거 판단의 시선으로 듣지 않는 것 자체가 사람이 상처를 치유하기
위해서는 반드시 거쳐가야 되는 어떤 그런 터널 같아요…. 너의 모든 아픔의 덩어리
를 한번 꺼내봐 봐 우리도 다 꺼내볼게 하는 그 시간 자체가 엄청난 치유의 힘을

가진다 이런 생각이 들었어요. 또 거기에 대해서 누구도 판단하지 않고 비판하지 않고 들어주니까…. 누군가의 무조건적인 인정과 호의와 관심과 경청이 필요한 것 같아요. 그게 사랑이고 그게 약간 어머니 경험인거죠. (참여자 2)

치유는 내가 힘든 것을 알아주는 것. 그것이라는 거를 매일 점점 깨닫는 것 같아요…. 그 아픔에 대해서 공감해 주는 것이 치유가 되는 것 같아요. 해결해 줄 필요는 없는 것 같아요. (참여자 8)

마음이 병들고 아픈 사람들한테 필요한 거는 정말 마음의 힘이거든요. 마음의 힘을 다 잃은 거예요…. 그 사람한테 이렇게 살아라 저렇게 살아 뭐 그런 말은 사실 필요가 없어요…. 마음이 아픈 사람한테는 정말 아팠겠어요 이렇게 공감해주면서 마음에 힘을 좀 주는 것이 필요해요. (참여자 6)

3) 상처의 보편성

사람들의 아픔과 상처의 이야기를 들으며 '나만이 그런 아픔이 있는 것이 아니구나'라는 상처와 아픔의 보편성을 경험하는 것이 자기 이해와 치유에 도움이 되었다고 표현한다.

소그룹 집단에서 내 상처의 보편성도 경험하고 그러니까 나만 겪는 게 아니구나 이게 모두에게 이런 것들이 있구나 하는…. 저는 어떤 상처를 치유할 때 이런 보편성을 경험하는 게 엄청 중요하다는 생각이 들거든요. 한마디로 세상에 이런 사람이 나만 있는 게 아니라 세상에는 이렇게 많은 아픔들이 존재하고 이거를 안다는 것 자체가…. (참여자 2)

조별 모임에서 각자 부모님에 대한 그 상처…. 그 애착의 문제가 얼마나 각 사람에게 뿌리 깊게 인격 형성과 자신감과 세상으로 나가는 에너지에 큰 역할을 하는지를 눈으로 그냥 본 것 같고…. (참여자 8)

4) 몸의 치유

영성치유 집단 참여 전에는 춤동작치유에 대한 기대감을 표현한 참여자도 있고 두려움이나 어색함을 느꼈던 참여자도 있었다. 하지만 몸동작을 통한 치유 시간을 통해 자신의 몸과 마음의 연결성을 경험하게 되었고, 경직되었던 몸과 마음의 치유를 경험하게 되었다고 표현한다.

안전한 공간에서 다른 시선을 신경 쓰지 않고 이렇게 움직여볼 수 있는 것도 참 좋다. (참여자 1)

어떤 면에서 그 춤 치료에서 몸이 움직인다 그걸 확신을 좀 하면서 (새로운) 시도를 하게 된 게 진짜 있었어요. 좀 더 나를 위해서 가능성이나 이런 것들을 확인할 수 있는 시간이기도 하는데 네 건강에 대해서 아직은 이게 되는구나 너무 겁을 먹었구나…. (참여자 8)

5) 함께하는 조력자들

강사진의 따뜻함, 리더와 코리더의 역량, 소그룹 내 역할극 등의 활동에 조력한 집단원들에 대한 감사가 표현되었고, 조력자 역할이 자신에게 도움이 되었다고 표현한다.

(이전에는) 꼭 누구의 도움 없이도 사람은 치유가 될 수 있다고 생각을 했었던 것 같아요. 근데 이제 거기는 뭔가 이렇게 굉장히 많은 조력자들이 계시잖아요…. 이런 프로그램을 만들고 또 운영을 해주는 그런 많은 분들에 대한 감사 그게 진짜 컸던 것 같아요…. 저희 조는 다 엄청 한 분 한 분 저희 리더분이 깊숙하게 오랫동안 다뤄주셨어요. (참여자 2)

영성 수련 때 교수님들이 끌고 가는 방식에서 굉장히 따뜻함도 많이 느꼈고, 그냥 주려고 하는 그런 간절한 마음 이런 것들이 다 전달이 된 것 같아서 진짜 좋았어요. (참여자 9)

소그룹에서 3명의 자매가 엄마한테 상처가 있었어요…. 근데 제가 이 세 명에게 세 종류의 엄마의 역할을 하면서 그 자매들도 굉장히 좋아했지만 제가 거기에 몰입하면서 내 딸을 생각하거나 우리 엄마를 생각하면서 나한테 이런 면이 있구나 생각도하고…. 이런 것들이 치유하는 좋은 시간이 됐어요. (참여자 9)

이 밖에도 쾌적한 장소, 식사 후 산책 등 주변 환경이 도움이 되었다고 표현한다.

3. 치유의 의미

1) 자기답게 사는 것

치유는 자신을 알아가는 것, 자기답게 사는 것, 스스로를 좋아하고 사랑하게 되는 것, 삶의 사랑하게 되는 것 등으로 표현되었다.

진짜 자기 안을 많이 탐구해서 자기답게 살라고 태어난 것 같아요. (참여자 2)

나라는 사람이 뭔가 좋아하는 것이 생겨나게 하는, 나를 알아가는, 내가 생긴 게 시작한 거… 내가 없잖아 약간 이런 느낌이었다가 나 이런 거 좋아해 그런 느낌들을 좀 깨달아진 거…. (참여자 3)

제가 스스로 되게 좋다. 스스로가 좋고 되게 자유로운데 이대로가 지금 너무 좋아 느낌이 들면 치유된 거 같아요. (참여자 1)

여유롭게 내 혼자의 시간을. 이 시간이 참 좋다 라는 걸 느낄 때… 그게 내가 됐을 때…. (참여자 6)

2) 온전한 상태의 회복

치유는 온전한 자신이 되는 것, 원래의 상태를 회복하는 것, 하나님이 자신을 만든 상태로 되는 것 등으로 표현되었다. 원래의 상태를 회복하는 모습에는 이전의 활동성이나 경제적 활동을 다시 시작하는 것으로 표현되기도 하였다.

뭔가 그 사람의 온전함이 드러나게 해주는 것, 그 온전함으로 살아갈 힘을 얻는 것, 다른 무언가가 되기를 강요하고 강요받는 시대이지만 그냥 나 있는 그대로 내가 바라볼 줄 알고 상대방도 그렇게 받아들여 주는 걸 느낄 때, 이해받는 걸 수용감을 느낄 때…. (참여자 1)

정말 아기 때 그 순수한, 하나님이 만드신 그 모습, 창조되었던 그 모습이 있잖아요.

(참여자 3)

예전처럼 경제적 활동을 할 수 있는 그때 제가 내 치유가 됐다는 시그널로 받아들일 수 있을 것 같아요. (참여자 6)

3) 자연스러움과 편안함

치유는 편안하게 되는 것과 특정 감정이 두드러지지 않고 자연스러운 감정의 흐름대로 살아감으로 편안함을 느끼는 상태라고 표현된다.

내가 조금 수용이 되고… 그래서 조금 편안해진 느낌인가 봐요. (참여자 1)

치유 받았다는 거는 감정에 따라 살아가는데, 특별한 감정에 걸림이 없어지는 거. 그러니까 치유 받기 전에는 이렇게 감정이 흘러가는 길이 있다면 그 길에 바위도 있고 돌멩이도 있고 뭐가 되게 많아서 감정이 이렇게 흘러가다가 왜곡되기도 하고 걸려서 넘어지기도 하고 막 이런다면 치유라는 건 그 사이에 있는 돌멩이와 바위 같은 것들이 싹 사라져서 내 감정의 결대로 진짜 자연이 스스로 그러한 거잖아요. 그렇게 자연스럽게 물 흐르듯이 살아지는 거…. 그게 이제 치유받았다는 것 같아요. (참여자 2)

4) 마음의 상처가 아무는 것

치유는 마음의 상처가 아무는 것, 상한 마음이 낫는 것으로 표현되기도 한다.

그냥 마음의 상처가 없어지는 상태, 아물어 가지고 없어지는 상태 그게 치유 받는 것 같아요. (참여자 2)

5) 자기 가치감과 자기 신뢰

치유가 되었다는 것은 자신에 대한 존재의 가치를 느끼며, 자신에 대한 신뢰와 확신이 생기고 그로 인해 자신과 타인을 이해하게 되는 것이라고 표현한다.

치유는 그런 것 같아요. 그냥 그 사람 마음을 공감해 주고 넌 하찮은 존재가 아니야. 너는 존재 가치가 무가치한 존재가 아니야. 이런 마음을 일으키게 해주는 거…. (참여자 6)

내가 내 안에서 해결할 수 있는 힘을 가지는 게 더 큰 치유이지 않나 하는 생각이 들어요. 나라는 사람에 대한 약간의 확신 아니면 신뢰가 될 때 치유가 일어났다는 생각이 들어요. (참여자 9)

6) 연결되고 소통이 되는 것

관계 내에서 자신의 이야기가 경청되어지고 소통이 되며 연결감을 느끼는 것을 치유의 경험으로 표현하기도 하였다.

(관계에서) 뭔가 이렇게 서로 이렇게 연결되어지고 뭔가 이렇게 마음이 오고 가고 그런 경험이 있을 때 그때 (치유가) 일어났구나. (참여자 3)

소통이 잘 될 때. 제가 애들한테 애들도 나한테 가시 돋친 말을 안 하고 그렇게 잘 될 때 치유됐다고 생각이 되겠죠. (참여자 6)

4. 지속되는 치유의 여정

1) 이전의 노력들

참여자들은 영성치유 집단을 참여하기 전부터 자기 치유, 관계 치유 등 치유에 대한 관심을 가지고 교회 안팎의 프로그램에 참여하거나 개인적 활동을 지속해 오고 있었다. 교회 내 치유프로그램, 수련회 등에 참여하거나 QT, 설교, 성경 필사 등을 통해 치유를 위해 노력하는 참여자들이 있었고, 개인 및 부부 상담, 인카운터 그룹, 비폭력대화 워크샵 등에 참여하거나 글쓰기, 꿈일기 쓰기 등의 활동이나 심리학 서적, 자기개발서 등을 읽고 심리상담 분야의 학업에 참여하고 있었다.

2년 정도 혼자 글쓰기를 하면서 조금씩 치유가 되고 정화가 된 것들을 많이 느꼈어요…. (참여자 2)

진짜 나는 어디서 만날 수 있는 건가? 이런 질문들을 많이 했었고 저는 글쓰기나 (자기개발서, 심리학책 등) 이런 책을 읽거나 공부를 하면서 찾아 나갔던 시간이 있어요. (참여자 1)

2) 참여 전후 마음

참여자들 중에는 자신은 문제가 없다고 느끼거나 기대가 없이 가족의 권유나

학교의 수료나 졸업 요건 충족을 위해 참여한 경우도 있었다. 하지만 프로그램에 참여하면서 마음을 열고 자신의 상처를 인식하고 치유의 경험을 하게 되었다고 표현한다.

신랑이 하도 가라고 계속 그래 가지고. 근데 신랑이 가라고 그럴 때 나는 안 간다고 했어요. (영성치유 집단이) 약간 내 안에 응어리짐, 화와 분노를 다 쏟아내고 오는 자리다 이렇게 생각을 했거든요. 제가 화가 없는 것 같은 거예요. (참여자 2)

가기 전에는 별 생각이 없다가… 이제 가서야 이런 이야기를 해도 여기서는 다 이제 수용이 되는구나 하는 마음으로 참여를 했던 것 같아요. (참여자 1)

영성치유 집단을 교회 수련회를 떠올리거나 마술적 경험이나 성령 체험 같은 일이 일어날 것이라는 기대를 하는 참여자들도 있었고, 이와 반대로 자신을 노출하는 것에 대한 불편함과 부담스러움을 표현하는 참여자들도 있었지만 영성치유 집단 참여 후 치유의 경험이나 의미를 새롭게 이해하게 되었다고 표현하기도 한다.

기대보다는 사실 무서웠어요. 제가 목사 사모지만 굉장히 이 기독교적인 거에 부담을 많이 가지고 있거든요. 기존 분위기들에 치유 이러면은 뭔가를 억지로 꺼내 놔야 되고 꺼내놓지 않으면 이상한 분위기를 아니면 저거 불불불불 이런 게 너무 싫은 거예요. 뭔가 개인적인 얘기를 계속하는 것도 사실 되게 부담스럽고 힘들고 힘든 얘기만은 해야 되는 상황들일 수 있으니까…. 가고 보니까 괜찮더라고요. (참여자 3)

저는 기대가 아니라 안 가고 싶었어요. 춤추고, 소리 지르고 있는 그런 모습 사진이…

제가 대담한 스타일인데도 무섭더라고요. 뭔가 내가 막 내 속에 있는 게 막 다 까발려 진다고 하잖아요…. 그런데 좀 의외였어요. 제일 걱정되었던 것이 제일 좋았어요. (참여자 8)

더불어 강렬함에 대한 기대와 소소한 치유의 경험 사이의 양가적 마음이나 웃음, 눈물, 분노 등의 다양한 감정의 전환에 대한 복합적이고 양가적 경험이 있었다고 표현되기도 한다.

뭔가 이렇게 막 임팩트 있는 뭔가가 올 줄 알았는데 소소한 얘기로 시작해서 한편으로는 마음을 놓은 것도 있고 한편으로는 에이 잘못 왔네 이런 생각도 있고…. 양면이 좀 있었고 어떻게 보면 생각을 하게 하는 시간이었어요. (참여자 8)

감정의 전환이 다이나믹하게 흘러갔던 것 같아요. 신기하기도 하고 재밌기도 하지만 좀 이상하기도 하고 다양한 걸 경험했던 것 같아요. 이런 2박 3일을 경험한 적이 없으니까. (참여자 1)

3) 마침표가 없는

영성치유 집단에서 치유를 경험하였지만 앞으로의 삶에서도 학업, 상담 등 다양한 방식으로 치유를 위한 노력을 지속할 것이고, 크고 작은 치유 경험을 하게 될 것이라고 표현한다. 치유는 과거부터 현재를 거쳐 앞으로도 지속되는 여정이 될 것이라고 표현하였고, 영성치유 집단은 자신의 치유의 과정을 중간점검하는 것 같은 마음을 들게 하였고, 그동안의 애씀에 대한 감사와 축복의 자리로 경험되었다고 표현한다.

더 가야 할 길은 있겠다고 느끼지만… 훨씬 편안해지고…. (참여자 1)

이게 약간 감사와 축복의 자리구나 그런 생각을 좀 하게 됐어요. 내가 열심히 살아왔던 거에 대한 어떤 중간 점검 같은. 그래서 이제 많은 분들이 그거에 대해서 인정해 주시고 좋은 말들 해주시고 하는 것에 대해서… 저희가 이 생을 다 하는 그날까지 어떤 방식으로든 이렇게 나를 들여다보거나 관계를 들여다보거나 하긴 할 텐데…. 마침표가 찍힐 수 있을까 싶기는 하지만… 그래도 지금까지 (관계) 이런 부분은 조금 내가 다루어진 것 같아요. (참여자 2)

5. 치유 후 변화

1) 감정 해소와 편안함

영성치유 집단 참여 후 억눌려 있던 슬픔, 불안, 분노 등의 감정들이 해소되거나 자신의 감정을 인식하고 조절되는 데 도움이 되었다고 표현한다.

지금 상태가 많이 안정이 됐더라고요. 그 전에는 불안감이 굉장히 높았거든요…. 제 자신을 조금 더 객관적으로 볼 수 있었다는 거 그런 게 좋았어요. (참여자 6)

더불어 삶에서 편안함, 평안함을 경험하고 있다고 표현하였고, 남편, 자녀, 지인들이 그런 변화를 알아차리고 언급하기도 한다고 하였다.

한결 표정이 편해 보인다거나 뭔가 긴장하지 않는다 그런 부분이 (남편에게) 조금 눈에 띄나 봐요. (참여자 1)

2) 타인 수용과 연민

영성치유 집단 경험 후 타인에 대한 기대가 낮아지고 타인을 이해하고 수용하면서 비난이 줄었으며, 더불어 상대의 아픔과 고통을 이해하고 연민의 감정을 느끼게 되었다고 표현한다.

(전이라면 힘들었을) 그런 이야기들이 아프지 않더라고요. 그냥 이렇게 들어줄 수 있는 만큼의 그것쯤은 아무것도 아닌 게, 제가 조금 더 그만큼 단단해져 있더라고요. (참여자 3)

뭐라 그럴까 불쌍해 보이는 거에요. 오히려 더 위로해 주게 되고 고생하셨다고 하게 되더라고요. 그냥 알아주는 거죠. (참여자 8)

3) 대화 방식의 변화

관계에서 상대를 대하는 방식, 특히 대화의 방식이 달라졌거나 소원했던 관계에 소통을 시도하는 자신을 발견하였고, 이를 인지하는 가족이나 지인들이 있음을 표현하였다.

아버지한테는 이렇게 가볍게 (어머니) 이야기를 던져보기도 하고…. 제가 잘 안 물어봐서 그랬던 거지, 아버지가 먼저 얘기를 꺼내시지 않으셨던거지 물어보면은 얘기는 해 주시는 거였던 거예요. (참여자 1)

남편도 제가 변해가는 모습을, 자기를 컨트롤하는 게 달라졌다고, 대화하는 방식

이… 그래서 너무 고맙다라고…. (참여자 3)

옛날에는 제 기도문 속에도 가시가 많이 있었대요. 날리는 화살…. 그런데 올해는 가시를 한 번도 못 봤다고 한 번도 가시를 쓰지 않았다고 진짜 놀랍다라고 표현을 하는 거예요. (참여자 8)

4) 상처 입은 치유자

영성치유 집단을 통해 자신의 상처와 고통이 경청되고 공감과 위로를 통해 치유를 경험하면서 다른 상처 입은 사람들을 위한 치유자가 되고 싶은 마음을 표현하였다.

사람의 지나온 시간들을 한번 이렇게 돌이켜보면서 현재 있는 자리 그리고 앞으로 갈 미래를 꿈꾸는 것에 대해서 좀 힘 실어주는 그런 역할은 해야 되지 않나 하는 생각이에요…. 가정 사역을 위해서 공부하고 있어요. (참여자 9)

5) 상처치유의 확장

영성치유 집단이 타종교인이나 비종교인들에게 홍보되고 확장되었으면 하는 마음을 표현하기도 하고, 상처를 공유하고 치유하는 새로운 방식의 접근을 시도해 보고자 하는 마음을 표현한 참여자도 있었다.

잘 다듬어서 뭔가 세상에 내보이고 싶어요…. 모두가 평등하게 같이 이야기할 수 있는 그런 공간, 받아들여지는 공간을 만들어 보고 싶어요. (참여자 1)

(저처럼) 사실 종교가 없는 분들이 이게 더 많이 필요할 수도 있다는 생각이 드는데 그분들이 오기에는 이게 진입 장벽이 높아졌다는 생각이 들어요…. 진짜 막 광야에 있는 것 같은 사람도 여기 갔다 와서 삶이 달라졌다고 할 만큼 크게 치유될 수가 있는데 그러면 저런 사람들이 많이 와야 되는데 이런 생각이 되게 많이 들더라고요. (참여자 2)

6. 남아 있는 치유

1) 나를 찾아서

향후 치유의 주제들로 이상적 자기와 현실의 자기 사이의 괴리에 대해 탐색하며 자신을 이해해 보고 싶은 마음과 자기 수용과 자기 사랑에 대한 바람을 표현한 참여자들이 있었다.

내가 추구하는 나는 여기인데 나는 거기가 앉아서 매번 이 괴리 때문에 좌절하고 왜 안 될까 하고 힘들어하는 그런 거에 대해서 이야기를 한번 해 볼 수 있지 않을까 싶어요…. 좀 더 나를 이해해 보고 싶은 마음이 있어요. (참여자 1)

나는 왜 칭찬이 불편하지? 일종의 자기 사랑일까요? 그런 부분에 대한 거는 아직 숙제로 많이 남아 있는 것 같아요…. 내가 좀 더 자연스럽게 나로 그냥 존재한다는 거는 뭘까? 어떻게 하면 그렇게 좀 더 편안한 상태로 나아갈 수 있을까 이런 것이 앞으로의 숙제인 것 같아요. (참여자 2)

2) 오래된 외로움

자신의 상처의 깊은 이면에 외로움의 주제가 있음을 표현하며, 인간 존재로, 여성으로, 중년으로 경험되어지는 외로움이라는 감정을 다루어보고자 하는 마음을 표현하였다.

소속감하고 외로움, 단절되었다는 거에서 엄청난 불안감을 느꼈거든요…. 50대 여자들이 어떻게 혼자 삶을 이끌어 가야 되나. 그 외로움을 어떻게 해소를 해야 되나. 그런 거에 대해서 조금 얘기를 해보고 싶은 게 있어요. (참여자 6)

저한테 있는 상처라고 한다면은 외로움이더라고요…. 모두가 나를 사랑하기는 하는데 내가 갈 데가 없는 거에요…. 그런 외로움이 저한테 있더라고요. (참여자 9)

3) 남아 있는 얘기들

아직까지 해결되지 않은 자신 안의 많은 것들을 탐색하고 싶은 마음과 종교 등 특정 주제에 대한 대화를 나눠보고 싶은 마음을 표현하였다.

제가 제 속에 뭐가 많다는 걸 봤어요…. 내가 얼마나 많은 이 안에 뭐가 많은지를 알은 거예요. (참여자 8)

4) 해소되지 않은 관계

아직 해소되지 않은 가족 간의 문제와 대인관계의 문제에 대해 치유 받고자 하는 마음을 표현하였다. 원가족 내 치유와 화해의 경험을 하고자 하는 바람이나 현가족 내 경험되는 관계의 어려움을 다루고 싶은 마음을 표현하였다.

애들과의 관계, 애들의 상처를 어떻게 해소해야 될지 모르겠더라고요. (참여자 6)

자녀의 문제일 것 같아요…. 딸이나 교회에 대해서 좀 자유로워지는게…. (참여자 8)

5) 거리두기 후 화해

관계에서 심리적, 물리적 거리두기를 시도하고 있는 참여자들은 향후 그 사람과의 화해를 시도하고자 하는 마음을 표현하였다.

애들도 그 가운데 상처를 많이 받았구나 이해하면서도… 그래서 지금 고민 중 하나예요. 독립해서 나가면 그만이지 그 마음이 있거든요…. 그런데 그것도 아닐 것 같은 생각도 들면서…. (참여자 8)

거리두기를 시작했던 것 같아요. 엄마랑은 완전히 이 연락을 끊고 그다음에 시어머님이랑 거리를 두고…. 내 마음을 들여다보고 싶어서. 그런데 계속 거리를 두고 있으면 단절이 되는 거잖아요. 이제 회복의 시간 타이밍을 보고 있어요. (참여자 3)

V. 결론 및 제언

영성치유 집단 참여자 6명을 대상으로 한 현상학적 연구 결과로 치유 경험의 본질은 28개의 하위 주제, 6개의 본질적 주제, 2개의 범주로 구분되었다. "치유의 경험" 범주에는 "치유의 주제", "치유를 돕는 경험", "치유의 의미"의 본질적 주제와 "치유의 과정" 범주에는 "치유의 여정", "치유 후 변화", "남아 있는 치유"의 본질적 주제가 포함되었으며, 이를 바탕으로 한 연구의 결론은 다음과 같다.

첫째, 영성치유 집단 참여자들이 경험한 치유는 자기 자신과의 치유, 몸과 마음의 연결성을 통한 치유, 어린 시절 상처의 치유, 부모, 배우자, 시어머니, 형제자매, 자녀 등 가족관계의 치유, 교회 내 목사, 성도, 하나님과의 관계의 치유 등 다양한 주제를 포괄하고 있음을 보였다. 다시 말해, 영성치유 집단을 통해 경험하는 치유는 자신(몸과 마음), 가족, 관계, 공동체, 하나님 등 신체적, 정신적, 관계적, 공동체적, 영적 차원을 포함한 전인적이고 다차원적 측면[44]에서 경험되고 있었다. 또한 치유의 의미로 표현된 자신답게 사는 것, 온전한 상태를 회복하는 것, 자연스러움과 편안함을 느끼는 것, 마음의 상처가 아무는 것, 자기 가치감과 자기 신뢰를 갖는 것, 관계에서 연결되고 소통되는 것은 "잃어버린 참된 자아 찾는 것", "자신을 알고 자신과 화해하는 것", "하나님의 형상을 회복하는 것", "온전함을 이루는 것", "억눌린 영혼을 해방시키는 것" 등 기존 기독(목회)상담 영역에서 논의된 치유에 대한 정의들과 정태기가 제시한 치유의 의미와 유사[45]하게 표현되고 경험되는 것으로 나타났다.

둘째, 치유의 경험은 단순히 한두 번의 극적인 경험이기보다는 지속적인 치유의 과정으로 경험되어지고 있었다. 연구 참여자들은 영성치유 집단에 참여하기 전부터 개인적으로 또는 교회 안팎의 프로그램들을 통해 치유를 위한 노력들을 하고 있었으며, 2박 3일의 영성치유 집단은 단기간에 집중된 치유 경험, 치유 여정의 중간 점검을 하는 기회, 치유와 회복을 위한 그동안의 노력들에 대한 격려를 받는

---

44 클라인벨, 『전인건강』, 24-28; 트루니에, 『인간치유의 길』, 173; 힐트너, 『목회신학원론』, 117-120.
45 정태기, 『내면세계의 치유』, 12-18; 정태기, 『숨겨진 상처의 치유』, 13-14, 25-39; 정태기, 『아픔·상처·치유』, 20; 정태기, "정태기 목사의 치유상담칼럼: 상한 마음의 치유," 54-55; 정태기, "치유의 첫걸음," 7.

시간 등으로 표현되었다. 더불어 치유를 위한 노력들이 앞으로도 지속될 것이며, 상처받은 치유자로서 성장하고자 하는 바람이나 비종교인이나 타종교인을 위한 치유의 경험이 확장되기를 바라는 마음을 표현함으로 '지속적 과정'으로서의 치유의 경험이 표현되었다.

셋째, 신학적 관점과 심리학적 관점을 통합하여 계획된 영성치유 집단은 목회적 돌봄의 기능으로 제시된 치유, 지탱, 인도, 화해, 양육, 해방, 역량 강화 등의 기능46을 제공하고 있음이 나타났다. 영성치유 집단를 통해 상처받은 마음이나 관계로 인한 고통을 표현하는 기회를 갖은 참여자들은 자신의 아픔이 경청되고 공감과 위로를 받는 경험을 통해 치유를 경험할 뿐 아니라 자신과 타인과의 화해를 경험하고 상처받은 마음과 관계로부터의 해방을 경험하고 있었다. 또한 대그룹 프로그램과 소그룹 치유 시간을 통해 현재의 삶을 지탱할 힘을 얻거나 향후 삶에 대한 인도와 양육을 받고 치유를 위한 역량 강화를 경험하고 있었다.

넷째, 영성치유 집단의 4번의 대그룹 강의, 2번의 대그룹 몸치유, 6번의 소그룹 치유는 클라인벨이 제시한 몸, 마음, 관계, 일, 놀이, 세상, 영이라는 상호연결된 일곱 가지 차원의 전인적 치유를 경험하게 하는 것으로 나타났다. 네 번의 대그룹 강의는 자신의 상처나 자신이 속한 가정, 관계, 교회, 세상을 새로운 각도에서 보게 하며 참여자들이 소그룹에서 마음을 오픈하는데 도움을 준 것으로 나타났다. 두 번의 대그룹 몸치유의 경험은 몸, 마음, 놀이, 관계의 연결성을 경험하게 하여 전인적 차원의 치유를 촉진하는 것으로 나타났으며, 소그룹치유 시간에는 참여자들이 표현한 다양한 상처, 관계, 세상을 경험함으로 공감대와 연대감을 통한 치유를 경험한 것으로 나타났다.

---

46 목회적 돌봄의 주요한 기능에 대해서는 클라인벨의 『전인건강』, Townsend의 *Introduction to Pastoral Counseling*, Clebsch와 Jaekle의 *Pastoral Care in Historical Perspective*를 참조.

다섯째, 연구 참여자들의 치유의 경험에 가장 중요하게 영향을 미친 것은 소그룹 집단원들이 공유한 상처의 이야기들이었으며, 이러한 이야기를 통해 자신의 상처를 이해하고 표현하는데 도움을 받았고, 상처와 고통의 보편성을 경험함으로 위로와 치유를 경험한 것으로 나타났다. 이는 상처와 아픔에 대한 표현과 이에 대한 누군가의 경청, 공감, 위로, 격려 등이 치유에 영향을 주는 주요한 요소임을 보여주고 있다. 다시 말해, 정태기가 제시한 상처를 치유할 수 있는 중요한 힘으로 사랑을 경험할 수 있는 "좋은 만남의 관계" 또는 "소그룹 공동체"를 통한 치유[47]가 경험되고 있었다.

　　본 연구는 치유 경험의 본질과 치유의 의미에 대한 현상학적 연구로 일반화의 목적이 있지 않으며, 따라서 연구 참여자 6명의 경험이 모든 참여자의 경험을 대변하지는 않는다. 본 연구는 현대를 살아가는 이들이 영성치유 집단에서 경험하는 치유에 대한 경험적 연구로서 그 의의를 갖는다. 또한 교회 밖 이들이 경험하는 치유의 경험에 대한 경험적 연구로서 그 의의를 갖는다. 또한 교회 밖 치유프로그램인 영성치유 집단에서 경험되는 치유 경험의 본질과 의미를 살펴보는 차별성을 갖는다. 기존의 기독(목회)상담 영역에서의 치유를 포함한 신학적, 종교적 주제들이 주로 문헌적 연구로 진행되었다는 점에서 본 연구는 향후 교회 내 기도, 말씀, 예배 등 기독(목회) 자원들을 통해 경험되는 치유 경험과 교회 밖에서 제공되는 다양한 치유프로그램에서 경험되는 치유 경험에 대한 경험적, 과학적 연구의 필요성을 제안하고자 한다. 더불어 치유 경험이 용서, 화해, 긍정성, 행복, 관계 역량, 영적 성숙 등의 기독(목회)상담 영역이나 심리·상담 영역에서의 주요한 주제들과 어떠한 상관관계를 갖는지에 대한 과학적 연구가 진행되기를 제안하고자 한다.

　　본 연구의 가장 큰 연구 결과이자 의미는 2001년 12월 1회차를 시작으로 한

---

47 정태기, 『내면세계의 치유』, 93. 정태기, "정태기 목사의 치유상담칼럼: 상한 마음의 치유," 55.

정태기의 영성치유집단이 2023년 4월 161회차 참여자들에게도 영성치유와 전인치유의 경험을 제공하는 치유의 장이 되고 있다는 점이다. 치유상담의 선구자인 정태기의 영성치유집단은 2025년 현재도 진행되고 있으며, 25년 동안 상처입은 이들에게 치유의 경험을 제공하고 있다.

참고문헌

김경화. "대학생의 감사노트 작성이 감사성향과 행복감에 미치는 영향." 「한국콘텐츠학회논문지」 20/7 (2020): 244-255.

김서연·박종효. "용서프로그램이 고등학생의 긍정심리와 사회역량에 미치는 영향." 「교육연구」 77 (2020): 137-161.

김수영. "의례수행의 치유기능에 대한 목회상담학적 연구." 「신학과 실천」 49 (2016): 505-531.

김의식. 『성경과 치유』. 서울: 통독원, 2023.

권명수. "관상기도의 의식의 흐름과 치유." 「신학과 실천」 16 (2008): 217-250.

박선민·김아영. "감사일지 쓰기가 초등학생의 감사성향과 행복감에 미치는 영향." 「교육방법연구」 26/2 (2014): 347-369.

박혜정. "성만찬과 성유식이 함께 있는 치유예배." 「신학과 실천」 12 (2007): 199-232.

변영인. "헨리 나우웬의 영성과 치유적 상담에 대한 고찰." 「복음과 상담」 11 (2008): 47-91.

손운산. "한국 목회돌봄과 목회상담의 발전과 과제." 「목회와 상담」 17 (2011): 7-39.

시워드 힐트너/민경배 역. 『목회신학원론』. 서울: 대한기독교서회, 1987.

오성춘. "치유목회를 통한 공동체 형성의 가능성." 「기독교사상」 28/1 (1984): 56-66.

유상희. "한국 기독(목회)상담의 역사와 연구동향." 「한국기독교상담학회지」 30/1 (2019): 245-272.

윤득형. "의례를 통해 본 사별슬픔 치유와 목회돌봄: 여성의례를 중심으로." 「신학과 실천」 63 (2019): 303-330.

이기춘. "기독교의 치유와 영성." 「기독교사상」 4 (1988): 73-83.

이상억. "치유에 대한 분석적-비평적 이해의 관점에서 바라본 목회상담의 정체성 연구." 「장신논단」 30 (2007): 311-348.

이상현. "현대인의 불안에 대한 실존적 탐색과 치유: 폴 틸리히의 불안이해를 중심으로." 「신학과 실천」 66 (2019): 295-321.

정승록·박병화. "산림휴양이 기독교인의 신앙 몰입과 치유회복에 미치는 영향." 「신학과 실천」 49 (2016): 453-478.

정태기. "정태기 목사의 치유상담칼럼: 상한 마음의 치유." 「활천」 725/4 (2014): 54-55.

_____. "정태기 목사의 치유상담칼럼: 치유의 역사책." 「활천」 729/8 (2014): 54-55.

_____. "정태기 목사의 치유상담칼럼: 가정의 힘." 「활천」 730/9 (2014): 56-57.

_____. 『내면세계의 치유』. 서울: 규장, 2000.

_____. 『아픔 · 상처 · 치유』. 서울: 상담과 치유, 2000.

_____. 『숨겨진 상처의 치유』. 서울: 규장, 2002.

_____. "치유의 첫걸음." 「상담과 치유」 86 (2022): 6-7.

정푸름. "치유상담운동이 개인의 삶에 끼친 영향에 관한 질적 연구: '자신의 삶으로 치유'하는 목회(기
　　　독교)상담자 정태기의 영향을 중심으로." 「목회와 상담」 27 (2016): 335-360.

조영주. "배우자 용서와 자기용서의 부정반응과 긍정반응이 관계만족 및 삶의 만족에 미치는 영향."
　　　「한국심리학회지: 상담 및 심리치료」 34/2 (2022): 765-792.

조윤옥. "관계중독의 치유에 관한 연구." 「신학과 실천」 38 (2014): 409-440.

존 브래드쇼/오제은 역. 『상처받은 내면아이 치유』. 서울: 학지사, 2004.

존 윔버/이재범 역. 『능력치유』. 서울: 나단, 1991.

존 W. 크레스웰/조흥식 · 정선욱 · 김진숙 · 권지성 역. 『질적연구방법론: 다섯가지 접근』. 서울: 학지사, 2015.

치유상담연구원. "치유공동체," 「치유상담연구원 영성수련」, 접속 2023. 10. 20.
　　　http://www.chci.or.kr/researcher/employ.jsp

최호정. "용서중재 미술치료 이론 개발을 위한 여성의 부모용서과정에 관한 질적 연구." 「예술심리치
　　　료연구」 11/3 (2015): 175-198.

폴 트루니에/황찬규 역. 『인간치유의 길』. 서울: 보이스사, 1977.

하워드 클라인벨/이종헌 · 오성춘 역. 『전인건강』. 서울: 성장상담연구소, 1995.

한경국. "상황설교로서의 한국교회 치유설교 이해." 「신학과 실천」 51 (2016): 141-166.

헨리 J. M. 나누웬/최원준 역. 『상처입은 치유자』. 서울: 두란노, 1999.

_____/박동숙 역. 『영혼의 양식: 265일 지혜와 믿음을 향하여』. 서울: 두란노, 1997.

Clebsch, William A. and Charles Jaekle. *Pastoral Care in Historical Perspective*. New York: Jason
　　　Aronson, 1975.

Clinebell, Howard. *Well Being*. San Francisco: Harper, 1991.

Lincoln, Yvonna S. and Egon G. Guba. *Naturalistic Inquiry*. Beverly Hills, CA: Sage, 1985.

Moustakas, Clark. *Phenomenological Research Methods*. Thousand Oaks, CA: Sage, 1994.

Townsend, Loren. *Introduction to Pastoral Counseling*. Nashville: Abingdon Press, 2009.

Wise, Carol A. *Pastoral Psychotherapy: Theory and Practice*. London: Jason Aronson In., 1983.

영성치유수련에서 노래치유 경험 연구

― 노래치유 프로그램 모델 개발

임종환*

Ⅰ. 들어가는 말

미국의 정신의학자인 스캇펙은 그의 저서 『아직도 가야 할 길』(*The Load less Traveled*)의 첫 문장에서 "삶은 고해(苦海)이다. 이것은 삶의 진리 가운데서 가장 위대한 진리이다"라고 기술했다.[1] 이 세상의 모든 사람은 각자의 상황이나 있는 자리에 따라서 끊임없이 밀려오는 크고 작은 파도, 즉 마음의 고통을 견디며 살고 있다는 것이다.

음악은 오래전부터 인간의 감정을 조절하는 등 정서와 관련되며 우리의 삶 속에서 개인이나 집단의 희로애락과 함께해 왔다. 사람들은 노래를 듣거나 부르면서 슬픈 감정을 달래기도 하고 분노의 마음을 가라앉히기도 한다.[2] 고대 그리스의 역

---

* 치유상담대학원대학교 상담심리학과 교수

1 M. Scott peck/신승철 · 이종만 역, 『아직도 가야 할 길』 (서울: 열음사, 2009), 19.
2 황은영 · 이유진 · 정은주, 『음악심리치료 이론과 실제』 (서울: 학지사, 2021), 4-5.

사나 구약성서에도 음악을 치료로 이용한 사례들을 찾아볼 수 있다. 중세로 이어지면서 종교 의식에서도 치료의 도구로 사용되었으며, 오늘날에 와서 음악이 치료의 전문 분야로 자리 잡은 것은 1940년대 미국 대학에서 개설되기 시작한 음악치료 강의 및 전공학과와 1950년에 설립된 전국 음악치료협회의 활발한 활동을 통해 보급되었다.[3]

음악치료는 인간을 치료하는 데 음악을 도구로 사용하는 것이다. 음악을 도구로 하여 음악적 경험, 즉 노래 부르기, 노래 듣기, 음악 감상, 악기 연주 등에 대한 경험을 매개로 하여 인간의 마음 상처를 치유하는 것이라고 할 수 있다. 본 연구에서는 다루게 될 정태기의 영성치유수련(이하 영성수련)은 지난 27년간 170회 진행되었으며, 연 참가 인원이 3만여 명이 넘는다.[4] 수많은 참여자가 참여 후기를 통해서 자신이 치유 받고 삶이 변화되었음을 고백하고 있다.

이 연구에서는 정태기 박사의 영성치유수련[5] 프로그램을 소개하고, 선행 연구를 통해 음악치료의 이론적 배경을 살펴보고자 한다. 아울러 영성수련에서 노래치유 진행자로서의 경험과 참여자들의 반응 등을 바탕으로[6] 1박 2일 일정의 노래치유 프로그램을 구성하여 제안하고자 한다. 이 프로그램의 실제 적용과 치유 효과는 후속 연구로 진행될 것이다. 이 연구로 영성수련에서 노래치유를 통하여 더욱 효과적인 치유와 역동이 일어날 것을 기대한다. '노래치유'는 음악치료의 한 영역으로서 이 연구에서는 '노래치유'로 통일하여 사용한다.

---

3 최병철 외, 『음악치료학』 (서울: 학지사, 2015), 47.
4 치유와 상담편집부, "영성치유수련 제167회," 「상담과 치유」 91 (2024), 38.
5 영성수련은 대집단과 소집단치유가 돌아가면서 진행되며, 노래치유는 주로 대집단치유로 진행된다. 소집단치유가 계속 교차 반복되는 구조로 되어 있다. 개인 치유는 소집단 작업 시간에 이뤄진다.
6 연구자는 영성수련의 노래치유 진행자로서 1회부터 170회까지 27여 년간 참여해 왔다.

II. 음악치료의 배경과 이론

음악치료는 음악을 이용하여 치료 대상자들의 신체, 심리, 사회, 영적인 면까지 아우르는 치료이다.[7] 접근 방법으로는 노래 부르기, 기악 연주, 즉흥, 음악 감상 등의 음악의 기능을 활용하여 참여자의 감정과 문제에 접근한다. 특히 음악치료는 치료 활동의 특성에 따라 두 가지로 나뉘는데, 능동적 음악치료와 수동적 음악치료이다. 능동적 음악치료는 참여자가 직접 음악 활동에 참여하는 것을 말하며 성악, 기악, 작곡 등이 있다. 수동적 음악치료는 음악 감상을 중심으로 하는 음악 치료법으로 치료에 음악이 재생되고 그 음악을 듣는 중에 여러 가지 치료가 이루어지는 것이다. 특히 노래치유는 능동적 음악치료에 해당하는 것으로 가사와 노래로 이루어져 참여자의 신체와 내면에 역동을 일으켜 치료적 효과를 일으키는 것이라고 할 수 있겠다. 이 연구에서는 주로 대집단에서 함께 노래를 부르며 카타르시스와 동일시를 경험하며 치유를 진행하는 노래치료를 주제로 한다.

1. 음악치료의 배경 및 이해

음악을 치료나 회복의 도구로 사용한 것은 인류 문명이 시작되면서부터라고 할 수 있으며, 특히 질병 치료에 중요한 역할을 하였다. 그리고 옛날 그리스 사람들은 음악은 사람의 인격에 깊은 영향력을 주는 것으로 믿었으며,[8]제2차 세계대전 기간과 그 이후 건강한 생활에 있어서 마음과 신체를 분리할 수 없다는 치료에 대한 전체적인 개념이 형성되었다. 그리고 음악치료가 '새로운 과학'으로 간주되어

---

7 임종환, 『놀라운 음악치료의 세계』 (서울: 예영 B&P, 2020), 35.

8 Miller. H. M., *History of Music* (New York Bannes & Noble Books), 10.

전통적인 의학적 치료 개념의 변화를 가져왔다. 음악치료가 미국에서 학문의 영역으로 개발되고 응용된 1940년대 후반 이래, 1970년대 초반까지 미국을 넘어 전 세계로 활발히 전파되었고, 현재 우리나라를 비롯해 수많은 나라에서 음악치료사가 배출되고 또 음악치료를 행하고 있다.9

여기에서의 변화는 치료받는 개인이 자신과 자기 주변 세계를 깊이 이해하게 하므로 사회에 더 잘 적응을 할 수 있도록 도와준다는 것을 의미한다.10 무엇보다 치료의 목표는 참여자 개인이 중심이 되어야 하며, 치료사의 최우선 관심은 참여자 개인이 가진 문제를 해결하는 데 관심을 가지는 일이다. 음악치료의 대상은 어린아이에서 노인에 이르기까지 다양하며, 영역 또한 정신질환, 발달장애, 노인질환까지 광범위하다. 미국 음악치료협회(American Music Therapy Association: AMTA)는 음악치료를 "치료의 목적, 즉 정신과 신체 건강을 복원·유지 및 향상시키기 위해 음악치료사가 단계적으로 음악을 사용하는 것"으로 정의한다. 여기에서 변화는 치료받는 개인이 자신과 주변의 세계를 깊이 있게 이해하게 하여 사회에 좀 더 잘 적응할 수 있도록 도와주는 것을 의미한다.11

2. 음악치료의 접근법

음악치료사(진행자)12는 참여자들의 특징과 기능, 활동, 목적 등에 따라 적절한 기법을 선택하여 음악치료에 적용한다. 가장 일반적으로는 노래 부르기로 시작하는데, 정태기 박사의 영성수련에서 노래 부르기는 음악 활동에서 노래를 부르는

---

9 최병철, 『음악치료학』 (서울: 학지사, 2021), 42.
10 앞의 책, 14.
11 앞의 책, 14.
12 때에 따라 음악치료사 또는 진행자로 기술하며 음악치료 프로그램의 주요 진행자를 의미한다.

것과 같은 행위이기는 하지만 그 목적이 다르다. 음악교육에서는 음악 활동을 통한 음악의 완성(Product)도를 높이는 것이 목적이나, 음악치료에서는 가사와 곡조에 따른 동일시를 통하여 자신의 내면세계에 접근하게 하여 숨겨진 상처를 알아차리고 치유하는 것이 그 목적이다.

음악치료는 자기표현과 성찰, 자기 이해에 대한 보상적 칭찬과 격려 그리고 상호 간의 지지와 타인에게 수용되는 경험을 제공하며 비경쟁적 성취를 통해 자신감을 회복하게 만든다. 이는 자아존중감을 향상시키고, 자기 가치에 대한 긍정적 판단을 유도하며, 행동 변화에 대한 동기화가 되어 자신을 사랑하고 존중하게 되는 결과를 가져온다.[13] 또한 음악치료는 매우 다양한 철학과 접근법을 가지고 적용하고 있다. 대표적으로는 행동적 음악치료, 정신역동 음악치료, 신경 재활 음악치료, 인본주의적 음악치료 등이 있는데, 그중 많이 사용되는 접근법과 모델들을 중심으로 살펴보면 다음과 같다.

음악치료 접근 방법 중에 행동적 모델이 있다. 이 치료 모델은 참여자의 행동을 음악적 방법을 통해 강화·수정 및 보완해 가는 치료이다. 참여자의 바람직한 행동은 강화하고 바람직하지 못한 행동은 감소시킴으로 적절한 행동을 발달시키도록 돕고,[14] 체계적이고 단계적인 치료를 진행하여 참여자의 반응에 치료 목표를 맞춘 것이다. 참여자의 강점이 음악을 통해 드러나며, 필요와 의견 선호를 표현할 기회를 제공하여 준다.

정신역동 음악치료는 진행자와 참여자 간의 관계성을 중요시하는 치료이다. 인간의 내면세계와 무의식적 동기에 주목하고, 음악을 자신의 내면세계를 탐색하고 이해하기 위한 수단으로 사용한다. 브루샤(Bruscia)는 치료사, 치료 대상자, 음악과

---

13 박성혜, "집단음악치료가 유아의 자아존중감 향상에 미치는 영향" (한세대 석사학위논문), 15.
14 최병철 외, 『음악치료학』, 146.

의 중요성을 강조한다. 이는 정신적 음악치료가 다른 치료법과 치료 목표와 접근법이 완전히 다르다는 점에서 이를 강조한 것이다.[15] 정신역동 음악치료는 음악의 연상작용을 통해서 참여자의 필요를 충족시키는 방법이다. 차분해진 몸과 마음으로 음악을 감상하는 동안 이미지를 통해서 의식의 심층적인 부분을 여행하면서 참여자의 전이와 진행자의 역전이를 일으키는 정신역동적 음악치료이다.

인본주의적 음악치료는 인간의 존엄성을 바탕으로 참여자의 음악을 최대한 강화해 주고 자아를 지지해 주는 참여자 중심의 음악치료이다. 진행자는 참여자의 내재된 동기를 자극하여 음악적 과제에 참여하게 하고 참여자의 잠재력을 펼칠수 있는 환경을 만들어 주는 목적으로 음악을 사용한다. 대표적으로는 창조적 음악치료(Creative Music Therapy: Nordoff-Robbins model)가 있다. 두 명의 진행자가 팀이 되어 진행하는데, 한 사람은 피아노에서 참여자와 치료적 음악 경험을 하게 하고, 다른 진행자는 즉흥 연주와 피아노에서 유도하는 치료자의 반응을 도와주면서 음악치료를 진행하게 된다. 창조적 음악치료는 폴 노도프(Paul Nordoff)와 클라이브 로빈스(Clive Robbins)가 개발한 음악치료로 개별 및 집단치료에 즉흥 연주를 이용한 치료법이다.[16]

신경학적 음악치료는 신경학적 질환으로 인하여 나타난 감각 운동, 언어, 인지 장애 등을 선율, 박자, 화성, 템포, 강약 및 악기 등 모든 음악 요소를 통하여 손상된 기능을 향상시키는 치료 중재이다(Michael H. T, 2005).[17]

음악치료는 단순히 음악을 연주하거나 듣는 형태에 그치는 것이 아니라 음악의 요소와 다양한 활동을 통해 음악 외적인 목적을 달성하도록 한다. 구체적으로 살펴보면 다음과 같다.

---

15 임종환, 『놀라운 음악치료의 세계』, 80.
16 앞의 책, 38.
17 Michael H. T., 신경학적 음악치료 핸드북, 2005.

1) 노래 부르기

음악 안에 구성된 음정, 노래 가사, 리듬, 세기, 문법, 어휘 등은 의사소통을 위한 언어기능과 공통적인 요소로서 인간의 내면을 자연스럽게 표현할 수 있도록 돕는다.[18] 노래 부르기는 특별한 도구 없이 인간의 목소리만으로 자신을 표현할 수 있는 가장 보편적이고 쉬운 음악 활동 중 하나다. 노래 부르기는 개인 혹은 집단이 함께 할 수 있는 활동으로 노래 안에 많은 요소와 역동성이 함축되어 있어 언어로 표현하는 것보다 더 자연스럽고 풍부한 표현을 가능하게 한다. 특히 함께 부르는 합창 또는 제창은 집단의 장점인 시너지 효과를 더할 수 있다.

2) 음악 감상과 음악치료

음악 감상은 투사적 · 의식적 감상으로 구분되는데, 투사적 감상은 감상자가 노래를 감상한 후의 느낌과 기분을 분석의 주제로 다루게 된다. 이야기를 유도할 때는 대상자의 사고와 심상에 영향을 미치지 않도록 주의해야 하고, 대상자가 어려움을 보일 때 제시어를 주어 편안한 상태에서 이야기할 수 있도록 해야 한다. 의식적 감상은 감상 전 또는 감상 후에 주제를 제시하여 그것에 대한 대상자의 감상 후의 생각이나 느낌을 분석하게 된다. 대상자의 자기방어가 심한 경우에 접근이 쉬우며, 노래의 주제나 등장인물 또는 음악 요소에 관해서 이야기를 나누게 된다. 따라서 감상을 통한 접근에서 선행되어야 할 것은 내담자의 에너지 수준을 고려하여 곡을 선택하는 것이며, 치료자와 내담자의 형성이 가장 중요하다고 할 수 있다.

---

18 박정한, "노래 중심 음악치료 활동이 만성 정신질환자의 회복탄력성, 자아존중감에 미치는 영향" (성신여자대학교 대학원 석사논문, 2019), 17.

3) 노래 활동 안의 음악 요소와 치료적 효과

노래가 갖는 치료적 기능은 다양하다. 첫째, 노래는 모든 인간의 본질을 직간접으로 반영하고, 모든 인간 내면의 다양하고 복잡한 감정들을 여러 차원의 수준으로 전달하고 있어, 참여자가 고통받고 있는 감정의 공명상자(Emotional resonating box)가 될 수 있다. 둘째, 노래는 삶의 다양하고도 보편적인 부분들을 대부분 담고 있기에 참여자가 많이 접하고 있는 자신의 상태를 객관적으로 볼 수 있게 만든다. 셋째, 노래는 비위협적으로 대상자가 자기 내면을 탐색하고 심도 있게 관찰할 수 있도록 편안한 구조를 제공한다. 마지막 넷째, 참여자들이 개별화된 반응을 일으킬 수 있도록 다양한 형태의 활동으로 융통성 있게 변화되어 적용될 수 있다.[19]

3. 치료적 노래 부르기 관련 연구

노래 부르기는 음악 감상과 함께 인간에게 매우 친숙한 음악적 활동으로 거의 모든 연령대의 일상생활에서 관찰할 수 있는 대중화된 음악 경험이다. 브루샤는 노래가 우리의 기쁨과 슬픔을 이야기하며, 깊은 내면의 비밀을 드러내 주고, 희망과 좌절, 불안과 승리의 순간들을 표현해 준다고 하였다.[20]

마음의 근원은 우리의 내부의 세계인데 노래는 인간의 육체적 정서적, 그리고 영적인 감각들을 통해서 밖으로 드러내 놓는 행위이다.[21] 노래가 지닌 특성 중 하나는 노래에 대한 인간의 반응이 매우 다양한 수준과 형태로 나타날 수 있다는 것이

---

19 정현주, 『음악치료기법과 모델』 (학지사, 2006), 238.

20 앞의 책, 235.

21 D. A. Seamands, *Healing for Damaged Emotions*, 『상한 감정의 치유』, 송헌복 역 (서울: 두란노서원, 1986), 88.

다. 노래는 마음을 움직일 뿐 아니라 신체적, 생리적, 행동적, 정신적, 인지적인 측면까지도 영향을 미칠 수 있다.[22]

이러한 점에서 삶의 다양한 주제와 관련된 상처들을 가진 채 참여하는 영성수련 참가자들에게 노래는 우호적인 분위기에서 자신의 상처를 대면하여 치유받을 수 있게 하는 아주 적절하고도 효과적인 치료의 도구가 된다고 할 수 있다. 음악치료에서 노래의 다양한 역할이 있는데, 노래 안에 내재된 음악적 요소는 음악적 자극으로 인해 감정의 표현을 쉽게 하였고, 즐거움과 아름다움을 느끼게 하여 활동의 참여를 촉진하였으며, 이렇게 신뢰감이 바탕이 된 그룹의 지지를 통해 만족감을 얻을 수 있었다.[23]

노래는 부담스러운 주제도 자연스럽게 끌어내 참여자에게 안정적인 분위기에서 자신의 감정이나 해결하고 싶은 문제를 표현하게 하기에, 노래 활동은 비언어적인 의사소통의 한 방법이 될 수 있다. 더 나아가 자신의 가치를 발견하여 자신감을 느끼고 자신을 표현하며, 타인과 융화되는 경험을 통해 사회성 향상과 사회 적응의 기술을 증진시켜 줄 수 있는 것이 노래다. 김수현은 노래 중심 치료적 음악 활동이 주간보호센터 노인의 고독감을 유의미하게 감소시키는 것으로 나타나 이러한 결과에 따라 치료적 음악 활동이 노인의 고독감 감소에 효과가 있었다고 보고 했다.[24]

기독 노인을 위한 노래자서전 음악치료 프로그램은 기독 노인들의 자아통합감, 영적 안녕감, 삶의 만족감에 통계적으로 유의하게 향상되었음을 입증하였다. 따라서 기독 노인을 위한 노래자서전 음악치료 프로그램은 기독 노인들의 영적 건강을

---

22 앞의 책, 237.

23 최소림, "노래를 중심으로 한 집단음악치료활동이 장애 청소년의 자아존중감 향상과 불안 감소에 미치는 영향" (숙명여자대학교 음악치료대학원 석사학위 논문, 2006), 43.

24 김수현, "노래 중심 치료적 음악 활동이 주간보호센터 노인의 고독감과 삶의 만족도에 미치는 영향" (석사학위 논문, 2023), 55.

중심으로 자기 삶이 통합되고, 만족스러운 조화롭고 균형 잡힌 전인적 건강의 향상에 도움을 줄 수 있는 교회 내 프로그램임을 시사한다.[25]

이처럼 치료적 노래부르기는 자신을 돌아볼 기회와 자기표현의 기회를 제공할 수 있으며 노래를 통한 공동의 연상이 형성됨을 통해 그룹 내의 의사소통 및 결속력 강화에 도움을 주는 등 심리치료에서 효과적인 치료법이 될 수 있다.

III. 정태기의 영성수련과 노래치유

1. 정태기 영성수련의 역사

사단법인 크리스찬치유상담연구원(이하 연구원)은 마음의 상처로 힘들어하는 현대인들을 치유하기 위하여 1998년 서울 서초구에 설립되었다. 이 연구원에서는 치유상담 전문가를 양성하기 위하여 일반과정 2년, 전문과정 2년, 인턴과정 2년 등 다양한 교육과정을 개설하고 있으며, 개원 초기부터 2박 3일간의 영성수련 프로그램을 운영하고 있다. 연구원을 통해 양성된 치유 전문가들이 소그룹의 리더, 코리더를 맡아 대규모 집단치유 프로그램인 영성수련으로 발전하게 되었다. 이 영성수련은 1997년 양평에 소재한 양수리수양관에서 1회로 시작하여 2025년 3월까지 171회차 진행되었으며, 주로 안성 '사랑의교회 수양관'에서 열린다. 참여자들은 연인원 약 30,000명 정도다.

---

25 김현영, "기독 노인을 위한 노래자서전 음악치료프로그램 개발 및 효과" (고신대학교 대학원 박사학위 논문, 2018), 103.

2. 영성수련의 참여자

연구자는 영성수련에서 노래로 참여자들의 마음을 치유하는 음악 진행자로 1회부터 지금까지 28년간 171회를 참여해 왔다. 영성수련 참여자들의 구성은 20대 청년, 대학생부터 80세가 넘는 노인에 이르기까지 남녀 구분 없이 다양한 연령대로 되어 있다. 부부도 있고, 가족이 함께 참여하는 경우도 있으며, 해외 거주자도 참여하여 다양한 연령대, 다양한 지역의 사람들이 참여한다. 참여자들의 참여 동기나 사연들도 구구절절하고 다양했다. 일례로 자살하려고 약을 늘 지니고 다니던 분들이 영성수련에 참여하여 새 삶을 찾고, 이혼 직전의 부부들이 영성수련 참여 후 회복된 경우도 다수 있었으며, 자신의 생명보다 더 귀하게 여기는 자식이나 가족을 사고로 먼저 보내고 절망적인 모습에서 영성수련 참여 후 회복되어 돌아가는 경우도 많았다. 참여자들의 성별, 나이, 지역, 동기 등에 대한 자세한 통계나 분석들은 다른 연구에서 다뤄질 것이다.

3. 영성수련 주요 프로그램과 노래치유

영성수련은 주로 2박 3일 일정으로 진행된다. 크게 대집단 프로그램인 강의, 노래, 춤 등과 소집단 프로그램인 집단상담으로 이루어진다. 노래치유는 각 프로그램 중간중간에 편성된다. <표 1>은 영성수련의 전체 일정과 노래치료 일정을 정리한 것이다. 본 연구에서는 연구자가 진행하고 있는 노래치유를 중심으로 살펴보며 영성수련에서 진행자로서의 경험과 참여자들이 노래와 찬양을 부를 때 어떤 반응을 보이는지 기술하고자 한다. 노래치유는 영성수련을 여는 첫 프로그램이다. 교회나 대형 집회에서 찬송을 부르듯이 참여자들의 마음을 집중시키기 위해 15~20여 분간 다양한 장르의 노래를 함께 부른다. 그리고 강의 또는 프로그램 중간에 한두 곡 정도를 부른다. 표에서 보듯이 노래치유는 11회 정도로 적게는 한 곡 많게는 세 곡 정도로 이루어지며, 이는 다른 프로그램과 역동을 일으키며 영성수련에서 중요한 역할을 한다고 볼 수 있다.

<표 1> 영성수련 일정표

시간	1일 차	2일 차	3일 차
9~11시		* 노래치유 3 — 꽃밭에서 * 특강3(엄마 · 아빠 테라피) * 노래치유4 — 얼굴	* 소그룹 집단치유
11~12시	(등록)	* 소그룹 집단치유	* 노래치유 8 — 사랑의 기쁨 * 특강 6(항아리를 만들자) * 노래치유 9 — 약한 나로 강하게 — 나의 안에 거하라 — 야곱의 축복 * 소개 및 폐회
12~13시	점심 식사	점심	점심 후 귀가
13~17시	* 노래치유 1 — 겨울나무 — 하나님은 너를 지키시는 자 — 하나님의 은혜 * 특강 1 * 몸동작 치유 * 소그룹 집단치유	* 노래치유 5 — 당신은 모르실꺼야 * 특강 4 (아름다운 추억 만들기) * 노래치유 6 — 주 품에 * 소그룹 집단치유	
17~18시	저녁 식사	저녁 식사	
	* 노래치유 2 — 10월의 어느 멋진 날에 * 특강	* 노래치유 7(치유 축제) — 푸르른 날 — 우리는 — 내가 만일 * 특강 5	
	*소그룹 집단치유	* 소그룹 집단치유	

1) 영성수련 1일 차의 노래치유 1

1일 차 영성수련 프로그램이 시작되면서 조용하고 차분한 배경음악을 준비하여 마음을 정돈하게 한다. 이 배경음악은 그동안 참여자들의 지친 삶을 위로해 주고, 낯선 환경에서 일어날 수 있는, 긴장을 해소해 주는 음악이다.[26] 참여자 중 대부분은 눈을 감고 기도하고 일부는 명상하면서 마음을 정돈하는 시간이며, 긴장된 마음을 풀어주어 치유의 역동이 일어날 수 있도록 준비하는 단계이다. 영성수련 첫 시간에 선정된 노래 세 곡에 관해 기술하고자 한다. <겨울나무>, <하나님은 너를 지키시는 자>, <하나님의 은혜>가 그것이다.

(1) <겨울나무>

첫 번째 노래는 누구나 쉽게 부를 수 있는 대중적인 동요를 선정했다. 진행자가 <겨울나무>를 부르자고 멘트를 하면 반주팀에서 전주가 시작된다.

1. 나무야 나무야 겨울나무야 눈 쌓인 응달에 외로이 서서
   아무도 찾지 않는 추운 겨울을 바람 따라 휘파람만 불고 있느냐
2. 평생을 살아 봐도 늘 한자리 넓은 세상 얘기도 바람께 듣고
   꽃 피던 봄 여름 생각하면서 나무는 휘파람만 불고 있구나
(이원수 작사, 정세문 작곡, 1957, 초등교과서에 수록됨)

대중들에게 잘 알려진 동요인 <겨울나무>는 참여자들이 자연스럽게 노래를 따

---

26 이 시간에는 BGM을 사용하여 분주했던 마음들을 진정시키고, 마음에 치유적 에너지를 가져다 줄 수 있는 음악을 준비한다.

라 부르게 되고, 가사를 음미하면서 감정이입을 하게 된다. 다른 참여자들과도 집단의 동질감을 느낄 수 있게 된다. 1절에 '겨울나무', '응달', '외로이 서서', '아무도 찾지 않는', '추운 겨울' 등의 가사는 참여자 자신과 심리적 동일시를 경험하게 한다. 이 노래를 부르면서 어떤 참여자는 벌써 눈물을 흘리기도 하고, 특히 다시 반복할 때는 목소리의 역동이 점점 커지는 것을 보게 된다. 처음에는 입으로 노래하다가 나중에는 가슴으로 노래하는 것을 느낄 수 있다.

(2) <하나님은 너를 지키시는 자>
이 영성수련은 치유상담연구원에서 기독교 정신을 바탕으로 시작되었고, 참여자 대부분이 기독교인이다. 프로그램 안에서 때로 기도하고 기독교적인 노래를 부르지만 비기독교인들도 수용하는 편이고, 비기독교인을 배려하여 대중가요나 동요들도 포함한다. 두 번째 부르는 노래 <하나님은 너를 지키시는 자>는 참가자들의 마음을 절대자 하나님께 위탁하는 노래다.

하나님은 너를 지키시는 자 너의 우편에 그늘 되시니
낮의 해와 밤의 달도 너를 해치 못하리
하나님은 너를 지키시는 자 너의 환란을 면케 하시니
그가 너를 도우시리라 너의 출입을 지키시리라
눈을 들어 산을 보아라! 너의 도움 어디서 오나
천지 지으신 너를 만드신 여호와께로다
(시편 121편, 정성실 곡, CCM)

(3) <하나님의 은혜>
이어서 세 번째로 부르는 노래는 가스펠송으로 <하나님의 은혜>이다.

나를 지으신 이가 하나님, 나를 부르신 이가 하나님

나를 보내신 이도 하나님, 나의 나 된 것은 다 하나님 은혜라

나의 달려갈 길 다 가도록, 나의 마지막 호흡 다 하도록

나로 그 십자가 품게 하시니, 나의 나 된 것은 다 하나님 은혜라

한량없는 은혜 갚을 길 없는 은혜

내 삶을 에워싸는 하나님의 은혜, 나 주저함 없이 그 땅을 밟음도

나를 붙드시는 하나님의 은혜, 나를 붙드시는 하나님의 은혜.

(조은아 시, 신상우 곡, CCM)

삶이 힘들어 고개를 떨구었던 참여자들이 하늘을 우러러 하나님을 바라보면서 지금까지 지켜주심과 여기까지 오게 된 모든 것이 하나님의 은혜라는 고백을 노래한다. 이때 여기저기에서 참여자들이 눈물을 흘리며 노래하는 것을 진행자로서 늘 볼 수 있었다. 이것을 영적 치유의 한 현상으로 볼 수 있는데, 이렇게 노래는 집단 가운데 역동적으로 흘러간다. 이런 과정을 통해 참여자들의 굳어졌던 마음은 녹고 감정정화가 이루어져서 치유 받을 수 있는 마음으로 열리게 된다. 이때 진행자는 시작 기도를 드린다.

이렇게 영성수련을 시작할 때 부르는 세 곡은 참여자들의 마음 상태와 관련된, 그들이 공감할 수 있는 가사의 노래들을 선정하여 사용한다.

노래 부르기로 마음눈이 열린 가운데 첫 번째 강의가 시작된다. 참여자 전체가 참여하는 "대그룹 강의"로 주로 정태기 박사가 맡아 진행한다. 오픈 강의가 마무리 되면 **몸동작을 통해 치유**를 경험하는 시간을 `갖게 된다. 몸의 움직임을 통해 몸과 마음을 부드럽게 한다. 이어지는 프로그램은 "소그룹 집단상담"이다. 소그룹 집단을 인도하는 리더는 치유상담연구원의 인턴과정을 졸업하고 최소한 5년 이상의 코리더 경험과 임상 수련 과정을 마친 분들로, 소그룹치유 전문가들이 인도한다.

이 과정에서 개인들의 상처를 드러내고 깊이 있는 치유작업이 이루어진다. 토설하기, 역할극 등 리더 주도로 강력한 치유작업이 이루어지며 다른 사람의 아픔을 듣고 나의 아픔도 내어놓음으로 보호받는 집단에서 치유를 경험하게 된다.

2) 영성수련 1일 차의 노래치유 2

두 번째 강의가 시작되기 전 진행자는 오늘이 "내 인생에 참으로 축복되고 멋진 날"이라는 멘트를 전하며 집중하는 분위기를 만든다. 이어서 <10월의 어느 멋진 날에>라는 노래를 같이 부르자고 제안한다.

눈을 뜨기 힘든 가을보다 높은 저 하늘이 기분 좋아
휴일 아침이면 나를 깨운 전화 오늘은 어디서 무얼 할까
창밖에 앉은 바람 한 점에도 사랑은 가득한걸
널 만난 세상 더는 소원 없어 바램은 죄가 될 테니까
가끔 두려워져 지난밤 꿈처럼 사라질까 기도해~~~ (중략)
(롤프 뢰프란[Rolf Løvland] 작곡, 브리트 비베르그[Britt Viberg] 작사)

이 노래의 아름다운 선율과 가사는 부르는 사람으로 하여금 긍정적 감동을 느끼기에 아주 적절한 노래다. 특히 겨울 같은 추운 삶을 살아왔던 사람들의 마음을 녹이기에 넉넉한 노래다. 참여자들은 이 노래를 부를 때 내게도 그런 날이 곧 올 것 같은 그런 예감, 이제 시작될 것 같은 그런 느낌을 갖게 해 준다. 영성수련이 열리는 시기에 따라 노래를 조금씩 개사하여 부르는 것도 좋다. 이후 두 번째 특강이 진행되고 이어서 소그룹 집단치유가 조별로 이어진다. 소그룹이 있는 방마다 울음소리 등 치유작업의 소리가 밤하늘에 메아리친다.

3) 영성수련 2일 차의 노래치유 3, 4

2일 차 아침 식사를 마치고 프로그램이 시작되면 진행자가 시작 기도로 프로그램을 시작한다.

기도가 끝난 후에 진행자의 인도로 <꽃밭에서>라는 동요를 부른다. 참여자들의 눈에는 어린 시절 아빠와 혹은 엄마와 놀던 모습을 떠올리며 눈물이 고이고 여기저기 흐느끼는 소리와 함께 지난 시절들의 추억을 떠올린다.

아빠하고 나하고 만든 꽃밭에 채송화도 봉숭아도 한창입니다.
아빠가 매어놓은 새끼줄 따라 나팔꽃도 어울리게 피었습니다.
(어효선 작사, 권길상 작곡, 서정동요)

둘째 날 첫 강의의 주제가 "아빠 엄마 테라피"이기 때문에 주제에 맞게 엄마, 아빠와의 추억을 연상할 수 있도록 선정한 노래다. 이 시간은 상처받은 내면 아이를 치유하는 시간이다. 강의는 김중호 박사가 진행하며, 대부분 참여자가 엄마 아빠에 대한 여러 가지 감정에 몰입되면서 갖가지 얼룩진 상처로 여기저기 흐느끼고 통곡하는 사람도 점점 늘어난다. 치유의 역동이 강하게 일어나며 상처 입은 감정들의 정화 작업이 어느 정도 진행되면 진행자는 <얼굴>이라는 노래를 독창한다.

동그라미 그리려다 무심코 그린 얼굴 내 마음 따라 피어나던 하얀 그때 꿈을
풀잎에 연 이슬처럼 빛나던 눈동자 동그랗게 동그랗게 맴돌다 가는 얼굴~~
(심봉석 작사, 신귀복 작곡)

이 노래는 엄마, 아빠를 생각하며 울고 있는 그들의 가슴속 깊이 파고들도록

노래치유 진행자가 독창으로 부른다. "동그랗게 동그랗게 맴도는 얼굴", 마음속 상처로 가려져 희미해졌던 부모님의 얼굴이 상처가 치유되면서 "풀잎에 연 이슬처럼 빛나는 눈동자"로 변해가는 것이다. 다시 소그룹 집단치유가 점심 식사 전까지 진행된다.

4) 영성수련 2일 차의 노래치유 5, 6

점심 식사 후 다시 모여 "아름다운 기억을 만들자"라는 주제로 정태기 박사의 강의가 진행된다. 상처가 어느 정도 치유되고 나면 마음속 깊이 감춰져 있던 아름다운 기억들이 떠오른다. 아름다운 기억이 많을수록 인생의 어떠한 역경 속에서도 잘 견뎌낼 힘이 된다. 강의가 시작되기 전 <당신은 모르실 거야>라는 노래를 함께 부른다. 정태기 박사는 이 노래를 흥얼거리면서 강단에 등단하여 어머니 이야기로 강의를 시작한다.

당신은 모르실 거야 얼마나 사랑했는지 세월이 흘러가면은 그때서 뉘우칠 거야
마음이 서글플 때나 초라해 보일 때에는 이름을 불러주세요. 나 거기 서 있을게요.
두 눈에 넘쳐흐르는 뜨거운 나의 눈물로 당신의 아픈 마음을 깨끗이 씻어드릴게.
음~~ 당신은 모르실 거야 얼마나 사모했는지 뒤돌아봐 주세요. 당신의 사랑은 나요.
(길옥윤 작사, 길옥윤 작곡, 혜은이 노래)

참여자들은 부모나 양육자로부터 받은 상처로 인하여 힘들게 살았으나, 영성수련의 치유의 과정을 통해 부모님에 대한 원망과 상처가 풀어지면서 평안하고 긍정적인 마음으로 함께 노래한다. 강사의 경험과 그동안 참여했던 참여자들의 사례를 소개하면서 참여자들도 이 영성수련을 통해 아름다웠던 기억을 찾고 새로운 삶을

살고 싶다는 소망을 갖도록 돕는 것이다. 강의가 끝난 후 반주팀과 함께 진행자가 <주 품에>라는 노래를 선창하면 참여자들은 자연스럽게 함께 따라 부른다.

주 품에 품으소서, 능력의 팔로 덮으소서
거친 파도 날 향해와도 주와 함께 날아오르리
폭풍 가운데 나의 영혼 잠잠하게 주 보리라
(Reuben Morgan 곡)

이 노래를 다 같이 부를 때, 비기독교인들도 만유를 창조하신 절대자 하나님에 대한 임재를 어렴풋이 느끼는 것 같은 모습을 진행자는 관찰할 수 있다. 이 시간에 <생명 주께>, <온 땅이여 주를 찬양>, <여호와 이레>라는 노래를 부르기도 한다. 그때그때 상황에 따라 노래를 선곡한다. 노래가 끝나면 다시 소그룹치유가 진행된다.

5) 영성수련 2일 차의 노래치유 7

영성수련 2일 차 저녁은 마지막 밤이라는 의미를 부여하면서 축제의 분위기를 이끌어 간다. 이 시간에는 몇 개의 노래를 연속하여 부르면서 역동을 불러일으키고 분위기를 전환시킨다. 선정된 노래는 <푸르른 날>, <우리는>, <내가 만일>이다.

(1) 첫 번째 곡 <푸르른 날>이란 노래의 가사는 다음과 같다.

눈이 부시게 푸르른 날은 그리운 사람을 그리워하자
저기 저기 저 가을 꽃자리 초록이 지쳐 단풍 드는데
눈이 내리면 어이하리야 봄이 또 오면 어이하리야

내가 죽고서 네가 산다면 네가 죽고서 내가 산다면

눈이 부시게 푸르른 날은 그리운 사람을 그리워하자

(서정주 시, 송창식 곡)

이 노래를 부를 즈음에는 참여자들이 영성수련을 통해 치유 경험을 한 상태이기 때문에 대그룹의 역동성이 강력히 일어난다. 소그룹 집단치유에서 함께 울고 웃었던 그룹원들을 바라보며 노래할 때 참여자들의 마음 열림과 치유의 분위기는 한층 고조된다.

(2) 두 번째 곡은 <우리는>이다.

우리는 빛이 없는 어둠 속에서도 찾을 수 있는 우리는~

아주 작은 몸짓 하나로도 느낄 수 있는 우리는~

우리는 소리 없는 침묵으로도 말할 수 있는

우리는 마주치는 눈빛 하나로도 모두 알 수 있는 우리는 우리는 연인

기나긴 하세월을 기다리어 우리는 만났다 천둥 치는 운명처럼 우리는 만났다

오~ 오~ 바로 이 순간 우리는 만났다 이렇게 이렇게 이렇게 우리는 연인

(송창식 작곡 작사)

(3) 세 번째 곡 <내가 만일>이란 노래다.

내가 만일 하늘이라면 그대 얼굴에 물들고 싶어

붉게 물든 저녁 저 노을처럼 나 그대 뺨에 물들고 싶어

내가 만일 시인이라면 그댈 위해 노래하겠어.

엄마 품에 안긴 어린아이처럼 나 행복하게 노래 하고 싶어

세상에 그 무엇이라도 그대 위해 되고 싶어

오늘처럼 우리 함께 있으니 내겐 얼마나 큰 기쁨인지

사랑하는 나의 사람아 너는 아니 워 이런 나의 마음을

(김범수 작사, 작곡)

첫 번째 곡 <푸르른 날>이란 곡에서 죽음이 서로를 갈라놓아도 결코 잊을 수 없는 사이가 되자고 노래한다. 두 번째 <우리는>이란 노래는 마음이 하나가 된 것을 노래하고, 다음으로 <내가 만일>이란 노래는 사랑하는 마음으로 가득 찬 상태에서 사랑하는 대상에게 고백하는 노래다. 여기에서는 치유의 현장에서 치유의 결과로 생겨난 마음을 노래하는 장면이다. 2일 동안 합숙하며 마음의 상처를 드러내고 치유하는 과정에서 가족들에게도 내놓지 못했던 아픔을 이야기하고 격려하면서 동료애가 생겨난다. 그리고 집단원들을 더 사랑스러운 마음으로 볼 수 있고 더 나아가 나에게 상처를 준 사람까지 용서하고 사랑할 수 있는 마음을 노래하게 함으로 치유의 효과를 더 심화시킨다. 노래가 마무리되고 마지막 밤의 "특강"과 소그룹치유가 진행된다.

6) 영성수련 3일 차의 노래치유 8, 9

영성수련 3일 차 마지막 날은 식사 후 소그룹치유로 시작하고 이후 대그룹으로 모여 진행자가 시작 기도를 한다.

기도가 끝나고 <사랑의 기쁨>이라는 노래를 하는데, 치유를 경험한 사람들이 고백적인 마음으로 노래를 부르기 시작한다.

사랑의 기쁨은 어느덧 사라지고 사랑의 슬픔만 영원히 남았네

눈물로 보낸 나의 사랑이여 그대 나를 버리고 가는가

사랑의 기쁨은 어느덧 사라지고 사랑의 슬픔만 영원히 남았네 (중략)

(Jean-Pierre Claris de Florian 작사, Jean-Paul-Egide Martin 작곡)

<사랑의 기쁨>(Plasir d' amour)는 "사랑의 기쁨은 어느덧 사라지고 사랑의 슬픔만 남았네. 눈물로 보낸 나의 사랑이여"의 가사로 만들어진 슬픈 곡이다. 그런데 정태기 박사가 미국에서 치유를 경험한 후 저절로 입에서 흥얼거렸던 노래가 바로 이 노래였다고 한다. 본래는 슬픈 가사인데 180도 바뀐 가사가 저절로 입에서 흘러나왔다는 것이다. 그리하여 만들어진 "사랑의 슬픔은 어느덧 사라지고 사랑의 기쁨만 영원히 남았네"라는 가사로 개사하여 부르게 된 것이다.

이어지는 마지막 날 오전 특강은 "큰 항아리가 되자"라는 주제로 강의가 진행된다. 강의가 끝나면 다시 세 곡의 가스펠송을 함께 부른다. 바로 <약한 나로 강하게>, <나의 안에 거하라>, <야곱의 축복>이다.

(1) 첫 번째 곡은 <약한 나로 강하게>로 하나님은 약한 나를 치유하셔서 강하게 만드셨다는 노래다.

약한 나로 강하게 가난한 날 부하게 눈먼 날 볼 수 있게 주 내게 행하셨네

호산나 호산나 죽임당한 어린 양 호산나 호산나 예수 다시 사셨네

(Reuben Morgan 곡)

(2) 두 번째 곡은 <나의 안에 거하라>로 치유 받은 후 하나님 안에 살아가면 나의 하나님이 되어주시고 나를 보배롭고 존귀하게 여겨 주실 것이라는 확신을

갖게 하는 노래다.

> 나의 안에 거하라 나는 네 하나님이니 모든 환란 가운데 너를 지키는 자라
> 두려워하지 말라 내가 널 도와주리니 놀라지 말라 네 손 잡아주리라
> 내가 너를 지명하여 불렀나니 너는 내 것이라 내 것이라 너의 하나님이라
> 내가 너를 보배롭고 존귀하게 여기노라 너를 사랑하는 내 여호와라
> (류수영 곡)

(3) 마지막 곡은 <야곱의 축복>이다. 치유를 받은 후 야곱처럼 수많은 축복의 열매를 맺는 삶을 살 것이라는 희망과 믿음을 갖게 하는 노래다.

> 너는 담장 너머로 뻗은 나뭇가지에 푸른 열매처럼
> 하나님의 귀한 축복이 삶에 가득히 넘쳐날 거야
> 너는 어떤 시련이 와도 능히 이겨낼 강한 팔이 있어
> 전능하신 하나님께서 너와 언제나 함께하시니
> 너는 하나님의 사람 아름다운 하나님의 사람
> 나는 널 위해 기도하며 네 길을 축복할 거야
> 너는 하나님의 선물 사랑스런 하나님의 열매
> 주의 품에 꽃 피운 나무가 되어줘
> (김인식 곡)

이 노래를 다 함께 부르고, 치유를 경험한 후 삶의 현장에서 주의해야 할 사항을 알려준 뒤 3일 동안 수고한 스텝들을 소개한다. 마지막으로 정태기 박사의 축도에 이어 <나 같은 죄인 살리신>을 연주하고 모든 강사와 리더 및 스텝들이 입구에

나가 참가자들을 배웅하는 것으로 영성수련의 프로그램은 마치게 된다.

이 논문에서는 정태기의 영성수련에서 프로그램 중간중간에 진행되는 노래치유 전반에 대해 소개하고 진행자로서의 느낌과 소감 그리고 참여자들의 반응을 기술하였다. 치유상담연구원에서 발간하는 「상담과 치유」 회지, "영성수련 소감문"에 참여자들의 소감이 더 잘 소개되어 있다. 오랫동안 영성수련 프로그램에서 노래치유 진행자로서의 경험과 이론들을 접목하여 다음 장에서 1박 2일 과정의 노래치료 프로그램을 제안하고자 한다. 노래치유를 계획하거나 시도하는 분들에게 도움이 되기를 기대한다.

IV. 노래치유 프로그램 모델(1박 2일)

노래를 활용한 심리치료는 매우 효과적인 방법 중 하나다. 2박 3일의 프로그램으로 진행하는 것이 더 효과적이겠지만 분주한 현대인의 생활을 참작하여 1박 2일 노래치료 프로그램을 제안하고자 한다. 노래치료는 참여자들의 특성, 즉 나이, 성별, 신분 등에 따라 또는 설정한 주제에 따라 구체적이고 세부적인 계획들이 만들어져야 할 것이다. 여기에서는 일반적으로 적용할 수 있는 노래치유 프로그램을 제안한다. <표 2>는 1박 2일 간의 노래치유 프로그램 일정표이다. 프로그램 주요 내용과 유의점은 다음과 같다.

1) 1일 차는 직장에서 퇴근하여 식사를 마친 후 밤 7시에 시작을 한다. 노래치유 1에서는 참가자들이 마음을 열도록 두 곡의 노래를 부르게 한다. 노래는 세대에 따라, 상황에 따라 얼마든지 변경할 수 있다. 여기에서는 연구자가 임상경

험에서 효과적이었던 노래를 제시했다. 이어서 세션 1에서는 아이스브레이크 (아이컨택, 자기소개, 좋아하는 노래 한두 곡 말하기, 나의 장단점 말하기, 변화되고 싶은 점 말하기 등)를 통해서 참여자 간에 라포를 형성하도록 하고 소그룹치유 1로 들어간다.

2) 2일 차 아침 식사를 마친 후 9시에 노래치유 2를 하여 마음을 열게 한다. 이어서 세션 2에서는 각자 좋아하는 긍정적 감정의 노래를 함께 불러주고 당사자 소감 및 사연 듣고 공감해 주기를 한다. 세션 2를 마치고 노래치유 3을 한 후 소그룹치유 2로 들어간다.

3) 소그룹치유 2를 마치고 점심을 마친 후 다시 모여서 노래치유 4로 오후 프로그램을 시작한다. 세션 3에서 지금까지 살아오면서 가장 힘들었던 기억이나 행복했던 기억을 떠올리며 노래를 만들고 불러보는 시간이다. 노래치유 5를 진행한 후 소그룹치유 3의 시간을 갖는다. 그리고 세션 4에서 현재의 느낌을 각자 돌아가며 혹은 다 함께 노래하는 시간을 갖는다.

4) 저녁 식사를 마친 후 노래치료 6을 지나 마지막 세션 5를 통해 이 프로그램을 통해 변화된 생각, 느낌, 다짐, 가치관을 나누고 피차 격려하고 응원하면서 1박 2일의 노래치유 프로그램을 마무리한다.

<표 2> 노래치료 프로그램 일정표

구분	시간	제목	내용
1일 차	오후 6시 00분 ~ 6시 50분	저녁식사	
	7시 00분 ~ 7시 20분	노래치유 1	<고향의 봄>, <섬집아기>
	7시 20분 ~ 8시 30분	세션 1	자기소개 ― 소그룹으로 좋아하는 노래 불러주기
	8시 40분 ~ 10시 00분	소그룹치유 1	
2일 차	8시 00분 ~ 8시 50분	아침식사	
	9시 00분 ~ 9시 10분	노래치유 2	<만남>
	9시 10분 ~ 10시 30분	세션 2	각자 좋아하는 긍정적, 부정적 노

		래 함께 부르고 소감 나누기
10시 30분 ~ 10시 40분	노래치유 3	<사랑으로>
10시 40분 ~ 12시 00분	소그룹치유 2	
오후 12시 00분 ~ 1시 20분	점심식사	
1시 20분 ~ 1시 30분	노래치유 4	<내가 만일>
1시 30분 ~ 2시 50분	세션 3	힘들었거나 행복했던 기억 노래 가 사에 멜로디 만들기
3시 00분 ~ 3시 10분	노래치유 5	<우리는>
3시 10분 ~ 4시 20분	소그룹치유 3	
4시 00분 ~ 5시 20분	세션 4	현재 느낌을 각자 돌아가며 혹은 다 함께 노래하기
5시 30분 ~ 6시 30분	저녁식사	
6시 30분 ~ 6시 40분	노래치유 6	<야곱의 축복>
6시 40분 ~8시 20분	세션 5	변화된 생각, 느낌, 다짐 나누고 노 래로 격려하기
8시 30분	귀가	

<표 3>은 위에서 제시한 일정의 세션별 세부 계획표이다. 참여자의 특성에 따라
설정된 주제에 따라 소요 시간이나 나눔 활동 등은 조정이 가능하다.

<표 3> 노래치료 프로그램 세부 계획표

구분	주제	목표	구성	마무리	준비물
세션 1	자기소개 및 아이스 브레이킹 (신뢰감 형성)	1) 참가자들이 서로 알아가고, 편안한 분위기에서 프로그램에 적응하도록 도움 2) 음악과 연결된 간단한 활동을 통해 서로를 소개하고, 신뢰 형성을 촉진	1. 간단한 환영 인사 및 프로그램 소개 * 각 세션의 목표와 진행 방식 설명 2. 자기소개(20분) 참가자들이 돌아가며 자신을 소개하고, 자신에게 의미 있는 노래나 음악 장르를 짧게 소개함 * 질문 예시: — 자신이 좋아하는 노래 및 장르 — 최근에 감동받은 음악 경험 — 음악을 통해 느낀 감정이나 기억	* 첫 세션을 마무리하며 각 참가자가 느낀 점이나 기대감을 간단히 공유함 * 다음 세션에 대한 간단한 예고 및 기대감을 고취시킴	* 간단한 음향 장비 (노래 재생을 위한 스피커) * 종이와 펜 (간단한 자기소개 메모를 위한)
세션 2	좋아하는 노래 함께 부르고 소	참가자들이 공동의 음악 경험을 통해 유대감을 강화하고, 음악을 통	1. 도입 (10분) : 각자가 좋아하는 노래를 함께 부르는 경험이 왜 중요한지 설명	* 마무리 및 피드백(30분) : 참가자들이 음악을 함	

			2. 노래 부르기(50분): 참가자들이 그룹으로 모여 각기 좋아하는 노래를 부르고, 부른 후에 각자의 소감을 나누기	께 부른 후의 감정을 나누며 세션을 마무리	
	감 나누기	한 협력적 활동에 익숙해지도록 함			
세션 3	행복했던 기억 또는 아픈 기억의 노래 가사 만들기	음악을 통한 감정 표현을 통해 개인적 경험을 심리적으로 탐구하고, 창의적인 방법으로 감정 해소를 도움	1. 도입(10분): 가사를 만들면서 기억을 음악으로 표현하는 것이 어떻게 감정 처리에 도움이 되는지 설명 2. 가사 만들기(60분): 각 참가자가 자신이 경험한 행복하거나 아픈 기억을 바탕으로 노래 가사 작성	* 마무리 및 피드백(20분): 가사에 대해 간단히 나누고, 가사를 통해 떠오른 감정을 나눔	
세션 4	지금의 기분을 나누고 이럴 때 생각나는 노래 부르기	참가자들이 현재 자신의 감정을 인식하고, 그 감정에 맞는 음악을 통해 더 깊은 자아 성찰을 끌어냄	1. 도입(10분): 현재 감정이 음악과 어떻게 연결될 수 있는지 설명 2. 감정 나누기(30분): 돌아가며 지금 느끼는 감정을 간단히 나누기 3. 노래 부르기(40분): 각자가 자신의 감정에 맞는 노래를 부르거나 추천하며 감정 표현	* 마무리(10분): 감정을 노래로 표현한 후 느낀 점을 공유하며 마무리	
세션 5	프로그램을 통해 변화된 생각, 느낌, 새로운 다짐 나누기	프로그램의 전반적인 효과를 성찰하고, 참가자들이 자신의 내적 변화를 인식하며 앞으로의 목표와 다짐을 정리하도록 도움	1. 도입(10분): 프로그램을 돌아보며 변화된 점을 생각하게 유도 2. 변화된 생각과 느낌 나누기(60분): 각 참가자가 프로그램을 통해 느낀 점, 변화된 생각이나 감정을 공유 3. 새로운 다짐 발표(20분): 앞으로의 목표나 다짐을 간단히 나누며 프로그램을 마무리		준비물: 세션별 필요한 준비물은 악보지, 펜, 음향장비 등

노래치유 프로그램에서 진행자가 갖추어야 할 기본적인 조건은 다음과 같다. 첫째, 집단상담의 역동을 끌어내고 개인적인 치유를 해결할 수 있는 정신분석, 정신역동에 대한 지식과 충분한 임상경험을 갖추어야 한다. 진행자가 경험이 적거나 전문 지식을 갖추지 못하면 깊이 있는 치료를 기대하기 어렵다. 둘째, 음악에 대한 전문적 지식과 일정 수준의 가창력, 심리치료에 필요한 음악심리, 음악치료의 지식과 경험이 있어야 한다.

V. 나가는 말

본 연구에서는 인간 내면의 상처를 치유하는 2박 3일 간의 영성수련에서 노래치유의 진행자로서 참여자들의 반응과 태도 등에 대해 살펴보고, 이러한 경험을 바탕으로 일반적으로 적용할 수 있는 1박 2일 노래치유 프로그램을 모델을 제안하였다.

영성수련의 배경과 역사에 대해 살펴보고, 주요 프로그램인 대그룹치료(춤치료, 명상치료, 노래치료 등), 소그룹치유 작업 등에 대해 기술하였다. 또한 영성수련에서 마중물 같은 역동을 일으키게 하는 노래치유에 사용된 노래들의 선곡 이유와 치료적 역동과 치료적 효과에 대해 살펴보았다. 하워드 클라임벨 연구소 소장인 이경식 박사는 이 프로그램에 참석한 후 다음과 같이 말했다: "이 프로그램은 신학적으로, 철학적으로, 심리학적으로 균형을 갖춘 프로그램으로 세계 어디에 내놔도 손색이 없는 프로그램이라고 확신하고 적극 추천한다."

영성치유에서는 다섯 번의 주제 강의와 춤치유, 소그룹치유, 노래치유가 복합적으로 진행되어 전인적 치유작업이 이루어진다. 특히 8회에 걸쳐 15여 곡의 노래치유의 콘티를 통해 노래와 노래 가사가 어떤 치료적 효과를 불러일으키는지 상세하게 기술했다. 마지막 장에서는 분주한 현대인에게 적용할 1박 2일 간의 노래치유 프로그램을 개발하고 제안해 보았다. 이 프로그램의 실제 적용과 진행 그리고 그 치료 효과 등에 관해서는 후속 연구가 필요하다.

참고문헌

김수현 (2023). 노래 중심 치료적 음악 활동이 주간보호센터 노인의 고독감과 삶의 만족도에 미치는 영향. 석사학위논문.

김현영 (2018). 기독 노인을 위한 노래자서전 음악치료 프로그램 개발 및 효과. 고신대학교 대학원 박사학위논문.

박성혜 (2012). 집단음악치료가 유아의 자아존중감 향상에 미치는 영향. 한세대학교 대학원 석사학위 논문.

박정한 (2019). 노래 중심 음악치료 활동이 만성 정신질환자의 회복탄력성, 자아존중감에 미치는 영향. 성신여자대학교 대학원 석사학위논문.

임종환 (2020).『놀라운 음악치료의 세계』. 서울: 예영 B&P.

임종환 (2020). 노인의 우울감 치료가 자존감과 자아통합감 향상에 미치는 영향 연구. Midwest 대학교 박사학위 논문.

정태기 (2024),『상담과 치유』. 서울: 영성수련.

정현주 (2006).『음악치료기법과 모델』. 서울: 학지사.

최병철 (2006).『음악치료학』, 서울: 학지사.

최소림 (2006). 노래를 중심으로 한 집단음악치료활동이 장애 청소년의 자아존중감 향상과 불안 감소에 미치는 영향. 숙명여대 음악치료대학원 석사학위 논문.

황은영, 이유진, 정은주 (2021).『음악심리치료 이론과 실제』. 서울: 학지사.

Adorno, T. W. (1976). *Introduction to the sociology of music*. E. B. Ashton, Trans. New York: Seabury Press.

Allport, G. W. (1961). *Pattern and Growth in Personalty*. New York: Henry Holt and company.

Michael, H. T. (2021).『신경학적 음악치료 핸드북』. 서울: 학지사.

Miller, H. M. (1965). *History of Music*. New York Bannes & Noble Books.

Sanford, J. A. (1977). *Healing and wholeness*. New York: Paulist Press.

Scott, P. M. (2009).『아직도 가야 할 길』. 신승철, 이종만 역. 서울: 열음사.

Seamands, D. A. (1986). *Healing for Damaged Emotions.*『상한 감정의 치유』. 송헌복 역. 서울: 두란노서원.

부록: 지난 27년 동안 170여 회 개최 일시

■ 영성치유수련 개최 일시

회차	일시	회차	일시	회차	일시
1	2001.12.10~12	31	2008. 9.25~27	61	이하 공백
2	2002.5.23~25	32	2008.12.11~13	62	(61~87회)
3	2002.12.12~14	33	2009.2.5~7	63	
4	2003.2.27~3.1	34	2009.4.2~4	64	
5	2003.5.1~3	35	2009.5.28~30	65	
6	2003.8.29~30	36	2009.9.24~26	66	
7	2003.12.8~10	37	2009.12.10~12	67	
8	2004.2.19~21	38	2010.1.18~20	68	
9	2004.6.10~6.12	39	2010.3.18~20	69	
10	2004.10.7~9	40	2010.4.22~24	70	
11	2005.1.27~29	41	2010.6.17~19	71	
12	2005.4.6~8	42	2010.9.30~10.2	72	
13	2005.6.2~4	43	2010.12.09~11	73	
14	2005.8.25~27	44	2011.2.17~19	74	
15	2005.9.29~10.1	45	2011.3.31~4.02	75	
16	2006.2.2~2.4	46	2011.6.1~03	76	
17	2006.3.23~25	47	2011.9.29~10.1	77	
18	2006.6.1~3.	48	2011.12.1~3	78	
19	2006.9.7~9	49	2012.2.13~15	79	
20	2006.12.14~16	50	2012.3.22~24	80	
21	2007.2.1~3	51	2012.5.24~26	81	
22	2007.3.22.~24	52	2012.10.10~12	82	
23	2007.4.19~11	53	2012.12.6~8	83	
24	2007.6.7~9	54	2013.1.21~23	84	
25	2007.9.13~15	55	2013.3.28~30	85	
26	2007.12.13~15	56	2013.5.23~25	86	
27	2008.1.24~26	57	2013.10.3~5	87	
28	2008.3.20~22	58	2013.12.5~7	88	2014.5.29~31
29	2008.4.24~26	59	2014.1.20~22	89	2014.10.16~18
30	2008.6.5~7	60	2014.3.27~29	90	2014.12.4~6

회차	일시	회차	일시	회차	일시
91	2015.1.26~28	121	2015.12.17~19	151	2020.6.25~27
92	2015.3.26~28	122	2016.1.25~27	152	–
93	2015.5.28~30	123	2016.3.31~4.2	153	2022.2.17~19
94	2015.10.8~10	124	2016.6.2~4	154	2022.3.24.~26
95	이하 빈칸	125	–	155	–
96	(95~119회)	126	2016.10.6~8	156	2022.6.16.~18
97		127	2016.11.10~12	157	2022.9.29~10.1
98		128	2016.12.15~17	158	2022.11.3~11.5
99		129	2017.2.6~8	159	2022.12.15~17
100		130	2017.3.30~4.1	160	2023.4.13~15
101		131	2017.4.27~29	161	2023.6.22~23
102		132	2017.5.25~27	162	2023.1.26.~28
103		133	2017.9.27~29	163	2023.12.14~16
104		134	2017.11.9~11	164	2024.2.21~23
105		135	2017.12.14~16	165	2024.4.4~6
106		136	2018.2.22~24	166	2024.6.20~22
107		137	2018.3.29~31	167	2024.10.1~3
108		138	2018.4.26~28	168	2024.11.7~9
109		139	2018.5.31~6.2	169	2024.12.19~21
110		140	2018.7.4~6	170	2025.2.10~13
111		141	2018.10.18~20	171	2025.2.27~3.1
112		142	2018.11.8~10	172	2025.4.3~5 예정
113		143	2018.12.13~15	173	
114		144	2019.2.21~23	174	
115		145	2019.3.28~30	175	
116		146	2019.4.25~27	176	
117		147	2019.5.30~6.1	177	
118		148	2019.9.26~28	178	
119		149	2019.11.7~9	179	
120	2015.11.26.~28	150	2019.12.5~7	180	

* 참고 자료(상담과 치유 창간호 ~): 실제 개최일시가 변경되어 다를 수도 있음

'영성치유수련' 집단상담 모델에 나타난 영성과 치유의 상관관계 연구*

정 푸 름**

I. 서론

어떤 경험을 영적이라고 할 수 있을까? 우리의 신앙생활의 경험은 종교적인 경험인가 아니면 영적 경험인가? 종교적이거나 영적이라고 표현했을 때 그 정확한 기준과 진단은 무엇일까? 종교적이며 영적인 경험들은 일반 경험과 확연히 구분되는가?

한 교회의 여성 장로님이 수년간 수고한 교회 사모님에게 전신 마사지와 세신 서비스를 받을 수 있는 사우나 이용권을 선물한다. 그 사모님은 이런 서비스 경험이 처음이라 낯설었지만 장로님의 정성을 생각하여 사우나를 방문하게 된다. 1시간 넘게 마사지를 받고 머리까지 감겨주는 세신사의 서비스를 받던 사모님은 알 수

---

* 이 글은 정푸름, "'영성치유수련' 집단상담 모델에 나타난 영성과 치유의 상관관계 연구," 「대학과 선교」 63 (2025): 163-187에 게재되었음을 밝힙니다.
** 치유상담대학원대학교 상담심리학과 교수

없는 감동과 감격에 눈물을 흘린다.

이러한 일상의 경험을 무엇이라고 설명할 수 있을까? 단지 처음 받아보는 마사지 서비스가 좋아서 눈물이 난 걸까? 장로님께 감사한 마음인 든 단순 경험일까? 이 사례는 매우 복합적인 측면을 담고 있을 가능성이 있다: 수년간 수고했다는 사모님의 삶, 사우나 패키지를 이용해 보지 못한 사모님의 경험의 부재와 그 이유, 교회 안에서 지속적인 돌봄을 제공해 왔을 사모라는 자리와 그 사모가 반대로 돌봄을 받아 보는 경험, 수고를 알아차려 준 여성 장로님의 배려, 여성 세신사가 또 다른 여성의 몸을 정성껏 돌봐준 신성한 노동, 여성 대 여성의 연결과 공감과 돌봄, 돌봄을 받은 존재의 감동이라는 정서와 감격이라는 심리적 경험 그리고 무엇보다 그 몸이 보이는 눈물이라는 유기체적 반응. 이 경험은 '장로님 덕분에 마사지 한 번 받아본 색다른 경험'일 뿐만이 아니라 돌봄과 사랑, 유대와 연결됨, 헌신과 섬김, 긍휼 그리고 치유 등의 주제로 해석될 수 있는 영적 경험이라고 할 수 있다.

이 글은 영적 경험으로 이해될 수 있는 영역을 확장함으로써 치유의 경험과 영적인 체험은 서로 다른 체험이 아니라 연결된 경험이라고 주장한다. 또한 이 글은 '영성치유수련'[1]이라는 집단상담의 참가자들이 지금까지 이 프로그램을 통해 경험한 것이 왜 영적이면서 동시에 치유적인지를 연구하는 논문이다. '영성치유수련'이란 정태기가 자신의 치유상담에 기반하여 그의 "열정, 철학, 전문성 그리고 자기 치유의 경험을 집약"시킨 치유 프로그램이다.[2] '영성치유수련'에 간략한 기도나 침

---

1 '영성치유수련'은 정태기의 치유상담에서 개발된 집단상담 모델이다. 1997년에 시작한 '영성치유수련'은 현재 171회기까지 진행되었다. 2박 3일 숙박으로 진행되는 마라톤 집단상담의 형식이며, 일반인들을 포함하여 한 번에 150명 정도 참여한다. 주된 프로그램은 10여 명의 소그룹으로 나뉘어 진행되는 집단상담과 대그룹으로 진행되는 강의와 춤동작치료 등이다.
2 김중호, "영성치유수련의 이론적 토대: 외적구조와 내적구조," 「학술심포지엄: 정태기 "치유상담 30년" 자료집」 (2015), 109.

묵 기도가 포함되는 경우도 있지만, 예배로 시작하여 예배로 마치지 않고, 참가자
모두가 당연히 기독교인일 거라 전제하지 않으며, 의도적으로 종교 예식을 포함하
지는 않는다. 정태기는 오히려 이 집단상담에 신앙적인 색채가 전혀 없어야 참가자
들이 더 솔직하게 자신의 이야기를 할 수 있다고 강조하기도 했다.[3] 하지만 이 집단
상담의 명칭이 '영성치유수련'이다 보니 '영성수련'을 강조해서 이해하는 참가자들
은 기독교적인 종교적 요소가 부족하다는 의견도 있었고, '치유수련'을 강조해서
보는 참가자들은 그나마 조금 있는 종교적 색채가 불편하다는 의견도 존재했다.
이 글은 '영성치유수련'이 강조하고자 하는 것은 무엇이며 과연 "영성치유수련은
영적인가?" 하는 연구 질문에 대한 답을 찾아가는 작업이다.

　　본론에서는 '영성치유수련'에 관한 선행 연구를 우선적으로 정리할 것이다. 운
용된 횟수나 연수에 비하면 학문적인 연구는 아직 미흡하지만, 그래도 최근 '영성치
유수련'을 연구한 논문들이 발간되어 이를 중심으로 선행 연구를 진행할 것이다.
또한 논의 전개에 맞게 '영성치유수련' 참가자들의 경험을 사례로 제시할 것이다.
1997년부터 모은 참가자들의 소감문 형태를 분석하여, 어떤 경험이 영성치유 요소
에 부합하는지 전개할 것이다. 이어서 '영성치유수련'의 영성과 치유 개념을 더 깊
이 있게 논의하며 이 논문을 마무리하고자 한다.

II. 정태기의 "치유상담"

　　이 단원에서는 '영성치유수련'의 이론적 토대가 된 정태기의 "치유상담"에 관해
먼저 살펴보려 한다. 정태기는 "치유"라는 개념을 설명하기 위해 초기 기독교와

---

3 정태기, 『내면세계의 치유』 (서울: 상담과 치유, 2010), 246.

예수의 공생애를 비교한다.4 초기 기독교부터 치유(healing)라는 개념과 경험에 대한 신학적인 접근은 그다지 호의적이지 않았다. 오리겐이나 터툴리안 같은 초대 교부들은 치유를 영적인 경험으로 인정했지만, 이후 영지주의나 헬라 사상의 영향을 받은 기독교는 육체적인 면을 무시하고 영적인 세계만을 중시하는 이분법적인 사상을 견지했다. 어거스틴은 육체로부터 영의 분리를 주장했고, 아퀴나스는 주로 하나님을 지적인 활동으로 알 수 있는 분으로 접근했으며, 16세기 종교개혁 이후에도 치유의 영성이 일상의 경험을 파고들 여지는 충분하지 않았다. 하지만 예수 사역의 본질을 다시 상기해 보면, 치유가 그 중심에 있음을 알 수 있다. 구약 시대를 통해 신약 시대에 이르기까지 질병은 죄의 영역이었고, 하나님의 말씀과 율법을 따르지 않은 결과로 질병을 얻은 것으로 이해했다. 이런 죄와 질병에 대한 이해에도 불구하고 복음서는 예수의 치유 기사를 중점적으로 기록하고 있다. 정태기는 "치유는 예수님의 정체성을 설명해 주는 핵심적 사건이었다"라고 말하며 하나님 나라를 전파하는 것과 치유 행위는 밀접한 연관이 있는데, 치유 사역이야말로 예수의 메시아성을 증명한다고 주장한다.5

정태기는 자신의 상담을 "치유상담"6이라 명명하였는데, 인간은 상처 입은 영혼들이기에 인간의 전인성(holistic health) 회복을 통해 생명살림을 실현하는 것이 치유상담의 목표라고 주장한다. 김수천은 우리 사회가 2000년대에 들어와 '피로사회'를 겪으며 웰빙에 대한 열풍이 일어났고, 그로 인해 힐링에 관한 관심이 급속도로 높아졌다고 한다.7 하지만 정태기의 치유상담은 2000년대 일어난 힐링 열풍으

---

4 정태기, 『아픔 · 상담 · 치유』 (서울: 상담과 치유, 2006), 12-16.

5 앞의 책, 17-18.

6 정태기는 1980년대부터 "치유 목회"를 표방했다. 치유 목회는 치유 목회상담의 줄임으로 목회자와 평신도들에게 적용되었다. 목회 현장에서 목회자 스스로가 자신의 문제를 진단할 수 있어야 함을 강조했으며, 건강한 목회를 위해 깊은 인간 이해가 필요함을 주장했다. 치유 목회는 후에 "치유상담"이라는 대중적인 명칭으로 바뀌게 된다.

로 인해 생겨난 개념이라기보다는 정태기의 인간 이해에서 비롯된 개념이라고 보는 것이 맞다. 그에 의하면 인간은 위기 사회에 살고 있고, 심리적이고 영적으로 상처 입은 존재들이다. 그는 80~90년대 우리 사회를 위기로 진단하며 급속히 도시화된 현대 사회에서 사람들은 안정감을 읽고 방황하는데 그 중심에 하나님과의 관계가 파괴되고 물질이나 권력과 명예가 자리 잡고 있다고 보았다.[8]

치유상담의 목표는 전인 건강의 회복을 통한 생명살림이다. 전인 건강은 본래 정태기의 스승이었던 하워드 클라인벨(Howard Clinebell)의 개념인데, 영과 육이 분리되지 않고 신체, 심리, 인간관계, 사회, 생태[9]적인 건강에 더해 영적인 건강이 이 모든 차원의 토대가 된다고 보는 개념이다. 전인 건강은 각 건강 요소를 개별적으로만 강화하는 것이 아니라 모든 요소는 서로 유기적으로 연결되어 있어 이런 연결됨이 한 존재의 성장(growth)으로 이어진다는 통합적인 이해를 가지고 있다. 정태기는 "마음과 몸이 분리되지 않고 서로 연합해서 온전한 인간이 되는 것"이 바로 성서적인 인간 이해라고 말한다.[10] 건강하고 온전한 인간이 되어 간다는 것은 몸을 구성하는 요소와 마음을 구성하는 요소가 서로 원활하게 상호작용하는 상태이다. 박선영은 현대적 영성의 핵심 요구 사항은 몸에 대한 새로운 이해라고 주장한다. 이원론적인 관점에서 몸을 열등하게 보고 배격했기에 영성 생활에서 몸이 소외되어 왔다. 그렇기에 "전인성을 회복하기 위해서는 신체적 차원의 치유가 절실히 필요하다"고 강조한다.[11] 온전함이란 외부적으로는 사회와 환경과 건강한 관계를

---

7 김수천, "힐링목회를 위한 영성학적 힐링의 의미 고찰," 「신학과 실천」 82 (2022): 198-200.

8 정태기, 『위기목회상담』(서울: 대한기독교서회, 1992), 14-15.

9 이승문은 클라인벨의 생태적인 건강은 인간이 하나님과의 관계에서 자신을 열어 놓는 영적 갱신을 지속함으로써 지구 돌봄과 평화 만들기를 할 수 있다고 주장한다. 이승문, "대학캠퍼스 지도자들의 영성훈련을 위한 리더십 훈련의 한 모델," 「대학과 선교」 30 (2016), 202.

10 정태기, 『아픔 · 상담 · 치유』, 19-21.

11 박선영, "영성을 춤추다," 「치유상담협회 학술대회 & 보수교육 자료집」 (2024), 48.

맺고, 내부적으로는 하나님의 형상인 자기 자신을 통하여 하나님과의 관계를 더욱 돈독하게 하는 것, 이 조화를 이루어갈 때 지속적인 치유를 경험할 수 있게 된다.

III. '영성치유수련'

이 장에서는 정태기의 치유상담을 토대로 구성된 '영성치유수련'이란 집단상담 모델을 소개한다. '영성치유수련'의 형식, 구조와 내용 그리고 효과성을 적으며, 그 내용을 실제 참여자들의 사례와 함께 설명하게 된다.

1. 형식

치유상담의 이론적 토대 위에 구성된 '영성치유수련'은 상처받은 영혼이 전인성을 회복하며 생명이 살아나는 치유의 경험을 만들어 내는 장(場)의 역할을 하도록 설계되었다. '영성치유수련' 집단상담 프로그램의 구성은 3단계로 이루어져 있다.[12] 첫 번째 단계는 억압된 내면을 흔드는 작업이다. 상처는 오랜 시간을 통해 인간의 내면 깊숙이 잠잠히 자리 잡는 법을 배운다. 거기에 사회생활과 인간관계를 위한 페르소나가 더해지고 종교적인 언어까지 더해지면, 깊숙이 존재하는 상처는 어지간해서 수면 위로 올라오기 어렵다. 이 억압된 내면을 흔들기 위해 '영성치유수련'에서는 개인 내면의 심리적 미해결 과제들이 접촉될 수 있도록 강의가 제공되고, 춤동작치료를 통해 심층 의식 속에 가라앉아 있던 상처가 비로소 의식의 표면으로 떠오르게 된다. 참가자들에게는 체면이나 외면적인 것들을 내려놓고 진행자를 존

---

12 정태기, 『내면세계의 치유』, 95-96.

중하며 따를 것과 자신의 얘기를 소그룹에서 나눌 때 신앙적으로만 구술하지 않도록 안내를 받는다.

두 번째 단계에서는 떠오른 상처를 표출하게 된다. 자신의 상처를 꺼내는 작업은 공동체 안에서 이루어지는 것이 중요하다. 왜냐하면 정태기는 공동체라는 장(場)을 중시하는데, 그는 성령의 역사가 뜨겁게 임하는 곳이 공동체라고 말하며 가족이나 지역 공동체에서 사랑을 받지 못해 움츠러든 성격을 가진 사람도 자신을 표출할 수 있는 안전한 공동체를 만남으로 치유될 수 있다고 주장한다.[13] 안전한 공동체 안에서 서로의 상처받은 이야기가 오고 가고, 서로가 공감하고 수용하며 담아주는 역할을 하도록 안내된다.

세 번째 단계에서는 마음의 상처를 치유하며 그것을 실제화하는 단계다. 김중호는 정태기의 생명살림의 목표에 더해 '영성치유수련'의 목표를 "건강한 인격과 적응적인 인간관계를 형성"하는 능력을 향상시키는 것으로 설명한다. 이것은 자기의 감정을 알아차리고 언어화하는 것, 익숙하지 않은 실험적 행동을 해보는 것, 타인의 아픔에 공감하고 돌봄을 제공하는 것 그리고 의사소통의 능력을 향상시키는 것 등을 포함한다. 용서와 화해를 통한 어린아이와 같은 자유함을 추구함으로 건강한 영적 존재가 되어 가는 것을 경험하는 것이 이 단계에서는 중요하다.

2. 구조와 내용

'영성치유수련'의 내용을 김중호는 외적 구조와 내적 구조로 설명하는데, 외적 구조를 대집단과 소집단으로 나누어 진행되는 내용이라고 보고, 그 안에서 진행되는 강의와 내재화된 내적 대상 다루기 그리고 춤동작 치유의 교차 반복 순환이

---

13 앞의 책, 246-247.

치유작업을 효과적으로 안내한다고 주장한다.[14] 여기서 나누어지는 강의는 지식 전달 중심이 아니라 강사 자신의 상처를 개방하거나 상처와 치유의 실제 사례를 나눈다. '영성치유수련'를 질적 연구 중 근거 이론으로 연구한 논문에서 필자는 치유상담을 "치유에 관해 가르치는 방법이 아닌 지금 여기에서 치유의 경험이 촉진되는 상담 방법"이라고 정리했다. 이 연구의 핵심은 상담자 자신이 상담에서 가장 중요한 도구가 된다는 것인데, "치유상담자가 자신의 삶과 자신의 존재 자체로 진실하게 다가가면 피상담자에게 치유의 과정이 촉진"된다고 밝히고 있다.[15] 이 연구에서는 정태기의 치유상담을 "자신의 삶과 자신의 존재를 도구로 사용하는 상담 방법"이라고도 정의 내린다.[16] 상담자가 자기의 삶을 충분히 탐색하고 스스로 삶을 존중하면, 그것이 언어 또는 비언어적인 태도를 통해 전달된다. 자신이 치유를 경험한 것은 언어, 즉 내러티브로도 전달된다. '영성치유수련'에서 직접 체험한 이런 치유적 내러티브를 경청하게 되면, 비록 타인의 경험이지만 이를 통해 자신의 내면과 접촉하는 경험을 갖게 된다.

'영성치유수련'에서는 강의에 이어 '부모'라는 내재화된 내적 대상을 다루는 작업도 중요하다.

<사례 1> 시간이 오래 흘러서인지 문제가 무엇이 있는지 아득한 것 같기도 하지만 그저 답답함에서 빠져나오고 싶었다. 나는 영성수련을 통해서 머릿속의 판단에서 깊게 숨겨 두었던 억압해 온 가슴을 만나는 경험을 갖게 되었다. 처음에는 말소리조차 작았던 나, 시간이 흐르면서 악에 받친 절규가 쏟아져 나왔다. 내 부모를 향한

---

14 김중호, "영성치유수련의 이론적 토대: 외적구조와 내적구조," 114.
15 정푸름, "치유상담운동이 개인의 삶에 끼친 영향에 관한 질적 연구: "자신의 삶으로 치유"하는 목회(기독교)상담자 정태기의 영향을 중심으로," 「목회와 상담」 27 (2016), 354.
16 앞의 논문.

것이었다. 내 안에 부모에 대한 원망과 저주와 분노가 그렇게 가득한 줄을 몰랐다. 거기서 내 마음의 오래된 한 구석에 억지로 누르고 눌렀던, 슬픔에 가득 차 있어 아무런 힘을 쓰지 못하는 내 안의 어린아이를 만나게 되었다.[17]

<사례 2> 교수님의 인도로 나는 어린 시절로 돌아갔다. 하나하나 그때 상황들이 선명하게 솟아났다. 어린 내 마음이 느껴졌다. 나는 그때 마음속으로 울고 있었다. '엄마~ 가지 마! 엄마 가면 나는 어떡해? 나는 어떻게 살아? 무서운 아빠는? 나는 누구하고 놀아? 나는 아직 어리잖아? 어떻게 나를 버리고 갈 수가 있어?' 어린 마음의 절규가 퍼져 나갔다. … 그리고 나는 내가 사람들과 왜 어울리지 못한지를 깨달았다. 엄마를 밀어냈던 내 굳은 마음은 세상 전부를 밀어내고 있었다. 그러나 내 안에 무엇이 들어있는지를 알 수 있다는 것, 지난날의 삶을 해석할 수 있다는 것은 치유의 중요한 첫걸음이기에 영성치유수련은 그렇게 굳어버린 내 마음을 서서히 풀어내고 있었다. … 이제는 내 마음속에 깊이 자리 잡은 '연민의 어머니'를 떠나보내야 할 때인가 보다. 영성치유를 통해 "엄마~ 엄마~" 하고 통곡하며 엄마를 애타게 찾았던 나의 '내면 아이'가 이제는 자라 성숙한 어른으로 엄마를 힘껏 감싸안으며 "사랑했어요~ 엄마"라고 고백할 때가 되었나 보다.[18]

김중호는 대상관계이론과 애착이론 등의 이론을 바탕으로 개인의 마음 밖에 있는 물리적인 엄마와 아빠가 아닌 "경험적으로 이미 마음속에 들어와 있는 내적 대상으로서의 엄마와 아빠 치유작업"이 있어야 한다고 강조한다.[19] 그는 오랜 임상

---

17 크리스찬치유상담연구원 편, 「상담과 치유」 29 (2003), 11.
18 크리스찬치유상담연구원 편, 「상담과 치유」 75 (2016), 13.
19 김중호, "엄마/아빠 테라피의 이론과 치유작업의 실제," 「치유상담협회 학술대회 & 보수교육 자료집」 (2024), 45.

현장을 통해 "치유와 회복을 위해서는 엄마와 아버지에 대한 이야기가 필요하다는 것을 알게 되었다"고 하며 상처의 근원적 뿌리에 부모가 있다고 주장한다.[20] 그것은 부모에 대한 기억 속으로 들어가서 그 기억의 이야기를 만나고 그것을 밖으로 끌어내는 것이다. 부모와 얽혀 있는 상처로 인해 몸과 신경계에 굳어져 있는 부동화 에너지를 방출하고 정화하는 것이 필요하다. 이를 위를 노출치료의 방식이 도입되는데, 타겟 이미지(target image)에 주목하며 신체감각 알아차리기와 신체 반응 경험하기 그리고 프라이멀 절규치료(primal scream therapy)[21]를 통해 능동적 작업에 참여하게 된다.[22]

춤동작치료는 '영성치유수련'의 핵심 구성 요소 중 하나다. 박선영은 춤동작치료에 대해 다음과 같이 설명한다: "몸과 움직임의 원리를 바탕으로 치유를 위한 마음을 열고, 함께하는 리듬으로 만들어진 타인과의 유대감으로 안정적인 치유의 내면 여행을 도와주며, 성장을 위해 자기보다 더 큰 존재를 만날 수 있게 도와준다."[23]

<사례 3> 흥이 많던 내 안의 어린아이가 나와 함께 춤을 추기 시작했다. 춤을 출 기회만 있으면 춤추고 싶었다. 춤추는 공간이 적게 느껴지기도 하였다. 45년 동안 갇혀 살던 내 속에 있던 어린아이가 마치 한이라도 풀어헤치듯이 춤에 겨워 기뻐하는 것이었다. 상처 때문에 아파하는 그룹원을 만나면 아파서 춤추고, 치유 받고 기뻐하는 사람을 만나면 기뻐서 춤추고, 슬퍼하는 사람과 눈물을 흘리며 추었다. 머릿속에서, 손끝에서, 가슴 속에서, 움직이는 발끝을 타고 마치 실타래가 풀린 것처

---

20 앞의 논문, 23.
21 프라이멀 절규치료는 억압된 것을 소리 지름(screaming)으로 쏟아내는 아써 야노프(Arthur Yanov)의 심리치료 기법이다.
22 김중호, "엄마/아빠 테라피의 이론과 치유작업의 실제," 34-39.
23 박선영, "영성을 춤추다," 58.

럼 무엇인가가 자꾸 빠져나갔다. 그것들이 빠져나갈수록 가슴속이 후련해졌다. 머릿속이 맑아지고 손발이 온몸이 부드러워졌다.[24]

이 춤동작 시간은 치유 과정을 위한 몸과 마음의 상태를 만들어 주며 영혼의 온전한 영적 만남의 시간을 가능케 한다. 정태기는 한 개인이 자유롭게 춤을 출 수 있는가가 건강한 영성의 기준이라고 말한다. 어린아이 같음을 잃어버린 사람은 마음이 굳어 있어 융통성, 생동감, 창의력이 없는 반면, 치유로 인해 어린아이의 모습을 회복한 사람은 감격과 경이로움, 웃음과 눈물 그리고 춤과 놀이가 살아나는 사람이라고 설명한다.[25] 치유란 건강한 영적인 존재가 어린아이의 모습을 회복하는 것이며, 춤과 놀이가 존재 안에서 회복되는 것이고, 이러한 움직임들은 전인 건강에서 말하는 온전함을 잘 보여주는 현상들이다.

강의와 내적 대상 다루기 그리고 춤동작치료가 외적 구조라면, '영성치유수련'의 내적 구조는 그 안에 내포된 의미를 말한다. 김중호가 말하는 '영성치유수련'의 내적 의미의 주요 개념들은 희망감, 자기성찰, 자각 능력, 자기개방, 재구성 그리고 공동체에서의 만남 등이 포함된다.[26]

<사례 4> 처음 이곳에 올 때 난 내가 너무나 많은 결핍 속에서 살고 있다고 느끼면서 왔다. 그러나 이곳에서 그룹 치유를 받으면서 치유 받는 이들을 향한 내 모습을 보면서 나도 모르게 내 아픔이 같이 치유되었다. 지금 나는 충만하다. 풍족감을 느낀다. 약간의 결핍감마저도 하나의 풍성함으로 다가온다.[27]

24 크리스찬치유상담연구원 편, 「상담과 치유」 25 (2001), 15.
25 정태기, "치유와 영성" (한신대학교 강연 원고, 2002); 박선영, "영성을 춤추다," 「치유상담협회 학술대회 & 보수교육 자료집」 (2024), 51에서 재인용.
26 김중호, "영성치유수련의 이론적 토대: 외적구조와 내적구조," 115-125.

'영성치유수련'은 개인의 상처가 치유될 수 있다는 희망의 메시지를 담고 있다. 김중호는 정태기의 치유의 희망에 대한 이론적 근거가 고난 중에 갖는 희망의 신학을 말한 위르겐 몰트만(Jürgen Moltmann)과 희망을 일깨우는 상담자의 역할을 강조한 클라인벨이라고 설명한다.[28] 희망의 신학이란 근심과 고통이 없는 상태가 아닌 어려운 중에서도 가질 수 있는 희망의 상태인데, 위의 <사례 2>에서 보듯이 치유의 경험은 "약간의 결핍감마저도 하나의 풍성함으로" 느껴진다고 고백한다. 치유된다는 것은 모든 결핍이 채워졌음을 느끼는 것이 아니라 "너무나 많은 결핍"을 새로운 관점으로 보게 되는 것이고, 그 결핍 안에서도 "풍성함"을 경험하게 되는 관점과 경험의 전환을 의미하기도 한다. 이것은 또한 현대 심리학에서 중요하게 생각하는 자기성찰을 통한 자각 능력을 사용하는 것과 자기개방을 통한 재구성을 할 수 있는 것과 관련이 있다. 그리고 이 작업은 개인 내면에서만 혼자 하는 것이 아니라 그룹 안에서 공동체 구성원들의 개방과 교류를 통해 이루어지는 것이다. 자기성찰, 자각 능력, 자기개방, 재구성 등을 할 수 있을 만큼 공동체를 안전하게 여겨야 가능한 작업들이다.

3. 효과

　'영성치유수련'의 절대적 목표는 치유를 경험하는 것이다. 치유는 일회적인 사건은 아니라 계속되는 일련의 과정이기에, 이 집단상담 경험이 단번에 치유를 완성했다고 보기는 어렵다. 하지만 정체성의 변화, 즉 상처 입은 영혼의 정체성에서 치유되는 존재로의 정체성 전환이 이루어졌다고는 볼 수 있다. 유상희는 이 집단상

---

27 크리스찬치유상담연구원 편, 「상담과 치유」 35 (2005), 20.
28 김중호, "영성치유수련의 이론적 토대: 외적구조와 내적구조," 115-125.

담 참여자들은 전인적이고 다차원적인 치유를 경험했다고 보고한다.[29] 참여자들은 자신의 상처를 개방할 뿐만 아니라 다른 사람의 아픔을 경청하며 공감할 수 있게 되었으며, 상처받은 마음과 관계가 자유로워졌다고 보고하기도 했다. 정푸름은 참여자들의 개인적, 관계적, 영적 변화를 설명했다.[30] 치유상담의 맥락적 작용으로 '영성치유수련'은 치유에 있어 매우 중요한 장을 제공했고, 이 경험으로 참가자들은 자기 인식이 높아졌고, 상처의 비중이 감소했으며, 자신의 이야기를 개방할 수 있는 자유로움이 증가했다.

<사례 5> 내가 아이들을 별로 좋아하지 않아서인지, 교회에서 아이들을 대할 때면 귀찮게 느껴질 때가 많았고, 예뻐한다면 그것은 의무적인 행위일 때가 많았다. 그런데 그들이 사랑스럽고 이쁘게 느껴지기 시작했다. … 아이들에게도 내가 받은 이 치유를 경험하게 하고 싶다는 소망이 생겨, 요즘은 아이들과 자연스러운 만남의 장을 만들고자 아이들을 위해 글쓰기 지도를 시작했다. 어찌 보면 별것도 아닌 변화라고 말하는 사람도 있겠지만, 의무나 타성에 젖어서 하는 사랑이 아닌 내 안에서 자연스럽게 싹튼 이 씨앗이 나의 치유의 흔적이 아닌가 싶어 뿌듯하고 행복하다.[31]

<사례 6> 감정이 살아나고 느낌을 표현하게 되니, 놀랍게도 하나님과의 관계에서도 변화가 일어났다. 어려서부터 신앙을 가졌기에 하나님에 대한 지식은 많이 알고 있었지만 그분이 친밀하게 느껴지지 않았다. 내 안에 계신 하나님은 관념적이고 미래에 천국으로 인도하시는 하나님으로 느꼈을 뿐, 현재 나의 삶에 함께하시고

---

29 유상희, "치유의 의미와 경험에 대한 현상학적 연구: 정태기의 영성치유 집단을 중심으로," 「신학과 실천」 87 (2024), 417.

30 정푸름, "치유상담운동이 개인의 삶에 끼친 영향에 관한 질적 연구," 353.

31 크리스찬치유상담연구원 편, 「상담과 치유」 32 (2004), 9.

나의 기도를 들으시는 하나님으로 다가오지 않았다. 그러나 마음이 열리고 감정이 살아나니 멀게 느껴지던 하나님이 가까이 계셔서 나의 문제를 해결해 주시고 기도를 들어 주시는 사랑의 하나님으로 선명히 다가왔다.[32]

사례에서 보듯이 관계적인 측면으로는 인간적인 연결감이 깊어졌고 타인을 있는 그대로 수용하게 되었으며, 영적인 변화로는 자기 자신을 있는 그대로 받아주시는 수용적인 하나님을 경험하게 되었고 기존의 하나님 이해에서 훨씬 더 확장된 하나님으로 하나님 이미지를 성장 발전시킬 수 있게 되었다.

<사례 7> 우리는 온전히 한마음이 되어 자기 자신과 다른 사람의 아픔을 싸안고 씨름했다. 고 2때 실종된 아버지를 마음에서 떠나보내는 의식을 함께 치러 주었으며, 아버지의 폭력에 진저리를 치면서도 아들 앞에서 아버지를 꼭 닮은 자신의 모습에 오열하는 아픔을 함께 공유하기도 했다. 다양한 아픔이 쏟아져 나왔고, 위로를 받았고, 하나씩 하나씩 치유의 가닥을 붙잡아 갔다. 모든 의식이 끝나자 우리는 누가 먼저랄 것도 없이 서로 껴안고 형제의 인사를 나누었다.[33]

<사례 8> 나는 그동안 내 안에 일어나는 느낌을 놓치며 살아왔다. 내가 왜 이러지? 이렇게 가슴이 팍팍해져서는 안 되는데…. 맹숭맹숭해진 가슴을 다시 뛰게 하기 위해서 이리저리 애는 써봤는데 해결책이 나오지 않았다. 그러던 중 구원의 손길이 그룹원들을 통해서 다가왔다. 영성수련 과정 중 그룹원들의 고통을 접하면서 내가 이토록 아파할 수 있다니…. 그 사람을 언제 봤다고…. 내가 왜 이렇게 눈물이 나고

---

32 크리스찬치유상담연구원 편, 「상담과 치유」 30 (2003), 13.
33 크리스찬치유상담연구원 편, 「상담과 치유」 9 (1999), 8.

가슴이 아픈 거야? 그룹원들의 상처가 치유되는 순간, 마치 내 상처가 사라지는 것 같은 기쁨을 맛볼 수 있었다. 그리스도의 마음을 본받아 가는 과정이었다. 하나님 나라를 만들어 가는 사람이 갖추어야 할 가장 중요한 자격은 우는 사람과 함께 울고 웃는 사람과 함께 웃을 수 있는 능력이었다. 그걸 이제야 깨달았다.[34]

공동체성은 치유의 중요한 요소이지만, 역설적이게도 공동체 안에서 자기 자신이 가장 명료해졌음을 알 수 있다. 유상희의 연구 결과에서 '영성치유수련' 참여자들의 치유에 가장 크게 작용한 요소는 그 안에서의 좋은 관계 그리고 공동체라고 강조한다. 서로의 상처의 개방에서 상처와 고통의 보편성 경험, 공동체의 위로와 격려 등이 치유를 가능케 한 요소라고 할 수 있겠다. 이에 대해 '영성치유수련'을 연구한 백정미는 공동체 안에서는 상처를 개방하며 연대감이 생기고, 상처를 준 대상을 대역하며 공감대가 형성되고, 서로에 대한 연대의 감정이 깊어지는 경험을 하게 된다고 한다.[35] 고통스러운 경험이 자신에게만 있었다고 생각하지 않고, 자기만의 것이라 여기지 않고, 함께 공유하고 공감받는 치유의 경험이다. 그룹원들은 소극적인 위로만 하는 것이 아니라 때로는 아픔을 재연할 때 나의 가족 구성원의 역할을 해주기도 하고, 공감적인 피드백을 통해 이전에 생각하지 못한 부분을 발견하게 도와준다. 이 과정을 통해 집단응집력이 형성된다.[36] 공동체가 개인에게 미치는 영향은 지대해 보인다. 공동체가 강화는 동시에 가장 자기다움이기도 한데, '영성치유수련'의 참여자들은 공동체에서 자신의 상처를 드러내는 것이 "자신의 진정한 모습을 찾아가며 가장 자신다운 상태가" 되는 치유를 경험하게 되었다고 백정미

---

34 크리스찬치유상담연구원 편, 「상담과 치유」 10 (1999), 13.
35 백정미, "집단상담 리더 경험에 관한 현상학적 연구: 정태기의 영성치유 집단을 중심으로," 「신학과 실천」 91 (2024), 308.
36 앞의 논문.

는 강조한다.[37]

지금까지 '영성치유수련'에 관련된 선행 연구를 사례와 함께 정리해 봤다. 다음 단락에서는 영성과 치유의 개념들을 더 깊이 이해하여 '영성치유수련'과의 논의로 다가가려 한다.

IV. 영성

종교와 영성은 서로 교차하는 지점들이 존재하지만, 완전히 일치하지는 않는다. 종교는 일치된 믿음과 그것을 유지하는 제도와 관련이 있고, 영성은 종교보다 포괄적인 개념으로 이해될 수 있다. 샌드라 쉬나이더스(Sandra Schneiders)는 영성을 개인이 생각하는 궁극적인 가치를 목표로 하며 자기 초월 경험을 통해 삶을 통합하는 시도를 의식적으로 하는 것이라 설명했다.[38] 유해룡은 "영성이란 존재론적 의미에서 영이라는 실재를 통한 자아초월적인 능력"인 동시에 "구체적인 삶 속에서 그 초월적인 경험을 현재적인 삶으로 실현하고 통합하는 그 과정과 실체를 모두 포함하는 포괄적인 용어"라고 설명한다.[39]

기독교의 관점에서 접근하는 영성도 하나님과의 관계 형성만 강조하기보다는 인간의 내면 상태 또한 중요하게 생각한다. 윤종모가 소개하는 로렌스 라피에르 (Lawrence LaPierre)는 영성에 대한 설명으로 기쁨과 슬픔, 성공과 죽음과 같은 인간 삶의 여정을 통해서 하나님 안에 있는 인간, 인간 안에 있는 하나님의 모습을 서로

---

37 앞의 논문, 317.
38 Sandra M. Schneiders, "Theology and Spirituality: Strangers, Rivals, or Partners?" *Horizon* 13 (1986), 266.
39 유해룡, 『하나님 체험과 영성수련』 (서울: 장로회신학대학교출판부, 2007), 17.

발견할 수 있다고 한다. 공동체도 영성을 경험하는 중요한 부분이라고 설명하는데, 공동체를 통해 보호되고 안전과 사랑을 제공받으며 이 안에서 치유와 성장이 이루어질 수 있다는 것이다.[40]

러셀 존스(Russell S. Jones)는 영성과 종교는 매우 밀접하게 관련되어 있지만, 영성은 "내면적이고 개인적인 경험"으로 정의하고, 종교는 "사회적이며 제도 안의 경험"이라고 정의할 수 있다고 한다.[41] 그에 의하면 영성은 초월된 것과의 연결됨이며 삶의 의미를 찾으려 하는 인간의 선천적 욕구라고 주장한다. 그렇기에 영성을 경험하는 것은 고유한 내적 체험이며 개개인이 순간 경험하는 특별한 주관적 체험이다. 반면 종교는 제도 안에서 공통된 행위, 공통의 언어, 구별된 장소, 의례 등을 통해 추구하는 신념이며 믿음이다. 개인적인 것과 공동체의 경험 그리고 내면적인 것과 사회문화적인 경험을 엄격히 분리해 내는 것은 어렵고 무엇이 더 중요한지는 우위를 결정하는 것도 가능하지 않다. 또한 어떤 사람은 종교적인 동시에 영적일 수 있지만, 다른 사람은 영적이기만 하거나 종교적이기만 할 수도 있다.

영성은 인간과 하나님이 관계 맺는 모든 방식을 포함하지만, 종교는 인간과 하나님과의 관계가 그 공동체가 추구하는 신념 그리고 믿음과 맞닿아 있어야 한다.[42] 영적인 경험들은 초월적인 궁극적 체험이지 한 조직적 공동체가 정립한 개념의 체험만은 아니다. 영성은 하나님과 관계 맺는 모든 방식을 포함하므로, 그 안에 구체적인 종교적 경험이 없을 수도 있고 또 반드시 하나님과의 명시적인 체험은

---

40 라피에르는 삶의 여정과 공동체 외에도 초월 경험, 종교, 창조적 신비, 변화 등이 영성을 설명하는 기준이 된다고 한다. Lawrence LaPierre, "A Model for Describing Spirituality," *Journal of Religion and Health* 33(2), 1994; 윤종모, "기독(목회)상담사의 영성과 명상," 『기독(목회)상담과 영성』, 한국기독교상담심리학회 편 (서울: 학지사, 2018), 재인용.

41 Rusell S. Jones, *Spirit in Session: Working with Your Client's Spirituality (and Your Own) in Psychotherapy* (PA: Templeton Press, 2019), 33.

42 *Ibid.*, 35.

아닐 수도 있다.

존스는 영성을 명시적인 영성과 암묵적인 영성으로 구분한다.[43] 명시적 영성은 기도, 묵상, 성화(聖畫), 하나님에 관한 대화 등 누가 봐도 명료하게 영적인 행위로 구분될 수 있는 것을 의미한다. 반면 암묵적 영성은 겉으로는 명료하게 구분되지 않지만, 한 경험 안에 영적 의미를 내포하고 있는 경험을 일컫는다. 일출이나 일몰을 목격할 때, 감사함을 느낄 때, 다른 누군가와 깊이 연결되어 있음을 경험할 때를 예로 들 수 있다. 일출을 보는 것이 매 순간 누구나 영성을 느끼는 순간은 아닐 수 있다. 어떤 사람에게는 단순히 예쁜 광경일 수 있고, 또 다른 사람에게는 신비로운 체험이며 삶의 의지와 역동을 느낄 수 있는 경이로운 경험일 수 있다. 이렇듯 많은 인간의 경험은 심리적인 측면과 영적인 측면을 동시에 가지고 있다. 존스는 영적 경험은 경이로움, 감사, 겸손, 자애로움, 연결됨, 평화로움, 사랑스러움 등과 같은 인간의 경험들과 연결되어 있다고 한다. 또한 존재에 대한 물음, 근원에 관한 물음, 삶의 의미 등과 같은 존재론적이고 근원론적인 질문과도 연결되어 있다.[44]

V. 치유

치유에 대한 이해를 구체적으로 다룬 시워드 힐트너(Seward Hiltner)는 이전에 전통적으로 강조되어 오던 교화, 훈련, 권면의 개념을 목회신학적인 관점에서 지탱, 안내, 치유의 개념으로 전환시켜야 함을 강조했다. 회복이 가능하지 않은 부분에 대해서는 지지, 격려 그리고 위로로 지탱할 수 있도록 하며, 강요나 설득보다는

---

43 Ibid., 39-40.
44 Ibid., 41-42.

동기 부여를 통해 안내하는 역할 그리고 전인성과 영적 성숙을 통해 치유가 일어나야 함을 말한다. 힐트너가 말하는 치유의 개념은 이전의 모습을 회복하는데 머무르지 않고, 이전보다 더 전인적인 영적 성숙을 이루는 것을 의미한다. 단순 몸과 마음의 회복을 강조하기 보다는, 모든 존재의 회복을 강조했으며, 더 나아가 치유를 영적 차원에서 하나님과의 관계 회복으로 이해했다.[45]

이성덕은 오늘날 치유의 개념은 전인적인 의미를 담고 있다고 설명한다. 그는 오늘날의 모든 정신적인 질병을 생리학이나 환원주의 관점으로 설명할 수 없는 것이 당연하다고 강조하며, 구약성서 시대의 치유도 "신체적, 영적인 온전성, 개인과 공동체의 일치, 하나님과의 화해"의 상태를 의미했다고 주장한다.[46] 정신적인 문제는 마음과 몸의 상호작용이므로, 마음의 치유가 몸의 치유로 연결된다는 것이다. 그는 존 웨슬리의 치유 개념을 주로 강조하고 있는데, 웨슬리는 단순하게 영혼 구원의 열정에 사로잡힌 부흥 운동가가 아니라 구원의 의미 자체가 전인적 치유의 의미를 담고 있어 몸과 영혼의 상호 관계를 강조했다고 설명한다.[47]

트라우마 생존자이자 영성 형성학자인 프랭크 로저스(Frank Rogers)는 모든 트라우마는 영적 트라우마라고 강조하며 치유는 인간 상호 간의 긍휼함(compassion)을 회복하는 것이라고 말한다.[48] 트라우마는 단지 우리 마음의 일부분을 다치게 하는 것이 아니라 우리의 영혼을 총체적으로 파괴한다. 몸과 마음, 관계와 영성 모든 영역에 촘촘하게 부정적 영향을 끼친다. 이 과정에서 존재적으로 위협을 받기도 하고, 사람들과 사회로부터 뿐만 아니라 자기 자신으로부터도 고립과 단절을

45 한국목회상담학회 편, 『현대목회상담학자연구』 (서울: 희망나눔, 2014), 3장 "시워드 힐트너".
46 이성덕, "존 웨슬리의 구원이해와 치유(Healing)," 「대학과 선교」 25 (2013), 94.
47 앞의 논문, 94-98.
48 Frank Rogers, *Cradled in the Arms of Compassion: A Spiritual Journey from Trauma to Recovery* (Grand Rapids: Lake Drive Books, 2023).

경험하게 된다. 상황이 이러하니 마음의 회복과 치유, 몸의 회복과 치유는 부분적인 치유가 될 수밖에 없다. 상처로부터의 회복은 전인적인 회복이어야 하며, 트라우마로부터의 회복과 치유는 영성적인 치유여야 한다.

치유는 상대에게 긍휼함을 갖는 것으로 나타난다. 로저스는 그의 책에서 내 자신에 대한 긍휼함으로 자유함을 경험할 수 있다고 주장한다. 상처에서 비롯되는 감정의 기복, 마음의 동요, 심리적 혼란은 자신에 대한 따뜻한 시선 외에는 잠재워지지 않는다고 한다. 자기 자신을 연민의 눈으로 바라볼 수 있을 때 영혼의 고요함이 찾아오고, 그때 자신이 치유됨을 경험한다고 말한다.[49] 더 나아가 자신을 자유와 치유로 안내했던 긍휼함은 다른 존재에게도 적용되어야 한다고 한다. 아무리 심하게 파괴되었다 하더라도 다른 사람의 긍휼의 힘은 그 영혼을 치유하는 것이다.[50] 반신환은 어머니를 용서한 성인 딸의 사례를 분석하며 한(恨)과 정(情)의 개념을 들어 설명한다.[51] 어머니에게 사랑받지 못한 딸의 원망은 한이나 정으로 전환된다고 하면서, 이때 정으로 전환된다면 어머니를 한 존재로 이해하고 그 어머니에 대한 연민을 느끼면서 용서가 일어나게 되는 것이다. 반신환은 "정(情)은 인간관계의 회복, 즉 화해를 포함하는 용서"라고 주장하며, 상대에 대한 애정과 동정심으로 인해 용서로 마음이 전환된다고 설명한다.[52]

유상희도 치유됨이 긍휼함과 관련 있음을 연구를 통해 밝힌다. 유상희는 치유의 의미를 정리하며 내적 치유와 심리학적 개념을 접목시켜 "과거에 상처받은 내면아이 치유라는 내적 치유 개념에서부터 인간의 상처, 억눌림, 죄책감 등으로부터의 해방이라는 개념으로 폭넓게 이해되고 있다"고 설명한다.[53] 유상희가 '영성치유수

---

49 Frank Rogers, *Practicing Compassion* (TN: Fresh Air Books, 2015), 13.
50 Ibid., 14.
51 반신환, "부모와의 용서 이야기의 분석," 「대학과 선교」 16 (2009), 181.
52 앞의 논문.

련'에 대해 진행한 현상학적 연구에는 여섯 개의 본질적 주제와 두 개의 범주가 구분되는데, 여기에 치유의 과정을 설명하는 주제들이 있다. 이 연구 참여자들은 "치유의 의미"라는 본질적 주제를 "자기답게 사는 것, 온전한 상태의 회복, 자연스러움과 편안함, 마음의 상처가 아무는 것, 자기가치감과 자기신뢰, 연결되고 소통되는 것"으로 설명하였다. 또한 '영성치유수련' 이후에 감정이 해소되고 편안해졌고, 타인을 수용하고 연민을 갖게 되었으며, 대화 방식에 변화가 생겼다고 보고했다.[54]

VI. 결론

이 연구를 시작하며 과연 "'영성치유수련'은 영적인가?" 하는 연구 질문을 던졌다. 영성이란 구체적인 종교적 체험이라기보다는 자신의 삶과 초월적 경험을 통합하는 과정이라고 이해할 수 있고, 하나님과의 관계와 내면의 관계가 이어지는 관계라고 볼 수 있다. '영성치유수련'은 마음과 몸이 분리되지 않은 상태로, 전인성의 회복, 즉 생명살림을 목표로 한다. 영성치유는 단순한 가르침이나 자각을 넘어 체험적이고 존재적인 방식으로 접근되어 있다. 전인적인 치유를 통해 건강한 영적 존재로까지 회복하는 과정을 중요하게 생각한다. 치유는 자유로움을 경험하는 것 그리고 다양한 존재적 측면의 변화를 경험하는 것이다. 안전한 공동체에서 내면 안에 억압된 상처를 흔들어 깨우고, 그 아픔을 내러티브와 절규로 표현하며, 후에 몸과 마음의 자유로운 어린아이의 상태를 경험하게 되는 것이다. 반드시 명시적인 영성을 동반하지 않을 수도 있지만, '영성치유수련'은 본질적으로 인간 존재의 깊은 차

---

53 유상희, "치유의 의미와 경험에 대한 현상학적 연구: 정태기의 영성치유 집단을 중심으로," 391-392.
54 앞의 논문, 400.

원에서 치유와 회복을 이루는 과정으로 이해될 수 있다. 존재의 근본적인 변화를 이루는 과정이며, 자기 자신과 타인에 대한 긍휼함을 가지게 되는 경험이며, 나아가 자유롭고 온전한 삶을 살아가게 되는 체험이다.

정태기의 치유상담과 영성치유수련은 단순한 심리적 치유를 넘어 전인적 건강을 회복하는 것을 목표로 한다. 그는 인간을 상처받은 존재로 이해하며, 그 상처의 근본적인 원인을 하나님과의 관계 단절에서 찾는다. 따라서 치유상담은 단순한 심리 치료가 아니라 신체적, 심리적, 사회적, 영적 건강을 통합적으로 회복하는 과정이다. 특히 '영성치유수련'은 상처받은 내면을 흔들고, 표출하고, 치유하고, 실천하는 과정을 통해 참가자들에게 전인적인 치유 경험을 제공한다. 춤동작치료, 내적 대상 다루기, 공동체 안에서의 상처 나누기와 같은 기법들은 기존의 상담 방식과 차별화된 치유 방법론을 제시한다. 이 과정에서 참가자들은 억압된 감정을 해소하고, 자기성찰을 통해 내면의 변화를 경험하며, 공동체 안에서 공감과 수용을 통해 회복되는 경험을 한다. 참가자들은 이 경험을 통해 자신의 삶을 새롭게 바라보며 상처받은 정체성에서 벗어나 건강한 영적 존재로 성장할 가능성을 발견하게 된다. 치유의 과정에서 얻어진 자유로움과 회복된 관계들은 참가자들이 다시 삶의 자리로 돌아가 보다 건강한 방식으로 삶을 살아갈 수 있도록 돕는다. 결국 치유상담과 영성치유수련은 단순한 상담 기법을 넘어 신앙적 관점에서 인간 존재의 온전함을 회복하고자 하는 깊이 있는 접근법이다. 이는 개인뿐만 아니라 공동체 전체의 치유와 회복을 도모하며, 참가자들이 새로운 정체성과 삶의 방향을 찾을 수 있도록 돕는 귀중한 과정이라 할 수 있다.

참고문헌

김수천. "힐링목회를 위한 영성학적 힐링의 의미 고찰." 「신학과 실천」 82 (2022):, 193-219.

김중호. "엄마/아빠 테라피의 이론과 치유작업의 실제." 「치유상담협회 학술대회 & 보수교육 자료집」 (2024).

_____. "영성치유수련의 이론적 토대: 외적구조와 내적구조." 「학술심포지엄: 정태기 "치유상담 30년" 자료집」 (2015).

정태기. 『내면세계의 치유』. 서울: 상담과 치유, 2010.

_____. 『아픔 · 상담 · 치유』. 서울: 상담과 치유, 2006.

_____. 『위기목회상담』. 서울: 대한기독교서회, 1992.

반신환. "부모와의 용서 이야기의 분석." 「대학과 선교」 16 (2009): 167-185.

박선영. "영성을 춤추다." 「치유상담협회 학술대회 & 보수교육 자료집」 (2024).

백정미. "집단상담 리더 경험에 관한 현상학적 연구: 정태기의 영성치유 집단을 중심으로." 「신학과 실천」 91 (2024): 295-323.

유상희. "치유의 의미와 경험에 대한 현상학적 연구: 정태기의 영성치유 집단을 중심으로." 「신학과 실천」 87 (2024): 389-422.

유해룡. 『하나님 체험과 영성수련』. 서울: 장로회신학대학교출판부, 2007.

윤종모. "기독(목회)상담사의 영성과 명상." 『기독(목회)상담과 영성』. 한국기독교상담심리학회 편. 서울: 학지사, 2018, 49-77.

이성덕. "존 웨슬리의 구원이해와 치유(Healing)." 「대학과 선교」 25 (2013): 93-120.

이승문. "대학캠퍼스 지도자들의 영성훈련을 위한 리더십 훈련의 한 모델." 「대학과 선교」 30 (2016): 169-222.

정푸름. "치유상담운동이 개인의 삶에 끼친 영향에 관한 질적 연구: '자신의 삶으로 치유'하는 목회(기독교)상담자 정태기의 영향을 중심으로." 「목회와 상담」 27 (2016): 335-360.

크리스찬치유상담연구원 편. 「상담과 치유」 9 (1999).

_____. 「상담과 치유」 10 (1999).

_____. 「상담과 치유」 25 (2001).

_____. 「상담과 치유」 29 (2003).

_____. 「상담과 치유」 30 (2003).

_____. 「상담과 치유」 32 (2004).

_____. 「상담과 치유」 35 (2005).

_____. 「상담과 치유」 75 (2016).

한국목회상담학회 편. 『현대목회상담학자연구』. 서울: 희망나눔, 2014.

Rogers, Frank. *Cradled in the Arms of Compassion: A Spiritual Journey from Trauma to Recovery.* Grand Rapids: Lake Drive Books, 2023.

_____. *Practicing Compassion.* TN: Fresh Air Books, 2015.

Lawrence, LaPierre. "A Model for Describing Spirituality." *Journal of Religion and Health* 33 (1994): 153-161.

Jones, S., Rusell. *Spirit in Session: Working with Your Client's Spirituality (and Your Own) in Psychotherapy.* PA: Templeton Press, 2019.

Schneiders, M., Sandra. "Theology and Spirituality: Strangers, Rivals, or Partners?" *Horizon* 13 (1986), 253-274.

비대면 영성치유 집단상담이 영성, 개별성-관계성, 자기가치감 및 부정적 정서에 미치는 영향
― 정태기 영성치유 집단 프로그램을 중심으로

채 유 경*

I. 서론

급속한 사회 변화와 치열한 경쟁 속에서 현대인들은 만성적인 불안과 우울 그리고 실존적 공허감 등 심각한 정신적 위기를 겪고 있다. 그에 따라 인간의 정신 문제와 사회 문제는 점점 복잡하고 다양해지고 있다. 이러한 현실 속에서 상담이 단지 증상 완화나 문제 해결에 그치는 것이 아니라 영성을 포함한 인간의 전인적 안녕에 관심을 기울여야 한다(최해림, 2001)는 목소리가 높아져 왔다. 몸과 마음과 영성이 분절된 수백 년의 시기 동안 인간 전체성은 왜곡되고, 분리는 심화되어 왔다(임용자, 유계식, 안미연, 2016). 전일적(全一的, holistic) 관점은 근대 모더니즘에 대한 대안적 패러다임으로, 인간에 대한 근본적이고 본질적인 성찰에서 출발하였다(이윤주, 박성현, 2018). '전일론'(holism, 全一論)은 이러한 소외를 회복하고자 인간 존재의 다

* 치유상담대학원대학교 상담심리학과 교수

차원성과 전인성(몸-마음-영)을 강조하고, 지금까지 종교의 영역으로 여겼던 '영성'(spirituality)을 인간의 본질적 요소로 받아들였다(명지원, 2012). 영성은 종교보다 더 주관적인 경험으로, 특정 종교의 입회를 뛰어넘는 인간과 초월자 사이의 초월적인 관계라고 할 수 있다(Stanard, Sandhu, & Painter, 2000). 영성은 이제 더 이상 특정 종교, 즉 기독교라는 한정된 틀 안에서 이해되는 개념이 아니라 오히려 타인과의 진정한 관계, 인간의 내적인 힘과 평화에 기초한 인간의 초월적인 정신 능력으로 이해된다.

영적 건강은 의학적 모델과 삶의 질 운동에 뿌리를 두고 있으며, 그것은 전통적으로 영적 안녕으로 언급되어 왔다(Ellison & Smith, 1983). 영성이란 도덕적 판단이나 사회적 가치로 규정할 수 있는 성질의 것이 아니며, 영성 차원은 다른 차원과 서로 연관되고 상호작용하는 것으로 영성 차원이 빠지면 개인의 최적인 건강과 안녕이 불가능하다(Chandler et al., 1992). 영성은 자기 안에 고립된 개념이 아니라 자기 자신과 관계하면서 자기를 초월하여 자기를 타자와 관계시키는 '관계성'의 개념이며, 그런 관계성 안에서 궁극적으로 삶의 목적과 의미를 지향하는 가운데 인간은 자기를 치유하게 된다(홍경자, 2017). 그러므로 행복한 삶은 전인적 인격을 완성하는 영성치유의 차원에서 다루어야 하며, 영성치유는 영성과 상담과의 상호 관계적 기반을 전제로 내담자의 참된 존재 강화와 성장을 촉진하고 있다는 점에서 앞으로 적극적으로 활용되어야 할 상담 분야이자 실천 분야이다(홍경자, 2017).

영성치유는 다양한 학문 분야에서 연구되고 있으나, 학자마다 정의와 접근 방식에 있어서는 차이를 보인다. 통합심리학의 창시자로 알려진 Ken Wilber(2008)는 영성을 인간 의식의 최고 단계로 보고, 영성치유를 개인의 의식 성장을 통해 육체적, 정신적, 영적인 건강을 회복하는 과정으로 정의하고 있다. Larry Dossey(2008)는 의학 박사로서 영성을 의학에 접목시켰는데, 그는 영성치유를 기도를 포함한 다양한 영적 실천을 통해 질병을 예방하고 치료하는 것으로 정의하였다. Henry

Nouwen(1999)은 영성을 인간의 근원적인 갈망을 충족시키는 것으로 보고, 영성치유를 하나님과의 관계를 회복하고 내면의 평화를 얻는 과정으로 정의하며, 명상, 기도, 봉사 등을 통해 영적 성장을 이루는 것을 강조하였다.

국내 학자로는 치유상담을 한국에 정착시키는 데 선구적인 역할을 한 정태기를 들 수 있다. 정태기(2010)는 영성이 건강하면 그의 전 존재가 강화되는 힘을 얻고, 영성이 병들면 그의 전 존재가 흔들리게 된다고 하였다. 그렇기에 영성은 지성, 감성, 덕성이 더해지는 네 가지 기능이 아니라 지성과 감성과 덕성의 기반이 되며, 지성, 감성, 덕성의 기능이 통전되고 초월되면서 일어나는 생명 현상이라고 이야기한다. 그의 영성치유는 영성을 통해 인간들이 겪는 일상의 고통을 치유할 수 있다는 입장을 토대로 '공동체 경험을 통한 전인적 회복'을 목적으로 하고 있다. 그는 '영성'을 통한 치유를 상담적 논의와 연결시켜 자신의 상담을 '치유상담'이라 명명해 왔다.

정태기(2006)는 치유상담은 영과 마음과 신체가 서로 조화를 이루는 온전함의 상태에 도달하는 것이라고 말하며, 온전하게 된다는 것은 완전함을 의미하거나 완성된 상태를 말하는 것이 아니라 한 인간이 창조된 당시의 상태를 향해 되어 가는 성장 과정을 의미한다고 말한다. 홍경자(2017)는 '영성치유'는 인격의 성숙과 의식의 확장을 지향하며, 정서적 체험을 불러일으키는 데 관심을 두며, 인간과의 인격적 관계를 중시한다는 점에서 상담의 영역에서 다루어야 할 보다 심화된 형태의 치유 방식이라고 정의하고 있는데, 이러한 정의는 정태기의 치유상담 개념과 맥이 통한다고 할 수 있다. 결론적으로 영성치유(Spiritual Healing)는 신체적, 정신적, 정서적 문제를 해결하는 데 영적인 차원에서 접근하는 치유 방법이며, 이는 종교적 또는 영적 관점에서 개인의 내면을 돌보고, 삶의 의미와 목적을 찾으며, 자신과의 조화를 이루려는 과정을 포함한다. 따라서 영성치유는 단순히 신체적인 건강 회복뿐만 아니라 인간 존재의 더 깊은 차원인 영적, 심리적 치유를 지향하는 중요한 치료적 접근이라 할 수 있다.

최근 심리상담 분야에서는 인간의 경험과 행동에 영성이 미치는 영향에 대한 실증적 연구가 급속히 늘어나고 있으며, 영성이 정신건강과 질병에 미치는 영향이 경험적으로 입증되고 있다(Walsh, 1999). 국내 학술지 논문 연구 결과들에서도 영성이나 종교성은 자살 충동 완화(Walker & Mcpheil, 2009; 박재연, 임연옥, 2010), 우울(윤현숙, 원성원, 2010), 자아존중감과 삶의 만족도(권양순, 송정아, 2010), 우울 및 생활스트레스(Voughan, 1986; 서경현, 정성진, 구지현, 2005)에 긍정적인 영향을 주고 있는 것으로 나타났다. 또한 영성이 폭력 노출과 가족 갈등으로 인한 아동의 공격성(채유경, 2005), 청소년의 인터넷 중독(신성만 외, 2009) 등에 매개 효과가 있다는 연구 결과들이 보고되어 왔다.

이러한 연구 결과들을 토대로 영적 성장을 도모하기 위한 프로그램들도 개발되고 있다. Kabat-Zinn(2017)은 마음챙김 기반 스트레스 감소(MBSR) 프로그램을 개발하여 전 세계 많은 사람들에게 명상의 효능을 전달하고 있다. 이 프로그램은 자신과 타인 그리고 사회를 판단하지 않고 인지하여 알아차리는 과정을 통해 스트레스 상황이나 개인적인 문제에 대해 객관성을 유지하여, 자신의 몸, 감각, 마음에 대한 탐지력의 증가로 자기 조절력, 대처 능력이 신장되고, 나아가 건강 증진과 개인적 성장을 가능하게 한다(장현갑, 2005)고 알려져 있다. 국내에서는 "삶을 예술로 가꾸는 사람들"이라는 영성수련원을 통해 운영하고 있는 하비람 의식변화 프로그램과 한상담 프로그램을 들 수 있다. 하비람 프로그램은 물음을 통해 수련하는 화 물음장, 화가 날 일이 없는 사실세계 발견, 자유로운 생각 바꾸기 수련, 적극적인 삶의 추구와 실천, 새운명 창조장, 마음 나누기 등으로 구성되어 있다(김의일, 2014). 한상담 프로그램은 한국인의 상황에 맞게 한 철학을 바탕으로 자아를 잃어버린 사람들이 자기의 본래의 모습을 되찾고 '한사람'이 되는 길을 찾아가는 것을 목적으로, 문제해결상담(issue counseling)과 인간중심상담(person centered counseling)의 접근 방법을 통합한 모델이다(유동수 외, 2011). 이들 프로그램은 명상, 화 질문, 한 철학과 인간중심 이론을 토대로 전인적 치유를 목적으로 하는 것으로 생각된다.

정태기의 영성치유 집단상담은 연약한 영성을 활성화하고 병든 영성을 치유하기 위해 개발된 '영성치유 집단 프로그램'의 핵심이다. 이 프로그램은 삶을 이끌어가는 힘이 사랑이라고 제시한 신학자 틸리히(Paul Tillich)와 인간의 기본욕구 중 하나로 친밀감과 소속감의 욕구를 제시한 심리학자 매슬로우(Abraham M. Maslow) 그리고 클라인벨(Clinebell)의 전인 건강 등의 관점을 한국적 상황에 적용한 것이다(유상희, 2023). 정태기(2010)는 상처의 치유는 "잃어버린 나의 참된 자아를 찾게 되는 것"이며, "상처받은 영혼을 가진 이들은 자신을 알지도 그리고 자신과 화해하지도 못했기에 자기 자신과 깊이 불화하는 사람들"이기에, 그들의 치유는 영적, 정신적, 신체적 차원뿐 아니라 대인 관계적, 대사회적, 자연 환경적 차원과의 성숙한 관계를 유지하는 것 또는 온전함(wholeness)을 이루는 것을 지향해야 한다고 하였다. 이러한 입장을 가장 잘 담아내고 있는 프로그램이 30여 년 전부터 실시해 오고 있는 '영성치유 집단' 프로그램이다. 이 프로그램은 종교적 차원, 수평적 차원으로 구별하지 않는 것이 특징이며, 대상과 영역의 개방이라고 할 수 있다. 그래서 정태기의 영성치유 집단상담은 초월적 상담이자 통합적 상담이라 할 수 있다.

이 프로그램은 2001년 12월부터 지금까지 약 30여 년 간 지속되어 오고 있으며, 총 25,000명 이상의 참여자를 기록하고 있는 것만으로도 그 효과성이 입증된다 할 수 있다. 그럼에도 불구하고 이 프로그램의 효과에 대한 실증적인 연구는 미비한 것이 사실이다. 본 프로그램이 임상을 강조하고 분석이나 해석보다는 집단 체험을 강조하고 있기 때문에(김중호, 2015), 실증적 검증보다는 경험적 연구들(유상희, 2023; 정푸름, 2015)이 주를 이룬다. 따라서 본 연구에서는 '영성치유수련 집단 프로그램'의 핵심인 영성치유 집단상담에 대한 실증적인 연구를 하고자 하였다. 이를 통해 영성치유 집단상담이 여타의 일반적인 집단상담이 가진 전형적이고 본질적인 치료 요인이 작용하는 모델로서의 가치를 검증하고자 하였다.

무엇보다 COVID-19 이후 개인상담 및 집단상담은 온라인 비대면으로 진행되어 왔으며, COVID의 종결이 이루어진 상황에서도 여전히 비대면 상담에 대한 요구와 진행이 이루어지고 있다. 따라서 상담을 온라인 비대면으로 진행해야 하는 상황에서, 상담 현장에서 활용할 수 있는 비대면 프로그램의 개발과 연구에 대한 필요성이 제기되었고, 많은 연구가 이루어졌다. 고대곤, 남윤희(2007)는 화상 교육 시스템을 활용한 사이버 집단상담이 내적 행동 변화를 가져올 수 있으며, 집단상담의 사이버 영역을 한 단계 넓힐 수 있음을 시사하였다. 대부분의 연구가 우울과 시험 불안 등에 미치는 비대면 집단상담의 효과 검증(임효숙, 2001; 강유임, 서선아, 2023; 김소화, 2022) 또는 놀이치료나 미술치료를 활용한 비대면 집단효과 분석(오세현, 남현우, 김태윤, 2023; 김혜영, 2021; 최장은, 선우현, 2021)이다. 영성과 관련된 비대면 집단의 효과를 실증적으로 분석한 연구는 주로 생활스트레스 조절이나 자기조절을 위한 비대면 마음챙김 집단상담에 관한 효과 분석(차남희, 김희수, 2020; 이은상, 2021)이 주를 이루고 있다. 아울러 김정석(2024)은 비대면 화상 집단과 관련된 선행 연구들은 대체로 질적 분석에 기반하고 있으므로 이를 상담 효과와 연결 지어 일반화하기 어렵다고 지적하고 있어, 비대면 화상 집단과 관련된 양적 분석의 필요성이 제기된다.

코로나 시기를 지나오면서 '정태기의 영성치유' 집단상담 또한 비대면 zoom 화상을 통해 진행되었고, 영성치유 집단상담이 비대면 zoom 방식을 통해서도 대면 집단상담과 동일한 치유적 효과가 드러나는지 실증적으로 검증을 해보고자 하였다. 이를 위해 영성치유 집단상담이 내적 성장을 도모하여 자기를 자각하고 관계적 자기를 이해하고 타인 의식에서 벗어나 관계하는 자기를 인식할 수 있으며(개별성-관계성), 아울러 자신에 대해 존중하고 친절하며(자기-가치감) 이해적이고 균형 잡힌 마음챙김을 할 수 있는 영성의 성장을 만들어, 행복하고 신명나게 삶(우울·분노·화병 감소)을 살 수 있도록 하는 데 도움이 되는지를 검증하고자 한다. 이러한 연구는 영성에 관심을 기울이고 있는 상담학계의 흐름에 발맞추어 나갈 뿐만 아니라 비대면 집단상담의 효과를 심리적, 영성적 측면에서 밝히는 데 기여할 것이라 생각된다.

　연구 문제는 "첫째, 비대면 영성치유 집단상담 참여에 따른 영성의 차이는 어떠한가? 둘째, 비대면 영성치유 집단상담 참여에 따른 개별성-관계성의 차이는 어떠한가? 셋째, 비대면 영성치유 집단상담 참여에 따른 자기가치감의 차이는 어떠한가? 넷째, 비대면 영성치유 집단상담 참여에 따른 부정 정서(우울, 분노, 화병)의 차이는 어떠한가? 다섯째, 비대면 영성치유 집단상담의 치료적 요인은 무엇인가?"이다.

II. 방법

1. 연구 대상 및 설계

　본 연구의 대상은 "제151회 영성치유 집단상담" 프로그램 공지를 통해 지원자를 모집하였다. 전체 178명 중에서 연구에 대한 설명을 통해 대면과 비대면 참여를 선택하도록 하였으며, 비대면으로 진행하는 영성치유 집단에 지원한 전체 77명 중 사전-사후 조사에 응답한 대상자 62명을 실험집단에 배정하였다. 대면 집단 참여를 지원한 101명 중 연구 참여에 동의하고 사전-사후 검사에 충실히 응답한 대상자 61명은 통제집단으로 배정하였다. 통제집단으로 분류된 61명을 포함한 대면 집단 참여 지원자들은 연구가 종료된 후 동일한 프로그램을 제공하였다. 참여자들에 대한 성별과 연령에 따른 특성은 <표 1>과 같다.

<표 1> 연구대상자들의 인구학적 특성

변인	구분	실험집단	통제집단	계
성별	여	45	52	97
	남	17	9	26
연령대	20~29	2	0	2
	30~39	6	1	7
	40~49	7	6	13
	50~59	27	19	46
	60~69	14	25	39
	70 이상	6	10	16

본 연구에서 사용한 실험 설계는 실험집단과 통제집단의 사전·사후 비교법을 적용하는 사전-사후 통제집단 설계(pretest-posttest control group design)를 사용하였다. 실험집단에만 영성치유 집단을 처치하였으며, 이를 모형으로 제시하면 <표 2>와 같다. 실험집단에게 제공된 영성치유 집단상담은 기존 대면으로 진행된 집단상담을 zoom으로 진행한 것이며, 2021년 8월 23일부터 25일 오전 10시에서 오후 5시까지 집중적 집단상담 형태로 실시되었다. 영성치유 집단에 참여를 위한 서약서와 집단규칙에 대한 확인서를 작성하도록 하였다.

<표 2> 영성치유 집단 효과 검증을 위한 연구 설계

집단	사전 조사	실험 처치	사후 조사
실험집단	Q1	X	Q3
통제집단	Q2		Q4

Q1, Q2 = 실험, 통제집단의 영성치유 집단 사전 조사 시점
Q3, Q4 = 실험, 통제집단의 영성치유 집단 사후 조사 시점
X = 영성치유 집단 제공

2. 프로그램 구성

영성치유 프로그램은 3단계 모듈형 프로그램으로 구성되어 있다. 1차 영성치유 집단상담은 개인 내적 치유를 목표로 하며, 2차는 한(恨) 치유, 3차는 춤 치유, 명상 치유, 해피엔딩, 부부 사랑 만들기 프로그램이 필요에 따라 진행된다(정태기, 2010).

본 연구에서는 1단계에 해당하는 영성치유 집단상담에 대한 검증에 초점을 맞추었다. 영성치유 집단상담이 '정태기의 영성치유'를 대표하는 프로그램이기 때문이다. 영성치유 집단상담은 "마음의 상처를 치유하고 회복하도록 돕는다"라는 프로그램의 목적 아래 2박 3일 동안 지속되는 집중된 집단상담 과정으로 진행된다. "마음 속의 구정물을 흔드는 작업이며, 무의식 속에 가라앉아있던 크고 작은 상처들이 의식의 표면 위로 떠오르게 하여 무엇이 현재 자신을 괴롭히고 있으며, 자신의 무엇 때문에 타인이 괴로워하는지"(정태기, 2010) 등 자신의 문제를 표현하고, 이를 객관적으로 들여다보는 치유 과정이다. 이 치유 과정은 S. Ferud의 정신분석학, C. Rogers 의 인간중심상담과 F. Perls의 게슈탈트 치료 그리고 감수성 훈련과 참만남 집단 (Encounter Group) 또한 현대의 음악치료, 몸동작치료, 드라마 치료 등 다양한 이론과 치유 방법들의 통합적 관점을 토대로 하고 있으며, 그 중심에 기독교 영성이란 핵심적 요소가 담겨 있다(김중호, 2015).

영성치유 집단상담의 구조는 크게 외적 구조와 내적 구조로 나누어 볼 수 있는데, 대집단 강의와 대집단치유 그리고 소집단 개인 치유로 이루어져 있다(김중호, 2015). 대집단 강의의 목적은 강의 중에 나오는 인물과 자신을 동일시함으로써 위로받고 치유에 대한 동기와 희망을 고취시키는 데 있다. 대집단치유의 목적은 상처와 억압된 감정 표출을 통한 감정 정화를 목적으로 음악, 춤동작, 명상, 절규 등의 치유 방법을 통해 이루어진다. 소집단 개인 치유는 대집단에서는 불가능한 개인의 자기 개방과 개인 상처의 독특성에 따라 맞춤형의 치유작업의 장을 마련해주는 데 목적이 있다. 이를 통해 개인 내면의 탐색뿐만 아니라 집단원들 간의 돌봄과 피드백 과정을 통한 교정적 관계 경험을 할 수 있도록 하였다. 대집단치유와 소집단치유는 교차 반복, 순환되는 구조로 이루어져 있다.

영성치유 집단상담의 내적 구조는 영성치유 집단이란 집단이 가지고 있는 집단 문화로서 참가자들이 집단상담 과정을 통해 경험하고 체득하도록 의도된 것들이다 (김중호, 2015). 여기에는 정태기의 철학과 체험에서 비롯된 치유의 전제와 핵심 원리 가 치유 과정 전체 맥락 속에 녹아 있다. 정태기(2002)는 치유의 대전제를 다섯 가지로 이야기한다. 첫째는 모든 인간은 초월적인 경험, 즉 하나님의 사랑을 경험할 수 있을 때 매일 매일 새로운 삶을 살 수 있다. 둘째는 모든 인간은 어려움과 위기 가운데서 소망을 발견할 수 있다. 셋째, 모든 사람은 책임 있는 삶을 살아야 한다. 넷째, 모든 인간은 티 없이 순진한 인간 본래의 모습을 지니고 있다. 다섯째, 모든 인간은 사람에 대한 깊은 갈망을 가지고 있다. 이러한 대전제를 담아내기 위해 "희 망과 기대, 자각과 자기통찰, 자기개방과 재구성 작업, 양극의 통합적 경험 그리고 만남의 공동체 경험"(김중호, 2015)을 치료적 요인으로 구성하고 있다. 이를 위해서 자기 감정을 알아차리고 언어화하는 능력 향상, 자기에게 익숙하지 않은 행동을 의도적으로 해보는 실험의 장을 제공한다.

전체 프로그램은 치유상담대학원 대학교 교수들과 소그룹 리더들에 의해 진행 된다. 여섯 번의 강의와 대그룹 프로그램은 치유상담대학원대학교 교수들이 진행 하며, 여섯 번의 소그룹은 본 프로그램에 대한 훈련을 받은 리더들에 의해 진행된 다. 소그룹 리더들은 치유상담연구원에서 일반과정, 전문과정 및 인턴과정 등 6년 이상의 훈련 과정을 이수한 상담사들이다. 이들은 당일 프로그램 진행 후 영성치유 전문 교수진들과 함께하는 상담자 지지 모임을 통해 소그룹치유 과정에 대해 나누 면서 당일 치유 과정에 대한 점검과 다음날의 치유 과정에 대한 방향성에 대해 논의하는 시간을 가지며 프로그램의 신뢰도와 타당도를 높인다.

이를 근거로 영성치유 집단상담의 각 효과 변인인 영성, 개별성-관계성, 자기가치감 및 부정 정서인 우울, 분노, 화병과의 상호관련성을 [그림 1]에 제시하였다.

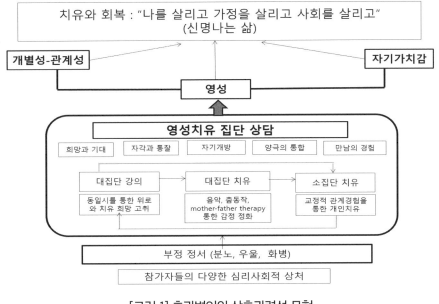

[그림 1] 효과변인의 상호관련성 모형

3. 조사 도구

비대면 영성치유 집단상담의 효과성을 검증하기 위한 측정 도구는 영성 척도, 개별성-관계성 수준, 자기가치감 수준 척도 그리고 부정 정서를 측정하기 위한 우울감 척도, 상태-특성분노 척도, 화병 척도이다. 또한 본 연구의 집단상담 치료 요인을 확인하기 위하여 집단상담 치료 요인 척도를 사용하였다.

1) 영성 척도

본 연구에서는 Howden(1992)이 개발하고 오복자, 전희순, 소외숙(2001)이 번안 및 타당화한 자기 보고형 영성 측정 도구(Spirituality Assessment Scale)를 사용하였다. 이 척도는 문항들이 종교와 상관없이 보편적 영성을 측정하는 것으로 구성되어 있으며, 한국적 상황에서 신뢰도와 타당도가 높은 것으로 검증되었기에 본 연구의 취지에 적합하다고 여겨져 사용하였다. 이 척도는 삶의 의미/목적, 내적 자원, 상호관계성, 초월성으로 나뉘어 총 28문항으로 이루어져 있다. 각각의 문항은 6점 Likert 척도(1점: 전혀 그렇지 않다, 6점: 매우 그렇다)로 구성되어, 점수가 높을수록 영성이 높음을 의미한다. 이 척도의 *Cronbach's α*= .93이었으며, 네 개 하부영역별(관계성, 초월성, 내적 자원, 삶의 의미와 목적) 신뢰도는 .70~.81로 나타났다. 본 연구에서 *Cronbach's α*= .92로 나타났다.

2) 개별성-관계성 척도

개별성-관계성 척도는 김동직과 한성열(1998)이 개발한 척도를 사용하였다. 개별성을 구성하는 하위 요인은 주장성, 독립성, 자율성의 세 가지이며, 관계성은 친밀성, 친화성, 공감성의 세 가지 하위 요인으로 구성되었다. 개별성과 관계성을 측정하는 문항은 각 15문항으로써 총 30문항이며, 5점 척도로 구성되었고, 점수가 높을수록 개별성과 관계성 성향이 높은 것으로 판단하였다. 김동직과 한성렬(1998)의 연구에서의 *Cronbach's α* 계수는 개별성 척도가 .82, 관계성 척도가 .80이었으며, 본 연구에서의 *Cronbach's α*는 개별성과 관계성 척도가 각각 .70, .79의 수준을 보였다.

3) 자기가치감 척도

자기가치감 척도는 Bucur와 Lee가 개발한 Locus of Evaluation Inventory(LEI)를 이동귀, 이수란, 박수현(2008)이 한국적 맥락에서 타당화한 척도를 사용하였다. LEI는 Rogers(1959; 김창오, 2012 재인용)가 개인의 심리적 건강에 영향을 주는 중요한 요소로 언급한 "자기가치에 대한 평가 소재"(locus of self-evaluation)를 근거로 만들어진 척도이다. 한국판 자기가치감의 평가 소재 척도는 낮은 자존감, 타인의 의견에 신경 쓰기, 의존성 그리고 공적인 자의식, 한국 문화의 특수성을 반영해서 새로 포함한 허세(Show-off) 등 총 17문항으로 구성된 6점 Likert 척도이다. 이 검사에서는 LEI 점수가 높을수록 자기가치감을 평가할 때 자신 내부의 목소리에 더 관심을 가지는 것으로 보고 있다. 김창오(2012)의 연구에서 나타난 *Cronbach's α*는 .85로 나타났는데, 본 연구에서는 .84로 나타났다.

4) 우울감 척도

우울감의 정도를 파악하기 위하여 전겸구, 최상진과 양병창(2001)이 수정 및 보완하여 개발한 한국판 CES-D(Center for Epidemiologic Studies-Depression Scale: CES-D)를 사용하였다. 본 척도는 총 20문항이고, 우울 감정, 긍정적 감정, 신체/행동 둔화, 대인관계 등 네 가지 하위 요인으로 구성되어 있으며, 4점 Likert 척도로 점수의 합이 높을수록 우울 수준이 높음을 의미한다. 본 연구에서의 *Cronbach's α*= .88(우울 감정), .85(긍정적 감정), .85(신체/행동 둔화), .79(대인관계)이며 우울감 전체는 .93으로 산출되었다.

5) 상태-특성분노 척도(State-Trait Anger Expression Inventory: STAXI)

분노 수준을 알아보기 위하여 전겸구, 한덕웅, 이장호(1997)가 개발한 한국판 STAXI-K를 사용하였다. 이 척도는 분노 경험과 분노 표현 측면을 함께 측정하는 도구로서, 상태분노와 특성분노 그리고 분노 표현 방식을 측정하고 있다. 본 연구에서는 상태분노(10문항)와 특성분노(10문항) 척도만을 선택하였으며, 각 문항은 4점 Likert 척도로 평정시켰다. 전겸구, 한덕웅, 이장호(1997)에서는 상태분노 척도의 *Cronbach's α*= .97이고, 특성분노 척도 *Cronbach's α*= .90이었다. 본 연구에서의 *Cronbach's α* 계수는 상태분노가 .95이고, 특성분노가 .90이며, 상태 · 특성분노 전체는 .92.5로 산출되었다.

6) 화병 척도

화병 측정 도구로는 권정혜, 김종우, 박동건, 이민수, 민성길, 권호인(2008)이 개발한 자기보고식 검사를 사용하였다. 이 척도는 화병의 신체 증상(6문항)과 정서 증상(11문항)을 측정하는 문항으로 구성되어 있다. 각 문항은 5점 Likert 척도로 되어 있으며, 총 점수가 높을수록 화병 증상을 많이 보이는 것이다. 권정혜 등(2008)의 연구에서 *Cronbach's α*= .80(신체 증상), .92(정서 증상), .93(척도 전체)으로 나타났으며, 본 연구에서의 *Cronbach's α*= .82(신체 증상), .90(정서 증상), .92(척도 전체)로 나타났다.

7) 집단상담 치료 요인 척도

영성치유 집단상담의 치료 요인을 확인하고자 Yalom이 개발한 분류체계를 바탕으로 김창오(2012)가 수정·보완한 집단상담 치료 요인 척도를 사용하였다. 김창오(2012)는 열두 가지 치료 요인 중 가족 재정립을 제외하고 타인 이해와 장점 발견을 포함했는데, '가족 재정립' 요인이 제외된 것은 이 요인이 가장 치료 효과가 적다는 선행 연구 결과들을 바탕으로 한 것이다. 본 연구에서 검증하고자 하는 영성치유 집단상담이 2박 3일에 걸쳐 진행되는 집중적 집단상담의 형태를 취하고 있어 '가족 재정립' 요인의 치료적 효과가 즉시적으로 검증되기 어려울 수 있을 것이라 판단되어, 본 연구에서도 이러한 선행 연구 결과를 바탕으로 하여 이 척도를 사용하였다. 이 척도의 열세 가지 치료 요인은 "이타주의, 집단 응집력, 보편성, 대인관계 유형 인식, 사회적 기술, 생활방식에 대한 정보의 획득, 정화, 모방, 자기이해, 타인이해, 희망의 고취, 장점의 발견, 실존적 요인"이다. 각 범주에 속하는 경험들이 도움이 된 정도를 10점 척도 상에서 표시하도록 하였다. 점수가 높을수록 그 영역에 대한 도움이 많이 되었다는 것을 의미하며, 치료 요인에 대해 *Cronbach's α*= .95로 나타났다. 본 연구에서 *Cronbach's α*= .92로 나타났다.

4. 자료 분석

자료 분석은 SPSS WIN 18.0을 사용하여 다음과 같이 분석을 실시하였다. 먼저 측정 도구의 문항 간 내적 합치 신뢰도 계수를 산출하기 위해서 *Cronbach's α* 계수를 계산하였다. 둘째, 실험집단과 통제집단 간 인구통계학적 변인에 대한 동질성을 확인하고자, 종속변인에 대한 실험-통제집단 간의 사전 동질성 검사를 위한 독립 표본 t검증을 실시하였다. 셋째, 실험집단과 통제집단 간 차이를 검증하고자, 사전검사를 통제하고 사후 검사 점수에 있어서 집단 간 차이를 검증하는 공분산 분석(ANCOVA)을 실시하였다. 넷째, 집단상담 효과 요인 간 비교를 위해서는 빈도 분석을 실시하였다. 가설 검증을 위한 통계적 유의미 수준은 .05 수준으로 하였다.

III. 결과

1. 집단 간 사전 동질성 검증

집단상담의 효과에 대한 통계적 검증을 하기 전에 실험집단과 통제집단의 동질성 여부를 알아보기 위하여, 인구통계학적 특성과 사전 측정치에 대하여 실험집단과 통제집단 간 차이가 있는지를 독립 표본 t검증으로 확인한 결과는 <표 3>과 같다. 분석 결과 모든 변인에서 집단 간 차이가 통계적으로 유의미하지 않아, 실험집단과 통제집단은 사전에 동질한 집단임이 확인되었다.

<표 3> 피험자들의 인구학적 특성에 대한 동질성 검증 결과

변인	구분	실험집단	통제집단	계	χ^2	p
성별	여	45 (46.4%)	52 (53.6%)	97 (100.0%)	2.96	.09
	남	17 (65.4%)	9 (34.6%)	26 (100.0%)		
연령대	20~29	2 (100%)	0 (0.0%)	2 (100.0%)	11.14	.06
	30~39	6 (85.7%)	1 (14.3%)	7 (100.0%)		
	40~49	7 (53.8%)	6 (46.2%)	13 (100.0%)		
	50~59	27 (54.0%)	19 (41.3%)	46 (100.0%)		
	60~69	14 (35.9%)	25 (64.1%)	39 (100.0%)		
	70 이상	6 (37.5%)	10 (62.5%)	16 (100.0%)		

실험집단과 통제집단에 참여한 피험자들의 영성, 개별성-관계성 및 자기가치감 점수와 우울감, 분노 및 화병 점수에 대한 집단 간 차이를 분석한 결과는 <표 4>와 같다. 분석 결과, 개별성-관계성의 하위 척도인 독립성(t=2.24, p<.03)과 공감성(t=3.46, p<.00) 변인을 제외한 모든 변인에서 집단 간 차이가 통계적으로 유의미하지 않아, 실험집단과 통제집단은 사전 동질한 집단임이 확인되었다.

<표 4> 실험집단과 통제집단의 사전 동질성 검증 결과

관련 변인		실험집단 (n=62)	통제집단 (n=61)	t	p
영성		108.29 (17.66)	106.38 (14.04)	.67	.51
개별성	주장성	13.87 (3.30)	13.87 (2.77)	.00	1.00
	독립성	14.61 (3.20)	13.34 (3.09)	2.24	.03
	자율성	15.24 (3.54)	14.82 (2.69)	.74	.46
관계성	친밀성	17.47 (2.91)	17.38 (3.07)	.17	.87
	공감성	18.48 (3.26)	16.52 (3.01)	3.46	.00
	친화성	15.29 (3.59)	14.25 (3.58)	1.62	.11
자기가치감		49.23 (8.51)	49.84 (6.73)	-.44	.66
우울		36.95 (14.31)	33.51 (10.81)	1.51	.13
분노	상태	13.06 (4.94)	12.74 (4.94)	.37	.71
	특성	20.34 (6.21)	19.23 (5.05)	1.09	.28
화병	신체	13.19 (5.69)	11.72 (4.64)	1.57	.12
	정서	19.97 (8.40)	18.23 (7.08)	1.24	.22

2. 영성치유 집단상담이 영성에 미치는 효과

영성치유 집단상담이 영성에 미치는 효과를 분석하기 위해, 종속변인의 사전점수를 공변인으로, 집단을 독립변인으로, 종속변인의 사후 점수를 종속변인으로 하는 공분산 분석을 실시하였다. 그 결과, <표 5>와 <표 6>과 같이 사전 영성 점수를 통제한 집단 간 영성 점수의 차이가 통계적으로 유의미하게 나타났다(F=11.15, p=.001). 평균을 비교해 보면, 실험집단(M=115.08, SD=12.05)이 통제집단(M=106.82, SD=15.23)보다 높게 나타났다. 이는 비대면 영성치유 집단상담이 영성을 높이는 데 효과적이었음을 의미한다.

<표 5> 변인에 대한 집단별 평균, 표준편차

변인	실험집단(n=62)		통제집단(n=61)	
	M	SD	M	SD
영성	115.08	12.05	106.82	15.23

<table>
<tr><th colspan="6"><표 6> 종속변인에 대한 집단 간 공변량 분석표</th></tr>
<tr><th>종속변인</th><th>변산원</th><th>제곱합</th><th>자유도</th><th>평균 제곱</th><th>F</th></tr>
<tr><td rowspan="4">영성</td><td>그룹</td><td>1765.00</td><td>1</td><td>1765.00</td><td>11.15***</td></tr>
<tr><td>사전</td><td>3790.62</td><td>1</td><td>3790.62</td><td>23.95***</td></tr>
<tr><td>오차</td><td>18993.00</td><td>120</td><td>158.28</td><td></td></tr>
<tr><td>수정 합계</td><td>24881.97</td><td>122</td><td></td><td></td></tr>
</table>

*p<.05, **p<.01, ***p<.001

3. 영성치유 집단상담이 개별성-관계성에 미치는 효과

영성치유 집단상담이 개별성-관계성에 미치는 효과를 분석하기 위해, 종속변인의 사전점수를 공변인으로, 집단을 독립변인으로, 종속변인의 사후 점수를 종속변인으로 하는 공분산 분석을 실시하였다. 그 결과, <표 7>과 <표 8>과 같이 사전 개별성-관계성 하위 척도 점수를 통제한 집단 간 주장성(F=13.34, p=.001)과 독립성(F=21.31, p=.001) 점수의 차이는 통계적으로 유의미하게 나타났다. 평균을 비교해 보면, 실험집단의 주장성(M=14.16, SD=3.22)과 독립성(M=15.29, SD=3.35)이 통제집단보다 높게 나타났다. 그러나 개별성-관계성의 하위 척도 중 자율성, 친밀성, 공감성, 친화성 점수에서는 통계적으로 유의미한 차이가 나타나지 않아, 비대면 영성치유 집단상담은 개별성의 하위 척도인 주장성과 독립성을 증가시키는 데 효과적인 것으로 나타났다.

<table>
<tr><th colspan="6"><표 7> 변인에 대한 집단별 평균, 표준편차</th></tr>
<tr><th rowspan="2" colspan="2">변인</th><th colspan="2">실험집단(n=62)</th><th colspan="2">통제집단(n=61)</th></tr>
<tr><th>M</th><th>SD</th><th>M</th><th>SD</th></tr>
<tr><td rowspan="3">개별성</td><td>주장성</td><td>14.16</td><td>3.22</td><td>12.21</td><td>3.02</td></tr>
<tr><td>독립성</td><td>15.29</td><td>3.35</td><td>12.43</td><td>2.69</td></tr>
<tr><td>자율성</td><td>15.71</td><td>3.14</td><td>14.77</td><td>2.38</td></tr>
<tr><td rowspan="3">관계성</td><td>친밀성</td><td>16.87</td><td>2.84</td><td>16.95</td><td>2.57</td></tr>
<tr><td>공감성</td><td>18.40</td><td>3.65</td><td>17.97</td><td>3.64</td></tr>
<tr><td>친화성</td><td>15.26</td><td>4.02</td><td>14.49</td><td>2.96</td></tr>
</table>

<표 8> 종속변인에 대한 집단 간 공변량 분석표

종속변인		변산원	제곱합	자유도	평균 제곱	F
개 별 성	주장성	그룹	116.61	1	116.61	13.34***
		사전	133.94	1	133.94	15.33***
		오차	1048.67	120	8.74	
		수정 합계	1299.32	122		
	독립성	그룹	169.58	1	169.57	21.31***
		사전	162.56	1	162.56	20.42***
		오차	955.14	120	7.96	
		수정 합계	1369.92	122		
	자율성	그룹	15.69	1	15.69	3.09
		사전	335.23	1	335.23	66.13***
		오차	608.33	120	5.07	
		수정 합계	970.68	122		
관 계 성	친밀성	그룹	.38	1	.38	.06
		사전	128.98	1	128.98	20.40***
		오차	758.84	120	6.32	
		수정 합계	888.02	122		
	공감성	그룹	1.67	1	1.67	.14
		사전	143.67	1	143.67	11.80***
		오차	1461.18	120	12.18	
		수정 합계	1610.70	122		
	친화성	그룹	2.55	1	2.55	.26
		사전	321.62	1	321.62	32.45***
		오차	1189.50	120	9.91	
		수정 합계	1529.17	122		

*p<.05, **p<.01, ***p<.001

4. 영성치유 집단상담이 자기가치감에 미치는 효과

영성치유 집단상담이 자기가치감에 미치는 효과를 분석하기 위해, 종속변인의 사전점수를 공변인으로, 집단을 독립변인으로, 종속변인의 사후 점수를 종속변인으로 하는 공분산 분석을 실시하였다. 그 결과, <표 9>와 <표 10>과 같이 사전 자기가치감 점수를 통제한 집단 간 자기가치감(F=8.96, p=.001) 점수의 차이는 통계적으로

유의미하게 나타났다. 평균을 비교해 보면, 실험집단(M=51.81, SD=5.73)이 통제집단 (M=48.74, SD=6.42)보다 높게 나타났다. 이는 비대면 영성치유 집단 프로그램이 자기가치감을 증가시키는 데 통계적으로 유의미한 효과가 있음을 보여주는 것이다.

<표 9> 변인에 대한 집단별 평균, 표준편차

변인	실험집단(n=62)		통제집단(n=61)	
	M	SD	M	SD
자기가치감	51.81	5.73	48.74	6.42

<표 10> 종속변인에 대한 집단 간 공변량 분석표

종속변인	변산원	제곱합	자유도	평균 제곱	F
자기가치감	그룹	312.55	1	312.55	8.96***
	SW	285.19	1	285.19	8.18***
	오차	4186.29	120	34.89	
	수정 합계	4761.041	122		

*p<.05, **p<.01, ***p<.001

5. 영성치유 집단상담이 부정 정서인 우울, 분노, 화병에 미치는 효과

영성치유 집단상담이 우울, 분노, 화병에 미치는 효과를 분석하기 위해, 종속변인의 사전점수를 공변인으로, 집단을 독립변인으로, 종속변인의 사후 점수를 종속변인으로 하는 공분산 분석을 실시하였다. 그 결과, <표 11>과 <표 12>와 같이 사전 우울, 분노, 화병 점수를 통제한 집단 간 우울(F=10.73, p=.001). 상태분노(F=5.50, p=.001). 특성분노(F=11.60, p=.001), 화병의 신체 증상(F=17.44, p=.001), 화병의 정서적 증상(F=17.76, p=.001) 점수의 차이는 통계적으로 유의미하게 나타났다. 평균을 비교해 보면, 실험집단의 우울(M=29.97, SD=9.64), 상태분노(M=10.81, SD=1.17), 특성분노 (M=16.08, SD=3.43), 화병의 신체적 증상(M=15.98, SD=5.35), 화병의 정서적 증상 (M=15.98, SD=5.35)이 통제집단보다 낮게 나타났다. 이는 비대면 영성치유 집단상담이 우울감, 상태분노 및 특성분노 그리고 화병의 신체적 · 정서적 증상을 낮추는 데 효과가 있었음을 보여주는 것이다.

<표 11> 변인에 대한 집단별 평균, 표준편차

변인		실험집단(n=62)		통제집단(n=61)	
		M	SD	M	SD
우울		29.97	9.64	34.40	9.57
분노	상태	10.81	1.17	11.70	2.75
	특성	16.08	3.43	19.08	6.73
화병	신체	15.98	5.35	20.66	8.77
	정서	15.98	5.35	20.66	8.77

<표 12> 종속변인에 대한 집단 간 공변량 분석표

종속변인	변산원	제곱합	자유도	평균 제곱	F
우울	그룹	868.38	1	868.38	10.73***
	사전	1446.78	1	1446.78	17.87***
	오차	9715.72	120	80.96	
	수정 합계	11764.75	122		
상태분노	그룹	24.54	1	24.54	5.50***
	사전	.57	1	.57	.13
	오차	535.80	120	4.47	
	수정 합계	561.19	122		
특성분노	그룹	316.93	1	316.93	11.60***
	사전	159.35	1	159.35	5.83***
	오차	3279.84	120	27.33	
	수정 합계	3716.16	122		
화병(신체)	그룹	842.11	1	842.11	17.44***
	사전	569.12	1	569.12	11.78***
	오차	5795.64	120	48.30	
	수정 합계	7035.87	122		
화병(정서)	그룹	830.43	1	830.43	17.76***
	사전	753.56	1	753.56	16.12***
	오차	5611.19	120	46.76	
	수정 합계	7035.87	122		

*p<.05, **p<.01, ***p<.001

6. 집단상담 효과 요인 분석

실험집단의 효과 요인을 검증하고자, 실험집단에게 집단상담의 종결 시기에 측정한 치료적 요인질문지(CFQ)의 각 치료적 요인별 평균 점수와 그 빈도로 분석한 결과는 <표 13>과 같다. <표 13>에서는 계산된 각 효과 요인별 평균 점수를 높은 순위대로 제시하였다. 전체 평균 8.7보다 높은 점수를 얻은 요인으로는 실존적 요인, 이타주의, 보편성, 희망 고취, 모방, 타인 이해로 나타났다. 반면 대인관계 유형 인식, 사회적 기술, 생활방식에 대한 정보의 획득은 낮은 점수를 보였다. 따라서 집단상담 효과 요인과 관련된 경험 중 실존적 요인, 이타주의, 보편성, 희망 고취, 모방, 타인 이해 요인이 비대면 영성치유 집단상담의 주요 효과 요인으로 볼 수 있으며, 대인관계 유형 인식이나 사회적 기술 및 정보 획득 요인들은 비대면 영성치유 집단상담에서는 낮은 효과 요인으로 볼 수 있다.

<표 13> 실험집단의 치료적 요인별 비교(n=62)

	실존적 요인	이타 주의	보편성	희망 고취	모방	타인 이해	장점 발견	정화	자기 이해	응집력	정보 획득	관계 패턴	사회적 기술
M	9.19	9.03	9.02	9.00	8.87	8.82	8.68	8.66	8.63	8.40	8.39	8.32	8.31
SD	.94	1.24	1.08	1.12	1.17	1.17	1.46	1.72	1.63	1.73	1.56	1.74	1.87

IV. 논의

본 연구는 비대면 영성치유 집단상담이 심리적 자원이 될 수 있는 영성, 개별성-관계성 그리고 자기가치감을 높이고, 부정 정서인 우울감, 분노 및 화병의 증상을 낮추는지를 검증하였다. 그 결과를 근거로 어떤 결론을 내리는 것이 타당한지를 논의하고자 한다.

첫째, 비대면 영성치유 집단상담을 실시한 실험집단에서의 영성 점수가 통제집단보다 더 높은 것으로 나타났다. 이와 같은 결과는 많은 영성 증진 훈련 프로그램들에서 영성 향상을 검증한 연구들(이경열, 2005; 강동호, 2009; 민요달, 2009; 전미숙, 2009; 조삼복, 2012; 권경인, 양정연, 2021; 조재현, 2022)과 일치하는 결과이다. 따라서 비대면 영성치유 집단상담은 참가자들의 영적 성장에 긍정적인 영향을 미친다고 할 수 있다. 이는 영성치유 집단상담이 특정 종교, 즉 기독교라는 한정된 틀 안에서가 아니라 오히려 타인과의 진정한 관계, 인간의 내적인 힘과 평화에 기초한 인간의 초월적인 정신 능력으로 이해하고 있는 영성의 본질을 잘 담아내고 있기 때문일 것이다. 또한 본 연구 결과는 심리상담 분야에서 인간의 심리 문제에 개입하고 고통을 경감시키는 대처 자원으로서의 영성이 가진 가능성에 대한 관심을 환기시키고, 대면 상담뿐 아니라 비대면 상담 과정에도 영성을 통합해야 할 필요성을 입증한 것이라 할 수 있다.

둘째, 비대면 영성치유 집단상담을 실시한 실험집단에서의 개별성-관계성의 점수가 통제집단보다 하위 척도 주장성과 독립성에서 높게 나타났다. 즉, 비대면 영성치유 집단상담은 참가자의 주장성과 독립성을 증진시키는 데는 효과적이나, 자율성, 친밀성, 공감성, 친화성 증진에는 효과를 가져오지 못하는 것으로 해석된다. 주장성과 독립성은 개별성-관계성 척도의 하위 척도 중 개별성의 하위 척도에 해당한다. 따라서 비대면 영성치유 집단상담은 참여자의 개별성을 향상시키는 데 효과적이지만, 관계성을 향상시키는 데는 영향을 미치지 못한 것으로 해석될 수 있다. 본 연구 결과는 대면 방식의 한알 집단상담이 개별성과 관계성을 향상시키는 데 효과적임을 검증한 연구 결과(김창오, 2012)와는 대조되지만, 비대면 집단상담에서 집단원 경험에 대한 질적 연구(김정석, 권경인, 2023; 조재현, 2022;, 이혜은, 박애실, 김현정, 2021)의 결과들과는 유사점을 보인다. 이들 연구에서 비대면 집단상담의 집단원들은 휴식 시간이나 식사 시간 등 사적 교류가 쉽지 않아서 친밀감이 덜 느껴졌으며, 오해가 생겨도 대화 기회가 적기 때문에 관계가 조심스러워 집단원들은 약화되기 쉬운 관계를 경험했다고 밝히고 있다. 이러한 결과는 정서적, 관계적, 조절적 변화는 비대면 장면에서 감소할 수 있다는 Weinberg(2020)의 주장과 맥을 같이하며, 본 연구 결과가 이와 유사하게 나타난 이유는 비대면 환경에서는 상담 내 관계 프로세스와 비언어적 의사소통에 중점을 두는 미묘한 프로세스를 포착하기 어려울 수 있고 집단 응집력 형성이 약할 수 있었기(Lopez et al., 2019) 때문일 것으로 생각된다. 아울러 본 연구에서 비대면 영성치유 집단상담이 참가자의 개별성에 영향을 미쳤다는 점은 참여자들이 비대면 환경에서 자신의 내면을 탐구하고 개인적인 경험을 공유하는 데 집중할 수 있었기 때문일 것으로 추론된다. 그러나 참가자의 관계성 향상에는 한계가 있었는데, 이는 비대면 환경에서 사적 교류나 비언어적 상호작용이 제한되기 때문에 발생한 결과로 해석된다. 이를 해결하기 위해 비대면 환경에서도 관계성 형성을 촉진할 수 있는 다양한 방법을 모색하는 연구가 차후에 진행되어야 할 과제로 남는다.

셋째, 비대면 영성치유 집단상담을 실시한 실험집단에서의 자기가치감의 점수가 통제집단보다 더 높게 나타났다. 이는 비대면 영성치유 집단상담이 자기가치감을 향상시키는 데 효과적임을 확인한 결과라고 할 수 있다. 즉, 비대면 영성치유 집단상담이 참여자의 자기가치감을 평가할 때 타인의 평가나 기대가 아니라 자신 내부의 목소리에 더 관심을 기울이도록 하는 데 영향을 미친 것이다. 이러한 결과는 대면 방식으로 실시한 마라톤 방식의 구조화된 한알 집단상담 실시 결과(이동귀, 김영순, 유동수, 2009)와 일치한다. 또한 영성 증진 훈련 프로그램이 영성, 자기 존중감, 사회적 지지 및 삶의 질을 높인다고 밝힌 이경열(2005)의 연구 결과와도 부분적으로 일치한다. 비록 대면 방식으로 검증한 연구 결과들이지만 영성 증진을 위한 명상(정환구, 2003), 동사섭(장희정, 2003), 게슈탈트(신성미, 김은실, 2022) 집단을 활용한 자아존중감 증진을 검증한 연구 결과와도 유사하다. 따라서 본 연구의 비대면 영성치유 집단상담이 참가자의 자기가치감의 평가 소재를 외적에서 내적으로 변화시키는 데 효과가 있음을 시사한다.

넷째, 비대면 영성치유 집단상담 실시한 후 참여자들의 우울, 분노 및 화병의 신체적, 정서적 증상이 감소한 것으로 나타났다. 이러한 결과는 영성이 정신건강과 질병에 미치는 영향을 입증한 많은 연구들(Voughan, 1986; Walsh, 1999; Walker & Mcphail, 2009; 임효숙, 2001; 서경현, 정성진, 구지현, 2005; 서혜숙, 2008; 박재연, 임연옥, 2010; 윤현숙, 원성원, 2010; 권문선, 최성진, 2021; 김소화, 2022; 강유임, 서선아, 2023)의 결과와 일치한다. 또한 동일한 프로그램인 영성치유 집단상담을 대면으로 실시하여 그 효과를 검증한 서혜숙(2008)의 연구와도 일치하는 결과로, 본 연구의 영성치유 집단상담은 대면이든 비대면이든 참여자들의 부정 정서인 우울감, 분노 및 화병의 신체적, 정서적 증상을 감소시키는 데 효과가 있음이 시사된다. 이는 비대면 영성치유 집단상담에서도 대면 방식에서와 마찬가지로 축적된 분노를 표출하고 억압된 감정을 풀어 놓는 과정이 있었기 때문일 것이다. 또한 영성치유 집단상담은 본격적인 소그룹 집단상담을 시작하기 전에 긴장 해소와 마음을 열 수 있도록 음악과 몸동작 등의 활동을 통해 축적된 분노를 표출하고 억압된 감정을 풀어 놓는 과정을 촉진하고 있다. 그렇기에 이 과정을 통해 감정들을 내어놓고 고백함으로써 억압된 감정에서의 해방과 그로 인한 신체적 증상에서 자유를 경험하게 될 수 있었을 것이다. 따라서 본 연구의 결과는 비대면 영성치유 집단상담이 영성의 정서적 요소를 잘 담아내고 있다는 것을 시사한다.

다섯째, 비대면 영성치유 집단 프로그램의 효과 요인을 검증한 결과, 실험집단에 참여한 대상자들은 집단상담 효과 요인과 관련된 경험 중 실존적 요인, 이타주의, 보편성, 희망 고취, 모방, 타인 이해에 대한 경험을 특별히 더 깊게 한 것으로 나타났다. 이는 영성치유 집단상담에 참가한 사람들이 자신의 삶의 의미나 존재에 대해 중요한 변화를 경험했고, 다른 사람들을 위해 기꺼이 나누어 주는 이타주의와 '나 혼자가 아니구나' 하는 보편성의 경험을 통해 삶에 대한 희망을 가질 수 있고, 다른 사람들의 긍정적 행동을 모방할 수 있는 장이 되었으며, 타인을 이해할 수 있는 경험의 장이 되었다는 것을 의미한다. 본 연구의 프로그램의 효과 요인을 검증한 선행 연구가 없기에 국내 학자에 의해 개발되고 인정받아 온 유사한 프로그램인 한얼 집단상담에 관한 선행 연구와 비교하고자 한다. 한얼 집단상담의 효과 요인을 검증한 김창오(2012)의 주된 치료 요인은 희망의 고취, 보편성, 동일시로 제시했는데, 이 연구와는 희망 고취와 보편성이 일치한다. 5박 6일 마라톤 방식으로 집단을 운영한 이윤주, 유동수(2009)의 연구 결과에서는 수용과 자기이해, 대인관계 학습, 희망의 고취가 유익한 요인으로 제시되었으며, 이 연구와는 희망 고취가 일치한다. 통합 집단상담에서의 치료 요인에 관한 연구 결과, 김은경(1995)은 자기 이해, 대인관계 유형 인식, 희망 고취로 밝혔고, 이지은(1996)은 자기 이해, 생활방식에 대한 정보 습득, 희망 고취를 주된 치료 요인으로 평가했으며, 이 연구들과 일치하는 결과는 희망 고취와 보편성으로 나타났다.

이러한 결과는 본 연구의 영성 치유 집단상담 프로그램이 정태기의 영성치유 집단 프로그램의 특성을 잘 반영하고 있다는 것을 의미한다. 정태기의 영성치유 집단 프로그램은 대집단 활동을 통한 상한 감정 표출과 치유에 대한 동기 및 희망 고취, 그리고 소집단 활동을 통한 자기 개방화 집단원들 간의 돌봄과 피드백 과정을 통한 교정적 관계 경험에 역점을 두고 있다(김중호, 2015). 또한 본 연구에서 밝혀진 희망 고취와 보편성은 앞서 논의한 바대로 다양한 선행연구에서도 중요하게 여겨진 치료 요인들과 일치한다. 따라서 영성치유 집단상담은 여타의 일반적인 집단상담이 가진 전형적이고 본질적인 치료 요인이 작용하는 모델이라고 할 수 있다. 그러나 다른 요인에서는 차이가 있는데, 이러한 차이는 집단 운영 방식의 차이, 촉진자의 특성 차이, 참가자들의 특성 차이 등으로 인한 것으로 추정된다. 따라서 이에 대한 추가적인 연구의 필요성이 시사된다.

본 연구의 의의는 몸-마음-영성을 통합하고 전일적인(Holistic) 성장을 지향하는 이론적 입장을 토대로, 비대면 영성치유 집단상담이 영성 증진, 자기가치감 및 주장성과 독립성은 향상시키고 우울감, 분노감 및 화병은 감소시키는 효과를 실증적으로 검증하였다는 데 있다. 이를 통해 영성치유 집단상담이 여타의 일반적인 집단상담이 가진 전형적이고 본질적인 치료 요인이 작용하는 모델임을 확인할 수 있었다. 따라서 본 연구의 영성치유 집단상담은 상담을 영성과 연결하여 영적인 치유 잠재력을 회복하는 과정임을 입증하였다는데 의의가 있다. 영성이 현대인의 정신건강을 위한 대안으로 대두되는 시점에서 비대면 영성치유 집단상담이 가진 전일적 치유성의 검증은 그 상담적 가치가 높다고 할 수 있겠다.

또한 본 연구는 영성치유 집단상담을 비대면 방식을 통해서도 가능하며, 치유를 위한 실제적인 대안이 될 수 있음을 확인한 점에서 연구의 의의를 찾을 수 있다. 본 연구의 영성치유 프로그램은 대집단으로 운영되는 집단상담의 형식을 취하고 있어서, 이러한 형식의 비대면 집단상담의 효과를 검증함으로써 영성 교육이나 영성적 성품 계발 교육, 인성교육 등 새로운 분야로의 활용 가능성과 비대면 환경에서의 적용 가능성을 시사한다.

그러나 본 연구는 연구 설계에서의 한계점을 갖는다. 우선 프로그램 실행 이후 치유의 영속성에 대해 검증하지 못하고 있다. 따라서 추후 연구에서는 사전-사후 검사 외에도 추후 검사를 통해 강화된 개인의 영성과 자기가치감이 장기적으로 효과가 있는지 확인해 볼 필요가 있다. 또한 비대면의 효과성만을 검증하고 있어, 추후 연구에서는 대면으로 프로그램을 진행하여 대면/비대면 프로그램의 효과성을 비교해 볼 필요가 있다.

참고문헌

강동호 (2009). 통합예술치료를 중심으로 한 MAP 수련 프로그램이 일반인의 행복감과 영성에 미치는 효과. 석사학위논문, 원광대학교.

강유임, 서선아 (2023). 청소년을 위한 언택트 스트레스 관리 집단상담 프로그램 효과성 연구. 청소년상담연구, 31(1), 183-211.

고대곤, 남윤희 (2007). 화상교육 시스템을 이용한 사이버 집단상담의 효과분석. 한국콘텐츠학회논문지, 7(4), 213-223.

권경인, 양정연 (2021). 비대면 화상 집단상담 참여경험에 대한 탐색적 연구. 학습자중심교과교육연구, 21, 749-767.

권문선, 최성진 (2021). 심리도식치료 프로그램이 대학생의 우울 및 자아존중감에 미치는 효과 -화상통화 심리도식치료 집단상담을 중심으로- 연구방법논총 6(3), 167-196.

권양순, 송정아 (2010). 영적 건강과 자아존중감이 노인의 삶의 만족에 미치는 영향. 한국기독교상담학회지, 20, 53-80.

권정혜, 김종우, 박동건, 이민수, 민성길, 권호인 (2008).화병척도의 개발과 타당도 연구. 한국심리학회지: 임상, 27(1), 237-252.

김동직, 한성열 (1998). 개별성-관계성 척도의 제작과 타당화 연구. 한국심리학회지: 사회 및 성격, 12(1), 71-93.

김소화 (2022). 코로나19로 인한 대학생의 우울 및 불안에 대한 단기 단일화된 범진단적 비대면 집단 치료 프로그램 효과성 검증. 석사학위논문, 아주대학교.

김은경 (1995). 자기통합 집단의 치료효과 및 치료요인에 관한 연구-사회적 문제해결능력을 중심으로. 석사학위논문, 성심여자대학교.

김의일 (2014). 통합의식 프로그램의 개발 및 효과성 검증-영성, 관계적 자기, 자기-자비를 중심으로. 박사학위노문, 선문대학교.

김정석 (2024). 비대면 화상 집단상담 효과에 대한 메타 연구. 박사학위논문, 광운대학교.

김정석, 권경인 (2023). 비대면 구조화 집단상담에서 집단원 경험에 대한 현상학적 연구. 학습자중심교과교육연구 23(12), 61-77.

김중호 (2015). 영성치유수련의 이론적 토대. 학술심포지엄 정태기 '치유상담 30년'. 107-130.

김창오 (2012). 한알 집단상담의 발달 단계에 따른 대인관계 상호작용과 치료 요인의 변화양상 분석. 박사학위논문, 경성대학교.

김혜영 (2021). 온라인 기반 인간중심 미술치료 집단상담이 부모와 함께 참여한 학교 부적응 중학생의 자존감, 내적 통제성에 미치는 효과. 부부가족상담연구, 2, 15-27.

명지원 (2012). 홀리스틱 교육과 통섭논의를 통한 종교교육의 교육경험 모형 구성. 종교교육학 연구, 38, 155-179.

민요달 (2009). 통합예술치료가 원불교도의 영성과 행복감에 미치는 영향. 석사학위논문, 원광대학교.

박재연, 임연옥 (2010). 한국인의 스트레스가 자살충동에 이르는 경로분석: 실존적영성, 가족의 지지, 우울의 매개효과를 중심으로. 사회복지연구, 41(4), 81-105.

서경현, 정성진, 구지현 (2005). 대학생의 영적 안녕과 생활스트레스, 우울 및 자아존중감. 한국심리학회지: 상담 및 심리치료, 17(4), 1077-1095.

서혜숙 (2008). 내면치유 집단상담이 자존감향상과 우울감에 미치는 영향-크리스찬치유상담원 영성치유수련회 중심으로. 석사학위논문, 상명대학교 복지상담대학원.

신성만, 김주은, 오종현, 구충성 (2009). 청소년의 실존적 안녕감과 인터넷 중독과의 관계-자아존중감과 우울의 매개효과. 상담학연구, 12(5), 1613-1628.

신성미, 김은실 (2022). 우울 성향이 있는 중년 여성의 자기수용 및 자아존중감 향상을 위한 게슈탈트 집단상담 사례 연구. 아시아 태평양 융합연구 교류논문지, 8(9). 277-286.

오복자, 전희순, 소외숙 (2001). 한국어판 영성측정도구(SAS)의 신뢰도와 타당도 검증연구. 종양간호학회지, 1(2). 대한종양간호학회.

오세현, 남현우, 김태윤 (2023). 비대면 부모자녀관계 게임놀이치료 프로그램 효과 연구. 한국영유아보육학, 141, 165-196.

유동수 · 김미정 · 김영순 · 김창오 · 조윤숙 (2011). 한상담. 서울: 학지사.

유상희 (2023). 치유의 의미와 경험에 대한 현상학적 연구: 정태기의 영성치유 집단을 중심으로. 신학과 실천, 87, 389-422.

윤현숙, 원성원 (2010). 노인의 영성과 종교 활동이 생활만족도와 우울에 미치는 영향. 한국노년학, 30(4). 1077-1093.

이경열 (2005). 영성증진훈련프로그램이 영성, 자기존중감, 사회적 지지 및 삶의 질에 미치는 효과. 박사학위논문, 전북대학교.

이동귀, 김영순, 유동수 (2009). 한국형 감수성훈련이 자기가치감의 평가 소재에 미치는 영향. 한국상
　　　담심리학회 심포지엄학술대회 자료집, 283-285.

이동귀, 이수란, 박수현 (2008). 한국판 자기 평가 소재 척도의 타당화. 한국심리학회지: 상담 및 심리치
　　　료, 20(1), 65-82.

이윤정, 박성현 (2018). 예술치료의 전일적(Holistic) 치유성-영적인 성장을 촉진하는 예술치료의
　　　치료기제를 중심으로. 상담학연구, 19(6), 359-376.

이윤주, 유동수 (2009). 감수성훈련 집단상담의 치료 요인 분석. 상담학연구, 10(4), 2013-2030.

이은상 (2021). 비대면 마음챙김과 자비기반 집단상담 참가자들의 경험연구. 명상심리상담, 25, 1-10.

이지은 (1996). 통합집단상담에서 치료요인의 상대적 효과에 관한 연구. 석사학위논문, 가톨릭대학
　　　교.

이혜은, 박애실, 김현정 (2021). 대학생 대상 비대면 집단상담 운영 경험에 대한 현상학적 연구: 실시간
　　　화상매체 활용을 중심으로. 상담학연구, 22(6), 331-366.

임용자, 유계식, 안미연 (2016). 표현예술치료의 이론과 실제-몸으로 하는 심리치료. 서울: 학지사.

임효숙 (2001). 사이버 인지행동 집단상담이 시험불안 감소에 미치는 효과. 석사학위논문, 아주대학
　　　교.

장현갑 (2005). 삶의 질을 높이는 이완·명상법. 서울: 학지사.

장희정 (2003). 영성적 집단상담 프로그램이 자아 존중감에 미치는 효과: 동사섭(同事攝)을 중심으
　　　로. 석사학위논문, 연세대학교.

전겸구, 최상진, 양병창 (2001). 통합적 한국판 CES-D 개발. 한국심리학회지: 건강, 6(1), 59-76.

전겸구, 한덕웅, 이장호 (1997). 한국판 STAXI척도 개발. 한국심리학회지: 건강, 2(1), 60-78.

전미숙 (2009). 가톨릭 여성수도자들의 영성증진을 위한 집단상담 프로그램의 개발과 적용. 박사학
　　　위논문, 경성대학교.

정태기 (2010). 내면세계의 치유. 서울: 상담과 치유.

정태기 (2010). 숨겨진 상처의 치유. 서울: 상담과 치유.

정태기 (2006). 아픔 상담 치유(치유목회상담시리즈 5). 서울: 상담과치유.

정태기 (2002). 치유와 영성. 연세 목회전문화 세미나, 4, 81-86.

정푸름 (2015). 치유상담운동이 개인의 삶에 끼친 영향에 관한 질적 연구. 학술심포지엄 정태기 '치유
　　　상담 30년'. 43-66.

정환구 (2003). 명상을 활용한 자아존중감 증진 집단상담 프로그램의 개발과 효과검증: 중년기 어머

니를 대상으로. 박사학위논문, 홍익대학교.

조삼복 (2012). 대학생용 영성 프로그램 개발. 박사학위논문, 경북대학교.

조재현 (2022). 팬데믹 시대의 온라인 화상 집단상담. 석사학위논문, 한양대학교.

차남희, 김희수 (2020). 대학생 생활스트레스 조절을 위한 비대면 마음챙김 집단상담 프로그램 개발 및 효과 검증. 상담학연구: 사례 및 실제, 5(2), 41-61.

채유경 (2005). 폭력노출 경험, 부부 갈등, 가족 기능이 초등학생의 공격성에 미치는 영향: 영적 안녕감의 매개효과를 중심으로. 상담학연구 6(3), 1041-1054.

최장은, 선우현 (2021). 비대면 인형치료 프로그램이 어머니 양육스트레스에 미치는 영향. 인형치료연구, 7(1), 1-22.

최해림 (2001). 상담에서 영성의 문제. 한국심리학회지: 상담 및 심리치료, 13(1), 1-13.

홍경자 (2017). 행복한 삶을 위한 전인적 '영성치유'와 '철학상담'. 가톨릭철학, 28, 177-208.

Chandler, C., Holden, J., & Kolander, C.(1992). counselor for spilituality wellness: Theory and practice. *Journal of Counseling and Development*, 71, 168-178.

Ellison, C. W., & Smith, J.(1983). Toward an integrative measure of health and wellness. *Journal of psychology and Theology*, 19, 35-48.

Henry Nouwen (1999). *The Wounded Healer: Ministry in Contemporary Society*. 최원준 역. 상처입은 치유자. 서울: 두란노. (원전은 1979에 출판).

Kabat-Zinn, J. (2017). *Full catastrophe living: Using the wisdom of your body and mind to facestress, pain and illness*. 장현갑, 김교헌, 김정호 공역. 명상과 자기치유. 서울: 학지사. (원전은 1990에 출판)

Ken Wilber (2008). *Integral Psychology: Consciousness, Spirit, Psychology, Therapy*. 조옥경 역. 켄 윌버의 통합심리학 - 의식 영 심리학 심리치료 통합. 서울: 학지사. (원전은 2000에 출판)

Larry Dossey (2008). 치료하는 기도. [Healing Words: The Power of Prayer and the Practice of Medicine]. (차혜경 역) 서울: 바람. (원전은 1995에 출판)

Lopez, A., Schwenk, S., Schneck, C. D., Griffin, R. J., & Mishkind, M. C. (2019). Technology-based mental health treatment and the impact on the therapeutic Alliance. *Current Psychiatry Reports*, 21(8), 1–7.

Schwartz, R. C. (2001). *Introduction to the Internal Family Systems Model*. Trailhead Pub.

Stanard, P. S., Sandhu, D. S., & Painter, L. C. (2000). Assessment of spirituality in counseling. *Journal of Counseling & Development*, 78(2), 204-210.

Voughan, F. (1986). *The inward arc: Healing andwholeness in psychotherapy and spirituality.* Boston, New Science Library.

Walker, M. W., & McPhail, C. J. (2009). Spirituality matters: spirituality and the community college Leader. *Journal of Research & Practice*, 33, 321-345.

Walsh, F. (1999). Religion and spirituality. In Walsh, F(Ed.), *Spiritual resources in family therapy*, 3-27. New York: Guilford.

Weinberg, H. (2021). Obstacles, challenges, and benefits of online group psychotherapy. *American Journal of Psychotherapy*, 74(2), 83-88.